中国通史

中国通史

学习历史的优秀读本

思贤 ◎ 主编

中国华侨出版社

北京

图书在版编目（CIP）数据

中国通史／思贤主编. 一北京：中国华侨出版社，
2017.6（2020.10重印）

ISBN 978-7-5113-6863-8

Ⅰ.①中… Ⅱ.①思… Ⅲ.①中国历史—通俗读物
Ⅳ.①K209

中国版本图书馆CIP数据核字（2017）第129707号

中国通史

主　　编：思　贤

责任编辑：墨　林

封面设计：阳春白雪

文字编辑：单团结

美术编辑：宇　枫

经　　销：新华书店

开　　本：720毫米×1020毫米　　1/16　　印张：24　　字数：369千字

印　　刷：北京德富泰印务有限公司

版　　次：2018年6月第1版　　2020年10月第2次印刷

书　　号：ISBN 978-7-5113-6863-8

定　　价：45.00元

中国华侨出版社　北京市朝阳区西坝河东里77号楼底商5号　　邮编：100028

法律顾问：陈鹰律师事务所

发 行 部：（010）88866079　　　　　　传　真：（010）88877396

网　　址：www.oveaschin.com　　　　E－m a i l：oveaschin@sina.com

如发现印装质量问题，影响阅读，请与印刷厂联系调换。

前 言

　　世界著名文学家塞万提斯说："历史孕育了真理，它能和时间抗衡，把遗闻轶事保存下来；它是古代的迹象，当代的鉴戒，后世的教训。"中国是一个拥有5000年灿烂文明史的泱泱大国，要了解中国的发展历程，就不能不了解历史，就不能不掌握必要的历史知识。

　　然而，很多人对中国历史的全貌缺乏清晰的认识。而在越来越重视"复合型人才"的今天，我们如果不懂得一些必需的历史知识，生活中难免会出错误，被视为无知；如若不懂装懂，难免会贻笑大方；更可怕的是，如果为人师者不懂得一些历史知识，难免要误人子弟，甚至会导致谬种流传。缺乏对中国历史的全面了解，就是放弃了一座取之不尽的思想宝库。

　　对于我们每个人来说，只有掌握了历史史实背后所蕴含的深厚底蕴，才能增进对历史乃至现实的解读与把握，才能在新的挑战面前与时俱进，顺应社会发展的潮流。那如何使历史知识更好地普及？如何使历史从神圣的殿堂走入民间？这对历史读物的通俗性和趣味性提出了很高的要求。

　　中国有浩如烟海的历史典籍，从史家巨制《史记》《资治通鉴》《二十四史》到汗牛充栋的各类野史、笔记、演义，中国人对自身历史的珍视无愧于"历史的民族"的美誉。然而正统史著晦涩的文字、浩繁的卷帙、历史事件和人物的错综复杂，对一般民众来说无疑是一道难以跨越的鸿沟。

　　针对这种情况，有作者创建了"通史"这种体例，即在一定的历史观的

1

指导下，通过浅显易懂的文字对中国历史进行现代诠释，让大众读者在较短时间内了解中国历史。

　　本书以时间为序，选取了中华5000年历史上的重大事件、风云人物、辉煌成就、灿烂文化等内容，在保证历史完整与延续的基础上，将其分为远古文明，夏、商、西周王朝，春秋战国诸侯争霸，秦汉大一统，三国、两晋、南北朝的离析与交融，隋唐盛世，群雄并立及两宋，元朝的征服，明朝的集权与裂变，清朝的兴衰十个部分，精彩扼要地勾勒出中国历史演进的基本脉络和中华民族的发展过程，从宏观上把握中国历史，窥斑知豹，进而从中揣摩与品味历史发展的内在规律。在体例编排上，注重各历史事件之间的内在联系和逻辑顺序，以使读者能对历史事件的发生、发展情况一目了然。因此在本书中，历史不再是抽象的文字表达，而是令人身临其境的直观场景。灵动缜密的文字叙述可以让读者感受到秦皇汉武的文韬武略、盛唐的辉煌气象；直观而精彩的诠释让读者"零距离"见证疆场的金戈铁马、民间的匠心巧智……

　　跨越时空的距离，悠然地展卷而读。本书不仅是一部受大众读者欢迎的历史优秀读物，还是一部不可多得的精品藏书，可以随手轻松地查阅中国历史发展进程中的一些史实、典故、人物等，学习历史，同时还可以提高书房藏书的文化品味。

目 录

第三章
春秋战国诸侯争霸

第六章

隋唐盛世

第七章
群雄并立及两宋

第八章
元朝的征服

❦ 第九章 ❦
明朝的集权与裂变

❦ 第十章 ❦
清朝的兴衰

·❧ 第一章 ❧·

远古文明

（约公元前250万年~约公元前6000年）

　　我国是人类文明的发源地之一，从远古时代起，我们的祖先就生活在这片辽阔的土地上，从800万年前的云南腊玛古猿到300万年前的湖北南方古猿，渐渐向人类演化。170万年前的元谋人已是典型的猿人了。80万年前的蓝田人终于能直立行走了，直立人由此诞生。70万年前的北京猿人已能制作简单的工具，虽然是打制石器，但毕竟是智慧的闪光。到10万年前的大荔人和许家窑人时，他们的聪明程度已经可以用"智人"来定位。山西丁村人的三棱状石器，集多种功能于一身，是旧石器时代的代表。从旧石器时代到新石器时代，猿人在蒙昧中寻找着光明。

　　从6000年前开始，人类进入了农耕畜牧阶段，生活有了进一步的保障，这一阶段被称为新石器时代。此时人类已能对使用的工具进行相对精细的磨制，不只是石器、陶器。除黑陶外，还制造出了彩陶。仰韶文化和龙山文化在我国南北的广大区域都有发现，人类文明已攀升到一个新的高度。

一、史前人类

史前史

　　旧石器时代（距今约300万年~距今约1万年）是能够确认的人类最早制造和使用石器工具的时代。考古学家把人类起源至农业出现以前的这一漫长时代，称作"旧石器时代"。这一阶段，人类在体质演化上经历了直立人阶段、早期智人阶段和晚期智人阶段，逐渐由猿人向现代人进化。旧石器时代以打制石器作为重要的标志。打制石器由简单、粗大向规整、细小发展，种类也不断增多，并且在骨器上发明了磨光技术和钻孔技术。此间，发明了人工取火，人类的进化更加迅速，思维得到了突飞猛进的发展，人类社会出现了原始宗教和艺术。

原始人群

旧石器时代，远古人类的活动范围遍及中国大陆北自黑龙江、内蒙古，南至云南、广西，西起青海、西藏，东抵沿海诸省。据不完全统计，新发现的旧石器时代遗址有三四百处。

其中，举世闻名的周口店北京猿人、陕西陈家窝蓝田猿人化石的年代距今六七十万年。公主岭蓝田猿人化石年代，约在距今80万年至100万年之间。云南元谋人化石的年代较早，距今约为170万年。山西芮城西侯度遗址的年代则距今约180万年。

他们生活在杂木丛生、野兽逼人的恶劣环境中。加之主要的生产工具只有简陋的打制石器，因而获取食物十分艰难。他们必须联合起来，以群体的力量弥补个人力量的单薄。

原始人群前期的人类保留的猿类的身体特征较多，与现代人类差别较大，学术界称其为"直立人"。这时男女之间的关系是杂乱而不受限制的，人类的婚姻形态属于不分辈分的乱婚时期，所生的子女知其母不知其父。在我国境内，这时期的代表人类主要有元谋人、蓝田人、北京人、金牛山人等。

原始人群后期的人类体质已相当进步，学术界称为"早期智人"。距今20万年~10万年之间，随着人类思维进步，不同辈分男女之间杂乱的性交关系逐渐被摒弃。这时人类已禁止不同辈分之间通婚，婚姻只能在同辈之间进行，这叫作"血缘群婚"。血缘群婚制的出现，是人类婚姻形态的一大进步。它不仅使人类的体质、体能有所改善，而且开始形成长幼、辈分的意识。这是人类最早的婚姻制度，也是人类伦理、道德观念的启蒙。在这样的婚姻形态下所生的子女，仍知母不知父。在我国已发现的属于这一时期的人类有马坝人、长阳人和丁村人等。

元谋猿人

元谋人的发现地点在云南省元谋盆地东缘的上那蚌。170万年以前，这里榛莽丛生，是一片亚热带的草原和森林。元谋人使用原始的石器捕猎动物。在元谋盆地内暴露的695米厚，共4段28层的河湖相沉积地层里，在第4段第22层，发现了两枚上内侧门齿化石。通过用古地磁测定法检测，确定这两枚牙齿是属于170万年前的一个男性青年的。和这两枚牙齿化石同时从褐色黏土层中出土的，还有7件元谋人制造和使用的脉石英石核与刮削器。

北京人

原始的北京人生活在距今约70万年~50万年以前，其遗址位于北京周口店龙骨山的洞穴中。根据考古发现，北京人既像猿，又有一些人的特征。北京人的长相是：前额低平，两个眉骨连在一起，粗大而前突，颧骨很高，鼻子扁宽，嘴巴向前伸，没有下巴，牙齿粗大，脑壳比现代人厚一倍。脑量只有现代人平均脑量的80%。北京人的下肢骨髓腔较小，管壁较厚，但在尺寸、形状、比例和肌肉等方面都和现代人相似，这证明他们已善于直立行走，但腿还有点弯曲。北京人身高156~157厘米，具有蒙古人种的特征。懂得使用石制工具和火。石器有砍斫器、刮削器、雕刻器、石锤和石砧等多种类型。

构木为巢，钻木取火

在我国古代，有许多关于从原始人群到氏族公社初期人类生活进化的传说。这种传说大多是古人根据远古时代的原始人生活情景进行的一种想象。

原始人的工具很粗糙，所以就难以抵御周围猛兽随时可能对他们造成的伤害。正当人们为没有理想的住处而发愁的时候，部落中的一个人看到了树上的鸟巢。他发现鸟儿白天出外寻找食物，晚上回到巢中栖息，地上的野兽无法伤害它们。由于树叶的遮挡，下雨天也不会被淋。由此看来，居住在巢中既安全又舒适。于是，那人便依鸟巢的样式筑造了一个可以住人的巢。后来，原始人就学着鸟儿的样子，在树上造起小屋，这样就安全得多了。后人把这称为"构木为巢"。传授给他们这种做法的人被称为"有巢氏"。

最早的原始人不知道怎样利用火，不仅生吃植物果实，就是捕到的野兽，也连毛带血地吃了。后来，人们在不断地实践中发明了火（在周口店的北京人遗址中，已发现用火的痕迹，说明那时候已经知道利用火）。

其实自然界中火的现象早就有了。火山爆发，会喷出火；打雷闪电的时候，树林里也会起火。起初，原始人看到火时，不会利用，反而非常害怕。后来偶尔拾到被火烧死的野兽，拿来一尝，味道香美。渐渐地人们学会用火烧东西吃，并且想法子保存火种，使它常年不灭。

传说一天夜里，一个年轻人做了一个梦。在梦里，有人告诉他："一直往北走，有一个叫燧明国的地方，那里有火种。"年轻人醒来后，就向北方走去。他历尽千难万险，终于来到了燧明国。这里遍地长的都是一种高大的参天大树，大树遮天蔽日，四处一片黑暗，不分白天和黑夜。这时候，年轻人的眼前突然闪出一丝亮光——一种长着短而硬的嘴巴的鸟正在啄他前方的一棵燧木，鸟一啄，燧木就迸出火星。年轻人看到这种情景，脑子里灵光一闪，立即折下几个燧枝，互相敲击，树枝上果然闪出了火花！年轻人又用小树枝去钻大树枝，终于，树枝上冒烟了，接着，燃起了火花。

有了火之后，人们开始吃熟食、用火驱赶野兽、取暖。人们被年轻人的勇气、智慧和无私所折服，推举他做首领，并称他为"燧人氏"。《太平御览》记载："燧明国，不识四时昼夜，其人不死，厌世则升天。国有火树，名燧木，屈盘万顷，云雾出于其间。折枝相钻，则火出矣。后世圣人变腥臊之味，游日月之外，以食救万物；乃至南垂。目此树表，有鸟若鹈，以口啄树，粲然火出。圣人感焉，因取小枝以钻火，号燧人氏。"

又过了很长时间，人们又用绳子结成网，用网去捕猎，还发明了弓箭，这比用木棒、石器打猎又有了很大进步。使用弓箭，不仅可以射杀平地上的走兽，就连天空中的飞鸟，水里的游鱼，也可以捕捉到。捕捉到的动物，如果吃不完，人们并不急于将它们杀死，而是将其养起来。这种结网、打猎、养牲畜的技能，都是人们在劳动中日积月累起来的。传说中，这些事的发明人是"伏羲氏"，或者叫"庖牺氏"（庖是厨房，牺是牲口的意思）。

经过了漫长的渔猎时期，人类的文明又有了新的进步。人们发现撒在地上的野谷子，到了第二年，会生出苗来，一到秋天，又结出了更多的谷子。于是，人们就自觉地栽种起来。后来，人们用木头制造了一种耕地的农具，叫作耒耜（一种带把的木锹）。他们用耒耜耕地，种植五谷，获得了可以吃的粮食。传说中把这些发明种庄稼的人叫"神农氏"。

从构木为巢，钻木取火，一直到渔猎、畜牧，发展出农业，充分反映了原始人生产力发展的进程。

马坝人和丁村人

约公元前10万年马坝人遗址在今天广东曲江马坝圩狮子岩洞穴中。马坝人的脑容量大约为1225毫升，顶骨前囟处厚度薄于北京人，厚于现代人。丁村人遗址在山西境内汾河中游临汾宽谷的南端。丁村人的人骨化石顶骨较薄，有进步性。门齿舌面低陷作铲状，很像后来的黄种人，臼齿的咬合面纹理结构介于直立人与现代人之间。马坝人和丁村人是早期智人的代表，他们打制石器的水平有了明显提高，有证据表明，丁村人除打猎外，还会捕鱼。

山顶洞人

山顶洞人是在北京房山周口店龙骨山的洞穴中发现的，距今约有18000

年。洞穴中所出石器仍为打制，属于旧石器时代晚期。有些器物制作精致，如作装饰品用的小石珠、穿孔砾石等。其中有的骨针长82毫米，最大直径3.3毫米，而且钻有规整的针鼻，以便引线缝衣。骨针的发现，证明了当时的人类已掌握了高超的钻孔技术，穿着已有很大的进步。有些石珠、鱼骨等装饰品还用赤铁矿粉染成了红色，说明当时的人类已有审美观念。有的尸骨周围还撒有赤铁矿粉粒，可能这时已产生了原始宗教观念。在山顶洞人的居处发现有大量的动物化石，其中有鱼骨化石。说明了当时的人类过着以渔猎和采集为主的生活。还有用火的痕迹，可能已发明了人工取火技术。

二、氏族社会

氏族公社

氏族公社是继原始人群之后出现的以血缘为纽带的人类共同体，是原始社会的高级阶段。氏族公社的历史可分为母系氏族公社阶段和父系氏族公社阶段。

在母系氏族公社时期，妇女居于支配地位，丈夫居于妻方，辈分从母系计算，财产由母系继承。这时期的婚姻实行族外婚制，只有不同氏族之间的同辈男女可以互为夫妻。后来婚姻又发展为对偶婚，就是在互婚的男女群中各有一个主要配偶，但并不严格，所生子女仍然只知其母不知其父。这时期氏族的财产实行平均分配。在我国境内，这时期的代表性人类和文化有河姆渡文化、仰韶文化、半坡村遗址。

父系氏族公社是由氏族公社向阶级社会过渡的社会组织形式。这时期的代表文化有龙山文化、大汶口文化。在父系氏族公社里，男子居于支配地位，妻子从夫而居，辈分从父系计算，财产由父系继承。男子不再以狩猎、捕鱼为主，而是代替妇女从事农业和饲养业。妇女在经济上退居次要地位，职能已经转向于主要从事家务劳动和生儿育女。这时期的婚姻制度由对偶婚向一夫一妻制过渡。父系氏族公社内部以男子为中心分裂为若干个大家庭，各大家庭内部又分裂为若干个一夫一妻的小家庭。这样，以血缘为纽带的氏族公社逐渐瓦解，代之以地缘为纽带的农村公社，以小家庭为单位的私有制产生，随着贫富的不断分化，阶级在形成中。

前仰韶文化

前仰韶文化（约公元前5400年~公元前5000年）具有代表性的文化有磁山文化、裴李岗文化等，分布范围在后来的仰韶文化区域之内，如河南、陕西、河北等省，与仰韶文化有继承关系，被称为前仰韶文化。这时期经济以农业为主，发现有石制农具、陶器及粮食等。特别是磁山遗址窖穴中发现的粮食遗存，总量竟达10万斤！如此丰富的遗存，标志着前仰韶文化时期农业生产已经跨越了最初的阶段。可见这里应是中国旱作农业起源地，肥沃的黄土地是先民赖以生存的基地，从这个意义上讲，前仰韶文化居民堪称黄土地最早的儿女。

半坡村遗址

仰韶文化距今约5000年，属于母系氏族繁荣时期的文化。这一文化类型是1921年首次在河南渑池县仰韶村发现的，因此以"仰韶"作为这一文化类型的名称。仰韶文化发源于黄河中游，遍布于黄河中上游各省。著名的仰韶文化遗址有陕西西安的半坡村遗址和临潼的姜寨遗址。

半坡村遗址在西安的东郊，遗址东西最宽处近200米，南北最长为300多米，总面积约5万平方米。遗址略呈椭圆形，北面为氏族墓地，南面为居住区，东北面为陶器窑场。居住区内的房屋有大有小，大的面积达120平方米左右，只有一间，可能是氏族首领的住室或议事集会场所。

这时期的生产工具以石器为主，有石斧、石铲、石镰、石刀、石磨等，大多磨制得比较精致，各有用途。除此之外，骨器、陶器等也是他们常用的工具。这里的生产以农业为主，已经处于"锄耕农业阶段"。半坡居民种植的谷物有粟、稻等，用石磨盘、石磨棒磨去谷皮。他们还种植白菜、芥菜等。家畜饲养业在这时已出现，他们在居住区内建起圈栏，主要饲养猪、狗等家畜。居民除经营这样的原始农业和饲养业外，还要捕鱼、狩猎、采集果实以补助生活，渔猎经济在此时期仍占重要地位。

半坡居民日常生活的主要用具有手制的陶器、石器、骨器、纺织架、木器等。陶器以粗质和陶土细泥的红色、红褐色陶为主，最常见的是粗砂陶罐、小口尖底瓶和钵所组成的一套生活常用器，例如瓮、罐、瓶、盆、钵、鼎等，上面绘有黑色或红色旋涡纹、波浪纹、几何纹、花瓣纹、鱼纹、鹿纹和人面形图案等。人们称这类陶器为彩陶。在圆底钵口沿的宽带纹上，发现有22种不同的刻画符号，有人认为是中国古代文字的萌芽。半坡居民的装饰品有用石、骨、陶、蚌磨制成的环、璜、珠、坠、耳饰、发饰，以及镶嵌饰等。

半坡类型的墓葬约一半有随葬品，主要是日用陶器。其墓葬体现了一些奇特葬俗，小孩瓮棺葬具多打洞，可能是作为灵魂出入的通道。常见"割体葬仪"，被葬者手指、脚趾割去另外埋藏。半坡墓葬是男子、女子分别葬在一起，说明了这里尚实行族外婚。

河姆渡文化

河姆渡文化是中国长江流域下游地区的新石器文化，因首先发现于浙江余姚河姆渡而得名，主要分布在杭州湾南岸的宁绍平原及舟山群岛，距今约有6000年。

河姆渡文化的农具除石斧、石凿等石质工具外，最有特色的是骨耜。骨耜是一种翻土工具，用水中大型哺乳动物的肩胛骨制成。河姆渡文化时期的陶器为黑色，有釜、钵、罐、盆、盘等，都是手制的。木作工艺是河姆渡文化手工业的又一特色。在这里出土的一件木质漆碗，外表涂有红色涂料，微显光泽，经鉴定为生漆，这是迄今中国最早的漆器。

河姆渡文化的农业以种植水稻为主。考古发掘时发现有很多稻谷、稻壳、稻茎的遗存，是迄今中国最早的稻谷实物，也是世界上目前最古老的人工栽培水稻的证据。河姆渡居民饲养的家畜有水牛、猪、狗等。

此外，在河姆渡遗址还发现了一种地板高于地面的干栏式建筑。干栏式建筑是中国长江以南新石器时代以来的重要建筑形式之一，目前以河姆渡发现的为最早，与北方地区同时期的半地穴式房屋有着明显区别。这种建筑构造是与河姆渡聚落地河湖密布、潮湿炎热的地理环境相适应的，同时也表明了当时的建筑技术已相当进步。

良渚文化

良渚文化（约公元前5300年~公元前4300年）首次发现于浙江省余杭县良渚镇，是史前时期中国南方文化的主流。这一时期的石器农具磨制非常精细，主要有锛、石犁、耘田器、穿孔斧、穿孔刀等。农作物品种很多，如籼稻、蚕豆、甜瓜等。养蚕和织丝开始成为人们的主要劳作项目。陶器有泥质灰胎磨光黑皮陶、黑陶和夹砂灰陶等，普遍采用轮制。玉器数量之多，工艺之精，为新石器时代所罕见。其中玉琮和玉蝉都是中国早期玉器中的珍品，是财富和权力的象征。

大汶口文化

大汶口文化是黄河下游地区的新石器时代文化，因1959年于山东省泰安县大汶口发掘其遗址而得名。主要分布在山东省泰山周围地区，延及山东中南部和江苏淮河以北一带。年代约始自公元前4300年，到公元前2500年发展成龙山文化。

大汶口文化以农业经济为主，种植适合黄河流域的耐旱作物粟，已经有较多的剩余粮食。农业生产工具有石铲、鹿角锄等，木质农具如耒、耜等已经出现。

大汶口文化饲养的动物有猪、狗、牛、羊、鸡等。渔猎经济占有一定的比重，骨镞、角质鱼镖、网坠等遗物表明了当时居民进行狩猎和捕鱼。大汶口文化特有的獐牙刃勾状器以鹿角为柄，是用来捕鱼和切割的多用途复合工具。大汶口文化的陶器制作工艺在不断发展。早期以红陶为主，中期盛行灰陶，陶制品的种类明显增加。晚期则以黑皮陶为主，陶胎为棕红色，少量为纯黑陶。轮制技术的广泛使用使陶器制作获得长足的发展。晚期制陶工艺，发现了新的制陶原料，质地坚硬、胎薄而均匀，色泽明快的白色、黄色、粉红色陶器，统称为"白陶"。

大汶口文化中使用的陶文成为迄今为止中国发现的最早的文字。陶文的产生和使用，为甲骨文、金文的产生提供了条件。

制石、制玉、制骨等手工业在大汶口文化中已经比较发达。石质工具多为磨制，并穿孔，出现了管穿法和凿穿法两种穿孔方法。

大汶口文化的房屋有圆形半地穴式，屋顶为木质的原始梁架结构，呈圆锥形。

龙山文化

新石器时代晚期，在黄河下游地区，出现了龙山文化。它是由于在山东章丘县龙山镇被发现而得名的。龙山文化年代约为公元前2500年~公元前2000年，覆盖范围包括山东省中、东部及江苏淮河以北地区。龙山文化以精湛的黑色陶器制作工艺为特征。当时的制陶工艺已达到了前所未有的高水平，陶器造型规整，器壁薄且均匀，有的器皿壁厚仅有0.5毫米，重量尚不到50克。器皿表面打磨光亮，并附有划纹、弦纹、竹节纹及镂孔等纹饰。在这时期，制玉业也达到了较高的水平。

龙山文化以原始农业为主，以渔猎、家畜饲养及各种原始手工业为辅，以粟作为其主要农作物。生产工具则有扁平穿孔石铲、蚌铲、骨铲、双孔半月形或长方形石刀、蚌刀、石镰、带齿蚌镰等，反映了当时农业经济的繁荣。由于山东濒临大海，故当时的渔业也占一定的比例。狩猎的对象则是以鹿类为主。饲养的家畜有猪、狗、牛、羊等，家禽有鸡，并且当时已能进行猪的人工繁殖。

龙山文化时期的居民建筑，主要有长方形或圆形半地面式、圆形地面式和夯土台基地面式三种，其中夯土式建筑开创了中国古代夯土建筑的先河，为后来各种大型宫殿的建筑奠定了基础。

城堡建筑

龙山文化时代的城堡具有共同的特征，它们都有高耸的夯土城墙环绕，形成一道坚固严密的屏障；城内是面积巨大的建筑群，既有高大的夯土台基建筑，也有小型建筑，还有先进的建筑设施，城内建筑有统一的布局，构成一个完整的建筑群体；城外围绕着一条护城河，既可为城内提供水源，又起着城堡的防卫作用。不论从总体、结构和布局等方面看，这些城堡建筑都远远超过了当时的村落建筑。尤其是高大的夯土城墙，具有一种雄壮威严的建筑美，它既是城堡不可缺少的屏障，也是城堡的象征。如果说建筑是人类文化的结晶，那么城堡建筑的出现则是建筑艺术上的一个飞跃。

三、华夏文明的传说

创世神话

在南方人民的心目中，盘古是宇宙的开辟神。他生于宇宙中，经历18000年之后开天辟地，阳清为天，阴浊为地，而盘古则身化为山川日月江海草木，产生风云雷电。在北方神话中，女娲则是创造人类的女神。她用黄色泥土揉成了人类，并且在天崩地陷、洪水泛滥的时候，炼成了五色石块修补苍天，以巨鳌的足代替坍塌的天柱支撑起天。女娲还屠龙堵水，造福人类。

后来出现了女娲与伏羲是夫妇的说法。伏羲是汉民族中流传最广的神话人物，是雷神之子，其形象是蛇身人首，来往于天地之间，创造了八卦以及其他一些事物，后来成为三皇之一。相传伏羲做天下之王的时候，野兽很多，他就教人们用绳子结网，用来狩猎、捕鱼。

神话是上古人民根据自己的能力对自然的理解，具有强烈的想象性和艺术性，反映了上古人民生活水平和生活环境的特征，中国神话中的女神人物如女娲、羲和、西王母等据认为在很大程度上带有母系社会的色彩。中国母系氏族社会在新石器时代中晚期发展成熟，进入全盛时代，女性在氏族生活中的核心地位使得这些女神成为人类甚至万物的创造者。

神农、黄帝、蚩尤

中国古文献中记载了许多反映父系氏族社会的情况。距今约4000年前，黄河流域和长江流域出现了部落联盟。其中著名的部落联盟领袖有黄河流域的神农、黄帝和江淮流域的蚩尤。

神农又称炎帝，居于姜水流域，以姜为姓。他是农业生产和医药的发明者，用木制作耒耜，教民耕种；又曾尝百草，发现药材，教人治病。黄帝又称轩辕氏、有熊氏，居于姬水流域，以姬为姓。他造出了宫室、车船、兵器、衣裳。他的妻子发明了养蚕抽丝技术。他还让其臣属创制文字、音律、医学、算数等。传说中国的文明起源于炎帝和黄帝时代。旧时人们常以"炎黄"代表中华民族的祖先。

蚩尤是中国东方九黎族的首领，约与神农、黄帝同时，传说其面如牛首，背生双翅，是牛与鸟图腾的复合体。相传他以铜为兵器，能呼风唤雨。据考证，现在中国南方的苗族就是蚩尤部落的后裔。

为了扩张势力，各部落之间经常发生战争。传说，蚩尤制造金属兵器与黄帝展开旷日持久的战争。黄帝久战不胜，就请来天女止雨，并制造出了指南针辨别方向，最后终于打败了蚩尤。后来，炎帝和黄帝又为争夺中原地区，在"阪泉之野"展开大战。炎帝战败，归顺了黄帝，炎、黄两部落走向联合，形成了华夏族的主体。

黄帝战蚩尤

大约在4000多年以前，在我国黄河、长江流域一带生活着许多部落。传说以黄帝为首领的部落，最早住在今陕西北部的姬水附近，后来沿着洛水南下，东渡黄河，在河北涿鹿附近定居下来，开始发展畜牧业和农业。

与黄帝同期的另一个部落首领叫作炎帝，当他带领部落向东发展的时候，碰到一个极其凶恶的九黎族的首领蚩尤。传说蚩尤有81个兄弟，全是猛兽的身体，铜头铁额，凶猛无比。他会铸刀造戟，还经常带着他的部落，到处侵扰，闹得周围部落不得安宁。炎帝部落定居山东后，经常受到蚩尤的侵扰，炎帝几次起兵抵抗，但不是蚩尤的对手，被打得一败涂地。

炎帝战败后，带领他的部落逃到涿鹿，请求黄帝帮助复仇。黄帝早就想除掉蚩尤这个祸害，就与炎帝联合在一起，并联络其他一些部落，招集人马，在涿鹿郊外与蚩尤展开了一场殊死决战。

蚩尤也称得上一代枭雄，自不甘示弱。他集结所属81个支族，又联合巨人夸父部族和三苗一部，在兵力上已占据优势，又挟战胜炎帝之余威，并依仗精良的武器装备，气势汹汹地向黄帝扑来。黄帝临危不惧，率领以熊、罴、狼、豹、雕、龙、鸱等为图腾的氏族部众迎击蚩尤。黄帝还利用位居河上游的条件，令大将应龙"高水"，在河上筑土坝蓄水，以抵御蚩尤的攻势。

当时正值浓雾弥漫，大雨倾盆，这很适合来自东方多雨环境的蚩尤族开展军事行动。蚩尤适时利用天气变化不断偷袭黄帝军得手，于是得意忘形，趾高气扬，认为不多时黄帝就不得不束手就擒了。

黄帝毕竟不是等闲之辈，他知道恶劣气候不是己方进攻时机，就主动避敌锋芒，井然有序地组织后撤，因而保存了实力。不多久，风云突变，雨过天晴，黄炎联军反败为胜的契机来了。黄帝当机立断，一声令下，大将常先、大鸿从正面开始了反攻。

黄帝又利用狂风大作、飞沙走石的天时，命风后、王亥把经过训练的

300匹火畜组成一支"骑兵"，朝蚩尤军心脏长驱直入。黄帝还准备了80面夔牛大鼓，趁风沙弥漫之时擂鼓吹号以震慑敌人。

突如其来的反攻让蚩尤猝不及防，其军队开始自相践踏、慌不择路，终于陷入崩溃，节节败退。蚩尤无心恋战，向南逃跑；而粗犷骄横的夸父不承认失败，率本部奔大鸿军杀来。忽然一阵狂风，夸父眼着沙子，大鸿自不肯放过制敌机会，拦腰砍伤夸父，夸父军四散奔逃。

黄帝身边众多谋臣一再进言不可放走蚩尤，黄帝采纳群臣的意见，联合炎帝族和玄女族紧追蚩尤，在冀州之野将之包围。黄帝命令擂鼓击钟，蚩尤军被钟鼓声震得耳聋眼花、溃不成军。

蚩尤落荒南逃，被黄帝擒获并杀于野外。刑天及蚩尤的部下把蚩尤的尸体偷运到河南濮阳西水坡秘密下葬。不久刑天与黄帝大战，因寡不敌众被黄帝斩首，但刑天的尸身不倒，他的两乳变成双目，肚脐变成了嘴巴，继续舞动兵器战斗。夸父则在潼关被应龙万箭齐发射死，鲜血染红了潼关。黄帝取得了对九黎族的决定性胜利，九黎族这一支力量融入到炎黄族中。

黄帝、炎帝打败蚩尤后，同盟关系破裂，两个部落战于阪泉，即阪泉大战。经过三次艰苦卓绝的战争，黄帝战胜炎帝。炎帝部落的共工与黄帝战争失败，一怒之下用头碰撞不周山，从此天地西北高、东南低。这次战争后，黄帝向南发展，经过52次战争后天下归附，黄帝由此成为黄河中下游部落联盟的大盟主。公元前2698年，黄帝在釜山会盟并取代神农氏登上帝位。

传说中，黄帝还是一个大发明家，他不仅发明了在地面上建房屋，还发明了车、船和制作衣裳等。这当然不会是他一个人发明的，黄帝只不过是其中的代表之一。传说他的妻子嫘祖亲自参加劳动，也有一些发明，养蚕缫丝就是她的功劳。最初人们不知道蚕的作用，那时候只有野生的蚕，嫘祖就教妇女养蚕、缫丝、织帛。打那以后就有了丝和帛。

黄帝为创造远古时代的文明，立下了汗马功劳，在后代人的心目中占有极其重要的地位，所以人们都尊黄帝为中华民族的始祖，自己是黄帝的子孙。因为炎帝族和黄帝族原来是近亲，后来融合在一起，所以我们常常把自己称为炎黄子孙。

阪泉之战

阪泉之战是中华文明有史以来记载的最早的一次战争，是黄帝在征服中原各个部落的战争中与炎帝部落在阪泉地区进行的一场大战。

炎帝和黄帝据传都是少典氏的后裔，当时神农氏统治着各部落，神农氏日渐衰微后，出现了以黄帝和炎帝为首的两大部落联盟。黄帝部落不断进攻周围的部落，很多小的部落纷纷归附，黄帝部落的势力不断壮大。炎帝部落沿黄河向东发展进入中原，成为黄河中游地区最强大的部落联盟，势力不断扩大。两个部落联盟终于在阪泉爆发了战争。阪泉在今河北省涿鹿县东南，地势险要。黄帝部族与炎帝部族各自占据有利地形，黄帝统领以熊、罴、貔貅、虎为图腾的部落，与炎帝进行决战。经过三次激烈的战斗，最终战胜了炎帝，炎帝的部落并入黄帝的部落，组成华夏族（部落），黄帝成为中原地区部落联盟的首领。

传说中的三皇五帝

古代传说中的"三皇五帝"究竟是谁，历史上一直没有定论，特别是"三皇"，其说法有六七种之多，"五帝"目前以《史记》所载最为通行，是黄帝、颛顼、帝喾、尧、舜五人。而与他们基本处于同一时代的著名人物和部落还有神农氏、蚩尤、祝融、共工等。后世的人附会说夏、商、周二代的祖先都是与五帝有关的重要人物，甚至就是五帝的"苗裔"。在神话传说中，三皇五帝时期天下有万国，"三皇"和"五帝"都是人们民主推举的德高望重的首领，他们在位时，与人民一同劳动，推行"德政"，通过战争打败南方的蚩尤，统一各部落，率领人们由蛮荒跨入文明社会。他们老了，以禅让的方式将首领位置交给杰出的继任者。因此，在他们统治期间，天下为公，讲信修睦，人人生活幸福。

大禹治水

在尧担任首领期间，黄河流域经常发生水灾，良田沃土，房屋牲畜，都被淹没。这时居住在崇地的一个名叫鲧的部落首领，奉了尧的命令去治理洪水。鲧用了将近9年的时间治理洪水，不仅没有制伏洪水，反而使洪水闹得更大、更凶了。鲧只知道筑造堤坝挡住洪水，却不知道疏通河道，后来，堤坝被洪水冲垮了，灾情便越来越严重。

舜接替尧担任部落联盟首领后，发现鲧的工作失职，便杀了鲧，并让鲧的儿子禹去治理洪水。

禹汲取了父亲治水失败的教训，把以堵为主改为以疏为主。他偕同益、稷二人带领工人四处考察，立了许多标记，最终得出治水方案。他认为黄河水患最严重，其次是济水、淮水和长江。于是，他从壶口起把龙门山开了一条大路，又把砥柱山挖出一条深坑，从孟津往北连开九条大河，使黄河水患平了下去。然后又疏通济水的源头，使济水一面通黄河，一面通山东的汶水，治平了济水之患。他又从河南桐柏山起，把淮水分为两路，一路通山东泗水，一路通山东沂水，把淮河水患平下去了。疏导长江的工程则从四川的岷山做起，也以疏浚河道、加速行洪为主，把长江水引到东海去了。

传说在禹治水的13年当中，他曾经有三次路过自己的家门而不入。他一直想着老百姓仍在遭受洪水的祸害，庄稼被淹，房子被毁，于是，三次经过家门都顾不上进去探望家人。经过多年的努力，禹终于治理好了水患，把洪水引到大海里去，对社会的安定、繁荣、发展起到了积极的推动作用。

人们为了表达对禹的感激之情，尊称他为"大禹"，即伟大的禹。

大禹虽然只是一个封国的国君，却很受舜的宠信，每有要事都要请他去商量。每逢舜当众表扬他的功绩，他总说是舜领导得好，指挥得好，运筹得好，是舜的德行、仁政、风范感动了民众，民众拥戴舜的结果。或者说舜慧眼识人，善于用人，把功劳都记在其他几位大臣的账上。舜于是越发觉得大禹仁厚可靠。后来，干脆让大禹直接代替自己摄政，把国家大事全都托付给大禹，让大禹替自己管理了16年国家政事。

通过了16年的观察，舜觉得大禹可以当自己的接班人，就当着众位大臣说要把帝王之位禅让给大禹。大禹多次推辞，并竭力推举舜的儿子商均嗣位。不久，舜突然病逝。大禹为了避免与商均发生冲突，就躲避到夏地的一个小邑阳城去，一躲就是三年。三年中，天下诸侯不去朝见商均，却来朝见大禹。大禹看到了自己的威望和实力，于是在舜死后的第三年，返回故都，南面天下，登天子之位。在他的治理下，部落和平，九州安定。后来，大禹命人铸造了象征九州和平的九鼎。这时，随着生产力的发展，社会产品出现了剩余。那些氏族、部落的首领们利用自己的权力，将剩余产品据为己有，以公有制形式存在的氏族公社开始瓦解。

约公元前2070年，禹建立夏朝。禹死后，他的儿子启登上王位，"公天下"变为"家天下"，王位世袭制代替了禅让制。

∽◎ 第二章 ◎∽

夏、商、西周王朝

夏（约公元前2070年～公元前1600年）：夏朝是中国历史上奴隶制确立的时期。夏族原是生活在黄河中游地区的一个部落，禹是他们的首领。因为受封于夏，所以他的部落就称为夏。禹治水有功，而且征讨三苗，南巡东狩，会诸侯，划九州，用铜制作兵器和传国的宝器。禹死后，他的儿子启开创了子承父位的世袭王朝制度，打破了尧和舜的禅让制度，建立了中国历史上第一个王朝——夏朝。

商（公元前1600年～公元前1046年）：商朝是居住在黄河下游的一个悠久的部落，为东夷的一支，建立了强大的部落联盟，开始向奴隶制过渡。当太康失国的时候，契之孙相土大力向东方扩张，把附近的许多部落征服或纳入它的控制之下。公元前1600年，成汤灭夏建立了商朝，从成汤至盘庚，商人五次迁都。武丁统治的五十几年间，是商朝最强盛时期。商朝末年，江淮之间夷人强盛，征战连绵。商朝灿烂辉煌的青铜技术和文化，为中国社会的进一步发展奠定了基础。

西周（公元前1046年～公元前771年）：周朝是中国一个古老的姬姓部落，到周文王时，周已成商朝西方的一个强大方国。文王重用姜尚等人，继续向东发展。周王朝强化国家机器的另一面是扩充军队，加强刑罚。西周的农业经济水平比殷商有很大进步，金属工具的应用和耦耕的推广，促进了垦荒，集体劳作在井田上是农业生产的主要特征。以纺织印染、酿造和冶炼为主的手工业也得到长足发展。以货易货的贸易方式十分流行。

一、夏、商、西周王朝与社会

天下为家

公天下制度被大禹的儿子夏启破坏后，自然遭到一些人的反对。夏启很有心计，没有急于镇压那些反对他的人，他认为当前最需要做的是收买人心，让民众心服口服地拥护自己。于是夏启在迁都到山西安邑后，严格要求自己，以博得人们对他的信任。他的每顿饭只吃一份普通的蔬菜；睡觉只铺一床粗糙的旧褥子；除了祭神和祭祖以外，他不许演奏音乐来娱乐；他尊敬老人，爱护小孩；谁有本领，他就亲自请来加以重用；谁懂得武艺，他就让谁带兵打仗。

夏启这样收买人心，才过了1年，他的声誉就大大提高了。大家一致认为夏启理所当然地是大禹的继承人了，对于父死子继的家天下制度，人们觉得并没有什么不合理。但后来夏启还是过上了荒淫的生活，喜欢饮酒、打猎、歌舞。他的儿子们也开始了权力之争，他的小儿子武观因此被放逐到黄河西岸，并试图反叛自己的父亲。

夏启死后，他的儿子太康做了君主。太康是个不管政事、昏庸无能的人。他只有一个爱好，那就是打猎。有一次，太康带着随从到洛水南岸去打猎。他越打越起劲，一去竟然100天没回家。

这时，在黄河下游有个夷族，部落首领名叫后羿，后羿的射箭技能非常出众，他射出的箭百发百中。有一个关于后羿的神话，说古时候天空中原有10个太阳，把地面烤得像焦炭似的，致使庄稼颗粒无收。大家请后羿想法子，后羿搭弓射箭，"嗖嗖"地几下，将天空中的9个太阳射了下来，只留下1个太阳。从此，地面上气候适宜，不再闹干旱了。后羿看到太康出去打猎，觉得这是个夺取夏王权力的机会，就亲自带兵把守住洛水北岸。等到太康带着一大批猎得的野兽，兴高采烈地归来时，发现洛水北岸排满后羿的军队，拦住他的归路。无奈之下，太康只好流亡在洛水南面。当时后羿还不敢自立为王，另立太康的兄弟仲康当夏王，而他自己却操纵了国家的权力。

仲康死后，后羿赶走了仲康的儿子相，夺了夏朝的王位。他仗着射箭的本领，也作威作福起来。后羿和太康一样，整天打猎，把国家政事交给他的亲信寒浞处理。寒浞瞒着后羿，笼络人心。有一天，后羿打猎回来，寒泜暗地里派人把他杀死。

后羿一死，寒浞便夺了王位，他担心夏族再跟他争夺王位，便杀死了被后羿赶走的相。那时候，相的妻子后缗已经怀了孕，为了保住自己和胎儿的命，她迫不得已，从墙洞里爬了出去，逃到娘家有仍氏部落，后来生下了儿子少康。

少康很小就十分聪明，有心计。后缗觉得这个孩子很有希望恢复夏王朝，在他刚刚懂事的时候，便把先辈创建夏王朝的故事讲给他听，叮嘱他长大以后一定要恢复先世的基业，重振夏王朝。

少康从小受到这种教育的熏陶，果然发愤图强，为夏朝复兴做准备，先在外祖父有仍氏的部落担任管理畜牧的官。浇（寒浞长子）知道少康长大后，便又派人来杀害他。少康逃到虞舜的后代有虞氏那里。有虞氏的首领虞思觉得少康很有出息，就任命他为部落里管理膳食的官，学习管理财物的本领。后来，虞思又把自己的女儿嫁给少康，把一块叫纶的地方交给他管理。纶这个地方有5平方千米大小，有很好的田地，并有500名士兵。这样，少康就建立起恢复夏朝的根据地和武装。

少康宣扬他的祖先夏禹的丰功伟绩，以此来号召人们支持他复兴故国。少康把那些被后羿和寒浞搞得妻离子散、家破人亡、流浪在外的夏朝旧官吏召集到纶地，叫他们跟着自己重建夏朝。他先派一个名叫艾的大将去刺探浇的实力，又派自己的儿子季予攻打浇的儿子戈豷的领地，削弱浇的力量。艾和季予都出色地完成了任务。少康对于浇的情况已经了如指掌，趁势消灭了浇的儿子戈豷，这样一来使得浇处于孤立无援的地步。

一切都准备就绪，少康便从纶地起兵，向夏朝的旧都城安邑杀去。这时候寒浞已经死去，浇虽然想抵抗，怎奈力量过弱，终于被少康消灭了，天下又回到了夏禹子孙的手里。

夏朝从太康到少康，中间大约有100年的时间，在这段时间里，国家一直处于混战状态。长期的战乱使生产荒废，民不聊生。少康执政以后，首先要做的就是发展农业。少康深知要想得到人民的拥护，就要关心人民的生产和生活。所以，少康即位后，恢复了夏王朝稷官管理农业生产的制度。同时，他又恢复了水正的官职，重新整治黄河、管理水利工程。

除此之外，少康还分封他的小儿子去越国世代祭祀祖先大禹的陵墓。

还有一件事常常使少康感到心中不安，那就是夷族和夏朝之间的斗争仍在继续。为了杜绝这种祸患再次发生，少康决定征战夷族，以显示夏王朝的实力和威风。可惜，少康很早就过世了，征服东夷成了他的未竟之业。

后来，少康的儿子予（也叫杼）即位。他继承了少康的遗志，积极地准备征服东夷。传说为了战争的需要，予制造了许多进攻武器，还发明了一种可以避箭的护身衣，叫作"甲"。

帝予终于战胜了夷族，夏的势力范围又扩大了。

商汤灭夏

约公元前1653年，夏桀即位。桀是个暴君，骄奢淫逸，暴戾无道。百姓都痛恨夏桀，希望能推翻他的统治。公元前1600年，汤的军队攻占了夏都阳城，夏王朝灭亡，汤建立了商王朝。相传商的始祖名契，他的母亲简狄在河中洗澡时吞食了玄鸟（燕子）的卵，怀孕后生下了契，所以契又被称为玄王。商族曾以鸟作为氏族的图腾，经过长期的发展，商族力量逐渐壮大起来，至汤时，迁居于亳（今河南商丘市东南），此地是夏和先商的交界地区。从亳到夏的都城阳城，是一片平原沃野，没有什么山河阻挡，汤便于此组织军队向阳城进军。汤迁居亳是进行灭夏的准备。

对待周围各小国，商汤尽力扩大自己的影响，争取各方国和部落的拥护和支持。当汤看到夏桀的统治基础已根本动摇，灭夏时机已经成熟时，便召集诸侯开会准备征伐夏王朝。

经过一番准备之后，商汤于公元前1600年征伐夏桀。汤攻夏的进军路线是从亳起兵先伐葛（今河南商丘北）、韦（今河南滑县东南）、顾（今山东范县东南），再伐昆吾（今河南濮阳），最后直捣夏都阳城。夏桀面对汤的进攻，毫无防备，不战而逃，后逃至南巢（今安徽南巢县）被囚而死。汤安抚夏朝臣民后举行祭天仪式，宣告夏王朝灭亡。其后，他在三千诸侯的拥戴下登上天子之位，宣告商王朝的成立。经过20年的征伐战争，汤统一了黄河中下游地区，影响达于上游，统治区域空前辽阔，扩至"四海"，东到黄海，北达渤海，西至青海湖，南抵洞庭湖。

商朝建立后，中原地区屡有江水为灾，国都一再迁移。从汤至阳甲时，迁都五次。约公元前1300年，商王盘庚把都城迁到殷（今河南安阳），此后商朝的统治稳定下来。因此后代又把商朝称为殷。商朝的建立，使生产力得到巨大发展，并且使古代文明的进步获得转机，它使中国成为与埃及、巴比伦并称的上古文明国家的代表。

盘庚迁都

商汤建立商朝时，将国都定在亳（今河南商丘）。后来300年当中，前后五次搬迁都城。其原因是多方面的，有王族内部经常争夺王位，发生内乱的缘故；还有黄河下游常常闹水灾的缘故。有一次洪水泛滥，把都城全淹了，商朝就不得不迁都。

从商汤到盘庚，商王朝经历了18个国王。前9王统治时期，基本上能继承商汤开创的事业，统治也比较稳定，因此都城一直在亳。可是从商汤的五世孙中丁到九世孙阳甲，商统治集团开始腐朽起来。在王室贵族当中，争夺王位的斗争愈演愈烈，兄弟之间、叔侄之间，甚至父子之间，展开你死我活的斗争。动乱的结果，致使王位更替频繁，这就是所谓的"九世之乱"，商朝王权的势力逐渐削弱。

在这种情况下，奴隶主加紧了对平民和奴隶的剥削，阶级矛盾也尖锐起来，再加上水涝、干旱等自然灾害，使商朝很快地衰落下去。原来臣服于商朝的一些少数民族和诸侯国也都纷纷反叛。为了摆脱这种困难的局面，商王曾采取了迁都的办法，但都没有从根本上解决问题。盘庚就是在这种情况下，在他的哥哥阳甲死后做了商王。

盘庚在诸商王中，是一个很有作为的国王。他既通晓自己国家和民族的历史，又有一套现实的统治办法；他能很好地笼络、使用商朝的功勋旧臣，又能不被这些人左右、利用。因此，在盘庚继承王位的时候，尽管他还很年轻，却能率领商朝的臣民摆脱困境。为了改变当时社会不安定的局面，他决心再一次迁都。

可是，迁都的想法遭到大多数贵族的反对，他们贪图安逸，都不愿意搬迁。还有一些有势力的贵族煽动平民起来反对，一时间闹得满城风雨。

在强大的反对势力面前，盘庚丝毫没有动摇迁都的决心。他把反对迁都的贵族找来，耐心地劝说他们："迁都是为了我们国家的安定。你们要理解我的苦心，不要产生无谓的惊慌。我的主意已定，不容更改。"

迁都于殷，盘庚是经过了周密考虑的。新都殷地处黄河以北，洹河之滨，不仅有着优厚的地理条件，还有着可控四方的战略优势，可以有效防御北方、西北地区各方国少数民族的侵扰。另外，殷还是商的先祖起源活动的地方，盘庚以恢复"成汤之政"为目标，有利于号召人民。从政治上来说，迁殷之后远离了旧都奄（今山东曲阜），可以摆脱王族在旧都发展起来的各种势力，避开其锋芒，摆脱其牵制影响，巩固自己的政权。从经济上看，避开因年久失修而水涝不止的泗水流域，迁到一片肥沃的土地上，更有利于农业生产的发展。

盘庚坚持迁都的主张终于挫败了反对势力，他带着平民和奴隶，渡过黄河，搬迁到殷（今河南安阳小屯村）。仅仅迁都，并不能彻底改变朝政混乱的局面。盘庚立即实行了一系列有效的措施。他一扫昔日王族奢侈淫逸的风习，一切从简，使人们的思想行为安于质朴。紧张的营建开垦、艰苦奋斗的建设改变了商人的精神面貌，昔日贪污腐化、争权夺利的内耗得到抑制。盘庚选贤任能，惩恶扬善，论功行赏，重新以法度正天下，整顿朝政。另外，他也十分注意团结民心，减轻剥削，得到了人民的支持；同时打击了侵扰边境的少数民族游牧部落，安定了边疆。这样，商的势力才渐渐强盛起来，王权得到巩固。以后200多年，一直没有迁都。所以商朝又称作殷商。

盘庚迁都是商朝历史的转折点，对商朝的巩固和发展起到了相当重要的作用。历史证明盘庚是位富有远见卓识、具有非凡魄力的君王，他顶住了来自各方面的压力，迁都成功，去奢就俭，根治腐败，盘庚也因此被称为中兴贤王。

从那以后，又经过3000多年的漫长岁月，商朝的国都就变为废墟。到了近代，人们在殷地旧址上已发掘五六十座宏大的宫殿宗庙基址，发现大中型夯土基址和小型房子百余座，发掘铸铜作坊等手工作坊10多处，还有上千座的祭祀坑、殉葬坑、车马坑。因为那里曾经是商朝国都的遗址，就把那里命名为"殷墟"。殷墟遗址面积约30余平方公里，中心区域是宫殿区和王陵区，其外为居民区和手工业作坊区，再外则是墓葬区。宫殿区和王陵区均处在洹河南北两块高地上。王室作坊分布于宗庙区周围，呈卫星状分布着家族墓地以及其他邑落。整个国都布局合理，沿洹河而建。在宫殿区的西、南边都发现了相当宽阔的壕沟，均是人工挖的，起着城墙护卫的作用。

从殷墟发掘出来的遗物中，有龟甲（就是龟壳）和兽骨10多万片，上面都刻着很难辨认的文字。经过考古学家的研究，才把这些文字弄明白。当时，商朝的统治阶级很迷信鬼神。他们在祭祀、打猎、出征时，都要用龟甲和兽骨来占卜吉凶。占卜之后，就把当时发生的情况和占卜的结果用文字刻在龟甲、兽骨上。现在，我们把这种刻在龟甲、兽骨上的文字叫作"甲骨文"。我们今天使用的汉字就是从甲骨文演变过来的。

在殷墟上发掘出的遗物中，还发现了大量的种类繁多的青铜器皿、兵器，工艺制作都很精巧。有一个叫作"后母戊"的大方鼎，重量为875千克，高130多厘米，上面还刻着富丽堂皇的花纹。从这件青铜器上可以看出，在殷商时期，冶铜的技术和艺术水平都是很高超的。

姜太公钓鱼

盘庚死后，又传了11个王，最后王位传给了纣。

纣本来是帝乙少子，而此时以嫡庶为中心的宗法制度已初步形成，即立嫡不立长，纣是帝乙正妻所生，得立为太子。纣天资聪敏，身材魁伟，勇力过人，能赤手与猛兽搏斗，能说会道，恃才傲物。帝乙死后，纣即位为帝王。

纣王喜淫乐，好酒色，修建了许多苑囿台榭。纣王宠爱美女妲己，妲己让他干什么他就干什么；高筑"鹿台"，命乐师师涓作"兆里之舞""靡靡之乐"等淫声怪舞；又"以酒为池，悬肉为林"，不分昼夜地饮酒作乐，不理朝政，不祭鬼神，成为一个罕见的无道昏君。

纣王荒淫无道，引起百姓怨恨、诸侯离心。为重振自己的天子威风，纣王作"炮烙之法"：用青铜制成空心铜柱，中间燃烧木炭，将铜柱烧红，但凡有人敢于议论他的是非的，全部绑在铜柱上，活活烙死。

纣的凶残暴虐，加速了商朝的灭亡。这时候，在西部的周部落正在一天天兴盛起来。

周本是一个古老的部落。夏朝末年，这个部落活动在陕西、甘肃一带。后来，为了躲避戎、狄等游牧部落的侵扰，周部落的首领古公亶父率领周人迁移到岐山（今陕西岐山县东北）下的平原，并在那里定居下来。

周部落首领传至古公亶父的孙子姬昌（后来称为周文王）的时候，部落已经很强大了，这对商朝构成了很大的威胁。于是，纣王派人把周文王拿住，关在叫羑里（在今河南汤阴县一带）的地方。周部落的贵族把许多美女、骏马和珍宝，献给纣王，又给纣王的亲信大臣送了许多礼物，才把周文王赎了回来。

周文王见纣王昏庸残暴，民心失尽，就决定讨伐商朝。但是，他身边缺少一个有军事才能的人来帮助他带兵打仗。他便开始留心物色这样的人才。

有一天，周文王带着他的儿子和兵士到渭水北岸去打猎。在渭水边，一个老头儿在河岸上坐着钓鱼。大队人马过去，那个老头儿丝毫不为所动，还是安安静静钓他的鱼。文王看了很惊奇，就下了车，走到老头身边，跟他交谈起来。

经过一番谈话，知道他叫姜尚（又叫吕尚，"吕"是他祖先的封地），是一个精通排兵布阵的高人，于是，周文王恳请姜尚同他一起回宫。

因为文王的祖父曾经盼望得到一位帮助周族兴盛起来的人，而姜尚正是这样的人，所以后来人们叫他太公望；在民间传说中，又称他为姜太公。

太公望做了周文王的助手后，一面发展生产，一面训练兵马。周族的势力越来越大。没过几年，周族逐渐占领了商朝统治下的大部分地区，归附文王的部落也越来越多了。但是，正当周文王打算征伐纣王的时候，却害了一场病死去了。

牧野之战

周文王死后，他儿子姬发继承了王位，就是周武王。周武王拜太公望为师，让他的兄弟周公旦、召公奭做太公望的助手，继续整顿政治，训练兵士，准备讨伐商纣王。

这时，商纣王的暴政已经达到了极点。商朝的贵族王子比干和箕子、微子十分担忧，苦苦地劝说他改邪归正。商纣王不但不听，反而将比干杀了，还残忍地叫人剖开比干的胸膛，挖出他的心，说要看看比干的心长什么样子。迫于无奈，箕子装疯卖傻总算免了一死，被罚作奴隶，囚禁起来。微子看见商朝已经没有希望，便离开了国都朝歌。

在公元前11世纪，周武王得知商纣王已经到了众叛亲离的地步，认为时机已经成熟，于是便遍告诸侯：殷有重罪，不可不征伐！武王请精通兵法的太公望做元帅，领5万精兵，渡过黄河东进。八百诸侯在孟津会师。周武王在孟津举行誓师大会，历数了纣昏庸无道、残害人民的罪状，鼓励大家同心讨伐纣王。

公元前1046年一月，周武王统率兵车300乘、虎贲3000人及甲士4.5万人，声势浩大地东进伐纣。

一天，在周武王进军时，有两个老人挡住了军队的去路，要见武王。原来，这两人是孤竹国（在今河北卢龙）国王的儿子，哥哥叫伯夷，弟弟叫叔齐。孤竹国王钟爱叔齐，想把王位传给他。伯夷得知父王的心意后，便主动离开了孤竹国，叔齐也不愿接受王位，也躲了起来。他们两人在周文王在世的时候，一起投奔周国，并定居下来。他俩听到武王要去讨伐纣王，就赶来阻止，并说这是大逆不道的行为。

太公望知道这两人是一对书呆子，吩咐左右将士不要为难他们，把他们拉走就是了。后来这两个人拒食周粟，躲到首阳山（在今山西永济西南）上绝食自杀了。

一月下旬，周军抵孟津关隘（今河南孟州市），会合了庸、卢、彭、濮、羌、蜀、髳、微等反商各国。短暂休整后，于一月二十八日继续挥戈东进，从氾地渡过黄河后进入中原，旋北上百泉，折而东行，直抵朝歌近郊牧野（今河南汲县北）。二月四日拂晓周军在牧野安营扎寨，周武王召集群臣进行战略部署。

周军日夜兼程到达牧野的消息传入朝歌，商廷上下惊恐万状。商纣王大骂群臣尸位素餐，办事不力。无奈之下纣王只得征兵组织抵御，但东夷人的叛乱牵制了商朝主力军队，远在山东平叛的闻仲军这时已无时间赶回朝歌应战周军。纣王就把大批奴隶临时武装起来，与国都守军整编成一支17万人的军队，自己亲自统率，开赴牧野周军屯地。

二月五日，周军庄严誓师。阵前武王义正词严地声讨商纣王听信谗言诛杀肱股重臣、宠信妲己、不理朝政等累累罪行，周军深受激励，斗志昂扬，皆愿在伐纣战争中赴汤蹈火，誓死效命。武王又郑重宣读了纪律条文并布置了作战阵形，求整忌乱来提高战斗力。

战前充分动员后，武王命令周军对纣王军发起总攻。武王决定先发制人，他让太公望率2万精锐突击部队以迅雷不及掩耳之势突袭商军。纣王还未部署周密，商军就被周军冲击，阵脚顿时大乱。而商军中的奴隶和战俘之前从未受过严格的军事训练，战斗意志和纪律性都很差，再加上内心憎恨纣王从前对他们的虐待，并不乐意为之拼命；现在遭治军严谨、训兵有素的周精兵疾攻，根本就难以抵挡，遂纷纷掉转戈矛攻向商正规军。商纣王尽管体魄健硕，能以一当十，无奈已军起义反戈，又收不住阵脚，只能尽力招架。

周军元帅太公望深通谋略，运筹帷幄，即调骁将南宫适、洪锦各统5000人马从左右两面夹击商军。商军哪能经得住这两支生力军的猛攻，终于开始溃退。纣王知大势已去，拼命向东杀开一条血路逃回朝歌，商军17万人众瞬时土崩瓦解。

太公望下令乘胜攻打商都，武王又亲领1.5万精锐加入总攻，其中有兵车300乘。周军将士个个奋不顾身，猛冲商军。逃回朝歌后，商纣王看到大势已去，就于当夜躲进鹿台，放了一把火，跳到火堆里自焚了。武王率大军进入朝歌，百姓们列队欢迎仁义之师。从汤到纣，商王朝历17代30王（不包括汤长子太丁）至此告亡。

周武王把国都从丰迁到镐京（今陕西西安市西），建立了周王朝。

周公辅政

把商纣王彻底消灭后，武王进入商都，将商的畿内分为邶、鄘、卫三个国家，以邶封纣子禄父（即武庚），鄘、卫则由武王之弟管叔鲜、蔡叔度分别管制，合称三监。另外还有一说是管叔监卫、蔡叔监鄘、霍叔监邶，以监视武庚。安排好后，武王派兵征伐尚未臣服的商朝诸侯，据记载征服者有99国，臣服652国。武王还师西归，在他新迁的都邑镐京（即宗周，今陕西长安西北沣水东）举行大型典礼，正式宣告周朝的建立。

周王朝建立后，所面临的政治形势十分严峻。武王以"小邦"之君统治如此规模的区域，随时都会发生诸侯叛乱的局势。为了巩固政权，适应新形势的需要，武王决定论功行赏，理顺统治集团的内部关系，实行以周王室为中心的分封政治制度。首先受封的功臣主要有：太公望、周公旦、召公奭等人。为了控制广阔的新征服地区，周朝仍然应用商的分封制方法，把王族、功臣以及先代的贵族分封到各地做诸侯，建立诸侯国。先后受封的有鲁、齐、燕、卫、晋、宋、虢等71个诸侯国。

周武王建立周王朝后仅仅4年就生病死了，他的儿子姬诵即位，就是周成王。那时，周成王只有13岁，不能处理政务。于是由武王的弟弟周公旦辅助成王掌管国家大事，行使天子的职权。历史上，通常不直接称呼周公旦的名字，只称周公。

周公尽心尽力辅助成王，管理政事，但还是遭到周武王的弟弟管叔、蔡叔的猜忌，他们在外造谣说周公有野心，想篡夺王位。

这时，纣王的儿子武庚不满足于周朝封给他的殷侯地位，想重新恢复殷商的王位。武庚一听说周朝内部动荡不安，就和管叔、蔡叔串通起来，联络了一批殷商的旧贵族，还煽动东夷中的几个部落，起兵叛乱。

武庚和管叔等人制造的谣言，很快传到镐京，一时谣言四起，连召公奭听了也怀疑起来。成王年轻，更分不清事实真伪，所以对这位辅助他的叔父也不太信任了。

周公内心很痛苦，他首先向召公奭推心置腹地表明心意，告诉召公奭，他绝没有野心，让召公奭顾全大局，不要听信谣言。他这番诚恳的话感动了召公奭，消除了大家对周公的误会。周公在调和了内部的矛盾之后，毅然调动大军，亲自东征武庚。

这时候，东方有几个部落都与武庚串通一气，蠢蠢欲动。周公授权给太公望：各国诸侯，有不服周朝的，都由太公望征讨。这样，由太公望控制东方，周公自己全力讨伐武庚。

周公花了三年时间，终于平定了武庚的叛乱，杀了武庚。周公平定了叛乱，把管叔革了职，将蔡叔充军。管叔觉得自己没有脸面去见他的哥哥和侄儿，便上吊自杀了。

周公东征结束时，抓获了一大批商朝的贵族。因为他们反抗周朝，所以叫他们是"顽民"。周公觉得让这批人留在原来的地方容易滋生事端；同时，又觉得镐京远离东部的广大中原地区，控制起来很不方便，他就在东面新建一座都城，叫作洛邑（今河南洛阳市），把殷朝的"顽民"都迁到那里，派兵监视他们。这样一来，周朝就有了两座都城，西都是镐京，又叫宗周；东都是洛邑，又叫成周。

周公辅助成王执政了7年，不仅加强了周王朝的统治地位，而且还为周朝制定了一套典章制度。到周成王满20岁的时候，周公把政权交还给成王。

周成王死后，他的儿子康王即位。这段时间前后约50年，是周朝强盛和统一的时期，这就是历史上所说的"成康之治"。

昭王南征

周康王（钊）死后，子周昭王（瑕）继位。

建国于江汉地区的楚国虽然是周的封国，但由于地处"蛮夷之邦"，受到周的歧视，不能受到和其他诸侯国同等的待遇，于是楚国对周产生不满。楚国不断吞并周围的小国，逐渐强大起来。

为了消灭潜在的威胁，昭王三次亲率大军南征。第一次是在昭王十六年，昭王在成周（洛邑）集合军队，率王师和各诸侯大军，渡过汉水，很快就有东夷、南夷等26个小国臣服，王师获胜而归。第二次是昭王十九年，南征时被楚军击败，几乎全军覆没。第三次是昭王末年，回师经过汉水时，当大军登上通向汉水北岸的由船只连接起来的浮桥时，浮桥突然倾覆，统帅昭王落水溺死。军队也丧失殆尽。还有一种说法是因为老百姓厌其战乱与暴政，奉上用胶粘成的小船，昭王还师渡汉水时，小船到中流解体，昭王溺死，全军覆没。

烽火戏诸侯

周宣王在公元前781年死了，太子宫涅继位，这就是周幽王。周幽王又是一个昏君，只知吃喝玩乐，不理政事。

幽王继位的第二年，泾、渭、洛地区发生强烈地震。百姓的生命财产遭受巨大损失，动荡不安的政局日益加剧。

周幽王不仅残暴昏庸，而且耽迷女色。他整日派人四处寻找美女。有一个叫褒珦的大臣，劝谏幽王节制享受，幽王不仅不听，反而把褒珦判了罪。

褒珦被关入监狱3年，褒族人十分焦急，他们想了各种办法，解救褒珦。有人说，用珍宝赎罪；也有人说，找个美女送去，替褒珦赎罪。

后来，褒珦的家人将褒姒进献给周幽王。周幽王一见褒姒貌比天仙，马上就把褒珦释放了。从此，幽王整天与褒姒在后宫饮酒作乐，将朝政抛在脑后。

然而，幽王虽然宠爱褒姒，但褒姒性格内向，不喜笑颜，任凭幽王想尽一切办法讨她欢心，褒姒都笑不出来。

有一天，幽王忽然心血来潮，让人在宫外贴一个布告：有谁能逗王妃娘娘笑一次，就赏他1000两金子。

奸臣虢石父得知后，马上向幽王献计，用"烽火戏诸侯"的玩笑来博取褒姒一笑。烽火是古代军情危急时的报警信号，周王朝在骊山上建有20多座烽火台，每隔几里便有1座，专门用来防备西戎的进攻。一旦西戎来犯，烽火台上的烽火会像接力棒一样点燃，一个地点一个地点地传下去，附近的诸侯远远见了就会发兵来救援。

第二天，幽王兴致勃勃携爱妃褒姒上了骊山。他们白天在骊山吃喝玩乐，到了晚上，让士兵把烽火台的烽火点了起来。附近的诸侯一见黑烟滚滚的烽火狼烟，以为西戎兵打来了，立即率兵来援。赶到时，却不见西戎兵的影子，只听见山上丝竹管弦之声。这时虢石父从山上下来说，大家辛苦了，这里没有什么事，大王和王妃放烟火不过想取个乐，你们回去吧！

诸侯们从老远跑来，却被幽王要乐一番，一个个气得肺都要炸了，掉转马头就走。褒姒在山上，借着火光看到诸侯们气愤、狼狈的样子，真的笑了一下。幽王瞧见了她这一笑，不由得心花怒放，马上赏给虢石父1000两金子。

幽王自宠幸褒姒以后，被她迷得神魂颠倒，竟然想废掉太子宜臼，改立褒姒生的儿子伯服为太子。

周幽王在幽王五年（公元前777年）废申后及其太子宜臼的时候，遭到大臣卿士极力反对，但周幽王一意孤行。宜臼被废后，逃难到其母家申国。这时候周王朝的力量十分衰微，只相当于一个中等诸侯国，齐、鲁、晋、卫已不听从周王朝的命令而独立。申侯虽不满周幽王，但还没有公然叛周。幽王八年（公元前774年），周幽王立褒姒子伯服为太子，遂使周、申之间矛盾趋于表面化。幽王九年，申侯与犬戎及邻侯联合，准备反周。第二年，周幽王针锋相对，与诸侯结盟于太室山，并派兵讨伐申国以示威。幽王十一年（公元前771年），申侯与邻国、犬戎举兵讨伐镐京。幽王下令点起烽火求援，结果各路诸侯对上次的羞辱记忆犹新，加上对幽王昏庸乱政的不满，连一个救兵也没有派。犬戎兵很快攻破周都镐京，把逃到骊山脚下的幽王和伯服杀了，把美貌的褒姒抢走了。

幽王死后，申侯、鲁侯和许文公在申国立原来的太子姬宜臼为王，这就是周平王。平王后来回到镐京，看到镐京已被蛮族犬戎人破坏得面目全非，只好于公元前770年，东迁至洛邑（今河南洛阳）。历史上把周朝定都镐京的时期，称为西周；迁都洛邑之后，称为东周。

二、夏、商、西周的文化与社会生活

甲骨文

甲骨文是指殷墟（在今河南安阳小屯村）出土的刻在占卜用的龟甲兽骨以及一般兽骨和骨角器上的文字，是商代通行的字体。因它多为记录占卜之事，亦称卜辞。商朝统治者非常迷信，每遇祭祀、征伐、疾病、狩猎、天气的阴晴等诸事，都要用占卜的方法询问鬼神。每次占卜，都要将所问事项、占卜日期、吉凶结果等，刻在龟甲或牛的肩胛骨上，成为一篇或长或短的记事文章。这是中国历史上最早的一批文献资料。中国有文字可考的历史就是从商朝开始的。

甲骨文已形成一套较完整的文字体系，文字在此时的发展已相当成熟，约有5000单字，已显示了象形、指事、会意、假借、形声、转注等六种构字原则。可分为九种词性：名词、单位词（或量词）、代词、动词、形容词、数词、副词、介词、连词、助词和否定词。甲骨文中，"主语—谓语—宾语"基本语序固定，并有宾语前置、状语后置等句式，复杂句子的基本语法结构已与周代及周以后的语法基本一致。

甲骨文已有从一到十和百、千、万等13个记数单字，使用十进位制记数，出现四位数，较大的数字是三万。已有奇数、偶数、倍数的概念，且掌握了初步的运算技能。甲骨文已有完整的六十甲子，用天干地支记日。有一月至十二月，甚至十三月的历法。从书写的工具、书法的技巧看，甲骨文已达到成熟的地步。卜辞大多刀刻，有些只有横笔或只有竖笔的现象，表明刻写者对字形的掌握已非常精熟；其中有朱书、墨书，表明当时已有毛笔，或先书后刻，或刻后填朱墨，大多都是直接刻成。甲骨文的笔画无论是粗是细，都显得遒劲、富有立体感，轻重疾徐表现得当，反映出契刻人对字和刀的掌握已相当熟练。在行款上，有左行、右行、直行、横行之别，文字结构自然灵活，布局参差错落；在风格上按时期、书写人的不同，或壮伟宏放，或纤弱颓靡，或严密整饬，都体现了很高的书法艺术。

商人创造的甲骨文，不仅为研究殷商历史和汉字的发展提供了重要凭证，而且使甲骨学的研究成为考古学的分支学科之一。

金文

殷商时期，随着青铜器铸造技术的提高和在人们生活中的广泛使用，一种刻在青铜器上的文字产生了，称为金文或铭文。金文不仅刻在青铜礼器上，而且还刻在青铜兵器、青铜杂器甚至青铜生产工具上。但刻得最多的是青铜礼器中的钟和鼎，因而又称为钟鼎文。

商代金文的字体和甲骨文相近，字数较少，形声字比甲骨文多，结构比甲骨文简单，字体仍不固定。金文的内容主要是记载器物归谁所有和纪念的先人的称号；还有的记载了制作青铜器的原因，并附记了年月日；少数记有比较重要的历史事实，反映了晚商记事文字有了一步发展。商代前期的铜器上的金文一般只有一两个字，多为族徽和其他图形文字，笔道刚劲，有的还出现波磔。现已发现的最长金文有40多个字。商人在青铜器上铸造的金文，标志着汉字的发展已从甲骨文字逐渐走向金文阶段，对研究中国汉字的发展历史和商代社会经济文化状况具有重要价值，并为周代金文的通行奠定了良好的基础。

青铜器铸造技术

中国古代青铜技术产生和发展，其过程大致可分三个阶段：一是夏末商初的发明期，人们开始有意识生产青铜器；二是商代中期的发展期，青铜器的生产逐渐大型化和复杂化，并开始转向社会应用；三是商代晚期至西周时期的鼎盛期，这是中国古代青铜器发展史上的第一个高峰，青铜器在社会各生产部门得到极为广泛的应用。中国古代青铜技术主要体现在熔炼设备、熔炼技术、合金成分、铸造及金属加工技术等。熔炼设备主要有两种：一种是坩埚，由草拌泥制成，或以陶质大口尊或大型陶缸胎，内外涂草拌泥；另一种是竖炉，其中化铜竖炉由泥条盘筑而成，铸铜竖炉由泥团筑成，炉缸上部有多个风口。熔炼技术在当时基本上采用化铜热技术，即把金属块和燃料一并投入大型坩埚或竖炉中点火加工，同时坩埚从上部、竖炉从下部通过风口送风，使燃料充分燃烧。通过熔炼，可除去杂质，使金属块变成液态，便于浇铸，并配制出适当的合金成分。合金成分的选择及配置在古代青铜技术中占着重要的地位。商代中晚期，中国发明了铜—锡—铅三元合金；东周时期则产生了著名的"六齐"合金规律。中国使用最早的青铜器铸造是石范铸造，大约出现在夏代。商代中期，陶范取代了石范。陶范的铸造方法包括浑铸法和分铸法两种，在中国古代青铜铸造中占有重要地位，一直影响到以后的春秋战国时期。除了石范和陶范，在春秋中晚期还出现了失蜡法和全型铸造等铸造法。热处理技术包括退火和淬火；外镀技术包括镀铜锡和外镀金银。

后母戊方鼎

后母戊方鼎是商王文丁为祭祀母戊而铸造的祭器，1939年在河南安阳武官村殷墟出土，重875千克，是中国现存的先秦时期最重的青铜铸件。后母戊方鼎造型端庄厚重，器身呈长方形，立耳，柱足粗壮，通高133厘米，器口长110厘米，宽78厘米。纹饰华美，腹部饰有兽面纹，耳廓饰有虎食人头纹。腹壁内铸铭文"后母戊"三个字。该鼎是用陶范铸造的，鼎体浑铸，铸型由腹范、顶范、芯和底座、浇口组成，鼎耳后铸，附于鼎的口沿之上，耳的内侧孔洞是固定鼎耳泥芯的部位。鼎的合金成分为铜84.77%，锡11.64%，铅2.79%，较为符合铸造青铜容器硬度的要求。后母戊方鼎集中表现了殷商时期青铜冶铸业的生产能力和技术水平，是商代青铜文化高度发达的标志，在世界青铜文化史上占有很重要的地位。

四羊方尊

商代盛酒器，1938年于湖南宁乡市出土。上口最大径44.4厘米，高58.6厘米，重34.6千克。此器采用了圆雕与浮雕相结合的装饰手法，将四头羊的形象与器身巧妙地结合为一体，使原本造型死板的器物，变得十分生动。出土器物的湖南洞庭湖周围地区在商代是三苗活动区，在此地发现造型与中原近似的铜尊，表明商文化的影响已远及长江以南的地区。

商代历法

夏代时，历法已有很大的进步。相传中国最早的历法便是出于夏代的《夏小正》，是通过观察授时的方法进行编制的自然历。到了商代，大规模的祭祀和占卜，要求准确的祭祀时间和祭祀周期，加之农业生产的进步，社会生活的更高需求，使得商代历法在夏代的基础上进一步发展。

商代的历法是迄今已知较为完整的最早的历法。商代历法为阴阳历，阳历以地球绕太阳一周，即365（1/4）日为一回归年，故又称"四分历"。阴历以月亮绕地球一周，即29或30日为一朔望月。商代用干支记日，数字记月；月有大小之分，大月30日，小月29日。十二个朔望月为一个民用历年，它与回归年有差数，所以阴阳历在若干年内置闰，闰月置于年终，称为十三月。季节与月份有大体固定的关系。

商代每月分为三旬，每旬为10日，卜辞中常有卜旬的记载，又有"春""秋"之称。一天之内，分为若干段时刻，天明时为明，以后有大采、大食；中午为中日，以后有昃、小食、小采。旦为日初出之时，朝与大采相当，暮为日将落之时。对于年岁除称"岁""祀"之外，也称作"年"。

人祭和人殉

商朝的社会由贵族、平民和奴隶构成。奴隶处在社会的最底层。据殷商甲骨文和金文记载，奴隶有隶、臣、妾、奚等分别，战俘和宗族灭亡者是奴隶的主要来源。贵族不仅无偿占有奴隶的劳动，而且可以随意地施以杀戮。最为典型的杀戮就是杀人祭祀和活人殉葬。商王和贵族在祭祀天帝、祖先、鬼神和山川河流的时候，除了宰杀猪、牛、羊等牲畜之外，还经常屠杀战俘和奴隶。杀人的方法有许多种，比如砍头、肢解、焚烧等。此外，统治者死后，都要用活人殉葬，少者一两个人，多的有数十人或数百人，他们企图在所谓的"阴间"继续奴役这些奴隶为其服务。人祭和人殉在整个商朝都非常普遍，这反映了奴隶们在当时的悲惨处境。

早期货币——贝币

贝壳成为中国的早期货币，并非偶然。贝壳是古代人们所喜爱的一种装饰品，它们色泽光彩美丽、坚固耐用，很容易成为日常交换的媒介。贝壳产生于海洋，夏商两代主要活动在我国东部近海但又与海岸有一定距离的地区。贝壳的供给量多少适中，既便于普及，又能在一段时间内保持价格稳定。而且贝壳比较容易加工成可以分合之物，易于计量。在史前的仰韶文化和二里头夏代文化的遗址都发现有贝，但数量很少，主要作装饰之用；在商代，用贝作为葬品的现象已相当普遍。同时在商代金文中也出现有商王将贝赏赐给臣下的记载，这说明贝已不仅仅作为装饰品，而是具有特殊价值的物品了。将单个的贝币用索穿连成串，每五个贝为一系，两个系为一朋，十贝一朋，为一个计量单位。在商代墓葬中，还出现了石贝、铜贝、玉贝、骨贝等仿制品，说明人工铸币也开始使用。到西周时期，仍然以贝币为主要货币，这一时期天然的海贝数量减少，随着铜器铸造业的发展，铜铸贝币的数量增多。贝币是中国最早的货币形式，中国货币由此衍化，发展到后世的金、银、布帛和纸币，构成了自史前时期至明清两代独具特色的独立货币体系和货币文化。

第三章

春秋战国诸侯争霸

东周分春秋和战国两个时期（公元前770年~公元前221年），政治中心逐渐从周室转移到了诸侯各国。周王朝逐渐分裂成许多相对独立的诸侯国。周平王东迁，中央权力不再有控制诸侯的力量。在诸侯国的互相兼并中，西周旧制度逐渐被破坏，特别是宗子世袭不得买卖的宗族土地所有制向个人私有可以买卖的家族土地所有制转化，成为东周社会各种变动中最基本的一个变动。频繁的兼并战争，加重了人民的痛苦。诸侯、大夫兼并盛行，华族和南方蛮国同时争霸。战争破坏了旧制度，产生了新制度，旧的领主阶级逐渐被新的地主阶级所代替，旧的农奴阶级逐渐被新的农民阶级所代替。为了缓解军费的巨大压力，以鲁国初税亩为首，开始了一系列的经济改革。铁器农具和牛耕的广泛运用，大大提高了农业生产力，促进了手工业和商业在诸侯国间的广泛发展。对乱世的思考和改革，使得许多思想家、政治家、军事家纷纷著书立说，迎来了战国时期的"百家争鸣"。

一、春秋五霸与战国七雄

春秋时期

公元前770年，周平王即位，并把都城从镐京迁至洛邑（今河南洛阳）。至此，西周结束，东周建立。自这年起到公元前476年，史称春秋时期。

公元前770年到公元前476年这段时间和鲁史《春秋》的记事时间大体相当，故称"春秋"。春秋前期，王室衰微，政由方伯。齐桓公和晋文公先后称霸。春秋中期过后。晋秦和晋楚之间的战争断断续续打了近百年。之后上演的是吴越争霸。霸主政治与分权化促进了新旧制度的更替，土地制度和法律制度得以更替。劳动者的生产积极性提高了，生产力和文化有了新的进步。

春秋五霸

春秋时代诸侯争霸中五大强国的国君。具体指齐桓公、晋文公、宋襄公、秦穆公、楚庄王。一说为齐桓公、晋文公、秦穆公、楚庄王、吴王阖闾；一说为齐桓公、晋文公、秦穆公、吴王阖闾、越王勾践；一说为齐桓公、晋文公、秦穆公、宋襄公、吴王夫差。

齐桓公称霸

周王朝迁都到洛邑以后的东周，分为"春秋"和"战国"两个时期。春秋时期，周王室几经衰落后，周天子名义上是各国共同的君主，而实际上，他的地位只等同于一个中等国的诸侯。一些比较强大的诸侯国家经常使用武力兼并小国，大国之间也互相征伐，争夺土地。强盛的大国诸侯，可以号令其他诸侯，成为诸侯国的霸主。

春秋时期第一个称霸的是齐国（都城临淄，在今山东淄博）。齐国原是姜尚的封地。

公元前686年，齐国发生了内乱。在这次内乱中，国君齐襄公死于非命。襄公有两个兄弟，一个叫公子纠，当时在鲁国（都城在今山东曲阜）；一个叫公子小白，当时在莒国（都城在今山东莒县）。两个人身边都有辅佐的能人，辅佐公子纠的叫管仲，辅佐公子小白的叫鲍叔牙。两个公子听到齐襄公被杀的消息，都准备回齐国争夺君位。

鲁国国君庄公决定亲自把公子纠送回齐国。管仲对鲁庄公说："公子小白在莒国，离齐国很近。万一回到齐国去，事情就不好办了。让我先带一路人马在路上截住他。"

正如管仲所预料的那样，公子小白在莒国的护送下眼看快要赶到齐国了，管仲在路上截住了他。管仲拈弓搭箭，向小白射去。小白中箭倒在车里。

管仲以为小白真的死了，就不慌不忙地护送公子纠向齐国去。可是，管仲却不知他射中的不过是公子小白衣带的钩子，公子小白大叫倒下，原来是假装的。等到公子纠和管仲进入齐国国境，小白和鲍叔牙早已赶到了国都临淄，小白自然做了齐国国君，这就是齐桓公。

齐桓公即位以后，为报一箭之仇，立即发兵攻打鲁国，并且逼迫鲁庄公杀掉公子纠，把管仲送回齐国治罪。鲁庄公无可奈何，只好照办。

管仲被关在囚车里押送到了齐国。鲍叔牙立即向齐桓公推荐管仲，说他是个很有才干的人，可以帮助齐桓公干一番大事业。

齐桓公也是个豁达大度的人，听了鲍叔牙的话，不仅没有治管仲的罪，还任命管仲为相，让他管理国政。

管仲相齐后，尽心辅佐齐桓公的霸业，对齐国进行了一系列的改革。在政治上，他推行国、野分治的叁国伍鄙之制；在经济上，实行租税改革，采取了一些有利于农业、手工业发展的政策；在管理上，他号召礼法并用，知礼可以使民众懂得廉耻，明法可以让民众遵守规矩，两者结合起来，便可以使国力大增。在国内政治经济形势得到改善和稳定的基础上，管仲积极促使齐桓公采取尊王攘夷、争取邻国的手段，以建立霸权。管仲的这些政策为齐国称霸准备了物质条件。

齐桓公五年（公元前681年），是齐桓公霸业的开始之年。此前，齐国曾几度与邻近的鲁国交战，结果都没有取得多少胜利。这使齐桓公与管仲看到，仅靠齐国自己的力量，是不能称霸于天下的。于是，他们想到了利用周天子。

齐桓公首先与周室结亲，他迎娶周庄王之女共姬，向全国诸侯表明自己与周天子的亲近关系。在拉拢到周天子之后，齐桓公又以尊崇周天子为口号，取得各国诸侯的支持。

公元前681年，齐桓公奉周釐王之命，通知各国诸侯到齐国西南边境上的北杏（今山东东阿县北）开会。这时候，齐桓公在诸侯中的威望并不高。通知发出以后，只有宋、陈、蔡、邾四个国家来了。还有几个接到通知的诸侯国，像鲁、卫、曹、郑（都城在今河南新郑）等国，采取观望的态度，没有来。齐桓公便以此为突破口，杀鸡吓猴，制伏了鲁国，随后，齐桓公又软硬兼施，把卫国和郑国拉入同盟。

齐桓公七年（公元前679年），在齐国的帮助下，原先国内政局很混乱的宋国和郑国也实现了初步的稳定。齐桓公的霸主地位终于被各诸侯国认可，齐国开始称霸中原。

曹刿论战

公元前684年，也就是齐桓公即位的第二年，齐桓公又派兵攻打鲁国。鲁庄公对一再欺负他们的齐国，忍无可忍，决心跟齐国决一死战。

齐国的行径，也激起鲁国百姓的愤慨。有个鲁国人曹刿去见鲁庄公，要求参加抗齐的战争。鲁庄公高兴地接见了曹刿，并向他问策。

曹刿见到鲁庄公后，就自己心中的疑虑询问了鲁庄公，他问鲁庄公用什么与齐交战。鲁庄公说："暖衣饱食，不敢独自享用，一定分于他人。"曹刿说："小恩小惠不能施之于众，老百姓不会因此为你与齐国拼命。"鲁庄公又说："祭祀用的牛羊玉帛，不敢夸大其词，祝史的祷告一定据实反映。"曹刿说："这种诚心不能代表全部，神灵不会因此赐福。"鲁庄公接着说："每逢百姓打官司的时候，我虽然不能把每件事都查得很清楚，但是都会尽最大努力处理得合情合理。"曹刿这才点头说："我看凭这件得民心的事，可以和齐国拼上一场。"

而后曹刿请求跟鲁庄公一起到战场上去，看见曹刿胸有成竹的样子，鲁庄公同意了他的请求。于是两个人坐在一辆兵车上，带领人马出发了。

两军在长勺（今山东莱芜东北）列开阵势。齐军凭借人多势众，最先擂响了战鼓，发动进攻。鲁庄公准备马上让士兵反击，曹刿连忙阻止道："等一下，还不到时候呢！"

齐桓公求胜心切,命令齐军击鼓发动第二次攻击。鲁庄公又准备让鲁军倾巢出动迎击齐军,曹刿认为齐军士气仍然旺盛,就劝鲁庄公不要传令进攻,再等一等。鲁军的坚守再一次让骄横的齐军无功而返。齐军士气开始下降,没有了刚来时的锋芒。齐桓公遭受重大挫折却未取得一丝战果,岂肯善罢甘休?短暂休整后他又下令擂响第三通鼓,鲁军还是按兵不动。齐军兵士以为鲁军胆怯怕战,耀武扬威地向鲁军冲杀过来。曹刿这才对鲁庄公说:"现在可以下令反攻了。"

鲁军阵地上擂响了进军鼓,兵士顿时士气高涨,像猛虎下山般扑了过去。齐军兵士面对勇猛的鲁军,没有丝毫的心理准备。一会儿就招架不住鲁军的攻势,一齐溃败下来。鲁庄公欲下令紧追。曹刿说:"且慢!"他登上一辆戎车远眺齐军,只见齐军战车乱行,战旗东倒西歪,知道齐桓公这次是真败了,而不是诈诱鲁军深入齐军营地,于是跳下车对鲁庄公说:"可以追击了。"庄公号令实施追击,鲁军争先恐后,一鼓作气把齐军赶出了鲁国。

鲁军反攻胜利后,鲁庄公对曹刿镇静自若的指挥,暗暗佩服,可心里想不明白这个仗是怎么打胜的。回到宫里后,他先向曹刿慰问了几句,接着说道:"齐军头回击鼓,你为什么不让我出击?"

曹刿说:"打仗这件事,全凭士气。对方擂第一通鼓的时候,士气最足;第二通鼓,士气就松了一些;到第三通鼓,士气已经泄了。对方泄气的时候,我们的兵士却鼓足士气,这时我们擂鼓出击哪有不打赢的道理?"

鲁庄公这才醒悟过来,称赞曹刿的见解高明。在曹刿指挥下,鲁军击退了齐军,鲁国也稳定了下来。

晋文公称霸

晋文公即位以后,治理内政,发展经济,晋国又渐渐强盛起来。晋文公的机智、仁慈、勇敢与宽厚都预示着他将成为中原霸主。

这时候,逃往郑国的周朝天子周襄王派人到晋国讨救兵。原来周襄王有个异母兄弟叫太叔带，联合了一些大臣，向狄国借兵，夺取了周襄王的王位。

晋文公马上发兵攻打狄人，狄人大败，晋文公又杀了太叔带和拥护他的一帮人，护送天子重返京城。

周襄王设宴款待，并允许晋文公向自己敬酒。晋文公乘机请求周襄王，自己死后能用天子葬礼的仪制安葬。周襄王说："这是天子的典章。现在还没有人能取代周王室，天下不能有两个天子，那样您也不会喜欢的。"周襄王宁肯损失土地，也不愿损害周礼，他将阳樊、温、攒茅、原等地的田地赏赐给晋文公。

周襄王二十年（公元前632年），楚国攻打宋国，宋襄公的儿子宋成公又来向晋国求救，说楚国派大将成得臣率领楚、陈、蔡、郑、许五国兵马攻打宋国。大臣们都同意出兵救援宋国，扶助有困难的国家，以建立霸业。

晋文公知道，要拥有中原霸主的地位，就得打败楚国。他便将部队编为上、中、下三军（三阵），于公元前632年1月渡过黄河。根据战略方案，晋军进攻卫国并将其占领，又于3月攻克曹都陶丘，俘虏曹共公。因为曹、卫是楚的依附国，晋文公以为楚军必然弃宋而北上救曹、卫。然而楚不为所动，仍全力围攻宋都，宋再次向晋告急。

晋文公感到进退两难：若不救宋，则对不住宋襄公当年的礼遇，而且宋敌不过楚而降之会使晋失去一个盟友，对晋称霸中原计划不利；但若移兵救宋，则使原定诱楚决战曹、卫之地的战略意图泡汤；且南下主动攻楚一来违背了自己在楚国对楚成工的承诺，二来使晋军远离本土，劳师耗财，对手又是强大的楚国，取胜很难。晋文公一筹莫展。这时元帅先轸有了良策，他主张让宋国贿赂齐、秦两国，由齐、秦出面劝楚罢兵；并把曹、卫的一部分土地赠送于宋，使宋坚定抗楚的决心；楚与曹、卫是盟友，看到自己盟国的土地为宋所拥有，更不会放过宋国，齐、秦再善意劝解楚也不会听的；齐、秦这样一定怨恨楚不给面子，就会放弃中立而站到晋国一边，晋国实力就将压倒楚国，楚军就须小心了。

晋文公大赞"妙谋"，立即实行。楚国果然不听齐、秦劝解，继续围宋。齐、秦恼楚目空一切，于是宣布与晋国结盟抗楚。

楚成王见晋军降曹灭卫，深知其实力非比寻常，而又结盟齐、秦，形势已开始对楚不利，就命令楚军退到申地，并撤回戍守齐国穀邑的申叔军，令尹子玉也被要求撤去宋围，避免与晋军交锋。他训诫子玉，晋文公德高望重，并非等闲之辈，晋军不好对付，凡事量力而行，适可而止。但骄傲自负的子玉对楚成王之言不以为然，坚持要与晋军决一死战，并派伯芬去向楚成王请战，要求增兵。楚成王此时优柔寡断，最后抱着希望楚军侥幸取胜的心理同意了子玉的请求，但他又畏晋强大，怕失败了元气大伤，只派西广、东宫、若敖之六卒等人的少量兵力北上增援。

子玉得到支援，更坚定了与晋作战的决心。他派大夫宛春使晋，提出"休战"条件：晋让曹、卫复国，楚则撤离宋国。晋大夫子犯（即狐偃）认为子玉太无礼，晋应主动南下击楚；晋中军主帅先轸轻轻摇头以示不妥，他再次献策晋文公，表示这回管教楚师铩羽而归。

晋文公私下答应曹、卫复国，但前提是曹、卫必须与楚绝交；并扣留宛春以激怒子玉北上挑战。子玉见曹、卫已附晋，而楚使被扣，认为受到巨大侮辱，勃然大怒，下令撤去宋围，移军北上伐晋。

成得臣先派人要求晋军释放卫、曹两国国君。晋文公却暗地通知这两国国君，答应恢复他们的君位，条件是他们先跟楚国断交。曹、卫两国真的按晋文公的意思做了。

成得臣本想救这两个国家，不料这两个国家不讲道义倒先来跟楚国绝交，气得他率领全军直奔晋军大营。

楚军一进军，晋文公立刻命令往后撤。这种做法让许多晋军将领费解。狐偃解释说当初楚王曾经帮助过主公，主公在楚王面前许过愿：万一两国交战，晋国会退避三舍。今天后撤，就是为了信守这个诺言啊。

子玉见晋军不战而退，以为晋文公胆怯，不过徒有虚名，于是催军追逐。楚军中有人感到事有蹊跷，建议持重收军，伺机再追；子玉斥责他们当断不断，贻误战机，认为聚歼晋军，夺回曹、卫指日可待。楚军追晋军至城濮（今山东鄄城西南）。

晋军在城濮屯兵，齐、秦两军和刚被解围的宋成公军队赶来会合。而楚军此时军分三阵，严阵以待。公元前632年4月4日，晋军向楚军发起攻击，晋下军佐将胥臣把驾车马匹蒙上虎皮，突然攻向楚右军——战斗力最差的陈、蔡军，陈、蔡军遭此突袭，加之又被虎皮迷惑，顿时溃散。

接着晋军又"示形动敌"。晋上军主将狐毛在战车上竖两面大旗，引车后撤假装退却；晋下军主将栾枝也用战车拖曳树枝使尘土飞扬，造成晋后军也退却的假象以诱楚军出击。子玉不知是计，命楚左翼子西进击。晋中军主帅先轸见楚军上当，便命佐将郤臻率最精锐的中军迎击楚左军，而狐毛、栾枝也乘机回军侧击楚左翼。楚左军陷入重围，后退又无路，只能接受被歼的命运。子玉见两翼均被消灭，情知无力挽回败局，无奈下令中军脱离战场，才没有全军覆灭。

晋文公连忙下令，吩咐将士们不要追杀，把楚军赶跑就是了。成得臣带着残兵败将向后败退，自己觉得没法向楚成王交代，就在半路上自杀了。

晋国打败楚国的消息传到周都洛邑，周襄王和大臣都认为晋文公立了大功。晋文公趁机约了各国诸侯于践土（今河南原阳县西南）会盟，订立了盟约。这样，晋文公就成为中原霸主。

秦国崛起

公元前770年，秦庄公之子秦襄公因护送周平王东迁洛邑有功，被平王封为诸侯，并将岐山（今陕西岐山县东北）以西之地赐秦，秦国迅速崛起。秦是古代嬴姓部族中的一支，此支后代非子的曾孙秦仲为周宣王的大夫。秦仲在讨伐西戎时战死。秦仲的儿子秦庄公后来攻破西戎，收复西犬丘（今甘肃天水地区的礼县、清水县和张家川县一带），此为秦建国的开端。春秋早期，东周迁出今陕西境内后，秦致力于伐戎，收复周故地。公元前766年，秦襄公伐西戎至岐身亡，其子秦文公继位。公元前762年，秦文公收复汧水、渭水交会处，并迁都于此。在军事上，秦积极拓展领地。秦的疆域最初主要在今甘肃东南和陕西西部的渭水流域，后逐渐吞并今陕、甘境内的西戎各部，沿渭水东进，逾黄河和崤函之塞，进攻三晋；逾今陕西商洛地区进攻楚；逾今陕西汉中地区，进入巴蜀，并从巴蜀进攻楚。公元前753年，秦开始有史记事，民众亦开始接受教育。秦在很多方面继承了正统文化，在春秋时代文明兴起的浪潮中走在前列。公元前746年，秦法律开始有三族之罪。我国现存最早的刻石文字石鼓文，歌咏了秦国游猎、战争的情景。至此，秦从西部的小国，一跃而成为与中原诸国匹敌的诸侯。

烛之武退秦军

晋文公打败了楚国后，会合诸侯订立盟约，连归附楚国的陈、蔡、郑三国也与晋国成了盟约国。但是，跟晋国订了盟约的郑国，又暗地里跟楚国结了盟。

晋文公知道了这件事，非常生气，打算再次去征伐郑国，还与秦国约定，一起攻打郑国。

秦穆公一心想向东扩张自己的势力范围，就亲自带着兵马到了郑国边界。晋国的兵马在西边驻扎，秦国的兵马在东边驻扎，两军声势十分浩大。郑国的国君忙派辩士烛之武去劝说秦穆公退兵。

烛之武来到秦国军营，对秦穆公说："秦晋两国一起攻打郑国，郑国一定会亡国。但是郑国和秦国相隔很远，郑国一亡，土地全归了晋国，晋国的势力就更大了。它今天在东边灭了郑国，明天也可能向西侵犯秦国，对您有什么好处呢？再说，要是秦国和我们讲和，以后你们有什么使者来往，经过郑国，我们还可以当个东道主接待使者，对您也没有坏处。"

秦穆公衡量了一下利害关系，答应跟郑国单独讲和，自己带领兵马回国了。临走之前，派了3个将军带了2000人马，替郑国守卫北门。

晋国眼看秦军走了，非常生气，有的将领便提议追打秦兵。晋文公不同意攻打秦军，众人便想办法把郑国又拉到晋国一边，随后也撤兵回去了。

后来，秦国得知郑国又与晋国订立盟约，但又没有什么办法，只好忍耐下来。

过了两年，晋文公病死，他的儿子襄公继承君位。有人对秦穆公说道："晋文公刚死去，还没举行丧礼。趁这个机会攻打郑国，晋国绝不会去援救郑国。"

留在郑国的将军也送信给秦穆公说："郑国北门的防守掌握在我们手里，要是秘密派兵来偷袭，一定能成功。"秦穆公召集大臣们商量如何攻打郑国。两个经验丰富的老臣蹇叔和百里奚都极力反对，蹇叔认为调动大军偷袭那么远的国家，士兵都精疲力竭，而对方早就有了准备，根本没有取胜的把握；而且行军路线那么长，怎么能瞒住郑国。

秦穆公不听，派百里奚的儿子孟明视为大将，蹇叔的两个儿子西乞术、白乙丙为副将，率领300辆兵车，悄悄地前往郑国偷袭。

崤山之战

公元前628年冬，孟明视、西乞术、白乙丙奉秦穆公之命率秦军偷越晋境的崤山伐郑。晋国卿大夫先轸得到消息后对晋襄公说："秦国因为贪婪中原的土地而劳民伤财，违背蹇叔的忠谏，攻打偏远的国家，这是上天给予我们的机会，不能错过！我们应攻灭它，否则会留下祸患；诚请主公率军进攻秦军。"下军主帅栾枝提出异议："在秦国的帮助下文公才得以归国即位，我们若进攻秦国，岂不是违背先君的遗命吗？"先轸答道："秦不为我们国丧而悲痛，反而趁机攻打我们的同姓国家，他们如此无礼，我们还同他们讲什么恩惠？我听说，'一日纵敌，数世之患'，为我们的后代着想，不能算违背先君遗命。不遵循天意是不吉利的！"襄公于是同意出兵。

公元前627年春，晋襄公把丧服染成黑色，以先轸为中军元帅率晋军南渡黄河，控制了崤山北麓的险要路段，又联合了姜戎军队，晋军埋伏在原上，姜戎军多伏于沟谷，布好袋形阵以待秦军。

这时秦军已抵滑国境内，值郑国商人弦高在滑国贩牛，他判定秦师将袭郑，决定做出点牺牲以求挽救郑国。于是他牵了12头牛假托奉郑君之命，犒劳秦军。孟明视等三帅不知是假，还以为郑国已知道秦军来袭的消息并做好了防范准备，他们怕攻郑攻不下来，围困郑国又没有长期的补充资源，遂放弃伐郑计划，灭了滑国后撤军回秦。

孟明视对晋军埋伏于崤山毫无所知，秦军很自然地进入晋军包围圈。当四月十三日秦师全部进入崤山北麓峡谷隘道时，先轸令旗一挥，埋伏于两侧的晋军和姜戎军蜂拥而出，杀向秦军。秦军哪里来得及布阵防御抵抗？顿时被冲得七零八落，而兵车又无法回旋御敌，终于全军覆没，无一人得脱，孟明视等三帅全成了俘虏。

晋襄公的母亲怀嬴原是秦国人，不愿同秦国结仇，她对得胜回朝的襄公说："秦国和晋国原是亲戚，一向友好。如果把孟明视这些人杀了，恐怕两国的冤仇越结越深，还是把他们放了，让秦君自己去处置他们吧。"

晋襄公觉得母亲说得有道理，就把孟明视等人释放了。

元帅先轸一听让孟明视跑了，立刻去见晋襄公，说："将士们拼死拼活，好容易把他们捉住，怎么轻易把他们放走呢？"他一面说，一面气得向地上吐唾沫。晋襄公听了，也感到后悔，立即派阳处父将军带领一队人马飞快地去追孟明视等人。

孟明视等三人快到秦国的时候，秦穆公听到全军覆没，便穿了素服，亲自到城外去迎接他们。

孟明视等人跪在地上请罪。秦穆公说："责任在于我，没有听你们父亲的劝告，害得你们兵败受辱，我不怪你们。再说，也不能因为一个人犯了一点小过失，就抹杀他的大功啊！"

孟明视等人感激涕零，从这以后，他们认真训练军队，一心一意要报仇雪耻。

公元前625年，孟明视要求秦穆公发兵攻打晋国，以报崤山之战的仇，秦穆公同意了。孟明视等3员大将率领400辆兵车打到晋国。晋襄公早有防备，又一次打败了孟明视。

这一来，秦国就有人说孟明视是无能之辈。附近的小国和西戎一看秦国连打败仗，纷纷脱离秦国的管制。但秦穆公仍旧没有治他的罪。孟明视把自己的财产和俸禄全拿出来，送给在战争中阵亡将士的家属。他天天苦练兵马，一心要报仇雪耻。这年冬天，晋国联合了宋、陈、郑三国打到秦国的边界上。孟明视嘱咐将士守住城，不准随便跟晋国人交战，结果又让晋国夺去了两座城。

又过了一年，也就是崤山之战后的第三年。孟明视做好一切准备，在国内挑选精兵强将，拨发了500辆兵车。秦穆公还拿出大量的粮食和财帛，安顿好将士的家属。将士们斗志旺盛，浩浩荡荡地出发了。

秦军渡黄河的时候，孟明视对将士说："咱们这回出征，只能成功，不能失败，我想把船烧了，大家看行不行？"大伙说："烧吧！打胜了会有船的。打败了，就不回来了。"孟明视的兵士们士气高涨，隐忍了几年的仇恨全在这时候迸发出来。没过几天，秦军就夺回了上次丢失的两个城，接着又攻下了晋国的几座城池。

面对秦国的凌厉攻势，晋国上下惊慌失措。晋襄公跟大臣商量以后，命令只许守城，不许跟秦国人交兵。

看到晋国人龟缩在城里不敢出来，有人向秦穆公建议："晋国已经认输了，他们不敢出来交战。主公不如埋了崤山兵士的尸骨再回去，也可以洗刷以前的耻辱了。"于是，秦穆公率领大军到崤山，收拾起3年前死亡将士的尸骨，掩埋在山坡上，并带领孟明视等将士祭奠了一番，才班师回国。

一鸣惊人

秦国打败晋国，报了崤山之仇后，一连十几年两国相安无事。这期间，南方的楚国却一天比一天强大起来。

公元前613年，楚庄王熊侣继位。当年楚庄王还不满20岁，掌握楚国大权的是他的两个老师——斗克和公子燮。年轻的楚庄王根本不把国家大事放在心上，一切事务全由斗克和公子燮两人决断。在他即位的前三年时间里，白天打猎，晚上饮酒作乐，并下了一道命令：谁要是敢来劝谏，就处死谁。

三年过去后，楚庄王毫无悔改之意，仍然日夜歌舞欢宴不止。此时的朝廷政事，混乱不堪，公子燮和公子仪便乘机发动叛乱。幸好朝廷中有庐戢与叔麇两位忠臣，他们当机立断平定了叛乱。但此时，楚国的周边国家陈、郑、宋等小国都依附了晋国。楚国的国势已经危若累卵了。

一天，大臣成公贾实在看不下去了，他请求面见楚庄王。在富丽堂皇的宫殿里，钟鼓丝竹之声绕梁不绝，楚庄王的面前几案上摆满美酒佳肴，楚庄王正在一面饮酒，一面欣赏美女们翩翩起舞。庄王一见成公贾便问道："大夫来此，是想喝酒呢，还是要看歌舞？"成公贾话中有话地说："有人让我猜一个谜语，我怎么也猜不出，特此来向您请教。"楚庄王听说要让他帮着猜谜，觉得挺有趣，便一面喝着酒，一面问道："什么谜语，这么难猜？你说说。"成公贾于是清清喉咙说道："南山上有一只大鸟，三年里站在大树上不飞不动也不叫，这是只什么鸟？"楚庄王沉思了一会，说："这是一只与众不同的鸟。这种鸟三年不飞，一飞冲天；三年不鸣，一鸣惊人。你的意思我明白了，你下去吧！"

成公贾以为楚庄王已幡然醒悟，朝政会有新的变化，就兴冲冲地告诉了好友大臣苏从，两人眼巴巴地等待着。可是，楚庄王照旧宴饮享乐。

苏从见楚庄王依旧没有变化，便冒死直谏楚庄王。他才进宫门，便大哭起来。楚庄王问道："先生，为什么事这么伤心啊？"苏从回答道："我为自己就要死了伤心，还为楚国即将灭亡伤心。"楚庄王很吃惊，便问："你怎么能死呢？楚国又怎么能灭亡呢？"苏从说："我想劝告您，您听不进去，肯定要杀死我。您整天观赏歌舞，游玩打猎，不管朝政，楚国的灭亡不是在眼前了吗？"楚庄王听罢勃然大怒，抽出佩剑指着苏从心窝说："你不知我下的禁令吗？"苏从面无惧色，从容不迫地说："我知道，但是楚国政事已不可收拾，活着也没什么意思，请大王赐臣下一死！"说罢引颈怒目而视，正气凛然。楚庄王也凝视苏从片刻。突然，他将宝剑插入剑鞘，上前紧走几步，双手紧紧抱住苏从双肩，激动地说："你才是我要寻找的国家栋梁呀！"

楚庄王立刻下令罢去乐师鼓手、歌伎舞女。然后与苏从相对而坐，促膝谈心。苏从此时才知道，原来楚庄王因为当时朝政十分复杂，权臣乱政，依附者甚多，忠奸难辨，才故意装糊涂。这样做就是要让奸臣充分暴露，让忠肝义胆的贤臣挺身而出，然后做他的助手。

第二天，楚庄王上朝，召集文武百官，振乾立纲。楚国从此蒸蒸日上，他首先整顿内政，起用有才能的人，将伍举、苏从提拔到关键的职位上去。当时楚国的令尹斗越椒野心勃勃，想要篡位。楚庄王便任命了三个大臣去分担令尹的工作，削弱了他的权力，防止斗越椒作乱。楚庄王一边改革政治，一边扩充军队，加强训练军士，准备与晋国决战，雪城濮之战的恨。

楚庄王问鼎中原

楚是江、汉流域的一个蛮族国家，西周时，活动在丹阳（今湖北秭归）一带。公元前689年，始建都于郢（今湖北江陵纪南城），逐渐强大，兼并了附近许多小国。楚庄王（公元前613年~公元前591年）时，孙叔敖为宰相，整顿内政，兴修水利，国势更加强盛。公元前606年，楚庄王率军至周定王所在的伊水、洛水流域，周定王被迫派人为他举行慰劳欢迎之礼。楚庄王趁机询问九鼎的大小轻重。鼎是王权的象征，楚庄王"问鼎"，表明了他有灭周的野心。公元前598年，楚围郑，晋救郑。次年，晋、楚军战于郔（今河南郑州市东），晋军大败。史称"郔之战"。公元前594年，楚又围宋，宋向晋告急，晋畏楚而不敢出兵。从此，中原各国背晋向楚，楚庄王成为中原的霸主。楚庄王死后，楚国势力逐渐衰弱。

卧薪尝胆

晋国在邲打了败仗，霸业开始衰落。楚国渐渐强盛起来。此后，晋楚争霸，各不相让。后来，经宋国调停才罢兵讲和。

在中原局势渐趋平静的时候，南方的吴越争霸开始了。吴国的国王阖闾，依靠伍子胥、孙武等人的辅佐，在柏举（今湖北麻城）之战中打败了楚国。但就在吴军攻入郢都的时候，越国军队向吴国发起了进攻，从而揭开了吴越争霸的序幕。

吴王阖闾得知越国攻吴的消息，立即从前线回师攻打越国。公元前496年，越王允常病死，其子勾践继位。吴王阖闾趁越国刚刚遭到丧事，发兵攻打越国，两军在槜李（今浙江嘉兴）展开大战。结果，吴军大败，阖闾中箭受了重伤。阖闾临死前，对儿子夫差说："千万不要忘记越国的杀父之仇。"

夫差即位后，发誓一定要打败勾践，为父亲报仇。他任命伍子胥为相国，伯嚭为太宰，励精图治，准备攻打越国。

过了两年，勾践探知夫差昼夜练兵，就想先发制人。吴王夫差率兵迎战，双方大战于夫椒（今江苏太湖椒山）。结果，越军大败，勾践战败逃到会稽山（今浙江绍兴）上，被吴国追兵围困起来。

勾践以为局面已临近最后关头，准备杀妻与吴王决一死战。他手下有两个很有才能的人，一个叫文种，一个叫范蠡。他们认为一味蛮干，只有死路一条，不如先贿赂吴国权臣伯嚭，以求生路。便暗中派人把一批越女和奇珍送给他，托他向夫差请和。伯嚭果然接受礼物，在夫差面前劝说一番。

夫差不顾伍子胥的反对，答应了越国的求和条件，但要勾践到吴国去赎罪。

勾践把国家大事托付给文种后，就带着夫人与大夫范蠡去了吴国。夫差派人在其父阖闾墓旁筑了一个石屋，将勾践夫妇、君臣赶进屋中，换上囚衣，去做喂马的苦役。夫差每次坐车出去，叫勾践牵马，叫范蠡伏在地上当马镫。

这样过了两年，勾践在吴国吃尽了苦头。文种又给伯嚭送去珍宝美女，请他在夫差面前进言放回勾践。夫差对伯嚭一向信任有加，又觉得勾践这两年的表现的确是真心归顺了他，也就微笑点头了。

勾践在吴三年，受尽苦难。周敬王二十九年（公元前491年），吴王夫差赦勾践归国。自此，勾践广纳贤士，立志报仇雪恨。为了不忘屈辱，磨砺志气。他自己身穿粗布衣服，不吃肉食，住在简陋的屋子里，把席子撤去，用柴草做褥子；在吃饭的地方悬挂一个苦胆，每逢吃饭的时候，先尝一尝苦胆，然后大喊一声："勾践，你忘记会稽的耻辱了吗？"他不断激励自己，振作精神。这就是"卧薪尝胆"故事的由来。

勾践亲自与百姓一起共同劳作，让夫人织布裁衣，与民同甘共苦。经过长期的艰苦奋斗，"十年生聚，十年教训"，越国最终从失败中重新崛起。

面对越强吴弱的发展态势，伍子胥忧心如焚，他对夫差说："我听说勾践卧薪尝胆与百姓同甘共苦，请一定要保持警惕啊！"夫差不仅不听，反而疏远了伍子胥。又过了两年，夫差带兵进攻齐国，得胜而归。文武官员全说恭维话，只有伍子胥在夫差面前批评说："这次进攻齐国，只能算是一次小胜利。如果越国不灭，才是心腹之患。"吴王夫差大怒，赐伍子胥一把宝剑，令他自杀了。不久，勾践留下文种处理朝政，自己与范蠡率精兵五万袭击吴国，打败吴国守军，杀了吴国太子。

公元前473年，勾践再次进攻吴国，把夫差包围在姑苏山上。随后，越军消灭了吴军。勾践封给夫差一块地方叫甬东，在会稽东边的一个海岛。夫差痛悔自己相信伯嚭之言，却不听忠言，于是他以布蒙面，伏剑自杀了。勾践以国王的礼节埋葬了夫差，又诛杀了伯嚭。

吴越战争是春秋时期的尾声。到了公元前475年，进入战国时期，我国封建社会开始了。

三家分晋

东周时期，诸侯国内有大夫采邑，一个采邑实际是一个小国。因为诸侯兼并，某些诸侯国土地扩大了，国内某些采邑也跟着扩大起来。大采邑间由开始兼并到盛行兼并，与诸侯兼并走着同样的道路，不过两种兼并的作用却明显有所不同。诸侯兼并破坏了被灭国的宗族，加强了本国内的宗族势力；采邑兼并则是破坏了国内失败的宗族。家族代宗族而兴起，这主要是战争的结果。

食采邑的贵族有两类。一类是国君的儿子，按规定，一人得以继承君位，其余食采邑做大夫，如鲁国的三桓，郑国的七穆，齐国的高、国、崔、庆等。一类是有功的异姓人，也得食采邑做大夫，如晋国六卿中范氏、赵氏，齐国陈氏等。大夫的采邑与名位都是子孙世世继承不绝，国君在这些世袭贵族中选出一人或数人做卿，助国君掌管国政。到后来，华夏诸侯国如晋、齐、鲁、宋、郑、卫等国，卿也成为子孙世袭，国政被几家世卿把持，某些宗族变成强宗，采邑变成强国。

大夫被宠或有功或有权力，可以获得国君的赏田、赏人，也可以向国君请赏，或瓜分其他宗族的土地，甚至可以瓜分公室。鲁国在公元前562年，季孙、孟孙、叔孙三家三分公室，作三军各得一军；到公元前537年，三家又四分公室，季孙得二，孟孙、叔孙各得一，季孙私属甲士多至7000人。

东周前期，诸侯武力兼并，晋悼公兴霸业，先给人民免旧欠，救灾难，轻赋敛，赦罪人等好处。东周后期，齐国田氏、晋国的韩赵魏三家，政治上比较开明，所以成为大夫兼并的最后胜利者。

在周代初年的所有封国中，晋国的面积最大，力量最强，最有资格统一中国。

晋国国君的权力衰落后，实权由范、中行、赵、魏、韩、智六家大夫把持，他们又以自己的地盘和武装，争权夺利，互相攻战。后来只剩韩、赵、魏、智四家。四家中智伯瑶势力最大，野心也最大。智伯瑶打算下一步侵占韩、赵、魏三家的土地，于是把赵襄子、魏桓子、韩康子三家大夫请到家中，设宴款待。席间智伯瑶对三家大夫说："晋文公时，晋国是中原霸主，后来霸主地位被吴、越夺去了。为了重振晋国雄风，我主张每家献出一百里土地和相应的户口交国君掌管。"韩康子害怕智伯瑶的势力，首先表示赞同，愿把韩家土地和一万家户口交给国家；魏桓子心里不愿意，但也不得不表态，也把百里土地和九千家户口交给智家，智伯瑶见赵襄子一言不发，便用言语威胁他。赵襄子性格耿直，看智伯瑶贪婪的样子，非常气愤，便说："土地是祖宗遗产，要送给别人，我实在不敢做主。"智伯瑶听罢立刻翻脸，智、赵席上争吵不休，赵襄子最终拂袖而去。智氏立刻决定讨伐，并亲自带兵马为中军，让韩为右军，魏为左军三军直奔赵城。赵襄子寡不敌众，边战边退，退到晋阳（今山西太原）闭关固守。整整打了两年的仗，智军就是攻不下赵城。

智伯瑶无计可施，十分恼火。一天智伯瑶绕赵城察看地形时，看到晋阳城东北有晋水河，水势湍急，受到启发。智伯瑶便命令士兵筑坝蓄水，想把晋阳全城淹没。

大水淹进晋阳城以后，赵襄子焦虑不安，愁眉不展，就与谋士张孟谈探讨对策。赵襄子说："目前百姓情绪稳定，只是水势若再往上涨，全城就难保了，这可怎么办呢？"张孟谈分析说："攻城不如攻心。我看韩、魏把土地割让给智家，并不是心甘情愿的，我们何不派人游说，把韩、魏争取过来，请他们帮我们一起对付霸道的智伯瑶。"赵襄子同意这主意，就派张孟谈连夜出城，直奔韩、魏两营。韩、魏二家大夫正担忧自己的前途，经张一说，都赞同合力对付智伯瑶。

第二天深夜，智伯瑶在营帐里睡得正香，突然听见一阵喊杀声。他连忙披衣察看，发觉床下到处是水，以为大堤决口的水从晋阳城漫过来了，心里还挺高兴。但出帐外一看，兵营里一片汪洋，士兵被突来的大水，弄得惊慌失措，乱作一团。智伯瑶惊魂未定，转瞬间，三家军分由韩、赵、魏大夫带领，撑着木筏，从四面八方冲杀过来，打得智家军措手不及，被砍死和淹死在水里的不计其数，智伯瑶也死于乱军之中。

韩、赵、魏全歼了智家军，并乘势瓜分了晋国土地。公元前403年，三家派使者上洛邑去见周天子，要求晋封他们为诸侯。周天子见木已成舟，也就顺水推舟送个人情，正式晋封韩康子、赵襄子、魏桓子三人为诸侯。

从此以后，韩、赵、魏都成为中原大国，与秦、楚、燕、齐四个大国并称为"战国七雄"。

战国七雄并立时期

以田氏代齐和韩、赵、魏三家分晋为标志，中国历史进入了战国时期。战国时期既是战争频仍的时期，也是经济、文化迅速发展的时期。当时封建制已占主导地位，新的生产方式正处在自身发展的上升阶段。

七雄并立的战国时期，齐、楚、燕、韩、赵、魏、秦七大诸侯国之间，攻城略地的战争愈演愈烈。各国都致力于富国强兵，变法革新。西方秦国的实力日益增强，逐渐形成了兼并东方六国的优势。

列国诸侯为在兼并战争中抗衡和发展，大力发展生产，壮大自己的经济力量。新的社会制度和经济的发展，使人们的眼界大为开阔，思想大为解放。适应变革需要的新学术、新思想纷纷涌现，重新探讨宇宙和人生哲理蔚然成风。各派学者竞相发表重要的哲学观点和政治思想，思想领域出现了"百家争鸣"的生动局面。艺术领域出现一派盎然生气，造型艺术以及音乐、舞蹈，都有长足的发展。自然科学和医学亦有新的成果，不少发现和发明遥遥走在当时世界科学技术的前列。各地区经济文化联系的加强和各族人民的融合为建立统一的国家奠定了重要的基础。

围魏救赵

魏惠王也想仿效秦孝公，搜罗一个商鞅式的人才来治理国家。他不惜重金招徕天下豪杰。当时有个叫庞涓的人来到魏国，魏惠王亲自接见了他。庞涓讲了一些富国强兵的道理。魏惠王听了很赞赏，就拜庞涓为大将。

后来，魏惠王又听到孙膑很有才干，跟庞涓说起孙膑。庞涓派人把孙膑请来，跟他一起在魏国共事。庞涓发现自己的能力不如孙膑，怕有朝一日孙膑会取代他的地位，就告发孙膑私通齐国。魏惠王十分恼怒，治了孙膑的罪，在孙膑的脸上刺了字，还剜掉了他的两块膝盖骨。

正巧齐国有一个使臣出使到魏国，便偷偷地把孙膑带回了齐国。孙膑到了齐国后，齐威王对他大为赏识。

公元前354年，魏惠王派庞涓进攻赵国，齐威王就拜田忌为大将，孙膑为军师，发兵去救赵国。田忌血气方刚，欲直奔邯郸与魏军主力厮杀以解赵围；孙膑深谋远虑，认为不妥，他提出"批亢捣虚""疾走大梁"的策略，并解析这样可以避实击虚，不必付出惨重代价即可解邯郸之围。田忌认为此策妙极，于是统率齐军主力向魏都大梁挺进。魏国此时已成四面受敌，更可怕的是齐国人击向了魏的心脏，庞涓无奈，以少数兵力控制千辛万苦刚刚攻克的邯郸，自己率魏军主力撤出赵国，回救大梁。这时，孙膑已安排齐军在桂陵（今山东菏泽）埋伏，庞涓率军行至这里即遭到已等待多时的齐军突然截击。魏军在攻邯郸时已消耗了很大兵力，再加上日夜兼程的行军，疲惫不堪，于是大败而溃；与此同时，邯郸也被赵军夺回。

公元前341年，魏国又派兵进攻韩国。韩国也向齐国求救。那时候，齐威王已经死了，他的儿子齐宣王继承了王位。齐宣王派田忌、孙膑带兵救韩国。孙膑采用他的老办法，不去救韩，却直接去攻魏国。庞涓接到本国的告急文书，只好退兵往回赶。这时，齐国的兵马已经攻进魏国了。

庞涓率军撤回魏国，并加速追赶齐军。当追到齐军第一天扎营之地时，发现齐军营寨占地面积很大，从齐军做饭的炉灶数推测，齐军人数有10万左右。庞涓为齐军力量之大担忧。当第二天追到齐军扎营之地时，发现营地已缩小，炉灶也减少，推算齐军已由10万人减少至5万人左右。庞涓担忧之心渐轻，心里知道齐军的士兵人心不齐，有逃跑的士卒。当他追到齐军第三天扎营之地时，发现营地更加缩小，炉灶也大为减少，估计此时齐军只剩3万人左右。他不由心中大喜，于是舍弃一部分军队，亲自率领精锐之师加紧追击。

魏军披星戴月，一直追到马陵（今河北大名县东南），天色渐渐黑了下来，马陵道十分狭窄，路旁边都是障碍物。庞涓恨不得一步赶上齐国的军队，命令大军摸黑前进。忽然前面的路给木头堵住啦。

庞涓到前面一看，见道旁的树全砍倒了，只留下一棵最大的没砍。那棵树上面还刮去了树皮。裸露的树干上面影影绰绰还写着几个大字，因为天色昏暗，看不太清楚。

庞涓叫兵士拿火一照，看见上面写的是："庞涓死于此树下。"

庞涓大惊失色，连忙命令将士撤退。霎时间，四周的乱箭，像飞蝗似的向魏军射来，马陵道两旁杀声震天，齐国的兵士铺天盖地地杀过来。

原来这是孙膑设下的计策，他故意让军队装出逃跑的样子，引诱庞涓追上来。他算准魏兵在这个时辰到达马陵，预先埋伏下一批弓箭手，吩咐他们只等树下出现火光，就一齐放箭。庞涓见无路可逃，便拔剑自杀了。

齐军乘胜大破魏军，把魏国的太子申也俘虏了。从这以后，孙膑的名声传遍了各诸侯国。他写的《孙膑兵法》一直流传到现在。

商鞅变法

公元前350年，商鞅受到第一次变法成功的鼓励，决定再次实施变法。这次变法举措重大，影响极为深远，为秦国的强盛奠定了雄厚基础。"开阡陌封疆"就是把标志土地国有的阡陌封疆去掉，废除土地国有的制度。确认地主和自耕农的土地所有制，在法律上公开允许土地买卖，并扩大政府拥有土地的授田制度，便利地主经济的发展，增加地主政权的地税收入。普遍推行郡县制。商鞅将郡县制这一行政机构推行于全国，使之成为秦国地方政权的基本组织形式。最初设置的县有30多个，其后，随着秦国国土的扩张，又有所增加。郡县制的普遍推行，把地方政权和兵权集中到中央，加强了中央集权的封建统治。统一度量衡制度。此前，各地度量衡不一，不便人们的贸易往来，统一斗、桶、权、衡、丈、尺等度量衡后，地区间的商业往来十分便利，并对赋税制和俸禄制的统一产生了积极作用。开始按户、按人口征收军赋。这一制度的推行，为秦国强大的军事力量提供了保障。这次变法使秦国迅速强大起来。

秦商鞅变法，实行"利禄，官爵抟出于兵"，就是把爵位与军功挂钩，确立了二十等军爵制。

秦的爵位分二十等：公士、上造、簪袅、不更、大夫、官大夫、公大夫、公乘、五大夫、左庶长、右庶长、左更、中更、右更、少上造、大上造、驷车、大庶长、关内侯、彻侯。其中公士最低，彻侯最高。因军功获得爵位者，可以享受减免刑罚，免除劳役，获得土地、房屋或奴隶，爵位荫及子孙等优惠和特权。由于秦国实行军功与军爵挂钩的制度，所以秦军作战时非常勇猛，这也是秦能够统一六国的原因之一。

秦统一后，此制依然实行，"官斗士，尊功臣，盛其爵禄"，各级官吏主要由那些因军功而封爵者把持。但是由于战争的减少，"军"爵的性质逐渐发生了变化，赐爵的范围不再限于军功，赐爵的对象也由军人扩大到修筑驰道者以及自愿徙边的刑徒等。

胡服骑射

北方的赵国看到秦国恃强凌弱的做法，知道只有发愤图强，才能国泰民安。赵国的国君武灵王，是个很有远见的国君，面对周边的诸侯国日益强大，便考虑着赵国的发展前途。

周赧王八年（公元前307年），赵武灵王率军攻取中山国的房子（今河北高邑西南）之后，大军直达无穷之门（今河北张北），又自北而西到达黄河边，考察了赵国北面的游牧部族地区。赵武灵王意识到，在北方山地和丘陵地区不能使用车战，胡人身着胡服骑马射箭的作战技术则显示出特有的长处。于是他就着手进行军事改革。

有一天，赵武灵王对他的臣子楼缓说："咱们国家东边有齐国、中山（古国名），北边有燕国、东胡，西边秦国、韩国和楼烦（古部落名），我们如果不强大起来，随时都会遭受灭顶之灾。要发愤图强，就必须改革一番。我觉得咱们穿的长袍大褂，干活打仗都不方便。相比之下，胡人（泛指北方的少数民族）的短衣窄袖，倒是很灵活。我打算效仿胡人的风俗，把我们的服装改一改，你看怎么样？"

楼缓一听，连声说好，他说："咱们效仿胡人的穿着，也能学习他们打仗的本领啦！"

赵武灵王说："对啊！咱们打仗全靠步兵，或者用马拉车，这样不如骑马灵活机动。我们学胡人的穿着，就是要学胡人那样骑马射箭。"

这个想法一传开去，就遭到许多大臣的反对。公子成是赵武灵王的叔父，在赵国影响力很大。他先是以不能"变古之教，易古之道"为由拒绝穿胡服。赵武灵王于是亲至公子成家，反复说明事与礼可以随时代而变，并讲述胡服的优越性，赵要想永远立于不败之地，就得改革以加强军事实力。赵武灵王表示要继承赵简子、赵襄子的事业，振兴赵国。赵武灵王的慷慨陈词，令公子成备受感动，于是第二天他便着胡服上朝。公子成对胡服骑射改革的支持，使得赵武灵王有信心将这项军事改革坚决贯彻下去。

赵武灵王向全国发布胡服命令。这时有王族赵文、赵造和王子傅周绍等大臣向赵武灵王进谏以质疑胡服骑射，不断陈述习俗、礼教的不可变更性，希望他收回成命。赵武灵王批驳说："三代不同服而王，五伯不同教而政"，"法度制令，各顺其宜，衣服器械，各便其用"。批评他们不知时变，不谙治国。他们最后不得不接受了胡服。

赵武灵王看到条件已经成熟，就发布了一道改革服装的命令。不久，赵国人不分贫富贵贱，都穿上了胡服。一开始，人们还觉得有点不习惯，后来觉得穿了胡服实在方便灵活得多。

赵武灵王接着又号令国人学习骑马射箭。他把攻下的原阳（今山西大同北）改为"骑邑"，用来培训骑兵。大臣牛赞进谏："使不得，大王！国家和军队的常规是不能改变的。"赵武灵王立即驳斥他："依你说，经济发展，社会进步了，国家和军队还应该是一成不变吗？""今重甲循兵，不可以瑜险；仁义道德，不可以来朝。"牛赞被斥责得无言以对。从这里可以看出，赵国胡服骑射改革的过程是艰难而又曲折的。这不只是单纯的易服，而且还是一场尖锐的思想政治斗争。

赵国原来的服装是宽袍大袖，厚重烦琐；改为胡人服饰后变成紧身短装，束皮带，穿皮靴，轻巧利索，很适合马上训练、作战。赵武灵王组织培养出一支强大的骑兵，使之成为赵国军队中一个重要组成部分，为赵国发展成为东方六国最强国做出了卓越贡献。春秋以来，骑兵虽已出现，但数量很少，在军队中地位无足轻重。赵武灵王通过骑射改革，建立起强大的骑兵队伍，这为中原国家军队的发展提供了范例。

赵武灵王的改革很快收到了成效。胡服骑射举动不仅拓展了赵国的疆土，壮大了赵国的实力，而且使赵国继晋之后与燕国同为北方民族融合的中心，也为中原的生活方式带来了新的因素。公元前305年，赵武灵王亲自率领骑兵打败了临近的中山，又收服了东胡和临近几个部落。到了实行胡服骑射以后的第七年，中山、林胡、楼烦都被收服了，赵国的土地扩大了许多。

赵武灵王经常带兵外出打仗，把国内的事务交给儿子处理。公元前299年，他把国君的位子传给了他的儿子，就是赵惠文王。赵武灵王自己改称叫主父（意思是国君的父亲）。

完璧归赵

赵惠文王在位时，得到了楚国丢失的和氏璧。这时，强大的秦国曾儿次派兵攻打赵国。因赵国大将廉颇英勇善战，秦国占不到丝毫便宜。

公元前283年，秦昭襄王得知赵国得到了和氏璧，便派使者对赵惠文王说："秦国愿意用十五座城池换取和氏璧。"

赵王和大将军廉颇等大臣商议对策。他们考虑到，如果把和氏璧给了秦国，秦国不守信，只会白白地被骗；要是不给，秦国会借口攻打赵国。他们讨论了许久也没想出一点办法。后来决定先找个使者去秦国周旋，但又没有理想的人选。这时，有人推荐蔺相如可以出使。

秦昭襄王听说赵国使臣来到，立即在别宫接见了蔺相如。蔺相如捧着和氏璧恭敬地献给秦王，秦王高兴地接过观赏。随后，递给左右大臣们传看，又传给姬妾和侍人们赏玩，大臣们祝贺秦王得到稀世珍宝。

蔺相如在朝堂上等了半天，发觉秦王没有换城的诚意。可是和氏璧已落到别人手中，怎么才能拿回来呢？蔺相如急中生智地对秦昭襄王说："这玉璧确实好，但还有个小毛病，让我指给大家看。"秦王信以为真，叫手下把璧交给蔺相如。蔺相如捧璧退了几步，身子靠着殿柱，怒气冲冲而义正词严地说："当初大王派使者送国书，愿意以十五城换这块玉璧。赵国大臣都认为大王在骗人，我却认为普通百姓交朋友都讲信用，何况秦国是泱泱大国。赵国诚心实意派我把璧送来，大王却态度傲慢，在一般的殿堂接见我，显然是没有诚意换璧。现在请按诺言以城换璧。如果大王逼迫我，我就把我的脑袋和这块璧一起撞碎在柱子上。"说完蔺相如抱着玉璧用愤怒的目光斜视着柱子，做出要去撞的样子。

秦王唯恐砸碎了玉璧，赶紧劝他不要这样做，并连连表示歉意。他马上命令大臣把地图拿来，指着那换璧的十五座城给蔺相如看，蔺相如知道秦王又在使用欺骗手段，也将计就计。他对秦昭襄王说："和氏璧是无价之宝，在我把它带来之前，我国举行隆重仪式，斋戒五天。大王也要斋戒五天，我才敢献上和氏璧。"

秦王想，反正你也跑不了，就答应斋戒五日。蔺相如回到住处，叫自己的随从化装成百姓的模样，把璧藏在怀中，从小路偷偷地回国去了。

5天后，秦王在朝廷备了九宾大礼接见赵使蔺相如。蔺相如对秦王说："秦国自穆公以来的20多个君主，没有一个是讲信用的。我实在怕被骗上当，所以派人把璧先送回赵国了。"秦昭襄王听到这里，大发雷霆，气呼呼地对蔺相如说："我今天举行这么大的仪式，你竟敢把和氏璧送回去。来呀！把他绑起来。"

蔺相如不慌不忙地说："请大王别发怒。天下诸侯都知道秦国是强国，赵国是弱国，只有强国欺负弱国，从来没有弱国欺负强国的道理。如果大王真心想要和氏璧的话，请先交十五座城给赵国。弱国是不敢背信弃义而得罪大王的。如果杀了我，天下人也就看透了您的用心，都知道秦国不是讲信誉的国家。望你们仔细地想一下吧！"秦王与大臣们被说得哑口无言。秦王只得在正殿上以欢送赵国特使的礼节把蔺相如送回去。

蔺相如因完璧归赵，为赵国立了大功，赵惠文王提拔他为上大夫。秦昭襄王本来也没打算以城换璧，后来再没提过这件事。

将相和

秦昭襄王一心想要制伏赵国，接连入侵赵国国境，而公元前279年，又突然表示愿与赵国和好，约请赵惠文王渑池（今河南渑池县城西南）相会。赵惠文王害怕秦国有奸计，不愿去赴会。上卿廉颇和上大夫蔺相如以为，不去，秦会更骄横，以为赵国软弱胆小，因而劝说赵惠文王去渑池。最后赵惠文王决定冒一次险，他叫蔺相如随行，让廉颇率领精兵守候在赵国边界，准备抵御秦兵进犯赵国。

到了渑池相会这天，秦昭襄王大摆酒席款待赵惠文王。饮酒至酣时，秦昭襄王请赵惠文王弹瑟，赵惠文王没有办法推辞，便弹了一曲。秦国御史走上前来记录此事："某年某月某日，秦王与赵王饮酒，令赵王弹瑟。"以侮辱赵惠文王。蔺相如看见这种情况，心里十分气愤，便走上前对秦昭襄王说："赵王听说秦王擅长演奏秦地乐曲，请允许我献上瓦缶，请秦王敲击，作为娱乐。"秦昭襄王很生气，拒不敲缶。蔺相如拿着瓦缶上前，跪于秦昭襄王面前，再次请求他敲。秦昭襄王仍是不答应。蔺相如站起身厉声威胁："再不敲，我将不惜一死以相拼。"秦昭襄王的侍从要杀蔺相如，蔺相如做出欲击秦昭襄王的样子，呵斥他们退回。秦昭襄王没有办法，只得也敲了一下瓦缶。蔺相如召赵国御史记道："某年某月某日，秦王为赵王敲击瓦缶。"随后，秦大臣又提出无礼要求，让赵国拿出15城给秦王献礼。蔺相如也说："请秦国把都城咸阳给赵国献礼。"直至宴会结束，秦国一直未能占上风。

由于赵国已在边境部署重兵，时刻准备接应赵惠文王，秦国不敢轻举妄动，双方以平等地位重修旧好。

回到赵国后，赵惠文王对蔺相如的勇敢机智大加赞赏，拜他为上卿，地位在廉颇之上。廉颇是赵国名将，英勇善战，曾率兵击败齐国，夺取阳晋，被任命为上卿。他认为蔺相如不过是口舌之功，而位在自己之上，不由得勃然大怒，私下里对自己的门客说："蔺相如有什么本领，职位反比我高。就凭一张嘴，能说会道那叫什么本事。我南征北战，攻下多少城池，立过多少次大功，日后见面一定要给他点颜色看看。"这话传到相如耳里，蔺相如便尽量避开廉颇，并且装病不去上朝。

有一天，蔺相如坐车上朝，在路上看见廉颇的车马迎面而来，赶紧叫车夫把车躲进小弄堂里，给廉颇让道。蔺相如的属下有点看不过去，责怪蔺相如不该那么怕廉颇。蔺相如笑着问他们："你们说，廉颇将军厉害，还是秦王厉害？"手下人都说秦王厉害。蔺相如又说："秦王我都不怕嘛！我会怕廉颇吗？今天秦国不敢入侵我国，是因为有我和廉颇在，一旦我们不和，就会削弱内部力量，秦国就会乘机入侵。所以我不与廉颇争高低，为的是国家稳定。"

后来，蔺相如的话传到廉颇耳里。廉颇听说后，深为自己的无知感到羞愧，更加佩服蔺相如的高风亮节，便脱去上衣，露出肩膊，背着荆条，去蔺相如府上请罪。他见了蔺相如低头说道："我私心太重，只顾论功争权，幸亏您以大局为重！我实在是没脸来见您，请处罚我吧！"蔺相如连忙搀起廉颇，说："咱们两人都是赵国的大臣，您能理解我，我已经万分感激了，何必给我赔理呢！"

从这以后，他们互相谅解，成了生死与共的朋友，赵国也更加强盛了。

乐毅伐齐

齐湣王在位期间，骄横霸道，常常欺负弱小的国家。这样一来，许多诸侯国对他都不满，特别是燕国。

燕国也是战国七雄之一，在燕王哙做国君时，用子之为丞相。后来，燕王哙听信了坏人的主意，把国君的位子让给了子之，结果把国家搞得混乱不堪。齐国趁机进攻燕国，燕差点被灭掉。

燕王哙死后，燕昭王继位，他恨透了齐国，总想报仇雪恨。但自知国小地僻，力量对比悬殊，于是他礼贤下士。有人对燕昭王说，老臣郭隗有见识，请他帮助招贤纳士准错不了。燕昭王与郭隗一交谈，果然觉得郭隗很有才能，便为他造了一座精美的住宅，还拜郭隗作老师。

各国有才能的人听说燕昭王真心实意地招募人才，便纷纷来到燕国。乐毅以魏昭王使节的身份来到燕国，燕王用宾客之礼接待他，被乐毅婉言谢绝，并在昭王面前声声称臣。燕昭王高兴地任他为亚卿，经过考察，发现他非常有才能，便把国家大事交他处理。

经过几年的努力，燕国国力日盛，燕昭王看到齐国潜在的危机逐渐暴露，便与乐毅商讨如何征伐齐国。乐毅认为齐国地广人多，单靠燕国的力量不容易取胜，建议联合其他国家一同攻齐。燕昭王赞成乐毅的意见，派乐毅去赵国联络，派其他使者联合楚、魏两国，还叫赵国去说服秦国共同出兵。诸侯各国深受齐湣王骄矜暴戾之害，都愿意跟燕国讨伐齐国。

乐毅等回来禀报燕昭王，燕昭王见时机成熟，便任命乐毅为上将军，统领全国军队。与此同时，赵惠文王也把相国的印交给了乐毅，授给他全权。公元前284年，乐毅统领赵、魏、秦、韩、燕五国的军队进攻齐国，齐军不敌众国倒山倾海之势，大败。

齐将达子召集逃亡的齐军士兵，整顿后继续作战，想以此挽回败局，但齐湣王不予援助。达子率军在秦周（今山东临淄西北）与五国联军再次交锋时又被打败，达子死于乱军之中。两次战役使齐国主力受到重创，不能再与五国联军交战。乐毅遂遣还秦、韩等国军队，让魏国进攻原宋国地区，赵国去攻取河间，自己亲率燕军长驱直入，攻打齐都临淄，齐湣王逃走。齐国疆土分裂，势力大减。

五国联合伐齐，是战国时的一场大战。后来，六国之间的自相残杀愈演愈烈。

合纵与连横

关东各国即韩、赵、魏、齐、楚、燕六国为了抗拒强秦，就组成军事联盟，因为是南北联合，因此称为"合纵"。秦国位于西部，为了破坏关东的"合纵"，以便于秦国势力向东方发展，秦国就用军事压力和政治离间等手段，在关东争取盟国，这是东西联合，称为"连横"。文献记载，从事于"合纵"运动的主要人物是洛阳人苏秦，从事于"连横"运动的是魏人张仪。

苏秦的主张于公元前334年首先得到燕文侯的支持，继之又得到赵肃侯的支持，后又联合韩、魏、齐、楚，形成南北联盟之势。苏秦为纵约长。"合纵"的形成，曾使秦兵15年不敢过函谷关（今河南灵宝东北农涧河畔王垛村）。可是关东各国之间互相猜疑，矛盾重重，在对抗秦的进攻方面，各有打算。后苏秦死于齐，"合纵"瓦解。

张仪稍后于苏秦，为秦相，首倡"连横"。秦之主要联合对象为魏、韩。公元前322年，张仪至魏国，劝魏背弃纵约，联结秦国。魏王不听，秦便出兵大破韩军，斩首八万余，诸侯震恐。魏迫于压力，就背弃纵约，与秦连横。后来关东各国又联合起来，赶走张仪，推举楚怀王为纵长。魏、楚、燕、韩、赵五国出兵伐秦。可是兵到函谷关，就被秦军打败，"合纵"遂瓦解。魏、韩两国又转而屈从于秦，形成秦、魏、韩三国"连横"，齐与楚两国"合纵"的对抗形势。秦为了拆散齐、楚"合纵"，就派张仪至楚，劝说楚怀王与齐绝交，并以割让商於（今河南淅川西南）地六百里为酬谢。楚闭关与齐绝交之后，向秦索地，张仪却说当初只说许给"六里"。楚怀王知道被秦骗之后，就发兵攻秦，但被秦打败。后来，秦昭王约楚怀王至秦会盟，楚怀王赴会被秦扣押，死于秦国。此后，关东各国虽还想合纵，但情况更困难。

屈原投江

屈原出生在公元前340年的农历寅月寅日。生于硝烟弥漫的乱世，空负绝世才华和救世之志，却只能感叹报国无门，在一次次的打击和流放中体味忧世、忧生、忧民的精神之痛，这就是屈原的悲剧的一生。他20多岁时受到楚怀王的信任，先后做过左徒和三闾大夫的官职，地位相当显赫，"入则与王图议国事，以出号令；出则接遇宾客，对应诸侯"，一度是楚国内政外交的关键人物。为挽救楚国的危亡，屈原提出了内修弊政，改革图强，外联齐国，抗秦图存的"美政"纲领。然而，在旧贵族的造谣中伤、陷害诋毁之下，他很快便遭到疏远，并在5年后遭受了人生中的第一次沉重打击，被流放到汉北。然而他绝不肯就此放弃。公元前292年，已回到楚国宫廷的屈原，因不懈坚持"美政"路线，而被放逐江南。屈原一生遭到楚王的两次放逐，过了20多年的流浪生活。评价屈原的一生，可以说他是一个伟大的诗人，又是一个怀才不遇的政治家。

楚国被秦国打败后，楚怀王又想重新和齐国联合起来。这时，秦昭襄王继王位，他很客气地写信给楚怀王，请他到武关（在陕西丹凤县东南）相会，当面订立友好盟约。

屈原劝楚怀王不要去，他说，秦国一定会设下圈套等着我们上当呢。但无济于事，楚怀王一意孤行。

正如屈原预料的那样，楚怀王刚进入秦国的武关，立刻被秦国预先埋伏下的人马截断了后路。在会见时，秦昭襄王逼迫楚怀王把黔中的土地割让给秦国，楚怀工拒绝了。秦昭襄王下令把楚怀王押到咸阳软禁起来，并派人通知楚国让他们拿土地来赎人。

楚国的大臣们听到国君被押，非常气愤，拒绝了秦国的无理要求，并立太子为国君，这个国君就是楚顷襄王。

楚怀王在秦国被关一年多，吃尽苦头，后来病死在秦国。楚国人为楚怀王被害死愤恨不已，大夫屈原更是怒不可遏。他劝楚顷襄王搜罗人才，远离小人，鼓励将士，操练兵马，为国家和怀王报仇雪耻。

可是他的劝告却招来了令尹子兰和靳尚等人的仇视。他们抓住一切机会在顷襄王面前诬陷屈原。楚顷襄王听信谗言，把屈原革了职，放逐到湘南去。

屈原到了湘南以后，经常在汨罗江（在今湖南省东北部）一带徘徊，吟诵着伤感的诗歌。有一天，屈原在汨罗江边遇见一位打鱼的渔夫。渔夫对屈原说："您不是楚国的大夫吗？怎么会落到这种田地呢？"屈原说："我落到这个地步，是因为许多人都是肮脏的，只有我是干净的；许多人都喝醉了，只有我还醒着。"

公元前278年，楚国国都被秦国攻破。一直支持着屈原人生的精神支柱——国家，就此坍塌了，屈原内心的孤愤随着国破山河碎而彻底泯灭。怀着绝望的心情他走向汨罗江，投江自尽，以身明志，以死殉国！

屈原的人生之痛，造就了中国文学之幸。从《九歌》到《九章》，从《哀郢》到《离骚》，从《橘颂》到《天问》，屈原所有的痛苦、愤怒、哀怨、孤独都通过与楚地民歌相结合，而化为响彻天地的吟唱，回荡在时间的尽头，这就是"楚辞"——一种在香草美人的意象中寄寓理想，在上天入地的境界中探索真理，在不拘一格的言语中抒写忧伤的崭新文体。由屈原"自铸伟词"所开创的楚辞的天空一经产生便是群星璀璨，而《离骚》则是所有星座中最灿烂的一颗。《离骚》全长373句，2490字，是中国文学史上第一首由诗人自觉创作、独立完成的长篇抒情诗。诗人以自身为原型，从多方面树立了一个具有高尚品格和出众才华的抒情者光彩照人的形象。

透过屈原的作品可以感受到屈原伟大的人格和高尚的情操，他以国家兴亡为己任，追求"举贤荐能、修明法度"的美政理想。在《离骚》中，屈原对贵族统治集团争权夺利、贪婪嫉妒、仗势欺人、蔑视法度等腐朽现象进行了无情的揭露。屈原耿直的性格和他那国家利益高于一切的爱国思想在《离骚》中得到充分的体现，当国君的做法不利于国家时，他也同样在作品中表现出自己的不满和愤怒。

屈原是中国古代第一位具有爱国主义思想的浪漫主义诗人，他开创了楚辞文体，形成了中国文学史上最早的浪漫主义文学流派，和《诗经》一起构成了中国诗歌的两大源头，在中国文学史上占有极其重要的地位，对后世文学产生了无穷的影响。屈原的作品有自己独特的艺术风格，他大胆使用浪漫主义手法，运用神话传说，展开丰富的想象，抒发了自己奔放的情感和对美好理想的追求，表达了自己的政治理想，以及对腐败的统治者的不满和对人民的痛苦生活的深切同情和关怀。在反映现实矛盾，抒发内心感情时，他继承并发扬了《诗经》的传统，巧妙地使用比兴手法，委婉而且深入地表述自己的观点。屈原在诗歌的语言和表现形式上也做了变革，不仅加长了句子，还加大了篇幅，相对《诗经》来说，更有利于增加内涵，深入地表达思想。

窃符救赵

楚国派兵救赵的同时，魏国也同意出兵救援赵国。魏国领兵的大将是晋鄙。

秦昭襄王得知魏、楚两国发兵的消息，亲自前往邯郸督战。他派人对魏安釐王说："秦国早晚会把邯郸打下来。谁敢来救邯郸，等我灭了赵国，就攻打谁。"魏安釐王害怕了，连忙派人去追晋鄙，叫他停止前进，按兵不动。

赵孝成王见魏军驻扎在邺城（今河北省临漳县西南），不来救援，十分着急，他叫平原君给魏国公子信陵君魏无忌写信求救。平原君的夫人是信陵君的姐姐，两家是亲戚关系。

信陵君接到信，一再央求魏安釐王命令晋鄙进兵，无论信陵君怎么说，魏王也不答应。信陵君没有办法，对门客说："大王不愿意进兵，我决定自己去赵国，与秦军拼个死活。"他手下的很多门客都愿意跟信陵君一起去。

信陵君有个他最尊敬的朋友，叫作侯嬴。临行前信陵君去跟侯嬴告别，侯嬴说："你们这样去救赵国，就像把一块肥肉扔到饿虎嘴边。"

侯嬴接着说："听说国家的兵符藏在大王的卧室里，只有如姬能把它拿到手。当初如姬的父亲被人害死，是公子叫门客找到那仇人，替如姬报了仇。为了这件事，如姬非常感激公子。如果公子请如姬帮忙，让她把兵符盗出来，如姬一定会答应。公子拿到了兵符，就能接管晋鄙的兵权，然后带兵救援赵国。这比空手去送死不是强多了吗？"

信陵君马上派人去求如姬，如姬一口答应了。当天午夜，如姬趁魏王睡觉的时候，把兵符盗了出来，交给一个心腹，送给了信陵君。

侯嬴见信陵君拿到了兵符，又对信陵君说："将在外，君命有所不受。万一晋鄙接到兵符，不肯交出兵权您打算怎么办？"信陵君皱着眉头答不出来。

侯嬴说："我已经替公子想好了。我有个朋友叫朱亥，是魏国数一数二的大力士，公子可以把他带去。要是晋鄙能痛痛快快地把兵权交出来最好；要是他推三阻四，就让朱亥来收拾他。"

信陵君带人到了邺城，假传魏王的命令，要晋鄙交出兵权。晋鄙验过兵符，仍旧有点怀疑，不愿意交出兵权。这时站在信陵君身后的朱亥大喝一声："你不听大王的命令，是想造反吗？"他边说边从袖子里拿出一个40斤重的大铁锥，向晋鄙的脑袋上砸过去，结束了晋鄙的性命。

当下，信陵君选出8万精兵，由他亲自指挥，向秦国的兵营冲杀。秦将王龁没防备魏国的军队会突然进攻，慌忙抵抗。

这时邯郸城里的平原君见魏国救兵赶到，也带着赵国的军队杀出来。两下一夹攻，一下子打败了围城的秦军。

李斯谏逐客

秦国虽然在邯郸打了一个败仗，但是第二年（公元前256年）战胜了韩、赵两国。后来，索性把挂名的东周王朝也灭掉了。秦昭襄王死去后，他的孙子秦庄襄王继位。不到3年，秦庄襄王也死了，继承王位的是年仅13岁的太子嬴政。吕不韦被尊为相国，主持朝政。大权落入太后赵姬、吕不韦和假宦官嫪毐手中。

公元前239年，也就是嬴政亲政的前一年，吕不韦和嫪毐不甘心放弃自己的权力，采取种种手段，力图保住自己的地位。同样，富有谋略的嬴政也不甘心听任吕不韦和嫪毐的摆布，一场激烈的政治斗争开始了。

公元前238年，嬴政下令发兵镇压嫪毐叛乱，处以车裂。因为嫪毐是吕不韦一手引荐的，因此牵连到吕不韦。秦王政觉得吕不韦不听摆布，便免了吕不韦的职。后来又逼吕不韦自杀。

吕不韦一死，秦国的一些大臣就议论起来，说：各国的人跑到秦国来，都是为他们本国的利益考虑，还有一些是来当间谍的。他们请秦王政把所有的客卿都撵出秦国。

秦王政表示赞同，就下了一道逐客令，让所有不是秦国人的官员都离开秦国。

有个楚国来的客卿李斯，原是著名的儒家学派代表荀子的学生。他来到秦国后，受到吕不韦的赏识，留下来当了客卿。这次，李斯也在被驱逐之列。离开咸阳的时候，他给秦王上了一道奏章。

李斯在奏章上说："从前秦穆公在位时，有了百里奚、蹇叔，当了霸主；秦孝公在位时用了商鞅，变法图强；惠文王在位时，用了张仪，拆散了六国联盟；昭襄王用了范雎，建立了功业；现在大王执政，却把外来的人才都撵走，这不是帮助其他国家增加实力吗？"

秦王政看了奏章，觉得李斯说得有道理，便派人把李斯追回来，恢复了他的官职，把逐客令取消了。

从这以后，秦王政很信任李斯，李斯也给秦国出了不少好主意。这样，一面加强对各国的攻势，一面派人到列国游说诸侯，拆散他们的联盟。

二、春秋战国时期的社会发展

春秋战国时期的货币

春秋战国时期，诸侯割据，政制不一，各诸侯国通用本国的货币。那时的货币种类有布、刀、钱、贝等，它们都属于区域性货币。

公元前336年，秦国开始统一铸造铜币，流通于市。铜币形制为无郭圆钱，有"一铢重一两""半两"等，以两为重量单位。"圆钱"与"刀""布"等同为货币的一种，但"圆钱"对后世币制影响很大，并被一直沿用下来。

刀币是由古代的石刀演化发展出来的。刀币的流通地区是齐国、赵国和燕国的部分地区，而以齐国最为典型。齐国专门使用刀币，其刀币形制较大而币头较小。楚国郢爰在战国时代大量使用，成为当时主要的黄金铸币。黄金质量均一，价值稳定，经久耐用，又可以任意分割，携带贮藏方便。黄金的单位价值高，比各种铜铸币更适合于高额交易。因此，随着春秋战国时期货币经济的发展，黄金开始成为货币。

铁器、牛耕的使用和推广

春秋时期，社会生产力有很大的发展，其主要表现为铁器和牛耕的出现。中国铸造铁器大约开始于西周末年或春秋初年。自春秋时期起，铁制工具开始广泛应用于农业生产领域。随着冶铁业的发展和冶铸技术的突飞猛进，铁器已普及到生活的各个方面。春秋时期，牛耕已经出现。孔子的弟子冉耕的字为伯牛，司马耕的字为子牛，这都是当时出现有牛耕的证明。

春秋时期的铁器主要有武器、生活用具和生产工具。生产工具主要是铁农具，种类有锄、铲、镰、耙、镢等。生活用具的铁制品更多，如铁刀、铁斧、铁削、铁锨、铁锛、铁凿等。

战国时期，冶铁业发展迅速，各种农具已普遍用铁制造。铁镰、铁锄已成为农民不可离开的必备生产工具。铁农具已能使用于农业生产的各个环节：垦地、翻土、开沟、整地、除草和收获。同一器类的铁农具还有不同的形制。

战国时期的农具绝大多数都是木心铁刃的，即在木器上套了一个铁制的锋刃，这就比过去的木、石农具大大提高了生产效率。从考古看，不论是在山西、陕西，还是河北、河南，或在山东出土的犁铧，均作"V"形刃，后端比较宽阔，前端尖利，并有直棱，有利于减少耕地时的阻力，这是耕作技术的一大进步；铁锸可增加翻土深度；铁耨则可有效地用于除草、松土、复土和培土。此外，这一时期推广的连枷，是一种有效的脱粒农具，为后世所长期沿用。

战国中期以后，铁农具的成型和加工工艺技术都达到相当高的水平，普遍采用白口铁铸件经控制脱碳热处理的方法来制造农具。解决了某些农具既要求有坚硬锋利耐磨的刃口，又要有韧性的矛盾。铁农具的制造此时也趋于规范化。

铁器、牛耕的使用和推广，大大提高了生产效率，使个体生产逐渐取代大规模的强制性集体耕作，个体小农逐渐成为社会的基本生产单位。新兴地主阶级开始登上历史舞台。

华夏族

主要聚居在黄河流域的中下游地区，建立了许多奴隶制诸侯国。华夏族各国之间及其四周生活着各少数民族，东方有夷族，南方有蛮族，西方有戎族，北方有狄族。春秋时期长期的争霸战争，虽然给人民带来了巨大的痛苦和灾难，但也打破了各民族间的隔阂，促进了以华夏族为主的民族大融合，为后来统一的多民族国家的形成奠定了基础。

土地私有制

春秋时期，土地私有制萌芽产生，这是社会生产力发展的必然结果。在井田制尚未完全瓦解的情况下，私有土地主要有四个来源：第一是周天子或诸侯赐田。如赵简子赐给名医扁鹊田4万亩，晋惠公夷吾允诺赐里克"汾阳之田百万"，这些赐田都成为私有财产。第二是贵族之间通过转化关系，将部分土地转向私有。第三是贵族之间互相劫夺土地，据为己有。第四是开荒地占为己有。开荒地一般不向国家登记，隐瞒在私人手中，成为私有财产。土地私有制的产生和不断发展，表明封建地主私有制正强有力地冲击着奴隶制的国有制，即井田制。井田制彻底瓦解了。

先秦租税

先秦时期天子、诸侯以及卿、大夫等征收众人、庶人等生产者土地上的各种产物和工、商、衡、虞的收入，以供"郊、社、宗庙、百神之祀，天子奉养、百官禄食、庶事之费"。春秋以前，天子、诸侯、大夫具有土地世袭所有权，他们向劳动者征收租和税合为一体的剩余劳动产品，实行贡、助、彻之制。春秋、战国时在保持井田的形式下，进行了履亩而税的改革。商鞅变法以后，民众得以买卖土地，确立了土地私有制，租与税才分离开来。

商业自由发展的时代

春秋战国井田制的瓦解和土地私有制的确立，带动了商业的发展，出现了一些富可敌国的大商人。春秋时期民间商品交换有较大发展，出现了很多以私人资本经商的大商人。

春秋战国时期，商人在社会大变革中所起的作用，甚至不逊色于政治家、军事家和思想家。据司马迁说，齐国的上卿管仲、鲍叔牙在入仕前曾合伙经商，分红的时候，因管仲有母而贫，鲍叔牙主动让利。辅佐越王勾践打败吴王夫差的范蠡，功成名就后做了商人，"十九年之中，三致千金"，被人称作"陶朱公"，成为人们顶礼膜拜的财神爷。孔子的大弟子子贡学成之后改作商人，"意则屡中"，发了大财，经商所至，"国君无不分庭与之抗礼"。孔子之所以能名扬天下，其中也有子贡的帮助。据《左传》记载，郑国商人弦高巧计骗走秦国军队，使郑国免遭袭击。而郑国的另一个商人则在楚国设法营救晋国的大夫荀䓨。而大商人吕不韦左右秦国政治的史事，更为人所熟知。吕不韦出巨资帮助落拓的秦公子子楚，使其成为秦庄襄王，自己则被封为秦国国相。应该说，在秦国统一六国的历史进程中，作为大商人的吕不韦的活动是不容忽视的。当时土地买卖的出现，很大程度上得力于商人的经营和他们试图使世上一切都商品化的努力。

战国时期水利工程

战国时期的水利工程包括修筑堤防、开凿运河和兴办水利工程。大规模修筑堤防主要是黄河中下游的齐、赵、魏三国，日的是防止洪水泛滥。春秋末年已开始开凿运河，公元前486年，吴国在邗（今江苏省扬州市西北）筑城，在长江、淮河间开凿运河，称邗沟。后又从淮河开一条运河通齐、鲁两国，沟通了济水和泗水。战国时期，魏邺（今河北省磁县东南）令西门豹为加强农业灌溉，修建了"引漳水灌邺"水利工程。魏惠王时又开凿运河，引圃田（在今河南省中牟县西）水到大梁（今河南省开封市）北郭，后又开凿从大梁到荥（今河南省荥阳市北）的运河，引黄河水入颍水，沟通黄河和淮水的交通，称鸿沟。秦昭王时，秦蜀郡（今四川省成都市）守李冰在灌县西岷江中开凿都江堰，"中流作堰"分水，用水门节制水量，既免除江水泛滥，又利于灌溉航运。战国末年，秦修建郑国渠，从仲山（今陕西省泾阳县西北）引泾水向西注入洛水，全长150千米，使关中十旱的平原得到灌溉。

兴建都江堰

美丽富饶的成都平原，被人们称为"天府"乐土。从根本上说，这是李冰父子主持修建都江堰的功劳。这个距今2200多年的水利工程，使"蜀人旱则借以为溉，雨则不遏其流，水旱从人，不知饥馑"。

都江堰位于成都平原西部灌县的岷江上。岷江是长江的一条支流，发源于四川西北部。岷江的上游是高山峡谷，水流湍急，挟带大量沙石，一到成都平原，地势平缓，流速也随之减缓，沙石就沉积下来，日积月累，淤塞河道。每逢夏季雨水季节，由于河床抬高，水就会泛滥成灾，暴发洪水。雨季一过，枯水季节又会造成干旱。在这种不是洪水就是干旱的情况之下，早期的人们很难发展农业生产。

为了彻底治理岷江的水患，治理开发好西蜀，公元前256年，秦昭襄王任命很有才干的李冰为蜀郡守。有关李冰的生平，因为秦始皇焚书坑儒和秦汉战争的毁坏，很难找到相关记载，我们只能从民间传闻中知道，他是战国时期秦人，"能知天文地理"，是一个杰出的科技专家，同时也是一个勤政爱民的地方官。

李冰到达蜀地之后，在其子二郎的协助之下，广泛招集有治水经验的人，然后对岷江的地形和水形进行了实地勘察。经过充分的论证和研究，李冰决定开建都江堰水利工程。

在战国时期，科技还不发达，营建都江堰这么浩大的水利工程，李冰凭借他的聪明才智，克服了许多困难。例如要凿穿玉垒山，因为当时还没有炸药，难度非常大。李冰就让人们把木柴堆积在岩石上，放火点燃，岩石被烧得滚烫，然后再浇上冷水，岩石就在急骤的温度变化中炸裂了。再例如在水流湍急的岷江中，修筑堤堰十分困难，石块很容易被水冲走。李冰就让人从山上砍来竹子，并编成竹笼，里面装满鹅卵石，层层叠放在一起，这样就不容易被冲走了，分水堤也就修筑起来了。

李冰依靠当地人民群众，克服了各种困难，终于筑成了一座集防洪、灌溉、航运功能于一体的综合性水利工程——都江堰。都江堰由鱼嘴、人字堤、飞沙堰、宝瓶口、内外金刚堤和百丈堤等构成，是一个有机的整体。其中鱼嘴、飞沙堰和宝瓶口作为都江堰渠首的三大主体工程，是整个工程的核心。

鱼嘴，又叫"都江鱼嘴"或"分水鱼嘴"，因其形如鱼嘴而得名。它昂首于岷江江心，将岷江一分为二。西边叫外江，俗称"金马河"，是岷江的正流，主要功能是排洪；东边沿山腰的叫内江，是人工引水渠，主要功能是灌溉。鱼嘴的设置非常巧妙，不仅能够分流引水，而且能在洪、枯水季节起调节水量的作用，这既保证了灌溉又防止了洪涝灾害。

飞沙堰，又叫"金堤"或"减水河"，因其具有泄洪排沙功能而得名。它长约180米，主要功能是把多余的洪水和流沙排入外江。飞沙堰的设计高度能使内江多余的水和泥沙从堰上自行溢出；若遇特大洪水，则自行溃堤，洪水沙石也可直排外江。"深淘滩，低作堰"是都江堰的治水名言。内河在岁修时深淘是为了避免河道淤塞，保证灌溉。低作堰则为了恰到好处地分洪排沙。

宝瓶口宽20米，高40米，长80米，是前山伸向岷江的长脊上人工开凿而成的控制内江进水的咽喉，因其形似瓶口且功能奇特得名。它是自流灌溉渠系的总开关。内江水流经宝瓶口后通过干渠。

这三大主体工程，虽看似简单，却包含着系统工程学和流体力学等处于当今科学前沿的科学原理。它所蕴藏的科学价值备受人们推崇，连外国水利专家看了整个工程设计之后，都惊叹不已。

李冰在治水的过程中，排除了种种迷信思想的阻挠，坚决用科学的方法来治理水患，而且他成功地解决了秦王的亲戚华阳侯因嫉妒而制造的一系列的谣言和中伤事件，及时地处理了工程当中的问题和紧急状况。但是华阳侯的险恶用心还是让李冰受到了革职的处罚。温柔贤惠的李夫人甘当人质，为李冰赢得了宝贵的治水的机会，工程才取得了最后的成功。百姓们对李冰感恩戴德，但李夫人却病死在咸阳。以后，他又多次对都江堰进行改进，保证了都江堰对水患的遏制作用。

都江堰，作为全世界迄今为止年代最久、唯一留存的以无坝引水为特征的水利工程，以其千载传承的科学性和实用性，当之无愧成为一座丰碑！

除了都江堰，李冰在蜀郡还主持兴建了许多有益于民的水利工程，他在成都市建了7座桥，修了石犀溪，对沫水（又名青衣水）进行了治理。他组织百姓开凿河心中的山岩，整理水道，便利了航行。李冰还对管江、汶井江、洛水进行过疏导，又引水到资中一带灌溉稻田。李冰还在蜀郡修筑桥梁，在广都主持开凿了盐井，为开发成都平原，发展农业生产做出了重大贡献。

三、春秋战国时期的文化艺术与科教

百家争鸣

春秋、战国时期是由封建领主制向封建地主制过渡的时期，新旧阶级之间，各阶级、阶层之间的斗争复杂而又激烈。代表各阶级、各阶层、各派政治力量的学者或思想家，都企图按照本阶级（层）或本集团的利益和要求，对宇宙对社会对万事万物做出解释，或提出主张，于是出现了一个思想领域里的"百家争鸣"的局面。参加争鸣的各派，史称为"诸子百家"。其中主要的有儒、道、墨、法、名、阴阳、纵横、农、杂、小说等家。在思想领域影响最大的是前四家。

老子论道

老子，姓李名耳，字聃，楚国苦县（今河南鹿邑）厉乡曲仁里人，东周时曾任守藏史，掌管图书典籍。相传孔子曾向他问过"礼"，他却给孔子讲述许多深奥的道理，使孔子折服于他。

老子曾做过周朝"守藏室之史"，所以他谙于掌故，熟于礼制，不仅有丰富的历史知识，并且有广泛的自然科学知识。他和孔子是同时代的人，较孔子年辈稍长，世称"老子"。公元前520年，周王室发生争夺王位的内战，这场长达5年的内战，最终以王子朝失败告终。王子朝失败后，席卷周室典籍，逃奔楚国。老子所掌管的图书也被带走。于是老子遂被罢免而归居。老子由于身受当权者的迫害，为了避免祸害，不得不"自隐无名"，流落四方。后来，他西行去秦国，经过函谷关（在今河南灵宝市西南）时，关令尹喜知道他将远走隐去，便请老子留言。于是老子写下了5000字的《道德经》。相传老子出关时，骑着青牛飘然而去，世不知其所终。

《道德经》又名《老子》《老子五千文》，是中国道家的主要经典，全面反映了老子的哲学思想。全书共81章，分上下两篇：上篇37章为《道经》，讲的是世界观问题；下篇44章为《德经》，讲的是人生观问题。全书文辞简奥，哲理宏富，且体系完整，内容丰富，涉及宇宙、社会、人生、军事、政治、医学等各个方面。

《老子》以"道可道，非常道"开篇，提出了一个最高的哲学概念"道"。老子哲学就是由"道"推演出来的，他也因此成为道家的始祖。

老子把天、地、人等宇宙万物连贯成为一个整体，突破了古代哲学以政治和伦理为轴心的局限。老子认为"道"是先于天地生成的，是天地万物之源，宇宙间的一切，包括人在内都是天地万物的一部分，"人法地，地法天，天法道，道法自然"。老子这种思想实际上就是中国古代最早的一种"天人合一"思想，这一思想为后来的庄子所继承和发展。这种"天人合一"的整体观念，对中国古代的各个领域都产生了深远的影响。

老子思想中最大的闪光点是他的朴素的辩证法思想。老子观察到宇宙间的万事万物都存在着互相矛盾的两个对立面，"有无相生，难易相成，长短相形"，世间万物有阴阳、刚柔、强弱、兴废等分别。他还发现对立的事物能够向其相反的方向转化，如"物壮则老"，"兵强则灭"，"木强则折"，"祸兮福之所倚，福兮祸之所伏"。为了防止物极必反，导致衰落，老子主张"去甚去奢去泰"，就是要去掉那些极端的、过分的举动，始终保持着像"道"那样冲虚而不盈满的状态。

老子的朴素辩证法思想表现在军事战略方面就是"善为士者不武，善战者不怒，善胜敌者不与"，同时还要注意"将欲弱之，必固强之"，"将欲夺之，必固与之"。他还提出了以柔弱胜刚强的指导思想，比如，天下没有比水更柔弱的东西，但以水攻坚，没有攻不下的，以此来说明柔弱能胜刚强。

老子的道的本性是自然的，他提出了天道自然的观念。他认为天地的运行是自然而然、不假外力的。人也应该和万物一样，是自然的，人生必须消除主观和外在的干涉，使其自然发展。

在自然人性论的基础上，老子提出了"无为而治"的政治论。老子把人民的饥荒、贫困看作是多欲的统治者横征暴敛的结果。人民起来为"盗"，轻生冒死，其责任完全在于统治者。老子主张用"天之道"来取代"人之道"，"损有余以补不足"，这样就能够解决社会所存在的一切弊端。

老子提倡的"无为"而治，是对统治阶级的"有为"进行的揭露和抨击。老子提倡这种"无为"之治的目标是建立一个"小国寡民"的社会，也就是"使民复结绳而用之，甘其食，美其服，安其居，乐其俗。邻国相望，鸡犬之声相闻，民至老死不相往来"。

千百年来，老子的思想深刻地影响着中国的哲学、伦理道德、政治、文化，甚至是中国人的思维。他的思想为战国时代的庄子等人所继承，形成了道家学派。《老子》也被奉为道教的三大经典之一，尊称为《道德经》。

庄子

庄子（公元前369年~公元前286年），名周，宋国蒙（今河南商丘）人。他出身穷苦，在蒙做过漆园小吏，以后便终身不仕。庄子生性孤傲，曾拒绝楚威王的厚币相聘，一生过着贫困的隐居生活。

庄子常以寓言的形式表达哲学思想。他吸收老子《道德经》的思想，并进一步发挥，形成自己的思想体系。在先秦百家争鸣的学术氛围中，庄子的哲学占有重要的地位，他因此与老子并称道家宗师。

庄子的思想中对人最有启发性的是相对主义。他指出通过"道"来观察宇宙万物，事物之间的差别都是相对的。

庄子崇尚自然，认为自然万物都是一个统一体，不能分割，人与自然应该和谐发展。他主张人应该顺其自然，无为而治。要忘记社会，忘记自己，放弃外在一切事情，去追求精神上的绝对自由。

孔子

孔子，名丘，字仲尼，是鲁国陬邑（今山东曲阜）人，春秋末年的思想家、政治家和教育家，同时也是儒家学派的创始人。孔子的祖先是殷商王室的后裔，居住在宋国，后来为了避祸才逃到鲁国，定居下来。孔子的父亲名叫叔梁纥，曾以勇敢和臂力过人立下战功。叔梁纥在66岁左右与未满20岁的颜徵在结婚。婚后两人曾到山东曲阜东南的尼山拜神求子；后来生下了孔子，便取名为"丘"，字"仲尼"。

孔子3岁时就遭受了丧父之痛，母亲颜氏把他带到当时鲁国的都城曲阜。由于父亲早逝，家中贫困，孔子只好瞒着母亲，辍学在叔孙氏家放牛。叔孙氏家有许多藏书，孔子经常借来阅读，成了知识渊博的人，孔子的名声也渐渐传开了。

20岁时，孔子的妻子为他生了一个儿子，鲁昭公闻信，派人送来鲤鱼，表示祝贺。昭公赐鱼之事，使孔子在曲阜声名鹊起。随后季平子根据孔子的业绩，擢升他为管理户口的司职吏。孔子上任以后，施行了五条措施，即薄赋税，轻徭役，慎刑戮，定婚嫁，行节俭。鲁国人奔走相告，外邦人陆续迁入，鲁国人口剧增。孔子不到30岁，就已经掌握了"六艺"，也就是礼仪、音乐、射箭、驾车、书写、计算。此外，还掌握了以《诗经》《尚书》《礼记》《乐经》《周易》《春秋》为代表的各种文献资料，真正是才高八斗、学富五车了。这样一来，许多人都愿意拜他为师，他便办了一些私塾，收了许多学生，提出有教无类的教育方针。

孔子在34岁时，赴洛阳会见道家学派的创始人老聃。这一次会见，使孔子学到了周朝的礼乐及文物典制。孔子对老子的道家思想佩服得五体投地，称他为云中之龙。公元前513年，鲁国发生"三桓"之乱，鲁国掌权的三家大夫——季孙氏、孟孙氏、叔孙氏把鲁昭公轰下了台。这时，孔子在鲁国也待不下去了，只好来到齐国。这一次齐景公待他很客气，还向孔子询问了治国的道理。孔子提出了"正名"的主张，即所谓"君君、臣臣、父父、子子"，也就是说，君、臣、父、子都应当名副其实，各自都按等级名分的要求行事。齐国宰相晏婴认为孔子学说不过是书生之见罢了，并非齐国的当务之急。齐景公听从了晏婴的话，决定不用孔子。这样，孔子便离开齐国，又回到鲁国教书，跟他学习的人越来越多。

到了公元前501年，鲁定公任命孔子做了中都宰，后来又提升为司空、司寇。这时，齐国要与鲁国假意会盟的事引起了孔子的注意。他建议鲁定公防备齐国的阴谋，多带一些大将和兵马前去。在夹谷会盟上，孔子发挥了重要作用，使鲁国在外交上取得了胜利。鲁定公被胜利冲昏了头脑，以为天下太平了，便不过问政事，整天吃喝玩乐。孔子想劝说他，但他总是躲着孔子。无奈之下，孔子便离开了鲁国。

孔子先后到过卫国、曹国、宋国、郑国、陈国、蔡国、楚国。这期间，孔子曾经在陈、蔡之间受困，7天没吃上饭，但孔子依旧不改其初衷，坚持讲诵弦歌，表现了他乐观豁达的人生态度。

公元前484年，孔子又回到了鲁国。鲁哀公和大臣们多次向孔子问政，但最终还是没有起用孔子。此后的5年里，孔子专心从事文献整理和教育事业，删《诗经》《尚书》，订《礼记》《乐经》，修《春秋》，授徒3000多人，其中，道德高尚精于六艺的就有72贤人。

公元前479年，孔子去世。孔子死后，为后代留下了丰富的思想遗产。孔子强调仁，这是充满人道主义的光辉思想，也是春秋时期社会动荡不安的客观反映。经孔子编著整理保存下来的诸如《春秋》《尚书》《诗经》等书籍，对后世的学术思想影响极大。

孟子

孟子（公元前390年~公元前305年），名轲，字子舆，战国中期邹（今山东邹县）人，为孔子之孙子思的学生，后人认为他是孔子之后的儒学大师，故有"孔孟"的合称。

孟子一生以教书为业。他曾带着几百学生，游访列国，向有关国君阐述政见。但各国统治者均认为不符合实际情况，因而没有采纳。他最终回到故乡，著成《孟子》一书，宣传自己的政治理想，并且阐述和发扬孔子的思想。他提出了著名的"性善"说，即道德是一个人的本质属性。成长过程中，由于努力程度和环境的影响，道德才有了或好或坏的发展。孟子主张行"仁政"，主张"保民"，反对诸侯混战，反对残酷的剥削和压迫。他认为对一个国家而言，人民是最重要的，其次是祭祀社稷神，以获得肥沃的土地和充足的粮食，相比之下，国君并不重要。

荀子

荀子（公元前313年~公元前238年），战国末期儒学大师。名况，字卿。赵国人。古书中多作孙卿，《史记》作荀卿。荀子学识渊博，继承了儒家学说，并有所发展，还能吸收别家之长，故在儒家中自成一派。对人性，荀子主张性恶，和孟子的性善针锋相对。认为人的本性是恶的，因而不可能有天生的圣贤；人性善是受教化的结果。对于天道观点，荀子受老子的影响，认为天没有意志，不过是能长万物的自然界，不能决定人事的吉凶、祸福。提出人应该顺应自然但也可改变自然，即所谓"制天命而用之"的人定胜天的思想。对于礼，荀子认为礼在调节社会上人与人的关系中起重要作用。他宣扬儒家的王道思想，主张以德服人，反对用强力压人。王道的具体内容是礼义和仁政。他继承了儒家"为政以德"的传统，认为治国应该"平政爱民"。他将君主比作舟，庶民比作水，认为"水则载舟，水则覆舟"。荀子是礼法兼用、王霸并重，和他以前的儒家有明显的不同之处。《荀子》一书收入荀子的著述，其中如《劝学》《干霸》《性恶》《天论》《解蔽》《正名》《礼论》《乐论》等篇，应是荀子的作品。

孙武论兵

孙武，世俗尊称其为孙子或孙武子。孙子的祖先本姓田，是齐国王族。其祖父田书颇有军事指挥才能，曾被封一块封邑，获赐孙姓。父亲孙冯，做过齐国的卿相。孙氏家族后因无法忍受齐国内部激烈的权力纷争，去了吴国。在吴国，孙武一边耕田，一边写作兵书。后得好友伍子胥的七次推荐，被吴王拜为大将，孙武很快就为吴国训练出一支纪律严明、能征善战的军队来。

孙武不愧为一个有战略思想的伟大军事家，在他的努力下，吴国不但很快从一个贫弱小国，发展为实力强大的诸侯国，还实现了吴王阖闾称霸诸侯的梦想。公元前506年，在柏举之战中，孙武仅以三万兵力就击溃了楚国20万大军，攻占了楚国的都城。吴王阖闾死后，夫差即位，孙武又辅佐夫差征服越国、讨伐齐国、与晋国争霸，使得吴国的国势达到了顶峰，吴王也成为春秋时代又一个霸主。司马迁曾这样评价孙武：吴国的胜利是和孙武分不开的，正是在孙武的指挥下，吴军才能击败强大的楚国，威震齐晋，名扬诸侯。

孙武的主要思想都集中在《孙子兵法》中。传世本《孙子兵法》13篇，是孙武一派兵家的著作，其主要内容和核心思想属于孙武，但经过他的门生和战国兵家的整理补充。该书中所描写的战争规模，似是战国时代的情况。现存的《孙子兵法》是经过三国时代曹操删订编注的，全书分为13篇：《计》《作战》《谋攻》《形》《势》《虚实》《军争》《九变》《行军》《地形》《九地》《火攻》《用间》，总结了春秋至战国时期长期的战争经验，揭示了战争的一些规律，具有朴素的唯物主义思想和原始的军事辩证法思想。其思想内容主要有三方面：

一、战略指导思想

战略论是孙子军事学说的主体部分。孙武在此书中首次提出了战略概念——"庙算"，具体论述"安国保民"的最高目标、"五事七计"的全局运筹、"不战屈敌"的止战谋划、"知彼知己"的作战指挥等战略思想。在战略论中孙子提出"安国全军""唯民是保"的战略目标,把"重战""慎战"作为根本用战原则。并从其对待战争的严肃态度出发,评述了"五事七计"的重要性。"重战",即重视战争,提高警惕,加强戒备,应取态度是:"无恃其不来,恃吾有以待之;无恃其不攻,恃吾有所不可攻也"。慎战即开始须慎重,其原则是:"非利不动,非地不用,非危不战"。"五事七计"书中详述"道"(治道)、"天"(天时)、"地"(地利)、"将"(将帅)、"法"(法度)五要素,及其"主孰有道、将孰有能、天地孰得、法令孰行、兵众孰强、士卒孰练、赏罚孰明"七个对战备全局作正确估计的七个条件。但孙子并没有认为军事力量越强越好,而是主张顾及国力,有限地发展军事。孙子反复强调要以"伐谋""伐交"作为优先的决策,总结"不战而屈人之兵"的"全胜战略"。而在实战中争取一"军"、一"旅"、一"卒"、一"伍"之"全"仍不失为上策。如此,"谋""攻"思想已贯彻到底。

孙子关于"知彼知己"和"致人而不致于人"之说,为作战指挥的战略原则。并尽可能"策之而知得失之计,作之而知动静之理,形之而知死生之地,角之而知有余不足之处。"争取"先机之利","致人""不致于人",掌握战争的主动权。

二、作战策略思想

以战略为基础,孙子提出相应用兵策略。其重要策略原则有六:其一,因利制权,因敌制胜。其二,奇正相生,出奇制胜。其三,避实击虚,击其惰归。其四,我专敌分,以众击寡。其五,攻其无备,出其不意。其六,示形用诈,诡道制胜。

《诗经》

《诗经》是中国最早的一部诗歌总集,编成于春秋中叶,收集了从西周初到春秋中叶约500年间的诗歌305篇,先秦称为《诗》或"诗三百",到汉代《诗》被朝廷正式奉为儒家经典，始有《诗经》之名，并沿用至今。

《诗经》是经过不断的搜集、整理和编订而成的。相传周代采诗官员"行人"深入民间四处采访，收集民歌以供朝廷了解民情风俗和考察政治得失，另外周代又有公卿大夫和诸侯向天子献诗的制度。这些搜集和陈献来的作品经过乐师的审理编订，并使其词汇、句法、韵律都相一致。

《诗经》的作品当时是用来配乐歌唱的，根据音乐的不同，分为"风""雅""颂"三部分。"风"是各诸侯国的地方音乐，共160篇，其中大部分是民歌；"雅"是西周京畿周族地区的正声音乐，共105篇；"颂"是用于宗庙祭祀的舞曲歌辞，共40篇。

《诗经》中最富有思想意义和艺术价值的是《国风》，它广泛而真实地表现了下层人民的生活困苦和喜怒哀乐，反映出当时严重的阶级对立。另外，歌颂爱情婚姻和家庭生活的作品在《国风》中占了很大比重，有的写相思苦、失恋愁，有的表现了对爱情的忠贞、对礼教的反抗等。

《诗经》的表现手法，前人概括为赋、比、兴。赋是用铺陈手法直接叙事抒情，多见于《颂》和《大雅》。赋对《诗经》的写实性和形象性起了积极作用。比即比喻，对人或物加以形象的比喻，使其特征更加鲜明突出。兴是借助其他事物作为发端，引出所要歌咏的内容，使人产生联想，或用于烘托和渲染气氛。赋、比、兴手法的运用，可在诗中产生多重艺术效果，增加诗的韵味和形象感染力，构成生动鲜明的艺术形象。

《诗经》主要是四言诗，这是在原始歌谣的基础上发展起来的早期诗歌形式，适应当时劳动、舞蹈的节奏和语言发展水平。《诗经》语言准确生动，动词和形容词运用精当巧妙，用重叠的章句来表达思想感情，在音律和修辞上都收到了美的效果。

楚辞

战国后期，在南方的楚地，楚辞的创作大放光彩，成为战国时代诗歌的主流。楚辞是屈原在楚地民歌基础上改造而成的一种新诗体，其名称最早见于汉初，人们用它来称指屈原、宋玉等人的作品以及汉代作家的模仿之作。当时这种文体又简称"辞"，或与赋连称为"辞赋"，由于它以屈原的《离骚》为代表，所以有"骚"之名。

在南方的江汉沅湘流域，有着和中原地区不同的自然条件，当地人民创造了灿烂的楚文化。春秋战国时代，楚国又接受了中原文化的影响。楚辞就是楚文化和中原文化相结合的产物，它的语言、形式、风格以及其中的神话传说、历史人物、风俗习尚、山川物产等，都带有鲜明的楚国地方色彩。

楚地有浓厚的宗教气氛。民间祭祀时，这种祀神的巫歌与音乐舞蹈结合在一起，风格热烈活泼，富于浪漫情调。《九歌》本来就是这种民间祭歌，屈原把它们加工改造成了楚辞。另外，战国时代纵横驰说、铺采骋辞的文化气氛和当时散文中的繁辞华句，也对楚辞的出现产生了一定影响。

屈原去世后，在楚顷襄王年间，出现了宋玉等一大批楚辞的作者，兴起了具有浪漫主义色彩的文学潮流，是中国纯文学诗歌的第一个高潮。

《春秋》

公元前722年春天，鲁国开始编《春秋》。《春秋》是鲁国国史，也是中国现存先秦典籍中年代最早的编年体史书。它的记事以鲁国十二公为序，起于鲁隐公元年（公元前722年），终于鲁哀公十四年（公元前481年），共242年。《春秋》文笔简约，记载有诸侯的攻伐、盟会、祭祀、灾异、礼俗等大事，共17000多字。相传《春秋》是孔子依据鲁国史官所编《春秋》加以整理修订而成。据说孔子在编订《春秋》时，在字里行间寓寄了自己的思想和主张，创立了后人所谓"微言大义"的"春秋笔法"。

《春秋》所记鲁国十二公的世次年代，经后人考证完全正确；所载日食与西方学者所著《蚀经》比较，互相印证的有30多次。同时《春秋》是史官实录，也是中国史传散文的第一部作品，并开创了一种新的史学体裁，即编年体。它为后来诸子百家竞相著书立说开了风气之先。

《尚书》

《尚书》是中国古代历史文献汇编，又称《书》。"尚"即上古，"书"即书写在竹帛上的历史记载，所以《尚书》就是"上古的史书"。

《尚书》所录，据称为虞、夏、商、周各代的典、谟、训、诰、誓、命等文献，其中主要记载商、周两代统治者的一些讲话记录，少数篇目为春秋战国人根据往古材料编成。《尚书》是中国史学上最早的历史典册，又一直被视为中国封建社会的政治哲学经典，在中国史学、文学、政治学上占有重要地位。

《左传》

《左传》是记载春秋历史的重要史学名著，亦称《左氏春秋》《春秋左氏传》《春秋内传》。《左传》通过叙述春秋时的具体史事来说明《春秋》所记录的纲目，书中不仅记载了春秋时代许多重要史事，还保存了此前的若干传说古史。有些记述已反映出某些进步的思想，如轻视鬼神而注重人事，强调君主忠于人民管好国家等。同时，它也显示出春秋时政治思想的一些特点，如不承认统一的专制君权，宣扬君臣为共同的国家利益而结合，双方都有选择的自由，不主张臣民绝对效忠于君主。

《国语》

杂记西周、春秋时周、鲁、齐、晋、郑、楚、吴、越八国人物、事迹、言论的国别史，亦称《春秋外传》。全书21卷中，《晋语》9卷，《周语》3卷，《鲁语》《越语》《楚语》各2卷，《齐语》《郑语》《吴语》各1卷。《周语》从穆王开始，尚属西周早期；《郑语》仅记桓公谋议东迁之事，亦在春秋之前；《晋语》记到智伯灭亡，已属战国之初。可见《国语》的内容并不局限于《春秋》，但的确记载了不少西周、春秋的重要史事。《国语》可能是战国初期一些熟悉各国历史的人，根据当时周朝王室和各诸侯国的史料，整理加工汇编而成，为价值很高的原始资料。

《山海经》

中国古代地理著作。今传本18卷，包括《山经》5卷、《海经》8卷、《大荒经》4卷、《海内经》1卷。《山海经》的《山经》和《海经》各成体系。《山经》为巫祝之流根据远古以来传说记录的巫觋之书，专门记述海内各方名山大川、动植物产、祯祥怪异、祭祀所宜。《海经》为方士之书，专门记载海内外殊方异国传闻，夹杂大量古代神话。这些资料对研究中国的原始社会和上古的姓氏、部族，以及考察上古人对宇宙、自然和社会历史的认识，都有重要意义。

《黄帝内经》

《黄帝内经》简称《内经》，是中国最早全面阐述中医学的名著，约出现于战国末期。《内经》包括《素问》和《灵枢》两大部分，各9篇，主要论述人体解剖、生理、脉学、病理、病因、诊断、治疗、预防及养生等方面的内容。

《素问》主要从阴阳五行观念来解释生理及病理现象，它将人的五脏六腑等生理器官视为依循阴阳五行构建的一个整体，认为这个整体被破坏了，就会产生疾病。

《灵枢》则主要阐明针刺和灸的疗法，它对经络、穴位、针灸理论、针刺用具、针刺方法、针灸的适应症、注意点和禁忌等，均有详细的阐述。其中按针的不同使用已有九种分类，称为"九针"，反映出我国的针灸疗法已有2000多年的历史。《灵枢》还记载了有关人体解剖的知识和血液循环的概念。书中认为食管的长度与大小肠长度的比例是1：35.5，与20世纪初的测量数据接近，这表明中国2000多年前的人体解剖学，即已达到相当高的水平。

∽◦ 第四章 ◦∽

秦汉大一统

秦（公元前221年~公元前206年）：从公元前230年灭韩开始，秦开始了统一六国的战争，秦国于公元前221年统一了全国，建立了中国第一个统一的多民族的中央集权的封建国家。秦王朝推行了许多消除分裂的措施，加强了各地区的经济、文化联系，为我国长期的统一奠定了基础。秦王朝的开基之人为始皇帝嬴政。秦王朝废除了周代的封建制，代之以郡县制，将全国划分为36郡，后又增设闽中、南海、桂林、象郡4郡，郡守县令都由朝廷任免，中央对地方有很大的控制权。此外，秦始皇还北伐匈奴、修筑万里长城以定边疆，统一了文字、货币和度量衡。

西汉（公元前202年~公元25年）：秦亡之后的第五年，中国又出现了统一的西汉王朝。刘邦为了稳定社会秩序，恢复生产，用黄老"无为而治"的思想指导政治，将新王朝稳定下来，并出现"文景之治"的繁荣局面。真正使西汉走向顶峰的是汉武帝，在他统治的半个世纪中，"外事四夷，内兴功利"，对匈奴的战争取得了决定性的胜利，西汉时期，休养生息政策促进了经济发展，轻徭薄赋保证了农民生活，铁器和牛耕的广泛使用提高了社会生产力，水利建设使国家更加富庶，商业有了长足进步，丝绸之路揭开了中西文化交流的序幕。

东汉（公元25年~220年）：公元25年，刘秀称帝，重新建立起汉朝的统治。他用10年时间，消灭了各地割据势力，完成了全国的统一，建都洛阳，史称东汉。刘秀还改革官僚制度，裁撤地方武装，注意招揽人才，严厉抑制诸侯王势力，从而有力地加强了中央集权制度。明帝、章帝都继承了刘秀的做法，使东汉的社会经济进一步向前发展。农业、手工业，都较西汉有一定程度的提高。科学技术也有了发展，造纸术的改进，水车等农具的出现，数学、天文学、医学的进步，都给后代以深刻的影响。公元196年之后，曹操挟天子以令诸侯。公元220年，曹丕废献帝，自己称帝，汉室江山结束。

一、秦汉大一统

天下归一统

嬴政在亲政后，用了大约九年的时间，确立自己的绝对权威。对六国的战争也由先前的蚕食变为吞并。他根据李斯的建议，确立了"先取韩，以恐他国"的策略。从公元前230年起，嬴政全面发动了兼并六国的统一战争。

战国后期，七雄中只有赵国是可以勉强与秦国抗衡的国家。但是公元前260年的长平之战，赵国惨败，40万赵军被坑杀，赵国实力大损，其他国家更加无力抵御秦国的进攻。

嬴政亲政，更把削弱赵国的军事实力作为统一的重要一步，并于公元前236年和公元前232年先后两次进攻赵国，但赵国大将李牧英明指挥没有成功，不过也使赵国的实力大为削弱。

公元前230年，秦王嬴政令内史腾率领大军转而进攻韩国，韩国几乎没有进行任何抵抗，就被秦军迅速攻下其都城新郑，并俘虏了韩王安。韩国灭亡，秦国在此设颍川郡。

第二年，即公元前229年，秦王嬴政派大将王翦率兵从上党（位于今山西省东南部，主要在长治、晋城两市）进攻赵国，赵国仍然由李牧率兵抵抗，双方相持达一年之久。于是秦国使用反间计，以重金贿赂赵王宠臣郭开，向赵王诬陷李牧，结果李牧被罢，后被处死。这样，赵国无人可以统兵抗敌。于是，王翦在公元前228年俘虏赵王，并攻入赵国都城邯郸。赵国灭亡。

灭赵同时，秦已兵临燕境。燕国自知无力抵抗，太子丹于是孤注一掷，重金雇勇士荆轲，公元前227年遣其入秦刺杀秦王，结果刺杀未遂。

秦王政杀了荆轲后，余怒未消，他立即命令大将王翦加紧攻打燕国。燕国哪里抵挡得住秦军的攻打，很快就溃败下来。秦军不肯罢休，非要抓住太子丹不可。燕王喜被逼无奈，只好杀了太子丹，向秦国求和。

秦王政打败了燕国，又听从尉缭的计策，派王翦的儿子王贲带兵10万进攻魏国。魏王派人向齐国求救，齐王建没有回应。

公元前225年，王贲灭了魏国。灭魏同时秦已策划伐楚。秦王问诸将灭楚需多少兵力，青年将领李信说需20万，而老将王翦则认为非60万不可。秦王以为王翦年老怯战，否定了他的意见，而派李信、蒙恬领兵20万攻楚。公元前225年秦军南下伐楚，楚将项燕率军抵抗。初时秦军进展顺利，在平舆（今河南省平舆县）和寝邱（今河南省固始县）击败楚军，进抵城父（今安徽省亳州市谯城区东南）。但楚国毕竟地大兵多，项燕在城父集结数十万楚军发起反击，大败秦军，李信败逃回国。秦王方知王翦估兵不虚，屈尊亲自登门向王翦赔礼，命他征楚。

公元前224年，大将王翦带领60万人马，浩浩荡荡向楚国进攻。楚国也出动全国兵力奋起抵抗。

王翦到了前方后，修起了壁垒，坚守不出。楚国大将项燕一再挑战，他也不理睬。

几个月的时间一晃而过，双方的将士都因为无仗可打而心烦。王翦四处巡视，见将士们闲散，就想了个办法：让大家每天吃饱睡好后，比赛跳远、蹦高和投掷石块。这样一来，将士们不像原来那样闲散，士气消落，而是生机勃勃、士气高涨，无形中成了全军大练兵。而楚军屡次挑战不成，军中烦躁、懒散风气日盛。

过了一段时间，项燕认为王翦是上这儿来驻防的，就不怎么把秦国的军队放在心上了。没想到在项燕没有防备的时候，秦军突然发起进攻，60万人马一拥而上杀了过去。楚国的将士如梦初醒，晕头转向地抵抗了一阵，便各自逃命去了。秦军一鼓作气打到寿春（今安徽寿县西），俘虏了楚王负刍。楚国就此灭亡了，这一年是公元前223年，秦王政二十四年。

王翦灭楚之后，回到咸阳，由他的儿子王贲接替做大将。公元前222年，王贲灭掉燕国，进而攻占了赵国最后留下的代城（今河北蔚县一带）。

这时候只剩下一个齐国了。齐王建向来不敢得罪秦国，每回遇到诸侯向他求救，他总是拒绝。他满以为齐国离秦国远，只要一心事秦，就不会遭到秦国的进攻。等到其他五国一一被秦国吞并掉，他才慌手慌脚。

公元前221年，王贲带了几十万秦兵直扑临淄。没有几天，秦军就攻进了临淄，齐王建也束手就擒了。

自从公元前475年进入战国时期起，各诸侯国经过250多年的征战，终于被秦国各个击破，结束了长期的诸侯割据的局面，建立了一个统一的多民族的封建国家秦王朝。

千古第一帝

秦朝以前，统治者最高的称号是王。商、周时君主都称为王。后来周王室衰微，群雄并起，各诸侯国君也相继称王。但是，经过10年左右的兼并，其他六国的国王都成了阶下囚。秦王面对自己取得的成就，深感"王"的称号不足以显示自己的地位。于是，秦王下令说："寡人以眇眇之身，兴兵诛暴乱，赖宗庙之灵，六王咸伏其辜，天下大定。今名号不更，无以称成功，传后世。其议帝号。"

于是王绾、冯劫、李斯等人与博古通今的博士们商议后，对秦王嬴政说："以前五帝时，不过统治方圆千里之地，而且周边的少数部落又是时向时离，但是天子也没有办法。现在，陛下兴义兵，平定天下，这是自古以来没有的功业，三皇五帝也没法与陛下相比，所以请陛下尊称秦皇，自称为朕，命令称为诏。"但嬴政认为应采用上古帝位号，称"皇帝"，并立即制命天下。在制命中，嬴政决定自称始皇帝，后世继承皇位者以数计，为二世、三世，直至万世，传之无穷。这样，秦始皇就成为秦王嬴政的称号，皇帝也就成为中国封建社会最高统治者的专称。

为了神化皇权，秦始皇在议定帝号后，还规定了玉玺制度。由秦始皇下诏，李斯书写，后由工匠制成的玉玺，上面勾交五条龙，方四寸，其文为"受命于天，既寿永昌"，成为皇权的象征。

秦朝官制

在确定皇帝的称号后，秦始皇为了加强集权，对原来的中央和地方管理体制进行了变革，在中央设立三公九卿，在地方实行郡县制，官吏都由皇帝任命。

秦朝的三公指的是丞相、御史大夫、太尉。丞相是百官之长，它的职责是协助皇帝处理全国的政事。秦丞相多设左、右二人。秦朝建立之初，分别以隗状、王绾为左、右丞相，后来则有右丞相冯去疾和左丞相李斯。在秦始皇统治时期，不但丞相的任免完全由皇帝决定，而且各项政事的处理，也完全取决于皇帝，丞相并无决断之权。

御史大夫，负责监察工作，同时还要帮助丞相处理政事。在秦朝以前就有御史一职，但只是很低微的一种官职。秦始皇为了牵制相权，加强监察，于是改设御史大夫，位列三公。

太尉的职责是协助皇帝处理军事事务，是中央政府中的最高军事长官。太尉在战时有领兵作战的权力，但是没有权力调兵，军队的调动权只属于皇帝一人。

在三公下，秦朝还设有九卿（但是数目不只是九），分掌朝廷和国家的不同行政事务，分别受丞相、御史大夫和太尉的领导，并直接听命于皇帝。秦朝的九卿主要有掌宗庙礼仪的奉常、掌宫殿掖门户的郎中令、掌宫门卫屯兵的卫尉、掌舆马的太仆、掌刑辟的廷尉、掌诸归义蛮夷的典客、掌亲属的宗正、掌谷货的治粟内史、掌山海池泽之税的少府、掌徼循（卫戍）京师的中尉、掌治宫室的将作少府（负责营建宫室、宗庙、陵园等土木工程）。

以三公九卿为主的中央行政机构，是秦朝封建专制主义政治体制的核心，是绝对听命于皇帝的最高权力机关。

废分封，立郡县

公元前221年，廷尉李斯主张废除分封制，秦始皇决定对国家全面施行郡县制行政管理，在全国范围内确立了郡县制度。最初，分天下为36郡，以后，随着边境的开发和郡制的调整，总郡数最多曾达到46郡。郡设郡守，郡守之下有郡丞、郡尉、监察史等。郡下设县，万户以下为小县，设县长。县令或县长之下又设县丞和县尉，也与上级政权一脉相承。县以下以乡、亭、里为单位，十里为一亭，十亭为一乡。郡县制并非秦始皇所开创，只是到了秦始皇统一全国时，才实现了它的系统化和规范化，才成为整个国家法定的行政制度，所以才称秦始皇推行郡县制。

公元前216年，秦始皇下令"使黔首自实田"，即令百姓自己申报土地，按亩纳税，这是秦王朝在全国范围推行土地私有制的法令。这个法令的推行，使国家征收租税有了主要依据，促进了地主经济的进一步发展。

统一度量衡和货币

秦国是消灭其他六国而统一起来的，但是由于七雄并立时间长久，各国在货币、度量衡等方面有很大差异。秦统一六国后，为加强统治、维护统一，实行了统一货币、度量衡的措施。

春秋战国时期是我国商品经济迅速发展的时期，不同的国家，铸币也往往不同。但是，铜币已成为当时流通领域里的主要货币，各国的铜币在形状、大小、轻重以及计算单位上却有很大差异。从形状上看，当时各国的铜币可以分为布币、刀币、圆钱、郢爰和铜贝五类。布币的形状类似金属农具铲（布），主要在赵、魏、韩等国使用。刀币的形状像刀，主要在齐、燕、赵国流通。圆钱分为外圆内有方孔和圆孔两种，主要是在秦、东周、西周以及赵、魏的黄河沿岸地区使用。郢爰是一种铸有"郢爰""陈爰"等印文的金饼；铜贝形状类似海贝，俗称"蚁鼻钱"，是郢爰的辅币，二者主要是在楚国使用。

币制的不统一，严重阻碍着各地商品的流通及统一国家的财政收支。所以，秦统一后，秦始皇下令统一全国货币，采取的措施主要有三项：首先，将铸币权收归国家，禁止地方和私人铸币。对于私自铸币者，不仅没收其所铸钱币，还要拘捕和严惩私自铸币者。其次，明确规定货币种类。秦朝的法定货币为黄金和铜钱，黄金属于上币，铜钱属于下币。铜钱为圆形方孔钱，上面铸有"半两"的字样，每钱重12铢。最后，废除原来六国使用的布币、刀币、铜贝等各种货币，不准以龟贝、珠玉、银锡等充当货币。

秦始皇统一货币，消除了各地区间的币制上的不统一状态。秦王朝制定的圆形方孔钱，成为中国封建社会货币的基本形制，沿用了两千多年。

秦统一前，各国的度量衡也十分混乱，计量单位不统一。以单以长度而论就有数种传世铜尺可以为证，如长沙楚国铜尺两边长度分别为22.7厘米和22.3厘米；安徽寿县楚铜尺长为22.5厘米；洛阳金村铜尺长22.1厘米。1尺的长度相差多达0.6厘米。在量制方面，各国的差异更大。齐国自田氏以来，实行以升、豆、釜、钟为单位，即"5升为豆，各自其5以登于釜，10釜为钟"，而魏国则以益、斗、斛为单位。至于衡制方面则更加混乱，单位名称差别更大。楚国的衡器是天平砝码，以铢、两、斤为单位；赵国则以镒、釿为单位；东周、西周以寽为单位。

度量衡是商品交换中所必不可少的，而且是国家收取赋税的重要标准。秦统一后，秦始皇下令，以秦国的度量衡为标准，统一其他六国的度量衡器。具体措施是将统一度量衡的诏书全文刻在新制作的度量衡标准器上。这样既可以提供更多的标准器，又可以宣传秦始皇的功绩。统一后，秦朝的度制以寸、尺、丈、引为单位，以十为进位制度；量制方面以龠、合、升、斗、桶（斛）为单位，也是十进制；衡制方面以铢、两、斤、钧、石为单位，进位是24铢为1两，16两为1斤，30斤为1钧，4钧为1石。

货币、度量衡的统一，在中国历史上占有重要地位，成为维护中国封建国家统一的重要基础。

焚书坑儒

公元前213年，秦始皇在咸阳大宴群臣，博士淳于越指责郡县制，提出分封制的主张。秦始皇将此事交给群臣讨论。丞相李斯以"五帝不相复，三代不相袭，各以治"的例证反驳淳于越，并指责儒生们颂古非今，各尊私学，诽谤朝政，扰乱民心。李斯认为古代天下动乱，无法一统，招致诸侯并起，四海分裂，根源在于各种儒门学说和私学的存在，致使人心不一。他建议秦始皇消灭私学，除《秦记》之外的史书一律烧毁；除秦博士官所藏《诗》《书》百家语等书外，都要将书交到所在郡，由郡守、尉监督烧毁；敢谈论《诗》《书》的斩首弃市，以古非今的灭族；官吏看到、知道而不举报的，同罪；令下后30日内不烧毁该烧的书，处黥刑，到边疆修筑长城4年；医药、卜筮、种树的书不在烧毁之列；若要学习法令的，以吏为师。秦始皇采纳了李斯的建议，下令焚书。一时，大量文化典籍被付之一炬。次年，方士侯生、卢生因求仙药不得，两人议论讥讽秦始皇"刚愎自用"，又指责他"乐以刑杀为威""贪于权势"，不值得为他求仙药，并相约逃跑。秦始皇得知后，认为卢生等诽谤他，夸大他的过失，而且其他儒生也有妖言惑众之嫌，遂责令御史审问在咸阳的儒生。儒生们互相揭发，牵连出460多人。为昭示天下，以儆效尤，460多人全部被坑杀于咸阳。秦始皇长子扶苏对此做法有异议，也被令离开都城，去上郡（今陕西榆林东南）监蒙恬军。

秦始皇暴政

强大的秦王朝从建立到灭亡不过十几年，秦朝灭亡的根本原因就在于秦始皇的暴政，这主要体现在赋役和刑罚两方面。

秦始皇时期，征收的赋税十分沉重。秦朝的赋税可分为田税、口赋两种，据汉代董仲舒所言，秦朝赋税"二十倍于古"。

另外，秦朝的徭役更是十分繁重。秦朝规定：一般人民从15岁开始服役，至60岁。一生中须正率一年，屯戍一年，每年还要更卒一个月。

秦始皇不断大兴土木，在咸阳及别的地方修建宫殿，其中以阿房宫的修建为最。据载公元前212年，秦始皇仍感到已有的宫殿太小，于是决定修建阿房宫。阿房宫规模庞大，东西500步，南北50丈，宫中可容纳万人，其宫殿之高，可以将高五丈的旗杆竖于其中。在南山上的山峰之顶还建筑了门阙，这是建在宫殿之前的建筑物。另外，还要修建复道。所以后来唐代诗人杜牧在其《阿房宫赋》中对阿房宫的规模作了较详细的描绘："蜀山兀，阿房出。覆压三百余里，隔离天日。骊山北构而西折，直走咸阳，二川溶溶，流入宫墙，五步一楼，十步一阁；廊腰缦回，檐牙高啄；各抱地势，钩心斗角。"阿房宫作为秦始皇举行朝会、庆典、议决国家大事的场所，其设计自然要体现其身为皇帝的尊贵。

秦始皇不仅活着要享尽人间富贵，而且死后仍要穷奢极欲，为自己在骊山修建了规模宏大的陵墓。在他即位之初，就开始为自己修墓。统一六国后，更役使数十万人继续营造，其陵高为120多米，周长2167米，陵下则"穿三泉，下铜而致椁，宫观百官奇器珍怪徙藏满之。令匠作弩矢，有所穿近者辄射之。以水银为百川江河大海，机相灌输，上具天文，下具地理。以人鱼膏为烛，度不灭者久之"。除陵墓主体外，还有许多作为陪葬的工程。兵马俑和铜赤马的出土即可作为明证。至今已发掘了三个秦兵马俑坑，出土的兵俑与真人大小差不多，造型生动、神态逼真，被联合国教科文组织确定为世界第八大奇迹。

据统计，秦朝人口约有2000万，每年服徭役的就达200多万人，由此可见秦朝徭役之重。

秦始皇统一六国后，山东六国的贵族与百姓，特别是原来六国的旧贵族，反秦情绪尤为强烈。为了巩固自己的统治，秦始皇采用严厉的镇压手法，实行严峻的刑罚。其名目繁多，可分为死刑、肉刑、徒刑、连坐等12种，并且秦朝法律规定，各种刑罚可以重用、单用、合用。

秦朝的种种刑罚，主要是针对农民和奴隶的，对农民和奴隶往往是轻罪重处。例如，服役的刑徒在生产中若稍稍损坏器具，就会遭到很重的鞭笞。总之，秦始皇称帝后，秦朝的法律更为严苛了。

病亡沙丘

公元前210年，秦始皇在最后一次出巡中于沙丘宫病死。

秦始皇一生曾5次出巡各地。第一次是在公元前220年，巡行陇西、北地。第二次出巡则在公元前219年，这次出巡的主要目的是东抚东土、封祀泰山。秦始皇登临泰山封禅时，于半山坡曾遇暴风骤雨，不得不避雨于一棵大松树下。雨过天晴后，秦始皇称赞此松树遮雨有功，于是当即封之为五松大夫，百官则高呼皇帝万岁。现在泰山山腰的五松亭，据说就是秦始皇当年封禅的避雨处。第三次出巡是在公元前218年。秦始皇再次东出函谷关巡行东方，当其车驾行至河南阳武博浪沙时，从道旁的杂草树丛中突然跳出一个人，此人将手中的凶器掷向安车。但是秦始皇坐在安车后面的专车中，因此没有受伤。这个刺客为张良所选派，他以120斤的大铁锤袭击秦始皇，没有成功。秦始皇十分愤怒，下令搜遍天下，张良于是改名换姓逃走。第四次出巡则是巡行碣石和北边。

公元前212年，有一陨石落在东郡（今河南省东北部和山东省西部部分地区），有人在上面刻上了"始皇帝死而地分"。秦始皇听说后，便派人到东郡调查此事，但没有结果，于是便下令把陨石落地附近的居民全部杀掉。此后，秦始皇一直不高兴。到秋天，朝廷使者在一天夜里路过华阴平舒时，突然有人持着一块玉璧，拦住使者，说："今年祖龙死！"使者正待查问，那人则放下璧，转身逃走。秦始皇闻听此事，召使者询问，并不解其意，退朝后，方想到祖龙就是指人的祖先。于是命人仔细查看玉璧，这玉璧竟是秦始皇几年前不慎掉入江中的那块。秦始皇更加觉得不可思议，于是命人占卜，依据占卜的结果，秦始皇迁徙北河榆中（今河套地区北部一带）3万家，并决定于公元前210年再次出巡。

秦始皇这次出游，本来是打算随行官员只带左丞李斯，但是其子胡亥也要随从，秦始皇也应允了。十月，秦始皇一行从咸阳出发巡行江南，一路上，秦始皇游云梦，登庐山，过会稽（今浙江绍兴市南），游兴正浓，因此，并没有感觉到阴冷潮湿的江南天气给他的身体有什么不良影响。然后他们渡江北上，至琅琊（今山东胶南市境），沿海滨寻仙求药，在海上捕杀大鱼。秦始皇非但没有求得长生不死之药，反因海风的侵袭，使得秦始皇因长期巡行而下降的体质，已无法抵御病魔。当车驾到达沙丘平台（今河北平乡东北）时，秦始皇已经病入膏肓，只好在沙丘宫住下来，不久病死于沙丘宫。

据记载，秦始皇在病危期间，曾留下遗诏赐位于扶苏，但是遗诏落到了赵高、李斯手中。面对秦始皇的突然死亡，赵高、李斯决定秘不发丧，知道秦始皇死讯的只有胡亥、赵高、李斯及秦始皇身边的几个宦者。为不引起人们的怀疑，李斯等人决定将秦始皇尸体放在辒辌车中运至咸阳。但是时值七月，天气炎热，不几日，秦始皇的尸体便发出臭味。他们只好命令随后的车载一石鲍鱼，用鱼的臭味掩盖尸体的臭味，所以，沿途臣民并不知秦始皇已死。

另外中东府的赵高则利用这一时机，勾结李斯，篡改遗诏，立胡亥为太子，并以"为人子不孝""为人臣不忠"的罪名赐死扶苏。

不久，皇帝车驾回到咸阳，李斯等先宣读改过的遗诏，立胡亥为太子。然后胡亥以太子身份主持秦始皇的葬礼，并继皇位，是为秦二世。

秦始皇一生50年，但这50年却使秦始皇成为千古一帝。他开创了中国第一个统一的封建专制主义的多民族国家，统一了文字、货币、度量衡，并确立了郡县制，对后世影响深远。可是，秦始皇又是一代暴君，后期的暴政导致秦朝二世而亡。

陈胜、吴广起义

胡亥夺取皇位的这一年，即公元前209年农历七月，爆发了我国历史上第一次大规模的农民起义，领导这次起义的人是陈胜、吴广。

秦二世元年（公元前209年）七月，征发闾左（秦时贫弱农户居闾之左，富者居右）900人戍守渔阳（今北京密云）。陈胜、吴广都被征调，担任屯长。

陈胜又叫陈涉，是阳城（今河南省登封市东南）人。吴广又叫吴叔，是阳夏（今河南省太康县）人。

那时候正赶上雨季，他们走到蕲县大泽乡（今安徽省宿县西南）的时候下起了大雨。大泽乡靠近淮河的支流浍河，地势低洼，大水淹没了道路，没法走了。他们只好停下来，等天晴了再走。按照秦朝的律法，误了日期，就要杀头。陈胜、吴广计算了一下，估计无论如何也不能按期到达渔阳，这样，他们已经犯下死罪了。

陈胜、吴广一起商量办法。陈胜说："如今要是逃走，被抓回来是死；起来造反，夺天下大不了也是死。这样下去等死，还不如拼出一条生路呢！"

吴广认为陈胜说得有道理，便决定跟着陈胜干一场。当时的人们很迷信，想要号召众人起来造反，除了假借扶苏等人的名义外，还得采用装神弄鬼一类的办法，取得众人的信任。他们为此想出了办法。

第二天，伙夫上街买鱼回来，剖开一条鲤鱼的时候，在鱼肚子里发现一块绸子，绸子上用朱砂写着"陈胜王"三个字。这件事一下子就传开了，众人都认为这是老天爷的旨意，原来陈胜是个真命天子呀！

过了几天，陈胜和吴广带领着一大帮人，趁押送他们的军官喝醉了酒，故意去要求释放他们回家。军官一听，又急又气，先抽打了吴广几鞭子，接着又拔出剑来要杀吴广。这时大伙儿一拥而上，陈胜乘机杀死了军官。

陈胜、吴广杀死了军官，大伙儿都感到出了一口恶气。看到大伙儿都很齐心，陈胜、吴广就决定立即起义。他们派人上山砍伐树木、竹竿作为武器。然后，用泥土垒个平台，作为起义誓师的地方。还做了一面大旗，旗上绣上了一个大大的"楚"字。陈胜自立为将军，吴广为都尉。起义军首先攻下大泽乡，进而攻占蕲县及各县。中国历史上第一次大规模的农民起义就这样爆发了。

陈胜、吴广在大泽乡起义的消息很快传开，附近穷苦的老百姓扛着锄头、铁耙、扁担，纷纷赶来加入起义军，起义军一下子壮大了起来，并且很快地占领了陈县（今河南淮阳）。陈胜在陈县称了王，国号"张楚"。陈县成为全国农民起义的中心。

为推翻秦朝统治，陈胜于八月封吴广为"假王"，令其率主力西击荥阳（在今河南中部），进而入函谷关（今河南灵宝东北）夺占秦朝腹地；宋留率部入武关（今陕西商南东南），迂回咸阳；武臣、陈余率部攻取六国故地。吴广久攻荥阳不下，陈胜又以周文为将军，领兵绕过荥阳，进攻关中。周文攻破函谷关，屯军于戏（今陕西临潼东北）。这时起义军已有兵车千辆，战士几十万。

秦二世见起义军打到了都城附近，即令少府章邯把修建骊山陵墓的数十万刑徒和奴产子编成军队迎击农民军。同时，又从边塞调回王离的30万军队以保卫都城。周文率领的农民军，虽然英勇作战，但缺乏训练，没有作战经验，又孤军深入，在秦军的突然袭击下，接连受挫，被迫退出函谷关，在曹阳驻守待援。

这时，武臣的东路农民军在河北旗开得胜，对秦朝官吏恩威兼施，连下30余城，在攻占旧赵都城邯郸后，武臣在张耳、陈余的怂恿下自立为赵王。陈胜为了顾全大局，勉强予以承认，并命他率军西上，支援周文。武臣置若罔闻，以陈余为大将军，张耳为丞相，公然割据自立。六国旧贵族纷纷割据称王，韩广称燕王，魏咎为魏王，田儋为齐王。陈胜所遣各部义军互不接应，六国旧贵族又变身割据者，严重削弱了反秦力量，起义军陷入孤立无援又腹背受敌的境地。曹阳的农民军与兵力庞大的秦军苦战两月，损失惨重，又无援助，终告失败，周文自杀。章邯乘胜猛扑，占领渑池。

随着反秦斗争的进行，起义军自身的矛盾和弱点也逐步暴露。围攻荥阳的起义军内部发生内讧，将领田臧因与吴广意见不合，竟假借陈胜之命杀死吴广，自立为将军，致使军心涣散。章邯乘机率秦军直扑荥阳，田臧率军迎战章邯，兵败身死，余部溃散。陈胜依旧坐守陈县，章邯率军直扑陈县，在城西与张贺所率农民军展开激战，陈胜亲自督战。由于众寡悬殊，而秦军又挟战胜周文、田臧之余威，士气高昂，农民军终败，张贺战死，陈县失陷。十二月，退至下城父（今安徽涡阳东南）的陈胜为车夫庄贾杀害，余部投奔其他反秦武装。宋留闻讯，在南阳降秦。轰轰烈烈的陈胜、吴广起义在秦王朝的残酷镇压下历经半年失败了。

约法三章

刘邦进驻咸阳，召集了附近各县的父老，对他们说："你们被秦朝残酷的法令害苦了。今天，我跟诸位父老约定三条法令：第一，杀人的偿命；第二，打伤人的治罪；第三，偷盗的治罪。除了这三条，其他秦国的法律、禁令，一律废除。父老百姓可以安居乐业了。"

百姓听到了刘邦的约法三章，高兴得不得了，争先恐后地来慰劳刘邦的将士。

从那时起，刘邦的军队给关中的百姓留下了良好的印象，人们都希望刘邦能留在关中做王。

鸿门宴

项羽在巨鹿大战中打败了王离，收降了章邯，而后率领40万大军开到函谷关，看见关口有兵把守着，不准项羽的军队进关。项羽得知是刘邦的将士守着关口，怒气冲天，命令将士猛攻函谷关。关口很快被打开，项羽军队长驱直入，直到了新丰、鸿门（今陕西临潼东北）才驻扎下来。这里离刘邦军队的驻扎地灞上只有40里路，项羽决定第二天攻打刘邦。

项羽的叔父项伯和刘邦的谋士张良是好朋友，他怕打起仗来张良会送命，就连夜赶到刘邦军营告知张良，叫张良赶快逃命。

刘邦、张良乘机以礼相待，并当即结成儿女亲家。刘邦对项伯说："我进入关中后，登记户籍，封闭府库，未敢擅取丝毫财物，一心等待项将军的到来。至于派兵守卫函谷关，也是为了防止意外。我日夜盼望项将军的到来，岂敢背叛？希望您能替我说个明白。"项伯欣然应允，并与刘邦约定，让他次日亲自去拜谢项羽。

项伯连夜赶回楚营，转达了刘邦的心意。他还对项羽说：刘邦立下大功而去攻打他，是没有道理的，不如以礼相待。其时，项羽重兵在握，并不在意刘邦，况且攻打刘邦师出无名，于是便听从项伯的建议，撤销了次日清晨进攻灞上的计划。

第二天一大早，刘邦就带领张良、樊哙和100多人赶到鸿门，拜见项羽。刘邦装作十分热情地说："我和将军一起攻打秦朝，您在黄河的北面作战，我在黄河的南面作战。没想到我能先打进关中，攻破咸阳，今天有机会和将军见面，真是件令人高兴的事。听说有些小人在您面前挑拨我和您的关系，请将军千万别听信这些话。"项羽是个直性人，见刘邦这样低首下心，怒气很快就烟消云散了。项羽叫人摆上酒席，举杯劝刘邦喝个痛快，态度越来越和气。

酒席上，范增一再给项羽使眼色，并多次举起胸前佩挂的玉玦作暗示，要项羽下决心杀掉刘邦。项羽默不作声，好像没看见一样。范增急了，找个借口走出营门。他把项羽的堂兄弟项庄找来，交代他说："项王心肠太软，你到席上敬酒，然后舞剑助兴，趁机杀了刘邦。"项伯见项庄在宴席前别有用心地舞起剑来，害怕刚结的亲家刘邦吃亏，也拔出宝剑说："一个人舞剑没有两个人来劲。"就用身子护着刘邦，与项庄对舞起来，项庄没机会对刘邦下手。

张良见形势危急，找个机会溜了出去，对樊哙说："宴会上项庄拔剑起舞，总想对沛公下毒手。"樊哙听了急得大喊："我去同他们拼了！"他带上宝剑和盾牌赶到帐前，把几个阻拦的卫兵撞倒，怒目圆睁地冲了进去。

项羽看到冲进一个怒容满面的人，急忙按住剑把，喝问道："你是什么人？"张良急忙上前解释说："他是沛公的车夫樊哙，一定是肚子饿了。"项羽用赞叹的口气说："好一个壮士！快赏给他一斗酒，一只猪腿。"项羽看了樊哙一会儿，越发觉得这人豪壮，说："壮士，还能喝酒吗！"樊哙粗声说："我死都不怕，还怕喝酒吗！当初，楚怀王跟大家有约：谁先打败秦军攻破咸阳，谁就做王。如今沛公先打进咸阳，他没拿一点东西，只是封了库房把军队驻在灞上，等到大王您的到来。如此劳苦功高的人，大王不但没给他奖赏，反而听信小人的挑拨，想去杀害他，这不是跟秦王没区别了吗？大王这种做法未免太不近情理了！"项羽一时答不上话来，招呼樊哙坐下。樊哙就挨着张良坐下了。刘邦镇定了一会儿，假装要上厕所，樊哙和张良也跟着出去了。刘邦想趁早溜回军营，又怕没有告辞失了礼数。樊哙说："干大事业的人不拘泥于小礼节。如今我们好比任人宰割的鱼肉，性命都难保了还讲什么礼数！"

刘邦走后，张良在外面等了好一会儿，估计刘邦已经到达军营了，才进去对项羽道歉说："沛公酒量小，今天喝多了，不能当面来向大王辞别。他嘱咐我奉上白璧一双敬献给大王，玉杯两只送给亚父。"项羽接过白璧，放在席位上，范增气得把玉杯扔在地上，又用宝剑劈碎，叹着气说："唉，真是没用的人，不值得让我操心！将来争夺项王天下的人，一定是刘邦。等着瞧吧，将来咱们这些人都会成为刘邦的俘虏！"

鸿门宴拉开了楚汉战争的序幕。

楚汉之争

刘邦听从萧何的建议，拜韩信为大将，执掌兵权，准备攻打汉中。萧何整顿后方，训练人马。公元前206年，汉王和韩信率领汉军进攻汉中。

战争开始后，由于关中的老百姓对"约法三章"的汉军本来就有好感，所以，汉军每到一处，士兵、百姓都不愿抵抗。不到三个月的时间，刘邦就消灭了秦国降将章邯的兵力，牢牢地控制了关中地区。项羽得知刘邦攻占了整个汉中，准备率兵来打。但是西面齐国的田荣也起来反抗项羽，把项羽所封的齐王赶下台，自立为王，项羽只好扔了刘邦这一头带兵去镇压田荣。

刘邦趁项羽和齐国相持不下的时候，率军东进，攻下了西楚的都城彭城（今江苏省徐州市）。项羽赶紧往回撤兵。双方在睢水展开了一场大战。战斗一开始，双方谁也不知道对方有多少人，只打得昏天黑地，尸横遍野。到最后，汉军战败，刘邦的父亲太公和妻子吕氏也被楚军俘虏了。

刘邦领着残兵败将，退到荥阳成皋一带，严密布防。另一方面派韩信带领兵马向北收服了魏国、燕国和赵国的地盘，又派陈平用重金挑拨项羽和范增的关系。项羽本来疑心很重，听信了谣言，真的怀疑起范增来。范增一气之下告老还乡，又气又伤心的他死在了路上。范增一死，项羽身边少了一位得力的谋士，汉军的压力也减轻了。刘邦又叫彭越在后方截断楚军的运粮道，这样就有效地控制了楚军。楚汉双方这样对峙了两年多。

公元前203年，项羽决定自己带兵去攻打彭越。临走时，他再三叮嘱成皋守将曹咎，无论如何也要坚守城池不许出战。刘邦见项羽一走就向曹咎挑战。曹咎说什么也不战。后来刘邦叫士兵整天隔着汜水辱骂楚军。曹咎受不了刘邦士兵的辱骂，渡江作战被刘邦打得大败。曹咎觉得没脸见项羽，就刎颈自杀了。

项羽听说成皋被汉军占领，曹咎自杀，急忙赶回来，楚汉两军在广武（今河南荥阳市东北）又对峙起来。

正当刘邦想和项羽决一死战的时候，项羽派使者给刘邦传话说："现在天下不安定，都是由于你我两人相持不下造成的，你敢不敢与我比试高低，别让老百姓受连累了。"刘邦也叫使者回话说："我愿意比文斗智。"刘邦和项羽各自出阵来，刘邦为了叫项羽在楚、汉军面前威风扫地，便历数项羽有"十大罪状"。

项羽听刘邦述说自己的"十大罪状"，忍无可忍，也不回答，回头做了个暗示。钟离昧带领弓箭手一阵乱箭齐发，刘邦刚要回头，胸口已经中了一箭。他忍住疼痛，故意弯下身，大叫道："不好，贼兵射到我的脚趾了。"众将士急忙把他扶到营里，叫医官医治。张良怕军心动摇，便劝刘邦勉强起来，坐在车上巡视军营。

项羽见刘邦没死，还能巡视军营，而楚军粮草已供应不上，感到进退两难。

刘邦重伤在身，见双方相持不下，也非常着急。这时，洛阳人侯公从中调和了一下，双方定下协议，楚汉双方以荥阳东南的鸿沟为界，鸿沟以东属楚，鸿沟以西属汉，双方各守疆土，互不侵犯，罢兵息战。协议达成后，项羽把太公和吕氏也放了回来。

井陉之战

公元前205年，刘邦为了牵制项羽，派韩信率军北上，开辟北方战场。

韩信率军3万，对依附项羽的赵国发起攻击。赵王歇、赵军主帅陈余闻讯后，即以号称20万的大军集结于井陉口防守。

韩信半夜时点2000骑兵，命每人带一面汉军旗，迂回到赵军大营的后方埋伏。天亮后，韩信背水列阵，向陈余叫战。陈余见韩信兵少，于是率轻骑蜂拥而出。交战后不久，韩信诈败后退，陈余下令全营出击，这时预先埋伏的2000骑兵则乘机攻入赵军空营，遍插汉军红旗。汉军因背河而战，无路可退，于是人人奋勇杀敌，与赵军决一死战。双方厮杀半日，赵军仍不能取胜，忽然发现营垒已遍插汉旗，赵军以为汉军已经占据了营地，一时军心大乱，汉军趁势反攻，和占营的两千汉军两面夹击，赵军大败。

韩信背水一战，出奇制胜，是中国古代著名的以少胜多的典型战例。

四面楚歌

楚汉议和还不到两个月，刘邦便毁约组织了韩信、彭越、英布三路大军会合一处，在韩信的统率下，追击项羽。

公元前202年，项羽被汉军围困在垓下（今安徽灵璧县东南），韩信在垓下的周围布置了十面埋伏。项羽的人马少，粮食也快吃光了。他想带领人马冲杀出去，但是被汉军和各路诸侯的人马层层包围，项羽打退一批，又来一批；杀出一层，还有一层，项羽没法突围出去，只好回到垓下大营，吩咐将士小心防守。

这天夜里，项羽在营帐里愁眉不展。他身边有个宠爱的美人名叫虞姬，看见他闷闷不乐，便陪伴他喝酒解愁。

项羽要虞姬离开垓下，回彭城或是回她的故乡，虞姬温柔地加以拒绝。项王战死，她也不独活。

到了午夜，只听得一阵阵西风吹来，风声里还夹着歌声。项羽仔细一听，歌声是从汉营里传出来的，唱的都是楚人的歌曲，这触动了楚军士卒的思乡之情，他们不觉坐起身来，不顾严寒，走出营帐，向汉军营寨远眺。项羽听四面到处是楚歌声，失神地说："完了！恐怕刘邦已经打下西楚了！汉营里怎么有那么多的楚人呀。"

项羽愁绪满怀，忍不住唱起一曲悲凉的歌来：

> 力拔山兮气盖世，
>
> 时不利兮骓不逝。
>
> 骓不逝兮可奈何，
>
> 虞兮虞兮奈若何？

项羽唱着唱着，禁不住流下了眼泪。旁边的虞姬和侍从也都伤心地哭了起来。

当天夜里，项羽跨上乌骓马，带了800个子弟兵冲出汉营，马不停蹄地往前跑去。天亮后，汉军才发现项羽已经突围出去，连忙派了5000骑兵紧紧追赶。项羽一路奔跑，后来他渡过淮河时，跟着他的只剩下100多人了。

但后面的追兵又围上来了。项羽对跟随他的士兵们说："我从起兵到现在有八年了，经历过七十多次战斗，从来没有失败过，才当上了天下霸王。今天在这里被围，这是天要叫我灭亡，并不是我打不过他们啊！"

项羽说罢又几次冲出重围，一直到了乌江（在今安徽和县东北）边。此时，他的身边只剩下20几个人了。恰巧乌江的亭长有一条小船停在岸边。亭长劝项羽马上渡江，说："江东虽然小，可还有一千多里土地，几十万人口。大王过了江，还可以在那边称王。"

项羽苦笑了一下说："我当年在会稽郡起兵时，带了8000子弟渡江。到今天他们没有一个能回去。我一个人回到江东，即便是江东父老同情我，立我为王，我也没脸见他们呀。"

项羽说完跳下马来，对亭长说道："我知道您是位长者，我骑这匹战马已有五年，所向无敌，曾经一日行走千里，不忍心杀掉它，就送给您吧。"项羽把战马送给乌江亭长后，令骑士全部下马步行，跟追上来的汉兵展开肉搏战。他们杀了几百名汉兵，楚兵也一个个倒下。项羽受了十几处创伤，最后在乌江边拔剑自杀了。

项羽死后，楚地全部向汉军投降，唯鲁地不降。刘邦率大军想要屠城，兵至曲阜城下，还可听到城中的弦歌诵读之声，认为鲁人坚守礼义，为君主死节，便拿出项羽的人头令鲁人观看。鲁地父老见项羽已死，这才投降汉军。当初，楚怀王曾始封项羽为鲁公。项羽死后，鲁地最后投降，因而按照鲁公封号应享有的礼义，将项羽安葬在谷城（今山东东阿南）。

刘邦为项羽发丧，洒泪而去。项羽的各支宗族，刘邦都不加以诛害。刘邦封项伯为射阳侯，项襄为桃侯，项佗为平皋侯，但都赐姓为刘。

西汉建立

公元前202年农历正月，诸侯都上书，请尊汉王刘邦为皇帝。二月，刘邦假意推让之后，在汜水（在山东曹县）即皇帝之位。

刘邦得天下，绝非偶然。他与群臣在洛阳南宫聚宴，道出了自己的法宝，他说："运筹帷幄之中，决胜千里之外，我不如张良；管理国家，供应军需，我不如萧何；率领千军将士，百战百胜，我不如韩信。但是，这三个杰出人才，我能任用他们，就得了天下；项羽仅有一个范增，却不能任用，最终败在我的手下。"项羽的部将季布及其同母弟丁公，在楚汉之争中都曾追杀过刘邦。刘邦称帝之后，季布得到赦免，还做了郎中，丁公却被斩杀。原因是，在当初，季布忠于项羽，对刘邦毫不留情，而丁公却曾放了刘邦一马。从中可见刘邦的用人之道和对忠臣的理解。

汉王刘邦正式做了皇帝，这就是汉高帝。汉高帝定都洛阳，后来迁都到长安（今陕西西安）。

西汉初年，刘邦大封功臣，异姓王有七人，史称"异姓诸王"。这些王侯据有关东广大区域，势力强大，朝廷奈何不得。异姓王的存在为汉朝的长久稳定留下无穷隐患。

汉高帝五年（公元前202年）七月，距离刘邦称帝不到半年，燕王臧荼首先叛乱，刘邦亲自率兵征讨。两个月以后，臧荼成为阶下囚，刘邦又立长安侯卢绾为燕王。九月，颍川的原项羽部将利几谋反，没多久即被刘邦平定。一时举国上下，谈兵色变，有人告发楚王韩信意图谋反，刘邦决定采纳陈平的建议，采取智取的办法。他假装巡游云梦（古大泽，在今湖北南部和湖南北部），命令各路诸侯于十二月在陈县会集。韩信见到诏令后，虽然有点儿疑惧，但自认为没有什么过失，便前往会见刘邦。武士当即将韩信逮捕押往洛阳，刘邦废其王号，改封他为淮阴侯。韩信因此非常忧郁。他经常称病不上朝，还常常发牢骚："果真像别人所说的那样，'狡兔死，走狗烹；飞鸟尽，良弓藏；敌国破，谋臣亡'。天下已经安定，我固当亡。"

高帝十年（公元前197年），有人说韩信与陈豨谋反。陈豨是刘邦子代王如意的部下，如意年幼，长期留居长安，代王相陈豨独自掌握王国大权。据说，陈豨与韩信商定反汉，以韩信为内应，陈豨带将守边，内外呼应。高帝十年的秋天，刘邦借"太上祖驾崩"的名义召见陈豨，陈豨称身体不适，不应召见，并与王黄、曼丘臣一同造反，自立为代王。刘邦亲自赴邯郸坐镇，派周勃等率军北征。当时陈豨部将侯敞、王黄、张春四处招兵买马，号召反叛，叛乱几乎波及华北全境。而刘邦则处于劣势，他多次以羽檄征集彭越、英布等人，但无人应召。最后刘邦采用重金收买陈豨手下部将的计谋，方得以将陈豨打败。到了高帝十二年（公元前195年），周勃斩陈豨于当城（今河北蔚县）。

刘邦亲自征讨陈豨时，要求韩信随军出征，韩信以身体有病为借口，没有一同前往。后来有人检举韩信想利用刘邦出征的机会，策划在长安动手，与陈豨里应外合。高帝皇后吕后与丞相萧何设计将韩信骗入宫中处死，并诛灭了其亲人家属。至此，在楚汉战争中立下赫赫战功的韩信不复存在了。

高帝十一年（公元前196年）三月，梁王彭越的部下告发他谋反，刘邦不动声色地遣使前往梁王王都定陶，乘其不备，一举将彭越逮捕，押往洛阳。刘邦念其战功，没有将其处死，只是将其贬职为民，发放蜀地。恰巧在去流放地的途中，彭越偶遇从长安去洛阳的吕后。彭越自以为遇见了大救星，恳求吕后向刘邦求情，殊不知吕后为人刚毅，心肠狠毒。她假装答应了彭越的要求，将彭越带回了洛阳。她不但没有践约为彭越求情，反而对刘邦说让彭越这种有才能、有威望的人去蜀地是自留祸患，不如斩草除根。刘邦认为其妻言之有理，改判彭越死刑，并灭其全族。

韩信与彭越的死对英布震动很大，同病相怜的处境使得他不得不首先防范。他暗中部署兵力，小心刺探周围各郡的动静。后来有人将英布的活动报告给刘邦，刘邦派遣使者到淮南国查明情况。英布得知此事，如惊弓之鸟，只好于高帝十二年七月宣布反叛。叛乱之初，英布气焰很高，他认为刘邦已61岁高龄，又身患疾病，无法也不会再带兵出征了，他信心十足地东进击杀了荆王刘贾，占据了大片的土地。刘邦深知年老体衰，意图让太子刘盈率兵出征。但太子宾客认为英布是善于用兵的猛将，诸将曾经与高帝一同打江山，平起平坐，威望较高，恐怕未必肯听太子的调遣，因此太子的出征，前景令人担忧。于是他们策划让吕后去请求皇帝亲自出征。刘邦思前想后，觉得别无选择，只好不顾年老体衰，于十月亲率大军东征，连连打败英布的队伍。高帝十二年十月，刘邦与英布在蕲西（今安徽宿县北）短兵相接，英布不敌，逃往江南鄱阳（今江西鄱阳东），被当地人杀死于乡民田舍。英布所发动的叛乱是刘邦在位期间最大的一次叛乱，这次叛乱的平定，对汉王朝的长治久安起了重要的作用。

刘邦平定了英布叛乱后，在凯旋的路上，回故乡沛县住了几天。他邀集了故乡的父老子弟和以前的熟人，举行了一次宴会。他在与父老乡亲团聚畅饮当中，想起过去自己战胜项羽的经历，又想到以后要治理好国家，可真不容易。想到这里，他感慨万千，情不自禁地唱道：

大风起兮云飞扬，

威加海内兮归故乡，

安得猛士兮守四方。

文景之治

西汉为稳定政治与社会经济，发展农业生产，汉高帝、惠帝及吕后都采取休养生息政策。

文帝即位后，更倡导以农为本。在位期间，进一步推行轻徭薄赋、约法省禁政策。先是减轻田租，由十五税一改为三十税一，甚至曾免收田租12年。又减算赋，将过去百姓15至56岁每人每年须交120钱之规定，减为交40钱；徭役也有所减轻，将原来一年一更改为三年一更。文帝还一再下令列侯回到自己的封国，以减免戍卒保障供给运输的辛劳。同时，减轻刑罚，废除收孥连坐法和肉刑法。此外对于汉朝边远地区少数民族采取和睦相处政策，与匈奴和亲，柔抚南越。诏举贤良方正、能直言极谏人士，任人唯贤。

公元前157年6月，文帝去世。太子启即位，称景帝。景帝时继续实行"休养生息"政策，一方面，公元前156年5月诏令进一步减轻农民负担，重新收取田租之半，三十而税一，自此成为汉朝定制，从而使农业生产得到恢复和发展，人口逐渐增多。另一方面，景帝时又继续推行剪除严刑苛法的措施，受笞者能够得以保全肢体，缓和了社会矛盾和阶级矛盾。此外，景帝为加强对臣属的约束，下诏命令廷尉和丞相重新讨论官吏贪赃的律令，在一定程度上使官吏贪赃枉法行为有所收敛。景帝还进行"削藩"，平定吴楚七国之乱，把诸侯王任免官吏的权力收归中央，巩固了中央集权。而对于北部边郡的匈奴，继续采取和亲政策，历史学家将景帝统治时期与文帝时期并举，誉称为"文景之治"。

武帝初登位

公元前156年的一天深夜，汉景帝的第十子诞生，取名彻，他就是开创了大汉盛世的汉武帝。

刘彻自幼聪明，3岁能背典籍，无遗漏，汉景帝大为惊异，于是大为宠爱。一天，景帝把刘彻抱在膝头上，问道："我儿愿意当皇帝吗？"刘彻用稚嫩的声音答道："做皇帝不由儿臣，我愿天天在父皇膝前嬉戏，不失为子之道。"景帝暗暗惊叹："3岁小儿竟如此口齿伶俐，真是天资聪颖啊！"于是就有了立刘彻为太子的打算。

汉武帝的童年和少年的宫廷生活，决定了他一生的命运，并给他54年的皇帝生涯打上了深深的烙印。

刘彻虽然也是汉景帝的儿子，但是按照当时的继承顺序，皇帝的位子根本轮不到他。汉景帝在公元前153年就立皇子刘荣为太子，与此同时封刘彻为"胶东王"。但是刘荣的母亲栗姬和刘彻的母亲王美人都不是皇后，和栗姬相比，王美人并不怎么得宠。公元前151年，汉景帝废薄皇后，眼看皇后之位就要落到栗姬手中。但是，栗姬自从亲生儿子被立为太子后，就目空一切，专横跋扈，脾气越来越乖戾。汉景帝终于忍无可忍，景帝七年（公元前150年）正月，他不顾朝臣反对，下诏废皇太子刘荣为临江王，将栗姬打入冷宫。

皇太子之位暂时空缺，诸子为争夺皇位继承权展开了激烈斗争。刘彻被立为太子，他的姑母长公主刘嫖起了关键的作用。刘嫖是窦太后的女儿，汉景帝的姐姐，她不仅受到窦太后的宠爱，与汉景帝的关系也非常密切。长公主生有一个女儿，名阿娇。长公主一心想让阿娇当皇后，她本来想把阿娇许配给太子刘荣，可遭到栗姬的回绝，长公主由此和栗姬结仇。王美人抓住这一机会，极力讨好长公主。碰巧一天年仅五六岁的刘彻到长公主家玩耍，长公主见他聪明可爱，于是抱在膝上问道："我儿想要娶个媳妇吗？"刘彻答道："想。"长公主指着左右侍女问刘彻："她们之中你喜欢哪一个呀？"刘彻摇摇头，表示一个也不喜欢，最后长公主指着自己的女儿问他："阿娇好不好？"刘彻这才高兴地说："好！我要是能娶阿娇做媳妇，一定要给她盖一座金屋，让她住在里面。"长公主听了非常高兴，后来在征得汉景帝同意后，便把阿娇许配给了刘彻。这样，长公主和刘彻的关系更近了一层，看到刘荣的太子之位被废，长公主和王美人乘机活动，终于说服汉景帝。景帝七年四月，汉景帝立王美人为皇后，接着立7岁的胶东王刘彻为皇太子。

刘彻从公元前150年被立为太子，到公元前141年汉景帝驾崩，继承皇位，其间做了九年太子。在这九年中，聪颖过人的皇太子深得汉景帝的宠爱。他一方面协助汉景帝处理政务；另一方面博览群书，广泛涉猎琴棋书画、诗歌辞赋，这为他以后五十余年的政治生涯奠定了基础。景帝后元三年（公元前141年），汉景帝为已年满16岁的皇太子举行了隆重的冠礼。不料冠礼大典之后，汉景帝突然患病，医治无效，正月二十七日驾崩于未央宫。国不可一日无君，皇太子当日在汉景帝灵前继承皇帝大位，君临天下，一代名君汉武帝登上了皇帝的宝座。

汉武帝统治时期是中国历史上的一次转变。他统治下的西汉王朝是中国历史上的第一个黄金时代。处于鼎盛之中的大帝国无论是文治还是武功都达到中国封建社会的高峰。在政治上，武帝颁行推恩令，制定左官律、附益法，实施"酎金夺爵"，基本上改变了汉初以来诸侯王强大难治的局面；实行一系列打击地方豪强的有效措施；创立刺史制度，加强对地方的控制和监督；同时，汉武帝削弱了丞相权力，任用酷吏，严格刑法，设立太学、建立察举制度，加强中央集权的统治力量。在经济上，将冶铁、铸钱、煮盐收归官营；设立均输、平准官，调剂运输，平衡物价；实行算缗告缗，打击富商大贾，增加政府的财政收入；治理黄河，大力兴修水利，广开灌溉；实行代田法，改进农具，推动农业生产的发展。在思想上，采纳董仲舒的建议，"罢黜百家，独尊儒术"，巩固君主集权，使大一统的儒家思想成为封建统治思想。在民族关系上，多次派兵攻打匈奴，解除了匈奴对北部边郡的威胁；前后两次派遣张骞出使西域，实现和发展了与西域地区的交流，促进了经济文化的繁荣；又遣使至夜郎、邛、笮等地宣慰，加强对西南地区的控制和开发；还统一了南越地区，设立南海、苍梧等9郡。

汉武帝在位54年，为以汉族为主体的统一的、多民族的封建国家的巩固和发展做出了重要贡献。武帝时期，西汉成为亚洲最富强繁荣的多民族国家，也是中国历代封建王朝中的盛世之一。

罢黜百家，独尊儒术

"罢黜百家，独尊儒术"是公元前140年，汉武帝尊崇儒术，将百家学说排斥于官学之外的思想措施。"罢黜百家，独尊儒术"确立了儒家思想在中国社会和文化中的主导地位，不仅巩固了汉朝政权，而且对整个中国历史的发展和传统文化的凝聚产生了极其深远的影响。

西汉初年，汉高帝继续实行秦代的挟书律，禁止私人收藏《诗经》《尚书》等，儒家学术活动几乎灭绝，清静无为的道家思想被统治者大力提倡。这些政策短期内适应了长期战争后恢复生产、稳定社会秩序的要求。无为而治、休养生息的政策造就了文景时期的社会安定、政治开明、文化复兴的繁荣局面。

但随着时代的发展，黄老学说已经不适应时代潮流。汉武帝时期，王国势力强大并凌驾于朝廷之上，商人豪强大力兼并土地，匈奴不断骚扰边界，强化专制主义中央集权制度已经成了统治者的迫切需要。而新儒学的大一统思想、神化皇权的观念以及仁义学说，恰好适应了这种要求。年轻力壮的汉武帝要大有作为，建立千秋帝业，也需要这种新的思想武器。

汉武帝即位后，首先举行的一件大事是召集天下文士，亲自出题考试。

大儒董仲舒提出，诸子学说使国家不能保持一贯的政策，法令制度常常改变不利于封建的专制统治，建议政府只用讲儒学的人为官。武帝采纳了董仲舒的建议，把各地举荐来的非儒学的诸子百家学者一概罢斥，同时任用考试优秀的儒家学者。这样一来，只有学习儒家学术思想才有做官的机会。武帝又改组领导班子，起用了一大批好儒学的人，如用好儒术的田蚡做丞相等，以此来褒扬儒学，贬斥道家等诸子学说。

汉武帝的改革激怒了倡导黄老学说的首要代表窦太后。窦太后大力打击儒家，并找借口把鼓吹儒学的人投入监狱。窦太后去世后，武帝重用儒生，把官府里非儒家的博士一律免职，排斥黄老刑名等百家学术于官学之外，这就是有名的"罢黜百家，独尊儒术"。武帝提倡的儒学，是在原来孔子仁义学说的基础上吸收了阴阳五行家神化皇权、鼓吹王权神授的思想，又接受法家君王独尊、严刑峻法的学说，成为一种儒家王道与法家霸道杂糅的新儒学。

汉武帝的独尊儒术与秦始皇的焚书坑儒目的都是为了统一思想，巩固封建统治，只是他们采用的手段不一样。秦始皇烧掉诸子百家的书籍，企图用暴力手段来达到目的，结果失败了。汉武帝则采用引导的办法，提倡儒家学说，确立儒学为官学，从而开创了两千多年来儒家学说独盛的局面，儒家由此成了中国封建社会的主流思想。

王莽摄位篡汉

汉成帝刘骜是个荒淫的皇帝，他即位后，朝廷的大权逐渐被外戚掌握了。成帝的母亲、皇太后王政君有八个兄弟，除了一个死去的以外，其他人都封了侯。其中要数王凤的地位最显赫，他被封为大司马、大将军。

王凤掌了大权，他的几个兄弟、侄儿都十分骄横。只有一个侄儿王莽与众不同，他像平常的读书人一样，做事谨慎小心，生活也比较节俭。人们都说王家子弟中，王莽是最好的一个。

王凤死后，他的两个兄弟先后接替他的职位，后来又让王莽做了大司马。王莽很注意招揽人才，有些读书人慕名前来投奔他。

汉成帝死后，在10年之内，换了两个皇帝——哀帝和平帝。汉平帝登基时才9岁，国家大事都由大司马王莽做主。很多大臣都吹捧王莽，说他是安定汉朝的大功臣，请太皇太后封王莽为安汉公。王莽说什么也不肯接受封号和封地。

王莽越是不肯受封，越是有人要求太皇太后封他。据说，朝廷里的大臣和地方上的官吏、平民上书请求加封王莽的人多达48万人。有人还收集了各种各样歌颂王莽的文字，使王莽的威望越来越高。

渐渐长大的汉平帝越来越觉得王莽的行为可怕、可恨，免不了背地里说些抱怨的话，这些话被传到了王莽的耳中。

有一天，大臣们给汉平帝过生日，王莽借机献上一杯椒酒。

没过几天，汉平帝就得了重病，死去了。王莽假惺惺地哭了一场。汉平帝死的时候才14岁，没有儿子，于是由王莽摄政，称为"摄皇帝"。第二年，王莽改年号为居摄元年。三月，王莽立只有2岁的刘婴（宣帝玄孙）为皇太子，号称"孺子婴"，以效仿周公摄政旧事，为篡汉自立作准备。居摄三年（公元8年），梓潼（今属四川）人哀章制作铜匮，内藏"天帝行玺金匮图"与"赤帝行玺某传予黄帝金策书"，假说是高帝遗命令王莽称帝。于是，王莽便到高帝祠庙接受铜匮，即天子位，定国号为"新"。至此，西汉灭亡。

王莽自立为帝后，为了巩固政权，在全国实行改革，推行新制。

从居摄二年（公元7年）到天凤元年（公元14年），王莽先后进行了四次币制改革。居摄二年，他下令铸造大钱、契刀、错刀，与汉五铢钱共为四品，一齐流通于市。两年后，又改币制，将错刀、契刀、五铢钱废除，另铸一铢小钱和十二铢大钱并行。始建国二年，三改币制，把货币总称"宝货"，分为钱货、金货、银货、龟货、贝货、布货，总称"五物、六名、二十八品"。天凤元年，四改币制，又实行金、银、龟、贝等货币，废除大、小钱，改行货布、货泉二品。

始建国元年（公元9年），王莽下令将全国土地改为王田，奴婢改名为私属，都不能自由买卖。还规定一家男子不超过8人而种田数额超过一井（九百亩）的，应把多出来的田分给九族乡邻中没有田或少田的人；本身无土地的亦按一夫一妇授田百亩的制度授予田地。

同年，王莽下令制造标准的度量衡器，颁行天下，作为统一全国的度量衡标准。

始建国二年（公元10年），王莽诏令在全国实行五均、赊贷和六筦法。政府在长安、洛阳等大城市设立五均官，负责管理工商业经营和市场物价，收取工商税。赊贷规定由政府办理，百姓急需生活用钱借贷可免利息、兴办产业，年利息不超过十分之一。五均赊贷和政府经营的盐、铁、酒、铸钱及收山泽税，合称为"六筦"。

除此以外，王莽对中央和地方的官名、官制、郡县地名、行政区划，也多次变更。

王莽大规模的改革，并没有起到维护新莽政权的作用，相反，改制后的结果触及大地主商人的利益，加剧了社会矛盾。制度本身的弊病，也给人民带来了更大的灾难，因此很快导致了王莽政权的覆灭。

绿林赤眉起义

公元17年，荆州（今湖南湖北大部分地区）发生饥荒，老百姓到沼泽地区挖野荸荠充饥，野荸荠越挖越少，便引起了争斗。新市（今湖北京山东北）有两个有名望的人，一个叫王匡，一个叫王凤，出来调解，受到农民的拥护。王匡、王凤就把这批饥民组织起来举行起义。南阳人马武、颍川人王常、成丹等率众参加。他们的根据地在绿林山（今湖北大洪山）中，故称为"绿林军"。

地皇二年（公元21年），绿林军在云杜（今湖北河沔）击败荆州2万官军，乘胜占取竟陵（今湖北钟祥）、安陆（今湖北安陆）等地，起义队伍日益增大。

王莽派了2万官兵去围剿绿林军，被绿林军打得溃不成军。投奔绿林山的穷人越来越多，起义军很快就发展到5万多人。

这时候，另一个起义领袖樊崇带领几百个人占领了泰山。不到一年工夫，就发展到1万多人，在青州（今山东省大部分地区）和徐州（今江苏淮河以北地区及山东、安徽部分地区）之间来往打击官府、地主。

樊崇的起义军纪律严明，规定谁杀死老百姓就处死谁，谁伤害老百姓就要受惩罚。这样一来，得到了老百姓的拥护。

公元22年，王莽派太师王匡（和绿林军中的王匡是两个人）和将军廉丹率领10万大军去镇压樊崇起义军。樊崇为了避免起义兵士跟王莽的兵士混杂，叫他的部下把自己的眉毛涂成红色，作为识别的记号。这样，人们都称樊崇的起义军为"赤眉军"。

赤眉军于成昌与王莽10万军队展开激战。少不更事的王匡根本没有作战能力，两军刚一交锋就败下阵来。见太师夺路而逃，部下也纷纷调转马头，紧随其后的廉丹部队也被冲散了。廉丹眼看败局已定，无力回天，便将帅印交予王匡，最后战死。

成昌一役，是赤眉军与王莽军队的第一次大交锋，也是最后一次。因为南阳一带的反莽运动已经兴起，王莽只能龟缩在洛阳一带防守、再也无力出重兵与赤眉军决战了。

成昌大捷后，赤眉军乘胜向西发展，人数已多达10万人。

绿林、赤眉两支起义大军分别在南方和东方打败王莽军的消息一传开，其他地方的农民也纷纷起义。另外，还有一批没落的贵族和地主、豪强也乘机起兵造反。

南阳郡春陵乡（今湖南宁远北）的汉宗室刘縯、刘秀两人，怨恨王莽废除汉朝宗室的封号、不许刘姓人做官的做法，发动族人和宾客七八千人在春陵乡起兵。他们和绿林军三路人马联合起来，接连打败了王莽的几名大将，声势越来越强大。

绿林军将士们认为人马多了，必须推选出一个负责统一指挥的首领，这样才能统一号令。一些贵族地主出身的将军，利用当时有些人的正统观念，主张找一个姓刘的人当首领，这样才能符合人心。

于是，舂陵兵推举刘縯，可是其他各路的将领都不同意。经过商议，众人立了破落的贵族刘玄做皇帝。

公元23年，刘玄正式做了皇帝，恢复汉朝国号，年号"更始"，所以刘玄又称更始帝。更始帝拜王匡、王凤为上公，刘縯为大司徒，刘秀为太常偏将军，又封了其他的将领。从此，绿林军又称为汉军。

昆阳大战

王莽听到起义军立刘玄为皇帝，顿时感到坐立不安。后来又听说起义军打下了昆阳（今河南叶县），更是急得像热锅上的蚂蚁，他立即派大将王寻、王邑率领43万兵马，从洛阳出发，直奔昆阳。

驻守在昆阳的起义军只有八九千人。有些起义军看见王莽的军队人马众多，担心抵挡不住，主张放弃昆阳，退到原来的据点去。刘秀对大家说："现在我们兵马和粮草都很缺乏，在这种情况下，全靠大家同心协力，才能战胜敌人；如果放弃昆阳，起义军各部也会被敌军各个击破，那就什么都完了。"

大家认为刘秀说得有道理，可是王莽军兵力实在太强大，死守在昆阳终究不是个办法。于是派刘秀带一支人马突围出去，到定陵（今河南舞阳）和郾城（今河南郾城）去调救兵。当天晚上，刘秀带着12个勇士，骑着快马，趁黑夜偷偷出了昆阳城。王莽军没有防备，刘秀等人就冲出了重围。

莽军不久将昆阳围得水泄不通。大将严尤向王邑进言："昆阳虽小，但易守难攻。敌人主力在宛城（今河南南阳市），我们不如绕过昆阳赶往宛城寻歼其主力，到那时昆阳的敌人受震动，城可不战而下。"但王邑拒绝说："非也非也！我军百万之师，所过当灭，今屠此城，喋血而进，前歌后舞，岂不快哉？"于是陈营百余座，挖地道，造云车，猛攻昆阳不已。王凤、王常率全城军民顽强抵挡，多次挫败敌人的进攻，敌军消耗很大。

严尤见昆阳久攻不下，再次向王邑进言："围城应该网开一面，使城中一部分守军逃出至宛城，散布兵危消息，以使敌人情绪消沉，军心动摇，其士气低落下来后，城必可破！"但又为刚愎自用的王邑拒绝，他认为不久昆阳就会告破。

刘秀到了定陵，把定陵和郾城的人马全部带到昆阳去解围。但是有些起义军将领舍不得丢掉得到的财产，不愿去昆阳。后来，刘秀说服了众人，带着全部人马赶赴昆阳。到了昆阳，刘秀见昆阳仍未失守，而莽军队形不整，显得士气低落，疲惫不堪，心下大喜。他立即投入战斗，他亲率1000轻骑为前锋，冲到王邑军阵前挑战。王邑以其人少不足畏惧，就派了3000人迎战。刘秀急忙挥军疾冲猛杀，转眼间莽军百余人被砍死，剩下的败退回去了。初战告捷，城内城外的起义军士气都为之一振，斗志立时高涨了许多。

刘秀为了更进一步振奋士气，同时动摇敌人军心，便假造宛城已为起义军攻克的战报，用箭射入昆阳城中；又故意遗失战报，让莽军拾去传播。这一消息顿时一传十，十传百，城内军民守城意志更加昂扬，而城外莽军情绪则更加沮丧。胜利的天平已开始向起义军这边倾斜了。刘秀见效果已经达到，便精选勇士3000人迂回到敌军侧后偷渡昆水，而后猛攻王邑大本营。

此时，王邑仍不把刘秀放在眼里，他担心州郡兵主动出击会失去控制，就令他们守营勿动；自己和王寻率万人迎战刘秀的3000义勇。然而王邑的轻敌应战怎奈得住刘秀部署严密的进攻？万余兵马很快被冲得阵势大乱，而州郡兵诸将却因王邑有令不得擅自出兵，谁也不敢去救援。于是王邑所部大溃，王寻也被杀死。莽军余部见主帅都溃退了，也纷纷逃命。刘秀乘势掩杀，城中王凤、王常见莽军崩溃，即从城内杀出，与刘秀部内外夹攻王邑。王邑军互相践踏，死伤无数，狼狈向洛阳方向逃去。昆阳大战消灭了王莽主力的消息传到各地，百姓纷纷起来响应起义军。

更始帝派大将申屠建、李松率领起义军乘胜向长安进攻。王莽集团内部一片混乱。王莽的心腹刘歆、王涉和董忠等准备发动政变，清除王莽。事情败露后，刘歆自杀，董忠被诛。大臣内叛，军事外破，王莽开始陷入完全被动的局面。起义军则趁机大举进攻：王匡率兵直捣洛阳；李松、申屠建等进逼武关。各地也都纷纷响应，杀掉他们的牧守，自称将军，用汉年号，以待诏命。王莽仍在负隅顽抗，招集囚徒为兵，企图阻挡起义军。但囚徒兵很快背叛王莽，掘王莽祖坟，烧王莽祖庙。析县人邓晔、于匡也支持起义军，迫使析县宰和武关都尉投降，攻杀莽军右队大夫。王莽走投无路，便带领群臣到南郊哭天，祈求苍天保佑。但王莽越哭，起义军越近，长安很快便被起义军包围得严严实实。九月，起义军占据长安，长安人张鱼、朱弟率众起义响应，冲入宫廷，将宫室焚毁。王莽抱头鼠窜，逃到未央宫中的渐台，妄图借台周围的池水将起义军阻挡，但起义军已经把宫室团团围住，一时乱箭四射，不久就攻占了渐台。王莽已毫无退路，被商人杜吴所杀。起义军将王莽的头传到南阳，挂在南阳市示众，"百姓共提击之，或切食其舌"。

王莽新朝共历经15年，在礼义、职官、货币、土地、税贷等方面多次进行改制，导致了经济混乱，社会矛盾激化，最后终于葬送在农民起义的熊熊烈火中。

光武中兴

昆阳一战，使刘縯和刘秀名扬天下。有人劝更始帝把刘縯除掉。更始帝便找了个借口，杀了刘縯。

刘秀听说他哥哥被杀，知道自己的力量打不过更始帝，就立刻赶到宛城（今河南南阳市），向更始帝赔礼。

更始帝见刘秀不记他的仇，很有点过意不去，就封刘秀为破虏大将军，但没有重用他。后来，攻下了长安，更始帝才给刘秀少数兵马，让他到河北去招抚各郡县。

这时候，各地的豪强大族有自称将军的，有自称为王的，还有自称皇帝的，各据一方。更始帝派刘秀到河北去招抚，正好让刘秀得到一个扩大势力的好机会。他到了河北，废除王莽时期的一些严酷的法令，释放了一些囚犯。同时，不断消灭割据势力，镇压河北各路农民起义军。整个河北几乎全被刘秀占领了。

刘秀留寇恂、冯异等据守河内，与更始政权留守洛阳的朱鲔相持，自己亲率大军北征，击败尤来、大枪、五幡等部农民军。四月，回军南下，于温县大败新市、平林两军，于河南击溃赤眉、青犊两军，大体解除了对河北的严重威胁。此时，刘秀手下的将领开始商议为刘秀上尊号，称帝位，并使人造《赤伏符》以传"天命"。刘秀装模作样"三推"之后，便"恭承天命"，自立为皇帝，这就是汉光武帝。

更始帝先建都洛阳，后来又迁到长安。他到了长安以后，认为自己的江山已经坐稳，便开始腐化起来。原来的一些绿林军将领，看到更始帝整天花天酒地，不问政事，都十分不满。

赤眉军的首领樊崇看更始帝腐败无能，就立15岁的放牛娃刘盆子为皇帝，率领20万大军进攻长安，不久就攻占了函谷关。更始帝眼看赤眉军就要攻到长安了，便率领文武百官逃到城外。

樊崇进入长安后，派使者限令更始帝在20天内投降。更始帝没办法，只好带着玉玺向赤眉军投降。

赤眉军声势浩大地进了长安，可是几十万将士的口粮供应发生了困难，长安天天有人饿死。这样一来，长安的混乱局面就无法收拾了。无奈之下，樊崇带着军队离开长安，向西流亡。但是别的地方粮食供应也一样困难；到了天水（在今甘肃）一带，又遭到那里的地主豪强的拦击。樊崇没辙，又带着大军往东走。

汉光武帝这时已占领了洛阳，他一听到赤眉军向东转移，就带领20万大军分两路设下了埋伏。他派大将冯异到华阴，把赤眉军往东边引。赤眉军被诱引到崤山下，冯异让伏兵打扮得和赤眉军一模一样，双方混战在一起，分不出谁是赤眉兵，谁是汉兵。赤眉军正在为难的时候，打扮成赤眉军模样的汉兵高声叫嚷"投降""投降"，赤眉军兵士一看有那么多人喊投降，没了主意，一乱就被缴了武器。

公元27年农历一月，樊崇带着赤眉军向宜阳（今河南宜阳县）方向转移。汉光武帝得到消息，亲自率领预先布置好的两路人马截击，把赤眉军围困起来。赤眉军无路可走，樊崇只好派人向汉光武帝请降。汉光武帝把刘盆子、樊崇等人带回洛阳，给他们房屋田地，让他们在洛阳住下来。但是不到几个月，就加上谋反的罪名，把樊崇杀了。

全国平定后，光武帝于建武十三年（公元37年）开始安置有功之臣。他采取了两条措施：一是不让拥有重兵的功臣接近京师；二是对功臣封赏而不用。邓禹、贾复等开国元勋明白光武帝的意思后，率先解去军职，倡导儒学。刘秀对功臣只赏不用的政策是东汉政权重建过程中重要的一步，也是较为成功的一项治国安邦的措施。

刘秀深切地认识到，要使国家真正地长治久安，必须安民，与民休息，才能保持社会稳定，才能发展社会生产。他采取了如下措施：

首先，是给老百姓一个安定的社会环境。刘秀生长在民间，经历过王莽的残暴统治，知道耕作的艰难及百姓的痛苦。因此建立东汉后，通过废除王莽的繁苛法令，恢复汉初的简政轻刑，给百姓创造一个宽松的社会环境。此后，他多次下诏裁减各地的监狱，不断地告诫各级官吏尤其是地方官吏要体恤百姓、宽松执法。光武帝初年，派卫飒担任桂阳（今湖南郴州）太守。卫飒到任后，了解到桂阳地处边远、礼俗落后，便从教育入手，设立学校，端正风俗，不长时间便使境内风气大为改观。桂阳郡的含洭、浈阳、曲江原来是越族居住的地方，沿着河岸靠山居住的，多是一些在战乱中逃进深山的百姓，他们因为地处偏僻，也不向官府交纳田租。卫飒组织人凿山开道500多里，一路设置亭传、邮驿，不仅方便了那里的交通，也减轻了人民的负担，百姓逐渐搬到道路两边居住，使当地经济迅速发展起来，也开始向官府交纳田赋了。

其次，是有效减轻人民的负担。光武帝认为官吏的奢侈、官僚机构设置无度以致冗官无数，是百姓的最大负担。因此他在位期间，始终提倡节俭。公元37年，一国使者向光武帝献上一匹可日行千里的名马和一柄宝剑，光武帝接受后便下诏把这匹千里马送去驾鼓车，把宝剑赐给骑士。在光武帝的垂范下，节俭在东汉初年形成风气。在提倡节俭的同时，光武帝对冗官进行裁汰。公元30年，光武帝在河北、江淮、关中刚刚平定的情况下，下诏归并了郡、国10个，县、邑、道、侯国400多个。并官省职，直接减少了行政开支。

再次，是提高奴婢的社会地位。西汉中期以来，大量的平民沦为奴婢，成为严重的社会问题。为此，光武帝曾连续六次下诏释放奴婢。同时，他还在一年之内连续下诏三次，禁止杀、伤和虐待奴婢，使奴婢的地位有所提高。

最后，就是要设法解决土地问题，使百姓和土地结合在一起，便于发展社会生产。西汉中期以来，大规模的土地兼并使土地急剧集中。但那些占有土地的豪强们却不如实地向国家申报土地、交纳田赋。为准确地掌握全国的垦田数目和户口名籍，打击豪强，保证赋税收入和徭役征发，光武帝于公元39年下令在全国"度田"即丈量土地，同时也核定人口。但在度田过程中，官吏们和豪强相互勾结，或抵制清查，或隐瞒不量，而对百姓土地却是多量，连墙头地角、房前屋后也不放过。光武帝了解到这种情况后，曾经先后诛杀了大司徒、河南尹及郡守十多人，引起了一场大规模的地方骚乱。地方上的豪族大姓纷纷起来叛乱，光武帝用镇压和分化相结合的手段，好不容易才平息了叛乱。

光武帝刘秀通过集权加强了中央的统治，通过休养生息使人民安心从事生产，经济得到发展，社会比较稳定，这一历史时期被称为"光武中兴"。

黄巾起义

东汉末年，土地兼并严重，豪强地主势力日益扩张；宦官专权，吏治腐败，统治集团日趋腐朽，社会矛盾日趋激化；而天灾人祸不断，流民颠沛流离。走投无路的农民被迫奋起反抗，终于酿成了东汉中平元年（公元184年）中国历史上第一次以宗教组织为号召进行的有组织、有准备、全国性的农民起义——黄巾起义。

东汉外戚和宦官两大集团的争权夺利，使朝政混乱，吏制腐败。水旱、虫蝗、风雹、地震、牛疫等自然灾害频繁。灵帝时河内、河南地区大饥荒，出现了河内的老婆吃丈夫，河南的丈夫吃老婆的事情。农民起义此起彼伏。安帝时，毕豪率众起义揭开了反对东汉统治的序幕。

巨鹿郡（今河北平乡西南）有弟兄三个，老大名叫张角，老二名叫张宝，老三名叫张梁。三个人不仅有本领，还常常帮助老百姓排忧解难。

张角通晓医术，给穷人治病，从来不要钱，深得穷人的拥护。他知道农民只求安安稳稳地过日子，可眼下受地主豪强的压迫和天灾的折磨，多么盼望有一个太平世界啊！于是，他决定利用宗教把群众组织起来，便创立了一个教门叫太平道。

随着他和弟子们的传教广泛深入民间，相信太平道的人越来越多。大约花了10年的时间，太平道传遍了全国。各地的教徒发展到几十万人。

张角和其他组织者商议后，把全国八个州几十万教徒都组织起来，分为36方，大方有1万多人，小方六七千人，每方选出一个首领，由张角统一指挥。

他们秘密约定36方在"甲子"年（公元184年）三月初五那天，京城和全国同时举行起义，口号是："苍天已死，黄天当立；岁在甲子，天下大吉。""苍天"，指的是受命赤德的东汉王朝；"黄天"，指的是以黄为服色的起义军。张角还派人在洛阳的寺庙和各州郡的官府大门上，用白粉写上"甲子"两字，作为起义的暗号。

可是，在离起义的时间还有一个多月的紧要关头，情况发生了变化，起义军内部出了叛徒，向东汉朝廷告了密。

面对突然变化的形势，张角当机立断，决定提前一个月举事。36方的起义农民接到张角的命令后，同时起义。因为起义的农民头上全都裹着黄巾作为标志，所以称作"黄巾军"。

汉灵帝得到消息后，惊慌失措，忙拜外戚何进为大将军，派出大批军队，由皇甫嵩、朱儁、卢植率领，兵分两路，前去镇压黄巾军。

然而，各地起义军声势浩大，把官府的军队打得望风而逃。起义之初，起义军进展顺利：河北黄巾军生擒皇族安平王刘续、甘陵王刘忠；南阳（今河南南阳）黄巾军斩杀太守褚贡，围攻宛城；汝南黄巾军在召陵（今河南漯河市东北）打败太守赵谦军；广阳（今北京市西南）黄巾军攻破蓟县（今北京市密云区），杀幽州刺史郭勋。

起义军发展壮大后，张角自称天公将军，其弟张宝称地公将军，张梁称人公将军。张角、张梁驻广宗（今河北威县东），张宝驻下曲阳（今河北晋州市西），作为农民军的中央基地，率部在冀州一带攻城略地，同时节制各路义军；南阳黄巾军由张曼成率领，在南方扩张势力；汝南黄巾军由波才、彭脱率领，活动于颍川（在今河南禹州）、陈国（在今河南淮阳市）一线，成为黄巾第三大主力。黄巾军从北、东、南三个方向对京师洛阳形成包围之势。

黄巾农民军的"遍地开花"引起了东汉朝廷的恐慌。汉灵帝从温柔乡中醒来，匆忙组织武装镇压。他下令大赦党人，以缓和统治阶级的内部矛盾；又下诏令各地严防起义军势力渗透，并积极集中兵力进剿。灵帝命国舅兼大将军何进统率左、右羽林军，加强洛阳防御，拱卫京师；左中郎将皇甫嵩、右中郎将朱儁率4万步骑进攻颍川黄巾军；北中郎将卢植率北军和地方军队进攻河北黄巾军。

张曼成率南阳黄巾军进攻中原战略要地宛城，遭南阳太守秦颉顽抗，张曼成战死。赵弘继为指挥，攻克宛城，部众发展至10余万人。六月，刚刚剿灭颍川起义军的朱儁，把屠刀挥向南阳黄巾军，与荆州刺史徐璆、南阳太守秦颉合兵两万余人围攻宛城。黄巾军拼死抵御，坚守两个多月。

朱儁见城坚难攻，遂退兵以诱敌，暗中设伏。赵弘不明虚实，出城追击，遭朱儁伏兵重创，被迫退回城中。但元气大伤的黄巾军已无力守城，余部于十一月向精山（今河南南阳市西北）转移，被官军追上，大部战死。

河南黄巾军被镇压后，东汉朝廷将重点转向河北。因卢植久攻广宗不下，何进改派东中郎将董卓接替卢植。但董卓恃勇轻敌，被张角大败于下曲阳。十月，朝廷再调皇甫嵩进攻广宗，适值张角病死，黄巾军失其主帅，士气受挫。皇甫嵩趁机在夜间发动突袭，起义军仓促应战，张梁等3万余人战死。十一月，皇甫嵩移师转攻下曲阳，张宝等10余万人被杀。至此，黄河南北的黄巾军主力先后被官军及地方豪强武装消灭。

公元185年农历四月，波才率部击败朱儁，进围皇甫嵩于长社（今河南长葛东北）。但因缺乏作战经验，依草结营，时值大风，皇甫嵩乘夜顺风纵火，起义军大溃；皇甫嵩随即联合朱儁、曹操三军合击黄巾军，斩杀起义军数万。官军乘胜进击汝南、陈国黄巾军，阳翟（今禹州）一战，波才战死；彭脱的黄巾军也在西华被击溃。八月，东郡（今河南濮阳市西南）黄巾军与官军大战于苍亭，7000余人被屠杀，主将卜己身死。颍川、汝南、东郡三郡黄巾军主力悉数被歼。

黄巾起义虽仅9个月便失败了，但起义的余波却持续了20多年。黄巾起义瓦解了东汉王朝的统治，外戚、宦官的黑暗统治也因此结束了。

二、汉代军事与外交

出访夜郎

公元前130年，汉武帝派唐蒙出访夜郎国（在贵州西部），置犍为郡（治所在四川宜宾）；派司马相如出访邛、筰（在四川西昌），设置一都尉，属蜀郡。后来，武帝又令张骞派使者四处通使。张骞派出的使者寻求身毒国（在今印度），始终未得。于是汉使到达西南部的滇国（在云南昆明）。滇王当面问汉使者："汉孰与我大？"即问谁的疆域更大。到夜郎国，也有这样的问题。这就是成语"夜郎自大"的出处。在北方与匈奴展开大战的同时，汉武帝又向南方图谋发展，足见他的雄心。

张骞出使西域

汉武帝为了争取联合力量，准备反击匈奴，于公元前138年，派张骞出使大月氏（原生活于近祁连山、敦煌一带，后被匈奴逼迫西迁），旨在约大月氏与汉联合，东西两面夹击匈奴，以收回河西失地。张骞在路上被匈奴所虏，匈奴以女嫁张骞。张骞忠贞不屈，在匈奴10年后西逃到大月氏。但大月氏王因西迁已久，不愿再回故地，亦不愿共击匈奴。张骞没有完成使命，就东归回汉，但路上又被匈奴扣留。公元前126年，张骞才逃回长安。

张骞出使西域13年，历尽千辛万苦，原来携随从百余人，等到长安时，身边只剩下匈奴妻子和助手堂邑父。张骞在西域时，曾到过大宛、康居、大月氏、大夏（今阿富汗北部至印度河流域）等国，还了解到旁边有五六个大国，比如大宛的东北有乌孙（巴尔喀什湖东南、伊犁河流域），大月氏之西有安息（今伊朗），再西有条枝（今伊拉克），康居的西北有奄蔡（约在里海东北）等。他对这些国家的政治、社会、地理、物产、风俗等情况做了较详细的了解，回国后，报告了武帝。这是中国对今新疆和中亚、西亚等地有具体了解的开始。

张骞的西域之行，开阔了2000年前中国人的世界视野，促进了东西方的经济、文化交流。

公元前119年，汉武帝第二次派张骞出使西域，约乌孙（原与大月氏为邻，后被大月氏攻破，西迁）共击匈奴，收回失地。张骞与同行的持节副使和随行人员共300余人，他们给乌孙带去了价值千万的金币帛和数以万头的牛羊。但乌孙王因其国临近匈奴，受匈奴的威胁严重，不敢与汉联合。乌孙遂派使者数十人陪张骞回长安，并回赠良马数十匹。张骞的副使们分别到大宛、康居、大月氏、大夏、安息、身毒（今印度、巴基斯坦）等国，后来亦由各国使臣陪同，回到长安。张骞出使西域后，汉朝和西域的经济文化交流频繁。西域的葡萄、核桃和良马、地毯等传入内地，丰富了汉族的经济生活。汉族的铸铁、开渠、凿井等技术和丝织品、金属工具等，传到了西域，促进了西域的经济发展。

公元60年，西汉政府设置了西域都护府，总管西域事务，保护往来商旅。新疆地区正式成为西汉中央的管辖区。

丝绸之路

西汉王朝在西域设置西域都护以后，促进了中国与中亚、西亚的经济、文化联系。当时，自长安经河西走廊通向中亚、西亚直到欧洲共有两条道路：一条出阳关，经鄯善（今罗布淖尔附近），沿昆仑山北麓西行，过莎车，西逾葱岭，出大月氏，至安息，西通犁轩（罗马共和国）；或由大月氏南入身毒。另一条出玉门关，经车师前国（高昌，今吐鲁番附近），沿天山南麓西行，出疏勒（今新疆喀什一带），西逾葱岭，过大宛，至康居、奄蔡。这就是著名世界的"丝绸之路"。

汉朝遣使者至安息、奄蔡、犁轩、条支、身毒等国，在一年中，多时十余批，少时五六批。一批多则数百人，少则百余人，都携带金币帛等。近的，要二三年，远的要八九年，才能返回长安。

当时运往中亚、欧洲的商品，有蚕丝、丝织品、铁器、漆器等，铸铁和凿井技术也在这时西传。西方经"丝绸之路"输入中国的商品，有良马、橐驼、香料、葡萄、石榴、苜蓿、胡麻、胡瓜、胡豆、胡桃等。中国丝织品早就享有国际盛誉，特别是欧洲的大秦（古罗马帝国），把中国的丝织品当作珍贵物品，称中国为"丝国"。

河南、漠南之战

武帝元朔二年（公元前127年），匈奴进犯上谷（今河北怀来东南）、渔阳（今北京密云西南）等地。汉武帝避实击虚，派大将卫青率大军进攻匈奴所盘踞的河南地。卫青引兵北上，突袭占据河套及其以南地区的匈奴楼烦王和白羊王，全部收复了河南地。汉武帝迁内地民众10多万到该地屯田戍边。此战拔掉了匈奴进犯中原的据点，解除了匈奴对长安的威胁。

匈奴不甘心失去河南地，数次出兵袭扰边郡，企图夺回河南地。元朔五年（公元前124年），汉武帝派遣卫青率军10万进入漠南，进攻匈奴右贤王；李息等出兵右北平（今内蒙古宁城西南），牵制单于、左贤王部。卫青出塞六七百里，长途奔袭，乘夜突袭右贤王，右贤王仅带数百人逃走。汉军俘敌1.5万人，牲畜100万头，凯旋回师。这次胜利，进一步巩固了河南要地，迫使匈奴主力退到漠北，彻底消除了匈奴对长安的威胁。

河西之战

武帝时国力鼎盛，为巩固边防开始反击匈奴。

关内侯卫青出身低微，他的父亲是平阳侯曹寿家里的差役。卫青长大后，当了平阳侯家的骑奴。后米，卫青的姐姐卫子夫在宫里受到汉武帝的宠幸，卫青的地位才渐渐显贵起来。

霍去病是卫青的外甥。霍去病从18岁开始就在皇帝左右担任侍卫，他擅长骑马射箭。公元前123年，匈奴又来进犯，霍去病也跟着卫青一起去抗击匈奴。

匈奴听说汉军大批人马杀来，立即往后逃走。卫青派四路人马分头去追赶匈奴兵，决定歼灭匈奴主力。卫青自己坐镇大营，等候消息。可是到了晚上，四路兵马回来了，谁都没有找到匈奴的主力，有的杀了几百个匈奴兵，有的连一个敌人也没找到，无功而返。

这次出击，霍去病是以校尉的职务带领800名壮士组成的一个小队，这是他第一次带兵打仗。他们一直向北追赶了几百里路，才远远望见匈奴兵的营帐。他带手下兵士偷偷地绕道抄过去，瞅准最大的一个帐篷，猛然冲了进去。霍去病眼疾手快，一刀杀了一个匈奴贵族。他手下的兵士又活捉了两个，而后乘乱杀了2000多匈奴兵。

卫青正在大营等得焦急，只见霍去病提了一个人头回来，后面的兵士还押来了两个俘虏。经过审问，原来这两个俘虏，一个是单于的叔叔，一个是单于的相国，被霍去病杀了的那个，是单于爷爷一辈的王。霍去病因此被封为冠军侯。

公元前121年，匈奴骑兵万余攻入上谷（今河北怀来县）。同年3月，汉武帝派骠骑将军霍去病率精骑万人出陇西，越乌鞘岭，进击河西地区的匈奴。霍去病采用先突然袭击而后连续进击的战术，长驱直入，驰进匈奴脩濮部落；又渡过狐奴河，转战6天，连破匈奴五小王国，降服者赦之，反抗者杀之。匈奴军猝不及防，向北退走。

霍去病知道大军长途跋涉，宜速战速决。于是不敢逗留，即刻率军翻越焉支山（今甘肃山丹县胭脂山），向西北急驰千余里以寻匈奴主力决战。在皋兰山下遭遇匈奴浑邪王、休屠王军队，两军展开一场恶战，汉军挟胜余威，猛烈冲杀。浑邪王、休屠王却是仓促应战，部署并未完善，就遭到霍去病军暴风雨般的打击，自然难以招架。二王自知不敌，便下令匈奴军后撤，汉朝军队的紧逼使匈奴军队无法有秩序地退走。匈奴士兵前面跑得慢的被后面赶上来的撞倒后就再也爬不起来了，后面跑得慢的被汉军赶上，都做了刀下之鬼。这一战匈奴大败，被霍去病军斩首8900余人，浑邪王子、相国、都尉等多人被俘，休屠王的祭天金人也被汉军缴获。霍去病凯旋回到长安，汉武帝亲自出城迎接，加封2200户。是年，霍去病仅20岁。

汉武帝此次派霍去病征匈奴的初衷本是试探霍去病的军事潜能，不曾想霍去病竟是如此骁勇善战，一举击溃河西匈奴。武帝感谢上苍又赐给他一个比卫青还优秀的大将，抗匈雄心更受鼓舞。同年夏天，武帝再命令霍去病统军北击匈奴，为了防止东北方向的匈奴左贤王乘机进攻，他又派李广、张骞率偏师出右北平，攻打左贤王以策应霍去病主力军的行动。

匈奴伊稚斜单于闻知亦不甘示弱，他亲率大军侵入代郡（今河北蔚县一带）、雁门。霍去病自宁武渡河，翻越贺兰山后至居延海，然后转兵南下至小月氏（今酒泉）陈兵张掖，挺进2000里至祁连山一带，迂回到河西走廊北面敌人后方，而后以秋风扫落叶之势率部对匈奴发起迅猛攻势，大破匈奴主力军。同时西逐诺羌，打通了河西走廊之路。

是役，霍去病军共杀敌3万余人，俘匈奴王5名及王母、王子、将相百余人，收降浑邪王部众四万，全部占领河西走廊。

东线右北平方面，李广率4千骑先行，不料被左贤王4万骑包围。危难时刻，李广尽显"飞将军"本色：他令部下结为圆阵，士兵持弩向外。匈奴连续发起冲击，汉军箭如雨下，阵始终未破；战罢多时，弓箭将尽，李广令军士持弩不发，自己以大黄连弩射匈奴裨将数人，匈奴军惊恐，于是攻势稍缓。战至日暮，汉军兵士都面无人色，独李广依然意气风发，众将无不叹服。第二天双方又展开激战，李广军危急，幸好博望侯张骞及时赶到，匈奴军见不能取胜，撤兵而去。

河西之战夺回了河西走廊，打开了通往西域的大门，使匈奴的生存空间被压缩至年降水量很少的苦寒之地。

苏武牧羊

卫青、霍去病打败匈奴以后，双方停战了几年。这时，匈奴已经失去大规模进犯中原的实力，于是表示要和汉朝和好，实际上还是想借机进犯中原。

公元前100年，匈奴觉察出汉朝又有出兵的迹象，便派使者来求和，还把汉朝的使者都放回来了。汉武帝为了答复匈奴显示的善意，派中郎将苏武持旌节，带着副手张胜和随员常惠，出使匈奴。

苏武到了匈奴，送回汉朝以前扣留的匈奴使者，献上礼物。在等单于写个回信让他回去的时候，发生了一件意外的事儿。

原来，以前有个汉人使者叫卫律，在出使匈奴后投降了匈奴。单于特别器重他，封他为王。卫律有一个部下叫虞常，对卫律很不满，他跟苏武的副手张胜是故友。虞常和张胜见了面，就暗地跟张胜商量，想杀了卫律，再劫持单于的母亲，逃回中原去。由于虞常办事不够严密，泄露了计划，被单于抓起来，交给卫律去审问。

事情发生后，张胜害怕了，才把虞常跟他密谋的经过告诉了苏武。卫律审问虞常，用尽了各种酷刑。虞常经受不住折磨，把和张胜密谋的事供了出来。因为张胜是苏武的副使，单于命令卫律去叫苏武来受审。苏武对常惠等人说："我们这次出使匈奴，是为了汉朝与匈奴和好。如今我出庭去受审，使汉朝受到侮辱，我还有什么脸面回到汉朝去呢？"说着，拔出佩刀向自己身上砍去。卫律急忙把他抱住，可是苏武已经把自己砍成了重伤，血流如注，晕过去了。

单于暗暗佩服苏武是个有骨气的人，他希望苏武能够投降，像卫律一样为他效劳。他每天都派人来问候苏武，想要软化苏武，劝他投降。

后来，卫律奉单于之命，用尽了威胁利诱的手段，都不能使苏武投降，就只好回报单于。单于听说苏武这样坚定，便更希望苏武投降。他下令把苏武关在一个大地窖里，不给饭吃，不给水喝，想用饥饿来迫使苏武投降。但是，意志坚强的苏武却毫不动摇。

匈奴单于实在拿苏武没有办法，就只好命令把苏武送到北海边上（今西伯利亚贝加尔湖一带）去牧羊。单于对苏武说："等公羊生了小羊，就送你回汉朝去！"公羊怎么能生小羊呢？单于的意思很明白，他是决意不放苏武回汉朝了。

北海这个地方，终年白雪皑皑，荒无人烟，连鸟兽也很稀少。苏武饿了，就掘取野鼠洞里的草籽来充饥。过了不久，单于又派人来劝苏武投降，苏武依旧坚决地予以拒绝。每天，苏武一面牧羊，一面抚摸着出使时汉武帝亲手交给他的旄节。日子长了，旄节上的毛都脱落了，苏武还是紧紧地抱着那根光秃秃的旄节，艰苦地度过了漫长的岁月。

一直到了公元前85年，匈奴单于死了，匈奴发生了内乱，分成三个国家。这时候，汉武帝已经死了，他的儿子汉昭帝即位。汉昭帝派使者到匈奴打听苏武的消息，匈奴谎称苏武死了，汉朝使者也就相信了。

后来，汉使者又去匈奴，苏武的随从常惠当时还在匈奴。他买通匈奴人，私下和汉使者见了面，把苏武在北海牧羊的情况告诉了使者。使者又惊又喜，他想出一个主意，见了单于，他严厉地责备说："匈奴既然有心同汉朝和好，就不应该欺骗汉朝。我们皇上在御花园里射下一只大雁，雁脚上拴着一条绸子，上面写着苏武还活着，而且在北海牧羊，你怎么说死了呢？"

单于听了，大吃一惊，只得向使者边道歉边说："苏武确实还活着，我们马上就放他回去。"

苏武到匈奴的时候才40岁，在匈奴遭受了19年的摧残折磨，胡须、头发全白了。回到长安的那天，长安的百姓都出来迎接他。他们看见白胡须、白头发的苏武，手里还拿着光秃秃的旌节，没有一个不受感动的，说他真是个有气节的大丈夫。

班超出使西域

班超是历史学家班彪的次子、班固的弟弟，是东汉杰出的外交家。他经营西域30年，对巩固我国的西部疆域，促进多民族国家的发展，做出了卓越的贡献。

明帝初年，北匈奴一再胁迫西域各国出兵，劫掠东汉的河西等地。公元73年，明帝派将军窦固、耿忠率士卒进入伊吾庐（今新疆哈密），进行屯田驻兵。第二年，又进军车师（今吐鲁番、吉木萨尔一带），设置西域都护府，驻扎在乌磊城（今轮台县东北小野云沟）。这时，西域多数国家向汉，少数从匈奴。窦固派假司马班超率36人与南道诸国联系。班超得到鄯善、于阗（今新疆和田一带）、疏勒的支持，杀掉了匈奴使者，控制了南道。公元87年，班超又联合于阗击败莎车（位于塔里木盆地西端）。公元90年，大月氏趁汉、匈主力正在塞外角逐之机，派7万军队由谢率领向班超进攻。班超坚定沉着、坚壁清野、以逸待劳，使翻越帕米尔高原远道而来的大月氏军队攻城不下，又无所劫掠，同时，班超又派一军埋伏于去龟兹的东界路上，大月氏粮尽，谢果然派兵持金银珠玉去龟兹（今库车一带）求救，结果被班超所埋伏的军队击杀，谢得知后大惊，只好向班超请罪，求得生还。从此，大月氏岁岁向汉朝进贡。

北匈奴及大月氏的失败，使西域反汉势力失去靠山。公元91年，龟兹、姑墨（今新疆阿克苏一带）、温宿都向班超投降。东汉政府委任班超为西域都护。公元94年，焉耆、危须、尉梨等地臣服于汉。至此，西域50余国尽纳入东汉版图。

公元97年，班超派甘英出使大秦（罗马帝国）。甘英西经条支（今伊拉克）、安息（今伊朗）诸国，至安息西界（波斯湾），没能继续前进。但甘英为打通欧、亚交通做出了重要贡献。

罗马直通中国

公元100年，红海彼岸的莫恰（今也门木哈）和阿杜利（今埃塞俄比亚附近）派使者到东汉首都洛阳，向汉和帝进献礼物。汉和帝厚待两国使者，赐给两国国王代表最高荣誉的紫绶金印，表示了邦交上的极大诚意。此举激励了罗马，半个世纪之后，罗马正式派使者出访中国，两大国正式建交。公元166年，罗马安东尼朝皇帝马可·奥理略（公元161年~180年）派遣使者自埃及出发经由印度洋到达汉朝统辖下的日南郡（今越南中部地区）登陆，然后北赴洛阳，开创了中国、罗马两大国直接通使的纪录。从此，罗马的货物通过海路直运中国的越来越多，这就是海上的丝绸之路。

三、秦汉科技与文化的发展

秦代篆刻

篆刻，即刻印的通称。印章字体多用篆书，先写后刻，故称篆刻。篆刻为中国特有的传统艺术，春秋、战国时期已经流行。

秦代篆刻印章多由印工完成，已有较高的艺术成就。秦代印章主要有官印、私印两种。秦代皇帝印称"玺",官吏或私人印称"印",或称"章"。官印一般二三厘米见方,有的略长一些。私印多作长方形,方形的比较少,间有圆形、椭圆形的,还有两面印。印材主要有铜、玉。多凿款白文,铸印较少。其字数无定则,章法多变,整齐而不呆板,风格质朴苍秀。方印多加田字格,半通印(长方印)多加日字格。所以,秦印与汉印并为后世篆刻家所取法。

王充著《论衡》

王充(公元27年~97年),字仲任,浙江上虞人,是东汉前期杰出的唯物主义思想家和文学理论家。王充的祖籍本是魏郡元城(今河北大名)人,先祖因立军功受封于会稽阳亭,但只过了一年就失去了爵位。随后就在当地安家,以农桑为业。王充的家庭非常重义气,好行侠。他的祖先因为要避开仇敌,迁到了钱塘,后来就弃农经商。王充的父亲与伯父因为与豪族结怨,最后迁居到上虞。王充6岁开始学习读书写字,8岁到书馆学习,从小品学兼优。

15岁的时候,他到京师洛阳的太学深造,并拜当时著名的儒学大师班彪为师。在求学的过程中,他饱读经书,并以怀疑、批判的态度对待已有的规则,在这一点上,他站到了同时代读书人的前列。

王充离开洛阳后,做过州郡佐吏,但因为人刚直不阿、得罪权贵,被罢职回家。回到故乡,王充一边教书,一边著书立说。他一生共写过四部书:痛恨俗情而写《讥俗节义》;忧心朝政而写《政务》;反谶纬而写《论衡》;晚年写《养性》。除了《论衡》,其他三本均已失传。

《论衡》历时30年而成,今存85篇,其中《招致》1卷,有录无书,所以实存84篇,共计20多万字。它是我国古代思想史上一部具有划时代意义的著作,也是我国古代科学史上极其重要的典籍。

《论衡》的主要思想就是"疾虚妄"。王充曾说过:"伤伪书俗文,多不诚实,故为《论衡》之书","是故《论衡》之造也,起众书并失实,虚妄之言胜真美也。"他反对"虚妄"的东西，利用广博的科学知识和逻辑推理，大胆指出典籍中非科学的谬误。为此，他敢于向儒家权威和经典发难。他坚持科学的立场，对盛行的谶纬之学和天人感应说进行了猛烈的批判。

《论衡》旗帜鲜明地反对神学，坚持唯物主义的科学立场，主张元气自然说，强调了物是自然发生，而非天意，否定了天有意志的正统观点。

《论衡》在具体分析客观现象时，运用科学的分析和逻辑论述，把无神论思想和朴素辩证法提升到了新的高度。王充对鬼神之说进行了有力的反驳。他指出："人之所以生，精气也，死而精气灭。能为精气者，血脉也，人死血脉竭，竭而精气灭"，"形体朽，朽而成灰，何用为鬼？"这简直就是对人们迷信鬼神的彻底否定。这种唯物主义见解，在当时是石破天惊的。

《论衡》对云雨的产生机制、雷电，以及潮汐等自然界的客观现象都做了合乎科学的可贵见解，否定了自然现象与神力迷信的联系。王充以科学知识为重要武器，坚持唯物主义思想，矛头直指谶纬之学、天人感应等传统迷信，同当时盛行的正统思想进行了不屈不挠的较量，影响十分深远。

《论衡》是唯物主义思想同谶纬之学、天人感应等神学思想坚决斗争的产物，它的诞生反映出人们坚持科学、探索自然的强大呼声，在中国哲学史上占有重要地位。该书的基本精神是追求真知，反对迷信。它对先秦各家的思想，如儒、墨、道、法，进行了批判地继承，把中国古代唯物主义哲学推进到一个新的高度。《论衡》极具战斗性的唯物主义无神论思想，成为后来中国无神论的重要理论营养。并为后世科技的健康发展提供了有力的思想武器。

蔡伦改进造纸术

谈到中国的造纸术，就不能不说到蔡伦。他在造纸技术的发明和发展上的卓越贡献将彪炳史册，万古流芳。

蔡伦，字敬仲，桂阳人，是东汉时期杰出的科学家。蔡伦从东汉明帝刘庄末年开始在宫禁做事。汉和帝刘肇登基之后，他很快成了和帝最宠信的太监之一，负责传达诏令，掌管文书，并参与军政机密大事。

史载蔡伦非常有才学，为人敦厚正直，曾多次直谏皇帝。因为其杰出才干，他被授尚方令之职，负责皇宫用刀、剑等器械的制造。在他的监督之下，这些器械都制造得十分精良，后世纷纷仿效。

在做尚方令期间，蔡伦系统地总结了西汉以来造纸方面的经验，并进行了卓有成效的试验和革新。在原料的利用方面，他不仅变废为宝，大胆取用麻头及敝布、渔网等废品为原料，而且独辟蹊径，开创利用树皮的新途径。此举使造纸技术从偏狭之处挣脱出来，大大拓宽了原料来源，降低了造纸的成本，使纸的普及应用成为可能。更值得一提的是，他用草木灰或石灰水对原料进行浸沤和蒸煮的方法，既加快了麻纤维的离解速度，又使其离解得更细更散，大大提高了生产效率和纸张的质量。这也是造纸术的一项重大技术革新。

元兴元年（公元105年），蔡伦将自造的纸呈给汉和帝，受到大力赞赏，朝野震动。人们纷纷仿制，"天下咸称'蔡侯纸'"。安帝年间（公元114年），和帝的皇后邓太后因蔡伦久侍宫中，做事勤恳且颇有成绩，封他为龙亭侯。

后来蔡伦被卷入一起宫廷事件，起因是窦后（汉章帝的皇后）让他诬陷安帝的祖母宋贵人。等到安帝亲政，着手调查这件事情，让蔡伦自己到廷尉处接受惩罚。蔡伦觉得很受屈辱，就自杀了。

蔡伦虽然死了，但是他对造纸技术的贡献将永存史册。蔡侯纸的出现，标志着纸张取代竹帛成为文字主要载体时代的到来。廉价高质量的纸张，有力地促进了知识、思想的大范围传播，使古代大量文字信息得以保存，促进了人类文明的进步。

在造纸术没有发明以前，我国古代使用龟甲、兽骨、金石、竹简、木牍、缣帛作为书写材料。龟甲、兽骨、金石对书写工具要求很高，需要刻。简牍笨重不便，而且翻阅时中间串的绳很容易断裂，造成顺序混乱。缣帛虽轻便，可是价格十分昂贵，一般人消费不起。纸的发明，满足了人们对轻便廉价书写材料的迫切需求，引发了书写材料的一场空前的革命。

造纸术一经发明，就被人们广泛使用。在以后的朝代里，人们对造纸术进行不断的改良和提高，工艺越来越先进，纸的质量也越来越高，品种也越来越丰富。造纸的主要原料也从破布和树皮发展到麻、柯皮、桑皮、藤纤维、稻草、竹、蔗渣等。

我国发明的造纸术，对世界文明影响深远。造纸术大约在7世纪初传入朝鲜，隋时传入日本。8世纪，唐朝工匠将造纸术传入阿拉伯，在撒马尔罕办起造纸厂，此后又传入巴格达。10世纪传入大马士革、开罗，11世纪传入摩洛哥，13世纪传入印度，14世纪传入意大利，然后传到德国和英国，16世纪传入俄国和荷兰，17世纪传入美国，19世纪传入加拿大。

潘吉星在《造纸术的发明和发展》一文中这样总结道："我国古代在造纸技术、设备、加工等方面为世界各国提供了一套完整的工艺体系。现代机器造纸工业的各个主要技术环节，都能从我国古代造纸术中找到最初的发展形式。世界各国沿用我国传统方法造纸有1000年以上的历史。"从上述论述中，我们不难看出，我国的造纸术在公元前2世纪到18世纪的2000多年里，一直处于世界领先水平。

天文、历算

两汉时期，在天文、历算和地震学方面，有许多重大的发现和发明。《汉书·天文志》记载：武帝"元光元年（公元前134年）六月，客星见于房"。这是世界上最早的新星记录。从这时起到公元17世纪末，中国古书上共记录了约70颗新星。

西汉成帝河平元年（公元前28年）关于太阳黑子的记录，是世界上最早的有关太阳黑子的记录。从这时起到明末，中国史书中共有100多次记录，为研究黑子的周期积累了丰富的资料。

东汉的《九章算术》是周秦以至汉代中国算学发展的一部总结性的数学专著。书中记载的正负数的运算法则和比例算法、分数四则运算，开平方、开立方的方法，一般一元二次方程和联立一次方程的解法等，都是当时世界上最先进的算学运算方法。

东汉阳嘉元年（公元132年），张衡在洛阳创制了世界最早的地动仪。

司马迁与《史记》

司马迁，字子长，汉朝左冯翊夏阳（今陕西韩城）人。司马迁约生于汉景帝中元五年（公元前145年），卒于汉武帝征和三年（公元前90年），是西汉著名历史学家和散文家，自幼深受父亲司马谈的学术思想熏陶。司马谈是汉武帝时的太史令，崇尚道家，曾以黄老学说为主，著有《论六家要旨》，对儒、墨、名、法、阴阳、道等各家学说，进行过批判和总结。这种家学传统，对司马迁影响很大。

司马迁自幼好学，博闻强识，10岁的时候便通读《左传》《国语》等史籍。青少年时，曾师从古文学家孔安国学习《古文尚书》，向今文学家董仲舒学过《春秋》《公羊》学。他涉猎的范围很广，使他积累了丰富的文化知识，精通天文历法、史学、儒学等各家学说。20岁时，到各地游历，足迹遍及名山大川。此次远游，使他开阔了眼界，认识了社会，累积了知识，并对其进步历史观的形成产生了巨大的影响。回长安以后，入仕郎中，其间随武帝巡游了很多地方。元鼎六年（公元前111年）奉命"西征巴蜀"，到达邛、笮、昆明一带，从而进行了第二次大游历。元封元年（公元前110年），其父司马谈病逝。元封三年（公元前108年），即继任父职做了太史令，时年38岁。这样，使他有机会阅读宫廷收藏的大量文献典籍。此时，在他的主持下，太初元年（公元前104年）冬制成新历——《太初历》。同年，司马迁开始撰写巨著《史记》。

苏武被匈奴扣押的第二年，汉武帝派贰师将军李广利带领3万人进攻匈奴，打了败仗，几乎全军覆没。天汉二年（公元前99年），在汉朝对匈奴的战争中，李广的孙子李陵当时担任骑都尉，带着5000名步兵跟匈奴作战。后来，寡不敌众，又没救兵，李陵被匈奴俘虏，投降了。

消息传来，大臣们都谴责李陵贪生怕死。汉武帝也收押了李陵的妻儿老母，但司马迁却为李陵辩护。他说："李陵带领5000步兵，深入敌人的腹地，打击了几万敌人。他虽然打了败仗，可是杀了很多敌人，也可以向天下人交代了。李陵不想马上死，自有他的打算。他一定还想将功折罪来报答皇上。"

汉武帝认为司马迁这样为李陵开脱罪责，是有意贬低李广利（李广利是汉武帝宠妃的哥哥），不禁勃然大怒，说："你这样替投降敌人的人辩解，我看是存心反对朝廷。"他命令侍从把司马迁送进监狱，交给廷尉审问，最后被判为宫刑（一种阉割性器官的肉刑）。

司马迁在身心上受到极大摧残，痛苦之中，数欲"引决自裁"，但恨《史记》未能成稿，遂以坚韧不拔的精神，忍辱发愤地过了8年。出狱之后，任中书令，继续笔耕。征和二年（公元前91年），历经14年终于完成《史记》的写作。这部巨著问世之后，当时称为《太史公书》或称《太史公记》，也叫《太史公》。

《战国策》

《战国策》是一部记载了战国时代谋臣策士言行和事迹的著作，由西汉的刘向编校整理而成。全书33卷，主要记载了东周、西周、秦、齐、楚、赵、魏、韩、燕、宋、卫、中山诸国军政大事。时间上接春秋，下迄秦并六国，以策士们的游说活动为中心，全面反映了战国时期各国的政治、外交情况。与儒家传统的经典不同，这部作品反映的是纵横家的思想，他们大都崇尚谋略，审时度势，追求功名富贵，反映了"士"这一特殊阶层的思想与行为。《战国策》具有很高的文学价值，首先是塑造了一系列栩栩如生的人物，如苏秦、张仪、荆轲等。其次是文章非常富于文采，铺张扬厉，气势纵横；情节波澜起伏，摹神描态细腻传神。此外，还运用很多寓言故事来说理论辨，非常具有说服力。《战国策》既是一部史学著作，又是一部文学名著，它的内容与风格影响了一代又一代的学人，在我国的文学史上占有非常重要的地位。

《说苑》

《说苑》是刘向采集古书经修纂而成的书籍，具有宝贵的史料价值和文学价值。刘向是西汉末期集文学家、经学家、政治家与目录学家于一身的学者。本着宗室的爱国心，刘向从古书中大量取材，重组一些条理清晰、说解简易的故事寓言成书，即《说苑》，希望借此提升皇帝的行政素养。《说苑》书20卷，共分20个主题，依次是：君道、臣术、建本、立节、贵德、复恩、政理、尊贤、正谏、敬慎、善说、奉使、权谋、至公、指武、谈丛、杂言、辨物、修文和反质。全书以治道为重心，以儒术为根本，以故事传达理念的表述方式，展示了刘向本人的政治思想，也呈现了汉武帝以后的政治思潮。同时，该书善于叙事，对话描写高超，文字简洁精到，具有独特的文学风貌。

道教的兴起

道教是以道为最高信仰的宗教，是在中国古代宗教基础上，沿用了神仙方术、黄老思想等一些宗教观念和修持方法而逐渐形成的。道教大致产生于东汉中叶，太平道和五斗米道是早期道教的两大派。

五斗米道是天师道的前身，其创建者是张陵。张陵，字辅汉，东汉时沛国（今江苏省丰县人）人，本来是太学生，精通五经。后来张陵归隐，于公元141年，作了道书，自称"太清玄元"，以符水、咒法为人治病，创立了"五斗米道"。因为入道者必须缴纳五斗米以作酬谢，所以称作"五斗米道"。

张陵于公元143年到达青城山，在这里建立了二十四教区，并在各区设治头，张陵自称天师，掌管全教事务。张陵的五斗米道，其活动主要在巴蜀地区。张陵死后，由其子张衡承其业。张衡死后，五斗米道的领导权为张修所有，一时五斗米道声势甚大。黄巾起义失败后，张角被杀，张修也躲藏起来，最后被张陵之孙张鲁杀害。在张鲁的领导下，五斗米道的势力在汉中达到鼎盛。

几乎就在张陵父子忙于创立五斗米道的同时，在河北一带也有一个人在民间传道，同时着手组织道教教团的工作，他就是张角。两人一南一北，一文一武，不过结局却不尽相同。

东汉灵帝时期，由于外戚、宦官把持朝政，压制清议，豪强地主兼并土地，农民流离失所，加之灾疫流行，社会危机十分严重。信奉黄老道的巨鹿（今河北平乡西南）人张角利用《太平经》中某些宗教观念和社会政治思想，创立起一支庞大的宗教组织，并以此组织为基础，发动了中国历史上规模最大的一次以宗教形式组织起来的农民起义——黄巾起义。

黄巾起义是利用道教组织发动的第一次大规模农民起义，也是标志道教开始登上历史舞台的一件大事。

佛教东来

佛教发源于古印度。两汉之际，佛教主要经由西域传入中国内地。东汉初，汉明帝曾派秦景等使臣出使天竺（印度）求佛法。他们从大月氏（在今阿富汗、巴基斯坦北部）取回佛教的《四十二章经》，并译成汉语。他们还请来了两位天竺高僧，并用白马驮回了大量经书，促进了佛教在我国的传播。汉明帝还专门为在洛阳西门外两位高僧建造了我国第一座佛教寺院即白马寺。

东汉末年，佛教在民间流传开来。这时期，安息国僧安世高于桓帝年间来洛阳开始译经，在20多年中共译经34部40卷。印度僧人支娄迦谶于桓帝末年至洛阳，灵帝年间译出佛经14部27卷，如《般若道行品经》《首楞严经》《般舟三昧经》等，都是大乘佛教经典，首次向中国人介绍了印度大乘般若学的理论。

　　魏晋南北朝时期，佛教在中国广泛传播，它不仅得到贵族阶层和知识分子阶层的高度重视，而且受到下层老百姓的普遍欢迎。佛教寺院遍布大江南北，以佛教为主题的石窟艺术也在民间兴起。因为在这个时期，社会大动乱，人们感到人生的苦难和希望的渺茫，极力想寻求解脱与精神安慰。佛教宣扬生死轮回、因果报应思想，认为任何人和事物都是有内在的起因和后果的，善有善报，恶有恶报。佛教还认为，人生是痛苦的，但信奉佛教，努力修行，总可以到达幸福的彼岸。这种教义有利于维护现存的社会统治秩序，而且对于承受苦难的人来说有极大的吸引力。佛教还认为万事万物都是"空"，只不过因为有"缘"才产生出来。佛教这些观点与当时盛行的玄学有诸多相似处，因此佛教思想作为一种高深的哲学受到知识分子的喜爱。

　　佛教在南北朝时期得到空前的发展，寺院和僧尼数量激增。与此同时，佛教与政治关系更为密切。上流社会十分尊重佛教和僧人。梁武帝还曾四次舍身到寺庙中"为奴"。大批擅长儒学和玄学的人与僧人来往密切，共同探讨研究佛学，加快了佛教中国化的进程。佛教传入后，与中国传统伦理道德结合，逐渐中国化，对中国古代思想文化、文学艺术产生了深刻的影响。

第五章

三国、两晋、南北朝的离析与交融

三国（公元220年~280年）：东汉末年，统一的帝国名存实亡，而最终形成的魏、蜀、吴三大政治势力就此拉开了争霸天下的序幕。鼎足三方各依优势，发展经济，壮大队伍：曹魏大兴军屯、民屯，在西北、两淮等地广积粮草，招募兵马；西蜀据有"沃野千里，天府之土"的成都平原和"帝王之资"的荆州要地，诸葛亮平定南中、屯田汉中，尽掘地力；江东权势者则经营山越，大力开发东南经济。三足鼎立的局面也为内迁的各族人民提供了适宜的生存空间。少数民族的内徙与融合成为一种不可逆转的历史潮流。最终完成统一大业的是代魏而起的西晋。

西晋（公元265年~316年）：公元265年，司马炎登台祭天，受魏"禅让"，取得帝位，建立了一个新的王朝——晋（史称西晋）。10余年后，晋灭吴成功，汉末后的分裂局面就此结束。公元291年，爆发了"八王之乱"，司马氏集团内部开始了一场长达16年腥风血雨的大屠杀。大规模的流民起义与少数民族反晋活动交织在一起，匈奴贵族和氏族首领纷纷建国独立，匈奴割据政权将洛阳化为废墟。司马邺于公元316年被迫投降于刘聪，西晋至此灭亡。西晋文化思想上玄学盛行，佛教也得到相当的发展。

东晋（公元317年~420年）：随着中原局势的进一步恶化，洛阳陷落，中原士族人物纷纷南奔。公元317年，司马睿正式称帝，建立东晋。东晋是一个流亡政权，百余家流亡士族成为东晋政权的政治基础，维持着江东的稳定。但东晋政权凭借流民武装，打赢了淝水之战，维护了防线，确保了江南地区相对安定的局面，也保证了汉族传统文化的自然延续与江南社会经济的稳定发展。南迁的士族带来了比较先进的生产工具和生产技术。南北方人民的融合，北方的工具技术同南方水田种植经验的结合，是南方农业发展的重要原因。

南北朝（公元420年~589年）：东晋以后的一个半世纪中，江南相继出现了以建康（今江苏南京）为都城的四个政权：宋（公元420年~479年）、齐（公元479年~502年）、梁（公元502年~557年）、陈（公元557年~589年）。历史上将这四个政权称为南朝。北魏太武帝拓跋焘于439年统一了北方。历史上将北魏与魏末分裂的东魏、西魏，以及继起的北齐、北周合称北朝，是上承两汉、下启隋唐两个大一统朝代中间的一个分裂、战争的时代。南北朝共存在170年。刘裕创宋，奠定了南朝各代政治的基本格局。孝文帝于公元494年迁都洛阳并实施改革，有力地促进了民族之间的融合。北魏后有过东魏、西魏的并存与北齐、北周的对立，最后北周再次统一北方。公元581年，隋王杨坚废黜北周末代皇帝宇文阐，另建隋政权。公元589年，隋灭陈，南北朝至此结束。

一、三国两晋南北朝

煮酒论英雄

曹操把汉献帝迎到许都的这一年，徐州牧刘备前来投奔他。那时，刘备驻守的徐州被袁术和吕布联军夺了去。

刘备是河北涿郡（今河北涿州）人，是西汉皇室的宗亲。他从小死了父亲，家境败落，跟他母亲一起靠贩鞋织席过日子。他对读书不太感兴趣，却喜欢结交豪杰。有两个贩马的大商人经过涿郡，很赏识刘备的气度，就出钱帮助他招兵买马。

当时，到涿郡应募的有两个壮士，一个名叫关羽，一个名叫张飞。这两人武艺高强，又跟刘备志同道合，日子一久，三个人的感情真比亲兄弟还密切。

刘备投奔曹操以后，曹操和刘备一起去攻打吕布。吕布兵败被杀。回到许都后，曹操请汉献帝封刘备为左将军，并且非常尊重刘备，走到哪儿，都要刘备陪在他身边。

这时候，汉献帝觉得曹操的权力太大了，又很专横，便要外戚董承设法除掉曹操。他写了一道密诏缝在衣带里，又把这条衣带送给董承。

董承接到密诏，就秘密地找来几个亲信，商量如何除掉曹操。他们觉得自己力量不够，认为刘备是皇室的后代，一定会帮助他们，就秘密与刘备联络。刘备果然同意了。

此后过了不久，曹操邀请刘备去喝酒。两个人一面喝酒，一面说笑，谈得很投机。他们谈着谈着，很自然地谈到天下大事上来了。曹操拿起酒杯，说："您看当今天下，有几个人能算得上英雄呢？"

刘备谦虚地说："我说不清楚。"

曹操笑着对刘备说："我看啊，当今的天下英雄，只有将军和我曹操两个人。"

刘备心里想着跟董承同谋的事，正感觉不安，听到曹操这句话，大吃一惊，身子打了一个寒战，手里的筷子掉在了地上。正巧在这时，天边闪过一道电光，接着就响起一声惊雷。刘备一面俯下身捡筷子，一面说："这个响雷真厉害，把人吓成这个样子。"

刘备从曹操府中出来，总觉得曹操这样评价自己，将来会丢了性命，便等待机会离开许都。

事也凑巧，袁绍派他儿子到青州（今山东泰山以东至渤海的地区）去接应袁术，要路过徐州（今江苏长江以北及山东南部地区）。曹操认为刘备熟悉那一带的情况，就派他去截击袁术。刘备一接到曹操命令，就赶紧和关羽、张飞带着人马走了。

刘备打败了袁术，夺取了徐州，决定不回许都去了。

到了第二年春天，董承和刘备在许都合谋反对曹操的事败露了。曹操把董承和他的三个心腹都杀了，并且亲自发兵征讨刘备。

刘备听说曹操亲自带领大军进攻徐州，慌忙派人向袁绍求救。袁绍手下的谋士田丰劝袁绍乘许都兵力空虚的时候偷袭曹操，袁绍没有听从。

曹操大军进攻徐州，刘备兵少将寡，很快就抵挡不住，最后只好放弃徐州，投奔冀州（今山西省和河北省的西部与北部，以及河南省部分地区）的袁绍。

官渡之战

曹操、袁绍是当时北方势力中最大的两个政治集团的领袖，二人决战势在必行。袁绍有军队数十万，后方巩固，兵精粮足。而曹操能用以抵抗袁绍的军队仅一两万人，且所居之地久经战乱，物资供应远不如袁绍丰富。公元200年2月，袁绍遣谋士郭图、大将颜良进军白马（今河南省滑县东北），围攻曹操的东郡太守刘延，自己亲率大军进至黎阳（今河南省浚县东），准备渡河直捣许都。决战中，曹操充分表现了自己的军事才能。他先是采用声东击西之计，斩大将颜良，解白马之围。然后诱敌深入，又于延津（今河南省延津县北）之战中大败袁军，斩大将文丑。

初战胜利后，曹操主动撤兵，退屯官渡，深沟高垒，坚壁不出，等待战机，如此阻扼袁绍10万大军达半年之久。10月，袁绍谋士许攸投奔曹操，透露了袁绍新近在乌巢（今河南延津东南）囤积万余车粮草辎重的情况，并建议曹操出奇兵偷袭乌巢。半夜时分，曹军赶至乌巢，四面点火，围攻袁军大营，守将淳于琼出战不利，退守粮屯，等待援军。乌巢离袁绍大营仅20千米，但袁绍得知曹操亲自率兵偷袭乌巢，认为这正是攻破曹操大营的好机会，便派大将军张郃、高览等进攻官渡曹军大营，只派少数轻骑往救乌巢。在乌巢，曹操督军继续猛攻，曹军将士殊死奋战，终于大破淳于琼军，阵斩淳于琼，烧其粮草辎重万余车。

乌巢一仗，决定了官渡之战的胜负，袁绍攻曹操官渡大营未下，乌巢败讯已经传来。袁军将领张郃、高览等见大势已去，投降曹操，曹操乘势出击，消灭袁军七八万人，袁绍与其子袁谭仅带800余名亲兵逃过黄河。官渡之战，曹操以弱胜强，为他统一北方奠定了基础。

孙策入主江东

正当曹操经营北方的统一大业时，南方有一支割据势力渐渐壮大起来，这支队伍的首领就是入主江东（今长江下游的江南地区）的孙策、孙权两兄弟。

孙策，字伯符，吴郡富春（今浙江富阳）人，出生于当地一个名家大族。他的父亲孙坚因镇压农民起义有功，朝廷封他为长沙太守。

孙坚后来又参加了讨伐董卓的联军。他到鲁阳（今河南鲁山县）时遇上袁术，被袁术封为破虏将军。在袁术和刘表争夺荆州的战斗中，孙坚打先锋，击败了刘表的大将黄祖。孙坚乘胜追击，不料，在追击途中被黄祖手下一名躲藏在树丛中的士兵用暗箭射死。

孙坚死后，长子孙策接替他的职务，统领部队，继续在袁术手下供职。孙策打起仗来勇猛异常，总是一马当先，当时人们都称他为"孙郎"。

孙策想继承父志，干一番大事业，但总感到在袁术手下难以施展自己的抱负。于是千方百计寻找机会脱离袁术，另寻出路。正巧孙策的舅舅、江东太守吴景这时被扬州刺史刘繇赶出丹阳，孙策便向袁术请求，去平定江东，替舅舅报仇。

孙策带领袁术拨给他的1000人马到江东去，以此来开辟自己的地盘。他一路上招募兵士，从寿春到达历阳（今安徽和县）时，已招募了五六千人。这时，孙策少年时的好朋友周瑜正在丹阳探亲，听说孙策出兵，就带领一队人马前来接应，帮助他补充了粮食和其他物资。这样，孙策进一步充实了自己的力量，而且增加了一个得力助手。

孙策带领军队，渡过长江，先后几次打败刘繇的军队，最后把刘繇从丹阳赶走，还攻下了吴郡和会稽郡，同时控制了江东大部分地区。

孙策到江东后，军纪严明，不许士兵抢掠百姓财物、侵害百姓利益，深得江东百姓的欢迎。

孙策平时爱好打猎。有一天，他追赶一头鹿，一直追到江边，他的马快，跟从他的人都被远远地甩在后面。这时，原吴郡太守许贡的三个门客正好守在江边。孙策在攻下吴郡时，杀了太守许贡，因此，许贡的门客一直在寻找机会替许贡报仇。他们见机会来了，便一齐向孙策突发冷箭。孙策的面颊中了一箭。

孙策的病情很快恶化，他自知好不了了，便把张昭等谋士请来，对他们说："我们现在依靠吴、越地区的人力资源，长江的险固，可以干一番事业，请你们好好辅佐我的弟弟。"

他又把孙权叫到面前，把自己的官印和系印丝带交给他，说："带领江东的人马，在战场上一决胜负，和天下人争英雄，你不如我；推举和任用贤能的人，使他们尽心竭力，保住现在的江东，我不如你。"当晚，这位纵横江东的"孙郎"便死去了。

孙策死后，弟弟孙权接替他的职务，掌管大权。在张昭和周瑜的帮助下，年仅19岁的孙权继承父兄业绩，担负起巩固发展江东的重任。

三顾茅庐

当曹操扫除北方残余势力的时候，在荆州依附刘表门下的刘备，也正寻找机会实现自己的政治抱负。他四处招请人才，为自己出谋划策。在投奔他的人当中，有个名士叫徐庶，刘备非常赏识他的才智，便拜他为军师。

有一天，徐庶对刘备说道："在襄阳城外20里的隆中，有一位奇士，您为什么不去请他来辅助呢？这位奇士复姓诸葛，名亮，字孔明，此人有经天纬地之才，人称'卧龙'。"

刘备听到有这样的贤才，非常高兴，便决定亲自去拜访诸葛亮。第二天，刘备带着关羽、张飞启程前往隆中。

刘备一行三人来到隆中卧龙岗（今湖北襄阳西），找到了诸葛亮居住的几间茅草房。刘备下马亲自去叩柴门，一位小童出来开门，刘备自报姓名，说明了来意。小童告诉他们："先生不在家，一早就出门了。"

几天以后，刘备听说诸葛亮已经回来了，忙让备马，再次前往。时值隆冬，寒风刺骨。他们三人顶风冒雪，非常艰难地走到卧龙岗。当他们来到诸葛亮家，才知道诸葛亮又和朋友们出门了。刘备只好给诸葛亮留下一封信，表达了自己求贤若渴的心情。

刘备回到新野（今河南省新野）之后，一心想着诸葛亮的事，时常派人去隆中打听消息，准备再去拜谒孔明。三个人第三次去隆中时，为了表示尊敬，刘备离诸葛亮的草房还有半里地就下马步行。到了诸葛亮的家时，碰巧诸葛亮在草堂中酣睡未醒。刘备不愿打扰他，就让关张两人在柴门外等着，自己轻轻入内，恭恭敬敬地站在草堂阶下等候。

诸葛亮被刘备的诚心所打动，他根据自己多年来研究时势政治的心得体会，向刘备详细讲述了自己的政治见解，提出了实现统一的战略方针。他说："现在曹操打败了袁绍，拥有百万兵马，又借天子的名义号令天下，很难用武力与他争胜负了。孙权占据江东，那里地势险要，民心顺服，还有一批有才能的人为他效劳，也不可以与他争胜负，但可以与他结成联盟。"

接着，诸葛亮分析了荆州和益州（今四川、云南和陕西、甘肃、湖北、贵州的一部分地区）的形势，认为如果能占据荆州和益州的地方，对外联合孙权，对内整顿内政，一旦机会成熟，就可以从荆州、益州两路进军，攻击曹操。到那时，功业可成，汉室可兴。

刘备听完诸葛亮的讲述，茅塞顿开。他赶忙站起来，拱手谢道："先生的一席话，让我如拨开云雾而后见青天。"刘备从诸葛亮的分析中看到了自己广阔的政治前景，于是再三拜请诸葛亮出山。诸葛亮见刘备这样真诚地恳求，也就高高兴兴地跟刘备到新野去了。

从那时起，年仅27岁的诸葛亮用他的全部智慧和才能帮助刘备实现政治抱负，建立大业。从此，刘备才真正拉开了称霸一方的序幕。

赤壁之战

曹操统一北方后，于公元208年秋天率兵30万，号称80万，南下攻打荆州。当曹操的军队还没有到达时，刘表就病死了。他的两个儿子——长子刘琦、次子刘琮向来就不和睦，在刘表临终前几个月，刘琦出任江夏太守；刘琮被部下拥戴，继任荆州牧。刘琮是个贪生怕死的人，听说曹操来攻荆州，暗地派人投降，曹操兵不血刃地占领了襄阳，当时刘备和诸葛亮正在与襄阳一水之隔的樊城（今湖北襄樊）操练兵马，他还不知道刘琮已经投降。曹操大军逼近时，单凭自己的力量抵抗曹操已不可能，便与诸葛亮率军向江陵（今湖北江陵）退去。

刘备在荆州很有影响，当他撤退时，有10多万百姓纷纷随他南下，辎重数千辆，男女老幼互相搀扶，所以每天走得很慢。曹操看出刘备想退守江陵的意图，亲自率5000骑兵，昼夜急行300多里，直奔江陵。曹军在当阳长坂（今湖北省当阳市东北）追上刘备，大败刘备。曹操顺利占据江陵，而刘备却逃到刘琦驻守的夏口（今湖北省武汉市）。此时刘备的军队除关羽的1万水军和刘琦的1万多步兵外，其余损失殆尽。

曹操席卷荆州的消息传到江东，孙权部下的文武官员都异常震动，有些人主张投降，孙权犹豫不决。在曹操进兵荆州以前，孙权就曾派鲁肃到荆州去探听虚实，鲁肃在当阳劝刘备把军队移驻到长江南岸的樊口（今湖北鄂城），以便和东吴互通声气。刘备乘机派诸葛亮和鲁肃一同前往柴桑（今江西九江）去见孙权，商议联合抗曹的策略。

这时候，孙权接到曹操的恐吓信，声称孙权若不投降，他将率80万大军直捣江东。曹操的威势使一些人吓破了胆，长史张昭就是其中之一。他认为只有投降才是上策。针对这种观点，周瑜批驳说：“曹操挥师南下，后边有关西马超、韩遂的威胁，后方一定不稳定。再说曹军习于陆战，不习水战，他们与我们较量是舍长就短。另外，现在是寒冬十月，曹操军马粮草不足，北方士兵远涉江湖之间，水土不服，必生疾病。这些都是曹操致命的弱点。曹操号称80万大军，据我观察，曹操带来的军队不过十五六万，已疲惫不堪；从刘表那里所得军队，最多不过七八万，且人心不稳。这二十二三万军队人数虽多，但不堪一击。将军只要给我5万精兵，就足以打败曹操，请将军放心。”一番话说得孙权非常激动，他拔出宝剑，砍掉奏案的一角，厉声说道：“诸将吏谁再敢说投降二字，就和这奏案一样！”

于是，孙权以周瑜为左督（总指挥），程普为右督（副总指挥），鲁肃为赞军校尉（参谋长），率精兵3万，与刘备大军一齐进驻长江南岸的赤壁（今湖北蒲圻西北），与江北曹操的军队隔江对峙。

曹操的士兵因来自北方，初到南方个个水土不服，很不习惯南方潮湿的气候，再加上不习惯乘船，没多久就病倒了许多人。曹操见士兵们身体虚弱，只好召集谋士们商量对策。这时，有人献上连环计：将水军的大小战船分别用铁环锁住，十几条船一排，每排船上再铺上宽阔的木板，不仅人可以在上面行走自如，就是马也可以在上面跑起来。曹操听了非常高兴，立即下令：连夜打造连环大钉，锁住大小战船。这样做后，效果果然不错，人在船上走，如履平地，一点也不觉得摇晃。

驻防在长江南岸的孙刘联军，看见曹操的战船连在一起，便想用火攻。正在发愁无法将火种靠近敌船时，周瑜手下的大将黄盖主动要求自己假装投降，以便靠近敌船。

周瑜很赞成黄盖的主意，两人经过商量，派人给曹操送去一封信，表示投降曹操。曹操以为东吴的人看清了形势，害怕兵败身亡，便没怀疑黄盖的诈降。

周瑜在江东将各路人马布置停当，只等东南风起，火攻曹营。

公元208年冬至那天半夜，果然刮起了东南风，而且风势越来越猛。黄盖又给曹操去了一封信，约定当晚带着几十只粮船到北营投降。

当天晚上，黄盖率领20只战船，船上装满干草、芦苇，浇了膏油，上面蒙上油布，严严实实地把船遮盖住。每只船后又拴着三只划动灵活的小船，小船里都埋伏着弓箭手。降船扯满风帆，直向北岸驶去。曹军水寨的官员听说东吴的大将前来投降，都跑到船舷来观看。

黄盖的大船离北岸约2里时，只见黄盖大刀一挥，20只大船一齐着起火来，火焰腾空而起，20只战船像狂舞的火龙，一起撞入曹操的水军中。火趁风势，风助火威，一眨眼的工夫，曹军的水寨成了一片火海。水寨外围都是用铁钉和木板连起来的首尾相接的连环船，一时间拆也无法拆，逃也逃不走，只好眼巴巴地看着大火烧尽战船。黄盖他们则早已跳上小船，不慌不忙地接近北营，向岸上发射火箭。这样一来，不但水寨里的战船被烧，连岸上的营寨也着了火。一时间，江面上火逐风飞，一片通红，漫天彻地。

刘备、周瑜一看北岸火起，马上率水陆两军同时进兵，杀得曹军死伤了一大半，曹操败走华容道（今湖北省监利县西北）。刘备、周瑜水陆并进，乘胜追击，一直追到南郡。曹操在战斗中损兵折将。恰在这时，又传来孙权围攻合肥的消息，必须派兵驰援。曹操只得留下曹仁、徐晃驻守江陵，乐进驻守襄阳，自己率领其余的队伍踏上北归的路途。

赤壁之战，以孙刘联军胜利、曹操大败而告结束。这是三国时期以少胜多，以弱制强的著名军事战役，为三国鼎立奠定了基础。赤壁之战结束后，曹操再也无力南下，统一全国的愿望化成了泡影。孙权稳定江东，并且向岭南地区发展。刘备占据荆州，向益州发展。

火烧连营

蜀汉得知曹丕称帝的消息后，大臣们便拥立刘备承继汉家帝位。公元221年，汉中王刘备正式在成都即皇位，这就是汉昭烈帝。

由于孙权重用吕蒙，用计袭取了荆州，杀了关羽，使得蜀汉和东吴的矛盾越来越激化。刘备即位之后，便调集75万大军，以替关羽复仇为名，进攻东吴。刘备出兵前，张飞的部将叛变，杀了张飞投奔东吴。刘备旧恨未报又添新仇，报仇心切的他命令大军急进。蜀军先锋吴班、冯习很快攻占巫县（今重庆巫山）、秭归（今湖北秭归）。

东吴君臣吓得要命，赶紧派使者向刘备求和，但都没有效果。孙权正在着急的时候，大臣阚泽以全家担保举荐陆逊为统帅。于是孙权封镇西将军陆逊为大都督，赐给他宝剑印绶，带领5万人马抵御蜀军。

第二年正月，刘备到了秭归（今湖北省秭归）。蜀军水陆并进，直抵夷陵（今湖北宜昌东南）。刘备率领主力，进驻猇亭（今湖北宜都北）。他在长江南岸沿路扎下营寨，水军也弃舟登陆。从巫峡到夷陵的六七百里山地上，蜀军一连设置了几十处兵营，声势非常浩大。

陆逊看到蜀军士气旺盛，又占据了有利地形，很难攻打，就坚守不出。这时，东吴的安东中郎将孙桓被蜀军包围在夷道（今湖北宜都西北），派人向陆逊求救。陆逊手下的将领，也纷纷要求派兵救援。陆逊对大家说："孙桓很得军心，夷道城池牢固，粮草也很充足，不必忧虑，等我的计谋实现以后，孙桓那里就自然解围了。"

东吴众将见陆逊既不肯攻击蜀军，又不肯救援孙桓，认为他胆小怕打仗，都在背地里愤愤不平。

刘备在夷陵受阻，从这年（公元222年）一月到六月，一直找不到决战的机会。他为了引诱吴军出战，命令吴班带领几千人马，到平地上扎营，摆出挑战的架势。事先在附近山谷里埋伏了8000精兵，等候吴军。东吴众将以为机会来了，都想出击。陆逊阻止说："蜀兵在平地里扎营的兵士虽然少，可是周围山谷里一定有伏兵。我们不能上这个当，看看再说。"刘备见陆逊不上当，便把埋伏在山谷中的伏兵撤出。这一来，东吴诸将都佩服陆逊了。

陆逊通过观察，对局势了然于胸，于是决定进行反击。陆逊先派一支军队试攻蜀军一处兵营。这一仗，吴军虽然打败了，但陆逊却找到了进攻蜀军的办法。

接着，陆逊命士兵每人拿着一把茅草冲入蜀营，顺风点火，发动火攻。那天晚上，风刮得很大，蜀军的营寨都是连在一起的，一个营起火，便延烧到另一个营。顿时，蜀军的营寨陷入了一片火海之中。陆逊率领大军，乘机反攻，一连攻破蜀军40余座营寨，杀死蜀将张南、冯习等人。蜀军纷纷逃命，包围夷道的蜀军也都溃逃了。

刘备逃到夷陵西北的马鞍山。陆逊督促大军四面围攻，又杀死蜀军一万多人。刘备乘夜冲出重围，逃归白帝城（今四川奉节东）。

这一场大战，蜀军几乎全军覆没，军用物资也全被吴军缴获。历史上把这场战争"夷陵之战"，又称为"猇亭之战"。

秋风五丈原

吴王孙权在曹丕、刘备先后称帝后，于公元229年农历四月，正式称帝。蜀汉的一些大臣认为孙权称帝是僭位，要求马上同东吴断绝往来。诸葛亮力排众议，认为蜀汉目前的主要敌人是魏国，应继续保持和东吴的联盟，攻伐魏国。

公元231年，诸葛亮第四次北伐魏国，出兵祁山。魏国派大将司马懿和张郃等一起率领人马开赴祁山。诸葛亮把一部分将士留在祁山，自己率领主力进攻司马懿。

司马懿知道诸葛亮孤军深入，带的军粮也不多，就在险要的地方筑好营垒，坚守不出。后来，魏军将领一再请求出战，并用话来讥刺司马懿。司马懿只好与诸葛亮打了一仗，结果被蜀军打得溃不成军。

诸葛亮几次出兵，往往因为粮食供应不上而退兵，这次又是如此。他接受了这个教训，设计了两种运输工具，叫作"木牛""流马"（两种经过改革的小车），用它们把粮食运到斜谷口（在今陕西眉县西南）囤积起来。

公元234年，诸葛亮作好充分准备后，带领10万大军北伐魏国。他派使者到东吴，约孙权同时对魏国发起进攻，两面夹击魏国。

诸葛亮大军出了斜谷口，在渭水南岸的五丈原（今陕西省眉县西南）构筑营垒，准备长期作战；另派一部分兵士在五丈原屯田，跟当地老百姓一起耕种。魏明帝派司马懿率领魏军渡过渭水，也筑起营垒防守，和蜀军对峙起来。

孙权接到诸葛亮的信，马上派出三路大军进攻魏国。魏明帝一面亲自率领大军开赴南面抵挡东吴的进攻；一面命令司马懿只许在五丈原坚守，不准出战。

诸葛亮焦急地等待东吴进兵的战况，但是结果令他很失望：孙权的进攻以失败而告终。他想跟魏军决战，但是司马懿始终固守营垒，任凭诸葛亮怎样骂阵，就是坚守不出。双方在那里相持了100多天。

诸葛亮在猜测司马懿的心理，司马懿也在探听诸葛亮的情况。有一回，诸葛亮派使者去魏营挑战，司马懿为了了解情况，假意殷勤地接待使者，跟使者聊天，问道："你们丞相公事一定很忙吧，近来身体还好吧！"使者觉得司马懿问的都是些无关大局的话，也就老实回答说："丞相的确很忙，军营里大小事情都亲自过问。他每天早早起来，很晚才睡。只是近来胃口不好，吃得很少。"

使者走了以后，司马懿就跟左右将士说："你们看，诸葛孔明吃得少，又要处理繁重的事务，能支撑得长久吗？"

不出司马懿所料，诸葛亮由于过度操劳，终于病倒在军营里。后主刘禅得知诸葛亮生了病，赶快派大臣李福到五丈原来慰问。诸葛亮对李福说："我明白您的意思，您想知道谁来接替我，我看就是蒋琬吧。"

过了几天，年仅54岁的诸葛亮病死在军营里。按照诸葛亮生前的嘱咐，蜀军将领封锁了他去世的消息。他们把尸体裹着放在车里，布置各路人马有秩序地撤退。

司马懿探听到诸葛亮病死的消息，立刻带领魏军去追蜀军。刚过五丈原，忽然蜀军的旗帜转了方向，一阵战鼓响起，兵士们转身掩杀过来。司马懿大吃一惊，赶快掉转马头，下命令撤退。等魏军离得远了，蜀军将领才不慌不忙地把全部人马撤出五丈原。

诸葛亮虽然没有实现统一中原的愿望，但是他的智慧和品格，一直被后世所称颂。

司马懿篡权

诸葛亮死后的一段时期内，蜀国再也没有足够的力量进攻魏国。魏国虽然外部的压力减弱了，但内部却乱了起来。

公元239年，司马懿奉命去关中镇守。在前往关中的路上，魏明帝曹叡给司马懿连续下了五道诏书，催他火速赶到洛阳。司马懿赶回洛阳宫中的时候，曹叡已经病势沉重，他握着司马懿的手，看着8岁的太子曹芳，说："我等你来，是要把后事托付给你。你要和曹爽辅佐好太子曹芳。"

司马懿说："陛下放心吧，先帝（曹丕）不也是把陛下托付给我的吗？"

曹叡死后，太子曹芳即位，这就是魏少帝。司马懿和大将军曹爽奉曹叡遗诏，共同执掌朝政。司马懿本人才智出众，文武双全。他在曹操执政时期，曾经帮助曹操推行屯田制。曹操儿子曹丕废掉汉献帝，自立为帝，司马懿也帮助出过许多主意，立了大功。因此，他得到曹丕的信任，掌握了军政大权。曹爽这个人没有什么才能，却依仗自己是皇帝宗室，总想排挤司马懿，独揽大权。

曹爽因司马懿德高望重，起初还不敢独断专行，有事总听听司马懿的意见。不久，他任用心腹何晏、邓飏等人掌管枢要，并奏请魏少帝提升司马懿为太傅。司马懿表面上升了官，实际上却被削了权。曹爽又安排自己的弟弟曹羲担任中领军，率领禁兵；曹训任武卫将军，掌管了一些军权。司马懿对曹爽专擅朝政，很是不满。他索性称风痹病复发，不参与政事，但是暗中却自有打算。

曹爽担心司马懿不是真的有病，正巧自己的心腹李胜调任荆州刺史，于是就命李胜到司马懿那里进行探察。李胜到了太傅府，求见司马懿。司马懿装出重病的样子。李胜回去后，把这次相见的情况告诉了曹爽，并说："司马懿已经形神离散，只剩下一口气，活不了多久了。"曹爽满心欢喜，从此就不再防备司马懿了。

一转眼就是新年。少帝曹芳按规矩要到高平陵去祭祀。曹爽和他的兄弟曹羲等人也一道前往。曹爽他们出了南门，浩浩荡荡地直奔高平陵。

等他们走远了，司马懿立刻带着他的两个儿子司马师和司马昭，率领自己的兵马，借着皇太后的命令，关上城门，占据武库，接收了曹爽、曹羲的军营。同时假传皇太后的诏令，把曹爽兄弟的职务给撤了。

曹爽接到了司马懿的奏章，不敢交给曹芳，又想不出主意。司马懿又派侍中许允、尚书陈泰来传达命令，让曹爽早些回去，承认自己的过错，交出兵权，那样就不会为难他们。

曹爽乖乖地交出兵权，回到洛阳侯府家中。司马懿把少帝曹芳接到宫里去，当天晚上就派兵包围了曹爽府第，在四角搭上高楼，叫人在楼上察看曹爽兄弟的举动。没过几天，又让人诬告曹爽谋反，派人把曹爽一伙人全部处死了。

曹爽死后，司马懿担任丞相，掌握了魏国的军政大权。

司马昭之心

司马懿杀了曹爽之后，又过了两年，他也死去了，他的儿子司马师接替了他的职位。魏国大权落在司马师和司马昭兄弟两人手里。大臣中有谁敢反对他们，司马师就把他除掉。魏少帝曹芳早就对司马师兄弟的霸道行径极为不满，一直想撤掉司马氏兄弟的兵权。但还没等曹芳动手，司马师已经逼着皇太后，把曹芳废了，另立魏文帝曹丕的一个孙子曹髦即了皇位。

魏国有些地方将领本来就看不惯司马氏的专权行为，司马师废去曹芳后，扬州刺史文钦和镇东将军毌丘俭（毌丘，姓）起兵讨伐司马师。司马师亲自出兵，打败了文钦和毌丘俭。但是在回到许都之后，司马师也得病死了。

司马师一死，司马昭便做了大将军。司马昭比司马师更为专横霸道。

魏帝曹髦实在忍无可忍了。有一天，他把尚书王经等三个大臣召进宫里，气愤地说："司马昭之心，路人皆知，我不能坐着等死。今天，我要同你们一起去诛杀他。"

年轻的曹髦，根本不懂得怎样对付司马昭。他带领了宫内的禁卫军和侍从太监，乱哄哄地从宫里杀了出来。曹髦自己拿了一把宝剑，站在车上指挥。

司马昭的心腹贾充领了一队兵士赶来，与禁卫军打了起来。曹髦上前大喝一声，挥剑杀过去。贾充的手下兵士见到皇帝亲自动手，都有点害怕，有的准备逃跑了。

贾充的手下有个叫成济的，问贾充怎么办？

贾充厉声说："司马公平时养着你们是干什么的！还用问吗？"

经贾充这么一说，成济胆壮起来了，拿起长矛就往曹髦身上刺去。曹髦来不及躲闪，被成济刺穿了胸膛，当即毙命。

司马昭听说他手下人把皇帝杀了，也有点害怕了，连忙赶到朝堂上，召集大臣们商量。

老臣陈泰说："只有杀了成济，才勉强可以向天下人交代。"

司马昭见没法拖下去，就把杀害皇帝的罪责全都推在成济身上，给成济定了一个大逆不道的罪，把他的一家老少全杀了。

之后，司马昭从曹操的后代中找了一个15岁的曹奂即了皇位，这就是魏元帝。

智出阴平道

魏帝曹髦死后，司马昭的地位更加稳固了。于是，他决定进攻蜀国。

公元263年，司马昭调集了十几万大军，准备一举消灭蜀国。他派邓艾和诸葛绪各自统率3万人马，派钟会带领10万人马，兵分三路进攻蜀国。钟会的军队很快攻取汉中。邓艾的军队也到达沓中（今甘肃舟曲西、岷县南），向姜维进攻。姜维得知汉中失守，就将蜀兵集中到剑阁据守，抵御魏军。

钟会兵力虽强，但姜维把剑阁守得牢牢的，一时攻不进去，军粮的供应也发生了困难。钟会正想退兵时，邓艾赶到了。邓艾让钟会在这里与蜀军对峙，自己领兵从阴平小道（起于今甘肃文县鸱衣坝至平武县江油关）穿插到蜀国的后方，这样就会攻破蜀国。钟会觉得邓艾的想法根本行不通，但一看邓艾很坚决，也就马马虎虎地应付了几句。

邓艾派自己的儿子邓忠做先锋，每人拿着斧头、凿子，走在最前面，打开小路通道，自己则率领大军紧跟在后。

最后，邓艾他们到了一条绝路上，山高谷深，没法走了。大家一看悬崖深不见底，禁不住抽了一口冷气，好多人打了退堂鼓。邓艾当机立断亲自带头，用毡毯裹住身子先滚下去。将士们不敢落后，照着样子滚下去。士兵们没有毡毯，就用绳子拴住身子，攀着树木，一个一个慢慢地下了山。

邓艾集中了队伍，对将士们说："我们到了这儿，已经没有退路了，前面就是江油。打下江油，不但有了活路，而且能立大功。"镇守江油的将军马邈没料想到邓艾会从背后像天兵一样出现在眼前，吓得他晕头转向，只好竖起白旗，向邓艾投降了。

邓艾占领了江油城，又朝绵竹方向前进。蜀军驻守绵竹的将军是诸葛亮的儿子诸葛瞻。魏军人数太少，双方一交战，就吃了个败仗。

魏军第二次出去跟蜀军交战时都铁了心，反正打了败仗也不能活着回去。这一仗真非同小可，打得天摇地动。两军杀到天黑，蜀军死伤惨重，诸葛瞻和他的儿子诸葛尚都战死在疆场上。魏军胜利地占领了绵竹。

邓艾攻下绵竹，向成都进军。蜀人做梦也没有想到魏军来得这么快，再要调回姜维的人马也已经来不及了。后主刘禅慌忙召集大臣们商议对策，大臣们你一言我一语，都找不出好的办法，最后大臣谯周提议投降。于是后主刘禅就派侍中张绍等捧着玉玺到邓艾军营里去请求投降。

蜀国就这样灭亡了。这时候，姜维还在剑阁据守，听到蜀国投降的消息后，前思后想，决定向钟会投降。钟会赏识姜维是个好汉，把他当作自己人一样看待。后来，姜维利用钟会和邓艾之间的矛盾，劝钟会告发邓艾谋反，杀掉了邓艾。

邓艾死后，兵权就全都掌握在钟会的手里。于是，钟会就想谋反自立。姜维一心想着复国兴汉，觉着有机可乘，便假意赞同钟会的想法。

后来，有人传言钟会和姜维要杀光北方来的将士，一下引起了兵变。钟会和姜维控制不住局面，被乱军杀死了。

蜀国灭亡的第二年，吴景帝孙休病逝，孙皓即帝位，改年号为元兴。吴国朝政从此日益败坏，东吴亦一步一步走向灭亡。

蓄志灭东吴

司马昭灭了蜀汉，又准备进攻东吴。正在这时，他得了重病死了。他的儿子司马炎废掉魏元帝曹奂，自己做了皇帝，建立了晋朝，这就是晋武帝。从公元265年至316年，晋朝都以洛阳为国都，史称西晋。

西晋政权初步稳定以后，晋武帝司马炎接受羊祜的建议，积极准备攻灭东吴，统一中国。

羊祜是蔡邕的外孙，司马师的小舅子，从小喜欢读书，知识渊博，有辩才，文章写得好。有人把他比作孔子的弟子颜回。

从公元269年起，羊祜出任荆州都督，镇守襄阳，很受老百姓的爱戴。他到襄阳的时候，军营里的粮食还不够100天用的，后来推行屯田政策，让士兵开垦荒地，粮仓里储满了粮食。他还对东吴军民讲究信用，投降过来的士兵想回去的随他们自愿。有些投降的人，回去后都说羊祜的好话。这样，投降的人就越来越多了。

晋武帝司马炎非常赞赏羊祜在襄阳的政绩，提升他为车骑将军。

羊祜决心采取一套攻心策略，用道义去争取民心。他每回跟东吴交战，一定按照约定的日子，决不偷袭，决不布置埋伏。将士当中有谁向他献计，只要听到话里有欺诈的苗头，他就拿出上等的好酒，请献计的人喝，让他喝得醉醺醺的，开不得口。羊祜行军的时候，经过东吴的地界，士兵割了稻谷，也必须报告吃了多少粮食，按价赔偿人家。他出外打猎，每次都郑重叮嘱手下将士只准在自己的地界内。碰巧，东吴的将士也在对面打猎，双方各不侵犯。如果有一只飞鸟或者一只野兽，先给吴兵打伤，飞到这边被晋兵抓住，必须送给对方。因此，吴人对他很是敬重，称他为羊公。

羊祜见时机慢慢成熟起来，积极筹备伐吴。公元276年，羊祜上书，请示晋武帝征伐东吴。不料秦、凉二州的少数民族发生了动乱，朝廷大臣纷纷反对出兵东吴，只有杜预和张华赞成，于是建议被搁置下来。

又过了一年多，羊祜病了，他要求回到洛阳来。晋武帝请他坐车进宫，不必叩拜。后来又让他回家养病，不必上朝。接着，就派张华去向羊祜请教征伐东吴的计策。羊祜说："孙皓暴虐昏庸，今天去征伐，一定能够胜他。要是孙皓一死，吴人另立一个有能耐、爱护老百姓的新君，咱们即使有百万大军，恐怕也打不过长江去了。"

过了几天，张华向晋武帝详细报告了羊祜灭吴的谋略。晋武帝接受了羊祜的建议，拜杜预为平安东将军，统率荆州所有的军队。杜预受命后，招集兵马，储备粮草，准备伐吴。正在这个时候，羊祜病故了。

羊祜死后的第二年，杜预攻灭了东吴，统一了中国。在庆祝宴上，晋武帝拿起酒杯对大臣说："讨平东吴，统一天下，是羊太傅的功劳啊！"接着，他带领文武大臣到羊祜的墓前去祭奠，告慰已经安眠于地下的羊祜。

刘渊反晋

李雄在成都称王的那一年，北方的匈奴贵族刘渊也自称汉王，反晋独立。

从西汉末年起，有一些匈奴人分散居住在北方的边远郡县，他们和汉族人在一起生活久了，接受了汉族的文化。匈奴贵族以前多次跟汉朝和亲，可以说是汉朝皇室的亲戚，后来就改用汉皇帝的刘姓。曹操统一北方后，为了便于管理，把匈奴三万个部落集中起来，分为五个部，每个部都设一个部帅，匈奴贵族刘豹就是其中一个部的部帅。

刘豹死后，他的儿子刘渊继承了他的职位。刘渊自幼读了许多汉族人的书，文才很好，同时武艺也很高强。后来，刘渊在西晋的成都王司马颖（八王之一）部下当将军，留在邺城，专管五部匈奴军队。

公元304年，刘渊回到左国城，匈奴人想借八王混战之机，复国兴邦，便拥戴他做大单于。他集中了5万人马，亲自率军南下，帮助晋军攻打鲜卑兵。有人不解地问他："为什么不趁这个机会灭掉晋朝，反倒去打鲜卑呢？"

刘渊说："晋朝现在已经腐朽透顶了，灭掉它非常容易，但是晋朝的百姓未必会归顺我们。我看汉朝立国的年代最长，在百姓中还很有影响，我们的上代又与汉朝皇室有血缘关系，不如借用汉朝的名义，也许可以得到汉族百姓的支持。"

于是，建国号为汉，刘渊即汉王，尊蜀汉刘禅为孝怀皇帝，建元元熙。刘渊称王建汉后，势力不断增长。石勒造反兵败，率领胡人部众几千人、乌桓部落2000人归顺刘渊，上郡（今陕西北部）四部鲜卑陆逐延、氐酋大单于徵、东莱王弥等也都投奔刘渊，这样形成了一支由匈奴、鲜卑、氐、羌等各族组成的反晋力量，刘渊称帝的意图也渐明显。为给建立帝业做准备，刘渊四处出兵，频繁侵略晋地。永嘉二年（公元308年）冬十月，刘渊正式称帝。公元309年农历正月，刘渊又根据太史令宣于修建议，正式迁都平阳（今山西临汾西）。因从汾河水中获得治国玉玺，其上面写有"有新保之"，刘渊认为这对自己非常吉祥。

永嘉三年（公元309年）三月，晋将军朱诞归降刘渊，刘渊于是任命朱诞为前锋都督，刘景为大都督，起大军攻晋。洛阳的老百姓虽然恨透了腐朽的西晋王朝，但是更不愿受外族人统治。所以刘渊两次进攻，都遭到洛阳军民的顽强抵抗，没有占到一点便宜。

永嘉四年（公元310年），刘渊死，刘聪杀刘和而自立为皇帝后，开始攻打西晋怀南各州郡。永嘉五年（公元311年）六月，各路汉军先后攻陷洛阳，俘司马炽，杀王公士民3万余人，纵兵大掠宫内珍宝、财物和宫女，又烧宫庙、官府和民房，史称"永嘉之乱"。同年，晋怀帝被汉兵俘虏到平阳，刘聪封他为会稽郡公，享受三司的礼仪，而且还将小刘贵人嫁给他为妻。

永嘉七年（公元313年）年初，刘聪在光极殿大宴群臣，饭饱酒酣时，命令晋怀帝穿上青衣行酒令取乐。这一情景让晋朝的故臣庚珉、王隽悲愤不已，大声痛哭。刘聪十分生气。二月，刘聪就将晋怀帝和晋朝的旧臣10

多个人全都杀害。

晋怀帝被害的消息传到长安之后，太子司马邺举哀服丧，并且于四月即皇帝位，即孝愍皇帝，改元建兴。这时他只有14岁。当时的长安城里住户不超过一百，公私加起来也只有车四辆，文武百官既没有官服，也没有印绶，只有桑版刻上官号罢了，皇帝即位的仪式显得十分凄凉。建兴四年（公元316年），汉军在大司马刘曜的统领下，向长安发起强烈攻势。九月，长安的外城被攻陷。在内无粮草、外无援兵之际，愍帝决定向汉军投降。索琳派自己的儿子去见刘曜，想靠请降来表功，没想到儿子被刘曜杀了。晋愍帝只得自己亲自光着上身，乘着羊车出城向汉军请降。汉帝刘聪降愍帝为光禄大夫，封怀安侯。刘曜被封为大都督，并且大赦天下，改元麟嘉。

至此，西晋共经历司马炎、司马衷、司马炽、司马邺四帝，历时42年（公元265年~316年）而灭亡。

西晋灭亡之后，北方的各族人民（主要是匈奴、鲜卑、羯、氐、羌五个少数民族）纷纷起义，许多人像李雄、刘渊一样建立政权，前前后后一共出现16个割据政权，历史上称为"十六国"（旧称五胡十六国，胡是古时候对少数民族的泛称）。

王马共天下

永嘉元年（公元307年）七月，朝廷命镇守下邳（今江苏睢宁西北）的琅琊王司马睿移镇建邺（今江苏南京），又任命王衍弟王澄为荆州都督，族弟王敦为扬州刺史。建兴四年（公元316年）十一月，愍帝向刘聪投降，西晋灭亡。

建兴五年（公元317年）三月，晋愍帝被杀的消息传到建邺，琅琊王的僚属全都上表劝司马睿即皇帝位。司马睿（公元276年~322年），字景文，司马懿的玄孙。十日，司马睿于建康即位称帝，是为晋元帝。东晋王朝正式建立。建邺为了避愍帝司马邺的讳，改称建康。司马睿宣布大赦天下，改元大兴，文武百官都官升二级。

司马睿在西晋皇族中，地位和名望都不太高。晋怀帝的时候，派他去镇守江南。他还带了一批北方的士族官员，其中最有名望的是王导。司马睿把王导看作知心朋友，对他言听计从。

司马睿刚到建康的时候，江南的一些大士族地主嫌他地位低，看不起他，都不来拜见。司马睿为此常常不安，便让王导想想办法。

王导把在扬州做刺史的王敦找来，两人商定了一个主意。

这年三月初三，按照当地的风俗是禊节，百姓和官员都要去江边"求福消灾"。这一天，王导让司马睿坐上华丽的轿子到江边去，前面有仪仗队鸣锣开道，王导、王敦和从北方来的大官、名士，一个个骑着高头大马跟在后面，这个大排场一下轰动了建康城。

江南有名的士族地主顾荣等听到消息，都跑来观看。他们一见王导、王敦这些有声望的人都这样尊敬司马睿，不禁大吃一惊，怕自己怠慢了司马睿，一个接一个地出来排在路旁，拜见司马睿。

从那以后，江南大族纷纷拥护司马睿，司马睿在建康便稳固了地位。

后来，北方战乱不止，一些士族地主便纷纷逃到江南避难。王导劝说司马睿把他们中间有名望的人都吸收到王府来。司马睿听从王导的意见，前后吸收了一百多人在王府里做官。

司马睿在王导的辅助下，拉拢了江南的士族，又吸收了北方的人才，他的地位就日渐巩固了。

公元317年，司马睿在建康即位，这就是晋元帝。在这之后，晋朝的国都一直在建康。为了和司马炎建立的晋朝（西晋）区别开来，历史上把这个朝代称为东晋。

晋元帝总认为他能够得到这个皇位，都是凭借王导、王敦兄弟的帮助，所以，对他们特别尊重。他封王导担任尚书，掌管朝内的大权，又让王敦总管军事，又把王家的子弟封了重要官职。

当时，民间流传着这样一句话："王与马，共天下。"意思是：东晋的大权，由王氏同皇族司马氏共同掌握。

王敦掌握军权后，便不把晋元帝放在眼里。晋元帝也看出了王敦的骄横，于是渐渐疏远了王氏兄弟，另外重用了大臣刘隗和刁协。这样，刚刚建立的东晋王朝内部，又出现了裂痕。

淝水之战

前秦建元十二年（公元376年），前秦统一北方。建元十九年（公元383年）七月，苻坚不顾群臣反对，举大军攻东晋。八月，苻坚发动近百万大军南下，水陆并进。九月，苻坚的弟弟苻融率30万大军到达淮河前线，进攻寿阳。东晋宰相谢安遣尚书仆射谢石为大都督，以徐、兖二州刺史谢玄为前锋，率军8万前往迎敌。又命龙骧将军胡彬率水军5000援救寿阳。十月，苻坚求胜心切，他等不及各路人马聚齐，便命令苻融进攻寿阳。

寿阳是军事重镇，它的得失对于整个战局的胜负，具有举足轻重的作用。奉命增援寿阳的晋将胡彬，在半路上就接到寿阳失守的消息，只好退守硖石（今安徽寿县西北）。苻融马上命令部将梁成率众5万进攻洛涧（今安徽淮南市东），切断了胡彬与谢石大军的联系。

苻坚到了寿阳，派尚书朱序到晋军大营去劝降。朱序本来是东晋的将领，4年前在襄阳和前秦军队作战时兵败被俘，留在前秦。现在他见晋秦交战，知道自己为东晋出力赎罪的机会到了。他到晋营后，不但没有劝降，反而向谢石提出打败秦军的建议。他说："这次苻坚发动了百万人马攻打晋国，如果全部人马都到了，恐怕晋军无法抵挡。所以，应乘秦军还没集结的时候，赶快进攻秦军前锋。打败了它的前锋，便可挫伤秦军的士气，这样就可以战胜他们了。"

谢石听从了朱序的建议，派战斗力较强的北府兵将领刘牢之带领一支兵马，在夜晚神不知鬼不觉地来到洛涧，向秦军阵地发起突然袭击。正在睡梦中的秦将梁成听到喊杀声，吓出了一身冷汗，慌慌张张地从床上爬起来，上马迎战，结果被刘牢之一刀砍翻，送了性命。

秦军失去主将，四散奔逃，晋军乘胜追击。谢石带领晋军主力渡过洛涧，在离寿阳城只有四里地的八公山下，扎下营寨，与秦军主力隔淝水对峙。苻坚在寿阳城里接到洛涧秦军失利的消息，有些沉不住气了。

过了几天，谢石派人到寿阳城里，送给苻融一份战书，要求定期决战，条件是秦军把阵地向后撤出一些，腾出一块空地作为战场，让晋军渡过淝水决战。秦诸将都反对晋军的建议，苻坚和苻融却同意晋军的条件，说："让我们的士兵稍稍向后退一点，等他们正在渡河的时候，让我们的骑兵冲上去，一定能把他们消灭。"

谢石、谢玄得到前秦答应后撤的回音后，迅速整顿兵马，指挥渡河。

晋军渡过淝水，勇猛地冲向秦军阵地。朱序见状，就在秦军阵后大声高喊："秦军败了，秦军败了！"正在后退的秦军，听到喊声，一时也分辨不清是真是假，逃的逃、躲的躲，整个队伍溃不成军。

苻融赶快跑到队伍后面，去拦阻队伍，不料连人带马被挤倒在地。他还没来得及从地上爬起来，就被赶上来的晋军一刀砍死。苻坚见形势不妙，吓得丢下士兵，只顾自己逃命。到洛阳（今河南洛阳）时，苻坚收拾残兵，只剩下十几万人了。

晋军乘胜追击，一口气追赶了30多里才收兵。谢石、谢玄连夜派人去建康报捷。当报捷的军士赶回建康的时候，谢安正在与客人下棋，他看过告捷的书信，悄悄地把它搁在床上，不露声色，照常下棋。等到客人问时，才漫不经心地说："孩子们已经打败贼军了。"

东晋十六国

淝水之战后，前秦灭亡，北方重新陷入分裂。慕容垂摆脱苻坚称王，慕容氏权贵相继建立起后燕、西燕、南燕和北燕。在关中，姚氏叛前秦建立后秦；匈奴铁弗氏建立大夏。在陇右出现了吕氏建立的后凉、乞伏部建立的西秦、秃发部建立的南凉、李暠建立的西凉和胡沮渠部建立的北凉。直到北魏挺进中原，才结束了这一混战割据的局面。在南方，谢安功高遭忌，被迫让权司马道子，东晋政权重新陷入党争的混乱，先后有王恭、殷仲堪之乱，又有孙恩、卢循的农民起义。公元403年桓玄自立，又很快覆亡。到公元420年，刘裕废晋帝登基，东晋灭亡。匈奴、鲜卑、羌、氐、羯等少数民族从公元304年（晋永兴元年）至439年（南朝宋元嘉十六年）这136年中，陆续先后在北方建立了十几个国家。史学家常把这段时间内，在中国境内汉族传统政权版图上建立的国家，统称为"十六国"。十六国指的是：匈奴族建立的前赵（刘氏）、北凉（沮渠氏）、夏（赫连氏）；羯族建立的后赵（石氏）；鲜卑族建立的前燕、后燕、南燕（以上三国为慕容氏所建）、西秦（乞伏氏）、南凉（秃发氏）；羌族所建立的后秦（姚氏）；氐族所建立的前秦（苻氏）、后凉（吕氏）、成汉（李氏）；以及汉人所建立的前凉（张氏）、西凉（段氏）、北燕（冯氏）。这一期间，少数民族及汉人建立的还有其他政权：如鲜卑所建的西燕（慕容氏）、辽西（段氏）、代（拓跋氏，为北魏的前身），氐人所建立的仇池（清水氏），汉人所建立的冉魏。

南北朝

东晋以后的一个半世纪中，江南相继出现了以建康为都城的四个政权，宋（公元420年~479年）、齐（公元479年~502年）、梁（公元502年~557年）、陈（公元557年~589年），历史上将这四个政权称为南朝。北魏太武帝拓跋焘于公元439年统一了北方。历史上将北魏与魏末分裂的东魏、西魏，以及继起的北齐、北周合称北朝，是上承两汉、下启隋唐两个大一统时期中间的一个分裂、战争的时代。南北朝共存在170年。刘裕创宋，奠定了南朝各代政治的基本格局。之后的王朝一直是频繁更迭，到公元557年陈霸先称帝建陈时已呈衰势，难以实现对整个江南地区的统治。鲜卑拓跋氏建立的北魏政权经过长期的战争，统一北方，入主中原，有力地促进了民族之间的大融合，尤其是孝文帝于公元494年迁都洛阳并实施改革，更将融合大势推向高潮。北魏后有过东魏、西魏的并存与北齐、北周的对立，最后北周再次统一北方。公元581年，隋王杨坚废黜北周末代皇帝宇文阐，另建隋政权。公元589年，隋灭陈，南北朝至此结束。

拓跋珪建北魏

前秦淝水之战被东晋打败后，刚统一不久的北方又陷入分裂局面，拓跋珪趁机复国，他创造出"越过坚城，纵深攻击"的战法，以较小代价换取最大收获。在其子拓跋嗣、孙拓跋焘在位时更加完善，使北魏逐渐发展壮大。

拓跋珪死后，拓跋嗣取得皇位，当时南朝的宋和西疆的大夏赫连氏是北魏的两大威胁。特别是宋在刘裕时曾攻占长安、洛阳，灭后秦，势力扩展到中原心脏，引起了北方诸政权的不安。拓跋嗣政权巩固后，便决心对抗防御宋了。

拓跋嗣调集军队欲攻打南朝宋的洛阳、虎牢、滑台三处要塞。他以奚斤带两万军队渡过黄河，在滑台东面屯营，准备强攻滑台。名臣崔浩谏道："南人擅长守城，从前秦主苻坚攻襄阳，一年都没打下来，损失惨重。如今大军团受阻于小城市，一旦敌人增援保卫，我军处境就危险了。不如遣铁骑四面分兵出击，直至淮河以北，掠夺粮食钱帛，把洛阳、滑台、虎牢三地分割在后方，成为孤城，隔断它们与宋都建康的联系，那么守军久无支援，必然会沿黄河撤退，三城即唾手可得。"

拓跋嗣认为很在理，于是命奚斤依计而行。刚开始，奚斤军占领了滑台周围仓桓等小城，使滑台成为孤城；但这时奚斤没有纵深攻击，而是存侥幸心理，率魏军围攻滑台，结果强攻数日未克，奚斤向平城求援。拓跋嗣见奚斤未按计划作战，以致损兵折将，收效甚微，怒不可遏，即命太子拓跋焘留守平城（今山西省大同市），自率5万大军去增援奚斤。崔浩又谏言：滑台已被围困多日，既已强攻开了，不如继续攻打，指日可下。

于是拓跋嗣令奚斤5日内攻下滑台，将功抵罪；再拿不下，二罪归一，决不宽恕。

奚斤率军冒着飞石流矢猛攻滑台，攻势一浪高过一浪。东晋滑台太守久守孤城，早已力不从心，为了活命，欲举城投降，但手下将士不从，太守只好只身逃跑。城中剩余士兵拒不降魏，奋死抵抗，魏军攻入城内，宋军和敌人展开激烈的巷战，力竭城陷。奚斤乘胜追击，前锋直抵虎牢关。拥有绝对优势的北魏军队相继攻占了虎牢、金墉城、洛阳，当年刘裕打下的河南诸地再次被五胡占去。

拓跋嗣之后，太武帝拓跋焘用此战法攻占大片土地，并于公元439年统一北方。

这样一来，在东晋灭亡后的170年的时间里，我国历史上出现了南北两个政权对峙的局面。

北魏孝文帝改革

到了北魏的第五代皇帝孝文帝拓跋宏统治期间，国内各种矛盾和问题日渐暴露。魏孝文帝吸收了汉族统治者的一些经济策略，实行了一系列的改革措施。

公元485年，魏孝文帝颁布实行均田制，规定15岁以上的男子可以向政府领受露田（只种谷物）40亩，桑田20亩，女子领受露田20亩，受田农民年老或死亡时，露田要交还政府，桑田不归还，可以传给子孙。均田户一夫一妇每年纳租粟二石，纳调帛一匹。这项措施使一般农民的负担有所减轻。魏孝文帝还废除了宗主督护制，颁行三长法。魏孝文帝为了进一步吸收汉族的先进文化和加强对中原地区的统治，于494年把北魏的国都从平城迁到洛阳。迁都以后，他命令鲜卑人必须改穿汉人的服装，学说汉语，还把鲜卑姓改为汉姓，并提倡鲜卑人同汉人通婚，促进了北方各族人民的进一步融合。

周武帝统一北方

公元575年，北周武帝宇文邕见北齐政治腐败，决定乘机攻灭北齐，统一北方。

北周武帝北联突厥，南和陈朝，形成了对北齐的夹击之势，而自己则亲率十八万大军伐北齐，数路并进，连克三十余城，后周武帝染病班师。

公元576年，周武帝再次伐齐，率军进攻北齐重镇平阳（今山西临汾），旋即攻克。北齐后主高纬率十万大军救援平阳，周武帝为了避敌锋锐，率军后撤，留下一万精兵守平阳。北齐军至，包围平阳，昼夜猛攻，又挖堑壕以阻挡周军救援。周武帝亲率八万大军救援，两军对峙于堑壕两侧。北齐后主下令填平堑壕，全军进攻，周军奋勇还击，双方激战。齐军左翼稍向后退却，北齐后主以为齐军战败，临阵脱逃，顿时齐军人心涣散。最终北齐军主力被歼。

北齐后主先逃到晋阳，后又逃到邺城，周军穷追不舍，围攻邺城，北齐后主被俘，北齐亡，北周统一了北方。

二、三国两晋南北朝的科技与文化艺术

祖冲之和圆周率

宋孝武帝期间，出了一个杰出的科学家祖冲之。祖冲之的祖上于西晋末年，为了逃避战乱而迁到江南。他家是科学世家，世代掌管国家的历法。祖冲之在这样的家庭里，从小就读了不少书。他特别喜爱天文学、数学和机械制造，并且常常显示出不凡的才华。到了青年时期，他已经享有博学的名声，受到宋孝武帝的器重，被朝廷聘到学术机关从事研究工作。

在数学上，祖冲之把圆周率数值准确推进到小数点后七位，成为世界上最早把圆周率数值推算到七位数字的科学家。在圆周率的计算上，我国

最早采用周三径一的方法，但祖冲之认为这样得出的数字不准确。所以，在前人的基础上，他进一步算出更精确的圆周率数据。祖冲之得出的圆周率，其盈数为3.1415927，不足数为3.1415926，也是π的数字小于盈数而大于不足数。同时，祖冲之还确定了π的两个分数值，其约率为：π＝22/7，密率为：π＝355/113。

祖冲之计算圆周率准确到小数点后第六位，这是当时世界上最先进的成就。从分子分母不超过百位数的分数来说，密率335/113是圆周率值的最佳近分数。为了纪念他这一对数学方面的贡献，人们把圆周率称为"祖率"。直到15、16世纪，外国数学家才打破这个纪录。

中国当时是以农业立国，有着重视和研究天文历法的传统。祖冲之关心国计民生，极为注重天文历法的研究。当时朝廷采用的是《元嘉历》，它是天文学家何承天编订的。祖冲之对这本《元嘉历》作了深入研究和推算后，发现《元嘉历》仍然不够精密。经过长期的实际观测和仔细的验算，并吸取了历代各家历本的成就，他终于重新制订了一部新的历法——《大明历》。

祖冲之经过长期观察，证实存在岁差，并计算出冬至点每45年要回向移动一度，测算出一个太阳年是365.24281481日，与近代科学测得的日数只相差50秒，误差只有60万分之一。

公元462年，年方33岁的祖冲之把《大明历》送给朝廷，要求颁布实行。宋孝武帝命令懂历法的官员对它进行讨论。随即，爆发了一场革新派和保守派的尖锐斗争。

在这场论战中，祖冲之那精辟透彻、理实交融的分析，折服了许多大臣。于是宋孝武帝决定在更元时改用新历。可是，还没多久，宋孝武帝就死了。直到祖冲之死去10年之后，他创制的《大明历》才得以推行。

贾思勰和《齐民要术》

农学家贾思勰是北魏和东魏时期青州齐郡益都（今山东寿光市）人，

曾任高阳太守。他一生致力于农业研究，查阅了大量资料，广泛收集民间谚语，访问有经验的农民，并亲自种植农作物，进行实地观察，最终写成《齐民要术》。内容极为丰富，涉及农、林、牧、副、渔等农业范畴。

该书主要内容有：土壤耕作和农作物栽培管理技术；园艺和植树技术，包括蔬菜和果树栽培技术；动物饲养技术和畜牧兽医；农副产品加工和烹饪技术等。全书系统总结了秦汉以来中国黄河流域的农业科学技术知识，其取材布局，为后世的农学著作提供了可以遵循的依据。在土壤耕作方面，针对黄河中下游的气候特征，总结出从耕到耙再到耱的一整套保墒防旱措施，形成了完整的北方旱地土壤耕作技术。书中对春、夏、秋三个季节的耕种时间、深浅、程序都做了明确的说明。

此外，《齐民要术》中提到了动物饲养和畜牧兽医技术，总结了家畜饲养管理方面的经验，收集了古代兽医药方48条，还论述了养蚕及蚕病防治技术。书中记载了酿酒的具体方法，提出了40多种酿造方式，在作醋、制酱和制豉方面也作了较系统的介绍。书中第10卷所介绍的野生植物和南方植物的内容可以说是现存最早的南方植物志。该书不仅是中国现存最早和最完善的农学名著，对后世的农业生产也有着深远的影响。

郦道元与《水经注》

在北魏时期，有一本地理学巨著叫《水经注》，他的著者郦道元是我国古代最卓越的地理学家之一。

郦道元（？~527年），字善长，北魏范阳郡涿县（今河北涿州）人。郦道元出生在官僚世家，青少年时代随父亲在山东生活。对当地的风土人情深入了解后，逐渐对地理考察产生兴趣。父亲去世后，道元袭爵永宁侯，在孝文帝身边做官。后来外调，做颍川（治长社，今河南许昌市）太守、鲁阳（今河南鲁山县）太守和东荆州（治比阳县，今河南泌阳市）刺史等职。在辗转各地做官的过程中，他博览群书，并进行实地考察，对当地的地理和历史有了深入的了解和研究。

神龟元年（公元518年），郦道元被免职回到洛阳。在这期间，他感觉以往的地理著作如《山海经》《禹贡》《汉书·地理志》都太过简略，《水经》只有纲领而不详尽。于是，他花费大量心血，广泛参考各类书籍，结合多年的实地考察经验，历时七八年，终于完成地理学名著《水经注》。

郦道元做官时得罪了小人，被他们设下陷阱，派去视察反状已露的雍州刺史萧宝夤的辖区。孝昌三年（公元527年）十月，郦道元在阴盘驿（今陕西临潼东）时，遭到萧宝夤部队袭击，被残忍杀害。

陶渊明

陶渊明又叫陶潜，浔阳柴桑（今江西九江）人。他祖上世代为官，曾祖父是陶侃，在东晋前期立过大功，曾掌管过八个州的军事。不过到了陶渊明的时候，家道已经衰落了。陶渊明小的时候喜欢读书，有"济世安民"的志向，又很仰慕曾祖父陶侃，也想干一番事业。

陶渊明到了29岁后，才在别人的推荐下，陆陆续续做了几任参军之类的小官。他看不惯官场逢迎拍马那一套，所以在仕途中辗转了13年之后，一腔热情便冷了，决心弃官隐居。这里还有一个不为五斗米折腰的故事。

那是陶渊明最后做彭泽（今江西湖口）县令的时候。他上任之后，叫人把衙门的公田全都种上做酒用的糯稻。他说："我只要常常有酒喝就满足了。"他的妻子觉得这样做可不行，吃饭的米总得要有啊，就坚决主张种粳米稻。争执来争执去，陶渊明让了步：200亩公田，用150亩种糯稻，50亩种粳米稻。陶渊明原想等收成一次再作打算，不料刚过80多天，郡里派督邮了解情况来了。县衙内有一个小吏，凭着多年的经验，深知这事马虎不得，就劝陶渊明准备一下，穿戴整齐，恭恭敬敬去迎接。陶渊明听后叹了口气，说："我不愿为了五斗米的薪俸，就这样低声下气地向那号人献殷勤。"他当即脱下官服，交出官印，走出衙门，回老家去了。

陶渊明回家以后，下田干起了农活儿，起先只是趁着高兴劲儿干一点。到后来，经济上的贫困逼得他非把这作为基本谋生手段不可，干得就比较辛苦了。他经常从清早下地，直到天黑才扛着锄头踏着夜露回来。

陶渊明同农民的关系很好，对那些达官贵人却是另一副样子。在他55岁那年，他住的那个郡的刺史王弘想结识他，派人来请他到官府里叙谈。陶渊明理都不理他，让他碰了一鼻子灰。后来，王弘想了一个办法，叫陶渊明的一个老熟人在他常走的路上准备好酒菜，等陶渊明经过时把他拦下来喝酒。陶渊明一见酒，果然停了下来。当他们两人喝得兴致正浓的时候，王弘摇摇摆摆地过来了，假装是偶然碰到的，也来加入一起喝酒。这样总算认识了，也没惹陶渊明生气。

几年后，东晋的一代名将檀道济到江州做刺史。他上任不久，就亲自登门拜访陶渊明，劝说陶渊明出去做官，并要送给他酒食，都被陶渊明回绝了。当时在那一带隐居的还有刘遗民、周续之两人。他们同陶渊明合称"浔阳三隐"。事实上，这两个人和陶渊明一点也不一样，他们很有钱，同当官的交往密切。这些人只不过想借"隐居"来找个终南捷径罢了。

在陶渊明看来，真淳的上古之世邈远难求，而现实又如此让人无可奈何，理想的人生社会，只能寄托在文学之中。"一语天然万古新，豪华落尽见真淳。"元好问的评语，精当地点出了陶渊明文学创作的特点。

陶渊明在诗歌、散文、辞赋诸方面都有很高的成就，但对后代影响最大的是诗歌。陶诗现存126首，其中四言诗9首，五言诗117首。他的五言诗沿着汉魏以来文人五言诗的发展方向，进一步向着抒情化、个性化的道路发展。尤其值得指出的是，他把平凡的乡村田园劳动生活引入诗歌的艺术园地，开创了田园诗一派。

陶渊明依恋山水，旷达任真，他说自己"少学琴书，偶爱闲静，开卷有得，便欣然忘食，见树木交荫，时鸟变声，亦复欢然有喜。尝言五六月中，北窗下卧，遇凉风暂至，自谓是羲皇上人"。这样一种贴近自然的天性，赋予他的田园诗以物我浑融的意象和平淡醇美的风格。

他的田园诗主要是组诗《饮酒》《归园田居》《和郭主簿》等。诗人笔下的田园景物，既与其现实生活息息相关，又是诗人寄托情感的对象。且让我们听听在《归园田居》一诗中的夫子自道："少无适俗韵，性本爱丘山。误落尘网中，一去三十年。"这是一个天性热爱自然的人，置身于名利场中，无异于锁在金笼的那只渴望自在啼鸣的鸟。归隐之后又是怎样的呢？同一首诗里他这样描写他的田园：

方宅十余亩，草屋八九间。

榆柳荫后檐，桃李罗堂前。

暧暧远人村，依依墟里烟。

狗吠深巷中，鸡鸣桑树巅。

户庭无尘杂，虚室有余闲。

地几亩，屋几间，远处青山隐隐，清溪环绕着村郭。房前屋后桃李春花淡淡地开放，榆柳疏疏落落地挂着新枝。暮霭和着炊烟袅袅升起，村落里东一声西一声的狗吠，透过薄雾传来栖息在树上的鸡的鸣叫。这里，人们日出而作，日入而息，一派宁静安乐的小康景象。在陶渊明的田园诗里，"自然"这一哲学概念，以美好的形象表现了出来。请看著名的《饮酒》之五：

结庐在人境，而无车马喧。

问君何能尔？心远地自偏。

采菊东篱下，悠然见南山。

山气日夕佳，飞鸟相与还。

此中有真意，欲辩已忘言。

由于陶渊明在这首诗里的吟咏，酒和菊已经成了他的精神和人格的象征。古人爱酒的不少，但是能够像陶渊明那样识得酒中三昧并且从中体悟人生真谛的却并不多。他写菊的诗也并不多，但就因"采菊东篱下，悠然见南山"这两句诗太出名了，菊便成了陶渊明的化身，也成为了中国诗歌里孤标傲世的高洁意象。

不过，陶渊明毕竟是有高远的人生理想的。当这种理想遭遇现实的棒喝而只能流于空想时，心中的幽愤难平是不可能完全被美酒和秋菊消解的。

于是，在田园诗以外，他还写有大量的咏怀咏史的诗。《杂诗》十二首、《读山海经》十三首都属于这一类。在这些诗里，我们分明能够感受到静穆悠远的隐士对现实的憎恶与不安，对人生短促的无限焦虑，和那种强烈压抑的建功立业的渴望。正因如此，荆轲这位敢为知己者死的勇士的失败结局，才在陶渊明的心中激起如此强烈的感慨："惜哉剑术疏，奇功遂不成。其人虽已没，千载有余情！"《山海经》里的刑天和精卫，也让他激动不已：

> 精卫衔微木，将以填沧海。
>
> 刑天舞干戚，猛志故常在。
>
> 同物既无虑，化去不复悔。
>
> 徒设在昔心，良辰讵可待！

精卫仅是一只小鸟，而有填海之志，刑天被砍了头，却能以乳为目反抗不止，这种不屈服于命运的精神，表明陶渊明虽身在田园，却仍然渴望着有所作为的壮丽人生。

"千秋万岁名，寂寞身后事"用在陶渊明的身上，再恰当不过了。在他生活的当世，他仅仅是作为一位高雅的隐士被人称道的。当时的社会普遍推崇华丽绮靡的文学风格，他的诗歌朴素冲淡，并不合于当时人的口味。所以在他死后的两百年里，他的文学创作没有引起多大的重视。到了唐代，李白、杜甫也并没有对陶渊明表现出特别的尊崇。但是盛唐的山水田园诗派，明显受到了他的巨大影响。600年后的赵宋王朝，终于出现了一位陶渊明的异代知音，他就是苏轼。在苏轼的心目中，陶渊明在文学史上的地位毫无疑问应该在李杜之上。由于苏轼的极力推重，人们终于发现了陶渊明其人其诗的价值。从此，陶渊明走出了寂寞的田园。

《世说新语》

《世说新语》，原名《世说》，宋临川王刘义庆（公元403年~444年）撰，此书带有纂辑的性质。有梁代刘孝标注，引书400余种，丰富了本书内容，也是珍贵的史料。《世说新语》主要收集记录了汉末至东晋的士族阶层人物的逸闻轶事。全书分为《德行》《言语》《政事》《文学》等36篇，多描写"魏晋风度""名士风流"等，反映了士族阶层多方面的生活面貌和情趣，集中表现了他们个性自由、适意而行的文化特征。《世说新语》别有艺术魅力，文字简洁隽永，笔调含蓄委婉，人物形象生动，鲁迅认为《世说新语》"记言则玄远冷峻，记行则高简瑰奇"。作为记叙逸闻的笔记小说的先驱，《世说新语》对后世的笔记小说影响深远，是后世小品文的典范。

刘勰和《文心雕龙》

刘勰（公元466年~520年），是南朝齐梁时期的文学理论批评家，他所撰写的《文心雕龙》是文学评论史上第一部有严密体系的文学理论专著。全书共50篇，包括总论、文体论、创作论和批评论4部分，论述了各文体的特征和历史演变，探讨了创作和批评的原则与方法。《文心雕龙》全面总结了前代文学现象，把文学理论批评推向了新阶段，对后世影响深远。

《后汉书》

元嘉九年（公元432年），范晔左迁宣城太守时，在郡数年，始撰《后汉书》。范晔删众家后汉史书为一家之作，仅成"本纪""列传"，后人取司马彪《续汉书》八志补入，合为一书，传于今。《后汉书》文字简洁，叙事明白，刻画人物有独到之处，还独创了一些新的类传，如"党锢""文苑""独行""方术""逸民""列女"等。此书问世后，众家所修后汉史书都告废弃。

"书圣"王羲之

在东晋时期，王氏是门第高贵的士族，当时有"王与马共天下"的说法。在王氏家族中，出了一个大书法家，他就是王羲之。

　　王羲之从小酷爱书法，七岁时就开始练习写字。传说他在走路、休息的时候，也用手指比画着练字，仔细揣摩字体的结构和笔法，心里想着，手指在自己身上一横一竖、一笔一画地比画着。日子长了，衣服都被他划破了。他每天写完了字，总是要到自己门前的池塘里去洗刷毛笔和砚台，久而久之，池塘里的水都变成黑色的了。

　　由于王羲之长期勤学苦练，他的书法达到了炉火纯青的境界。谁能得到他的字，就像获得珍宝一样。据说，山阴地方有个道士很喜欢王羲之的书法，想请王羲之给写一本《道德经》。可是，他知道王羲之不肯轻易替人抄写经书。后来，他听说王羲之最喜欢白鹅，常常模仿鹅掌划水的动作来锻炼手腕，以便运起笔来更加强劲而灵活。于是他就买了几只小白鹅，精心喂养。几个月以后，鹅长大了，全身羽毛丰满，非常可爱。道士故意把鹅放在王羲之时常经过的地方。一天，王羲之经过那里，看见这些羽毛洁白，姿态美丽的白鹅后，心里有说不出的喜欢，就向道士提出要买下这一群鹅。道士说："鹅是不卖的，不过，如果你能给我写一本《道德经》，我就把这群鹅赠给你。"王羲之毫不犹豫地答应了，当场写好了一本《道德经》，交给了道士，带走了这群鹅。

　　王羲之出生在东晋大族士家，本来可以平步青云，做很大的官，可他喜欢逍遥自在，不愿做官。后来，扬州刺史殷浩与他关系很好，写信劝他出仕，他才任职会稽内史。到那里做官，主要还是因为会稽的风景秀丽，可以娱人性情。王羲之曾经与谢安、孙绰等著名文人到会稽山阴（今浙江绍兴）的兰亭举行宴会。这些文人在兰亭会上乘兴作诗，共得诗37首，编成《兰亭集》。王羲之也在酒酣耳热之时，当场挥笔，为诗集作序，写成《兰亭集序》。这篇作品共有28行、324字，它的章法浑然一体，笔法粗细多变，字形疏密相掺，全篇"遒媚劲健，绝代所无"，连墨气也忽浓忽淡，最能体现王羲之书法的最高境界。全篇二十几个"之"字，字字不同，每个字有每个字的写法，笔法千变万化，令后人叹为观止。

　　关于《兰亭集序》有很多有趣的故事。古人每年三月初三，为求消灾除凶，到水边嬉游，称为修禊。东晋永和九年（公元353年）三月初三，大书法家王羲之和当时的名士谢安、孙绰、许询、支遁等42人来到这里修禊，举行了一次别开生面的诗歌会。一群文人雅士置身于崇山峻岭、茂林修竹之中，众皆列坐曲水两侧，将酒觞置于清流之上，任其漂流，停在谁的前面，谁就即兴赋诗，否则罚酒。据记载，在当时参与聚会的42人中，11人各赋诗二首。九岁的王献之等16人拾句不成，各罚酒三觞。王羲之将37首诗汇集起来，编成一本集子，并借酒兴写了一篇序文，这就是著名的"天下第一行书"《兰亭集序》。传说王羲之以后曾多次书写《兰亭集序》都不能达到原来的境界，这成为中国酒文化当中的一段佳话。

《兰亭集序》传到王羲之的后代智永时，由于智永出家当了和尚，临终时将它传给弟子辩才。辩才擅长书画，将《兰亭集序》珍藏在梁间暗槛之中。酷爱王羲之书法的唐太宗遍求兰亭真本，终于了解到它的藏处，于是想方设法谋取，但辩才始终不透露真情。唐太宗无奈，便派御史萧翼专程赶到越州设计骗取真迹。萧翼扮成一个穷书生，带着二王（即王羲之和王献之）的一些杂帖拜访辩才，同他交了朋友。两人经常饮酒赋诗，评论二王书画，辩才将萧翼视为"好友"从而失去了警觉，在酒酣耳热之时，辩才终于透露出他藏有《兰亭集序》的真本，并将兰亭真迹置于桌案之上，不再放回梁间暗槛。终于有一天萧翼得知辩才外出，便潜入僧房盗走了兰亭真迹。萧翼偷走兰亭真迹后，来到地方官处，命令地方官传辩才来叩见朝廷御史。辩才到后，萧翼对他说明自己乃是奉圣旨来取兰亭真迹的，现在已经到手，特意唤他来告别。辩才听后，气昏在地，惊悸痛惜而死。唐太宗得到王羲之真迹后，令人摹刻翻拓，赐给他的皇子近臣，临终时又将《兰亭集序》作为陪葬品埋入昭陵。从此以后，人们再也看不到它的真面目了。而后世流传的都是历代书法家的摹仿之作，难怪诗人陆游诗曰"茧纸藏昭陵，千载不复见"，为此叹息不已。

王羲之的作品虽然都遗失了，但他的书法对后世有着深远影响，唐代欧阳询、虞世南、褚遂良、薛稷、颜真卿、柳公权，五代杨凝式，宋代苏轼、黄庭坚、米芾、蔡襄，元代赵孟頫，明代董其昌，历代书学名家无不学习他。清代虽以碑学打破帖学的范围，但王羲之的书圣地位仍未动摇。他的行书艺术成为后世无法攀越的高峰，历代名家巨子通过比较、揣摩，无不心悦诚服，推崇备至。

❧ 第六章 ❧

隋唐盛世

　　隋朝（公元581年~618年）：公元581年，北周大丞相、都督内外诸军事隋王杨坚废掉静帝自立，改国号隋。隋朝在北周统一北方的基础上，于公元589年击败南方的陈朝，结束了南北朝长期对峙的局面，统一了全国，自西晋永嘉之乱后近300年的分裂局面就此结束。隋政权统治的疆域东南至海，西达且末（今属新疆），北抵五原（今内蒙古杭锦后旗西），东西9300里，南北14815里，形成了一个庞大的帝国。隋朝推行多项经济措施，并营造东都，开通大运河，同时，还加强了与西域和东南亚邻国的联系。但是，隋炀帝的暴政造成隋亡。隋炀帝好大喜功，穷兵黩武，在他短暂的一生之中，三次南巡江都，几次出征高句丽，致使举国就役，遍地为兵，田亩荒芜，于是全国反隋起义蜂起。公元618年，李渊废黜隋恭帝杨侑，称帝建唐，掀开了中国历史上辉煌的一页。

　　唐朝（公元618年~907年）：公元618年，隋大都督内外诸军事、大丞相、相国、唐王李渊逼隋恭帝退位，在长安即皇帝位，国号唐，年号武德，是为唐高祖。唐朝是历史上国力最强、历时最长的王朝之一，疆域在极盛时东北到达日本海，西北达里海，北界包括贝加尔湖和叶尼塞河上游，南至日南（今越南广治一带）。唐朝取鉴了隋朝行之有效的制度，加强中央集权制，进一步完善科举制。在经济上，推行均田制，实行租庸调制，奖励垦荒，劝课农桑，使农业、手工业和商业都得到了前所未有的发展。军事上继续实行府兵制，实现中央高度集权。文化和科学事业也得到了空前的繁荣，尤其是诗歌达到了中国古典诗歌的顶峰。外交上坚决抵抗突厥贵族的军事骚扰，与周围邻国都保持着密切的经济文化的交流。"贞观之治"和"开元盛世"是唐朝繁荣的典型标志。

一、隋唐的大气象

颜真卿就义

颜真卿（公元709年~785年），字清臣，琅琊临沂（今属山东）人，开元进士，任殿中侍御史，人称"颜鲁公"，唐代杰出的书法家。范文澜称其为"唐朝新书体的创造者"，《祭侄文稿》被称为"天下第二行书"。他广学博引，创造了雄伟刚劲、气势磅礴的独特字体风格，自成一体，被称为"颜体"。他的楷书端庄雄伟、气势开张，用笔横轻竖重，笔力雄劲而有厚度；竖笔向中略有弧度，刚中有柔，富有弹性，力足中锋；结构方正茂密，方中有圆。行书遒劲郁勃、凝练浑厚、纵横跌宕，用笔气势充沛、巧妙自然。使古法为之一变，开创了新风气，颜氏书法堪称登峰造极。

公元782年，有五个藩镇叛乱，尤以淮西节度使李希烈兵势最强。他自封天下都元帅，向唐境进攻。

这让朝廷大为惊慌。唐德宗找宰相卢杞商量对策，卢杞说："不要紧，只需派一位德高望重的大臣去规劝他们，不需动一刀一枪，就能平定叛乱。"

唐德宗问卢杞说："你看派谁去合适？"卢杞推荐年老的太子太师颜真卿，唐德宗马上同意了。

其时，颜真卿已是七十开外的老人了。听说朝廷派他到叛镇那里去，许多文武官员都为他的安全担心。但是，颜真卿却不在意，带了几个随从就出发了。

听说颜真卿来了，李希烈便想给他一个下马威。于是在见面的时候，叫他的部将和养子1000多人围聚在厅堂内外。颜真卿刚刚开始规劝李希烈停止叛乱，那些部将、养子们就冲了上来，个个手里拿着明晃晃的尖刀，围住颜真卿进行谩骂、威胁，摆出要杀他的阵势。颜真卿毫不畏惧，面不改色，对着他们冷笑。

李希烈假惺惺站起来保护颜真卿，让他的养子退下。接着，把颜真卿送进驿馆，想慢慢软化他。

过了几天，四个藩镇的首脑都派使者来跟李希烈联络，希望李希烈即位称帝。李希烈大摆筵席款待他们，也请颜真卿参加。

叛镇派来的使者看到颜真卿来了，都向李希祝祝贺说："早听说颜太师德高望重。现在元帅将要即位称帝，太师正好来到这里，不是有了现成的宰相吗？"

颜真卿扬起眉毛，对着四个使者骂道："做什么宰相！我快八十了，要杀要剐无所畏，难道会受你们的诱惑，怕你们的威胁吗？"

四名使者被颜真卿凛然的神色震住了，缩着脖子不敢说话。

一年以后，李希烈自称楚帝，又派部将逼颜真卿投降。兵士们在囚禁颜真卿的院子里，架起柴火，倒足了油，威胁颜真卿说："再不投降，就把你烧死！"

颜真卿二话没说，纵身就往柴火中跳去。叛将们急忙把他挡住，向李希烈禀报。李希烈想尽办法也没能使颜真卿屈服，就派人逼迫颜真卿自杀了。

柳公权笔谏

柳公权（公元778年~865年），字诚悬，京兆华原（今陕西耀州区）人，唐代杰出书法家。据说他从小就喜爱书法，勤奋练字，以至于手上磨起了厚厚的茧子，衣肘补了一层又一层，他也毫不在乎。经过苦练，柳公权终于成为著名书法家。29岁时他考中进士，在地方担任一个低级官吏，后来唐穆宗偶然看见他的笔迹，认为是书法圣品，就把柳公权召到长安。那时，柳公权已40多岁。他的为人既有骨气又一丝不苟；同样地，他的字也显露了他这种特质。在长安，他的声望与地位得到提高，一般王公贵族都不惜巨资争相请他作书。

柳公权很好地总结了自晋至唐楷书书体的变化发展。他最初由王羲之书法入手，后来专学欧、颜。他的书法继承了颜体雄壮的特点，避开了颜字肥壮的竖画，把横竖画写得大体均匀而瘦硬；又吸取了北碑中方笔字斩钉截铁、棱角分明的特点，把点画写得好像刀切一样爽利、深挺；他还继承了初唐的秀媚书风，创造了具有自己独特艺术风格的"柳体"。康有为在《广艺舟双楫》中说"柳公权出，矫肥厚之病，专尚清劲"。他的楷书尤为知名。其楷书结体劲媚，自成一家，与颜真卿齐名，人称"颜柳"。

柳公权官至太子少师，世称"柳少师"。由于他的书名显赫，许多人甚至外国使者也专门带着财宝来求购他的字迹。当时大臣家庙的碑志，几乎都出自柳公权的手笔。他的字在唐穆宗、敬宗、文宗三朝一直受到重视。他官居侍书，长在禁中，仕途通达。文宗皇帝称他的字是"钟王复生，无以复加焉"。他却性格刚直，并经常借书法向皇帝讽谏。据说唐穆宗曾问他怎样用笔最佳，他说："用笔在心，心正则笔正。"这句名言被后世传为"笔谏"佳话。

柳公权的书法可分为两大类风格：一类以《金刚经刻石》《冯宿碑》等为代表，结体严谨平稳，笔法灵巧劲挺，具有晋唐以来楷书的劲媚意趣；一类以《神策军碑》《玄秘塔碑》为代表，一变晋唐楷书姿媚的风格，严谨之外又开阔疏朗，体势劲媚，自成一体。总之，他的书法，下笔斩钉截铁、干净利落、刚劲挺拔，结体严谨浑厚。他虽学颜，但自出新意，故与颜并称"颜筋柳骨"。

柳公权的传世作品很多，碑刻《金刚经刻石》《玄秘塔碑》《神策军碑》最能代表其楷书风格。柳公权的行草书有《伏审》《十六日》《辱向帖》等，风格仍继承王家风范，结构严谨，潇洒自然。另有墨迹《蒙诏帖》《王献之送梨帖跋》。柳公权书法作品中最有代表性的是《玄秘塔碑》。《玄秘塔碑》作于唐武宗会昌元年（公元841年）二月，原碑现存于陕西西安碑林。此碑在柳公权传世的书迹中最为著名，是历来影响最大的楷书范本之一。

柳公权是对书法艺术发展做了重要贡献的一位著名书家。由于他的书法造诣很深，名望很高，故为后世人们所重视，论者说："书贵瘦硬方通神。"柳公权的书法以此取胜，成为后世人们学习的楷模。宋代的朱长文在《墨池编》中说："公权正书及行楷，皆妙品之最，草不失能。其法出于颜，而加以遒劲丰润，自成名家。"

杨坚建隋

北魏崛起后统一了五胡十六国，北周又进一步扩大了北朝的地域，成为南北对峙中北方的最后一个政权。公元581年，北周相国杨坚迫使自己的外孙、九岁的周静帝退位，自立为帝，改国号为隋，在北周政权的基础上建立了隋朝。杨坚积极改革，增强实力，灭掉了南方陈朝政权，结束了东晋以来数百年的分裂局面，统一了南北。

杨坚生于贵族之家。父亲杨忠是西魏、北周的军事贵族，西魏时因辅佐宇文泰建立政权，受封为十二大将军之一；北周时官至柱国大将军，封为随国公。杨坚后来袭父职，他的妻子独孤氏是鲜卑大贵族独孤信的爱女，他的女儿杨丽华是北周宣帝的皇后。宣帝好酒色，常在后宫酗酒，并实施严刑峻法，统治无道，北周政权日趋衰落。宣帝死后，宦官郑译、刘昉假传遗诏，召杨坚进宫，并极力主张让他入宫辅政，杨坚因此总揽军政大权，并逼迫颜之仪交出天子玉玺和兵符。

为防止各地的诸侯王发动兵变，杨坚借口赵王要嫁女儿给突厥，把北周皇室成员召进京都，又让静帝下诏书把威望极高的元老重臣尉迟迥召回京师。尉迟迥统兵数十万，北联突厥，南结陈朝，在相州（治所在今河北临漳西南）举兵反杨，同杨坚对抗。杨坚以韦孝宽为行军元帅发兵讨伐，尉迟迥兵败自杀。杨坚在重臣李穆、韦孝宽的支持下，不到半年时间，就平定了各方叛乱。公元581年，杨坚自称随王，后经"禅让"代周称帝，因随字不吉利，便改国号为隋，杨坚即是隋文帝。隋朝建立后，文帝采取加强中央集权和发展社会经济的改革措施，国力渐渐强盛，为统一全国奠定了基础。

隋初，北方突厥的势力强盛，与隋朝对抗。突厥可汗曾率军南下大举侵隋，隋军损失惨重。后突厥内部发生叛乱，隋才得到短暂安宁。不久突厥内部矛盾更加激化，并分裂为东、西两汗国。文帝利用突厥的分裂进攻突厥，突厥大败，东突厥归附隋朝。隋文帝完成了北方的统一，转而集中兵力于南方。

文帝积极作伐陈的准备工作，令大将军贺若弼和韩擒虎镇守离陈朝较近的广陵和庐江；大将杨素调集水工大造战船，做渡江的准备。公元587年，文帝灭掉后梁的割据势力，扫除了向陈进军的障碍。公元588年，隋文帝诏告天下，历数陈后主的罪状，以瓦解陈军斗志，为战争做好舆论准备。之后，文帝令儿子杨广率兵50多万兵分8路，南下攻陈。

陈后主从小生活在宫廷中，根本不知创业和守业的艰难，沉湎于酒色，不理政事。朝中大臣有劝他以国事为重的就被他杀掉。当后主得知隋朝进攻后还不以为然，宣称有王气在陈朝。隋朝首先在长江沿岸对陈军发起全面进攻，陈军毫无抵抗力，隋军乘胜包围建康。

公元589年初，隋将韩擒虎、贺若弼率军渡江，分两路攻入建康。后主和张贵妃、孔贵妃躲到景阳殿的枯井中，最终还是当了俘虏，陈朝灭亡。自西晋以来的分裂局面结束了，南北又归于统一，全国进入稳定时期。

开凿大运河

举世闻名的京杭大运河，与万里长城并称为中国古代最伟大的工程，是世界上开凿最早、最长的一条人工河道。它始凿于春秋末期（公元前5世纪），后经隋朝（7世纪）和元朝（13世纪）两次大规模扩展，成为北起北京、南至杭州的南北交通大动脉。它跨北京、天津，以及河北、山东、江苏、浙江四省，沟通海河、黄河、淮河、长江、钱塘江五大水系。

经隋朝数次开凿形成的南北大运河，是世界上最长的运河。它全长1794千米，水面宽50多米，最窄的地方也有30~40米。运河修通后，隋炀帝杨广率领数千艘、长达200里的船队，从洛阳出发，一路浩浩荡荡前往扬州游玩。杨广乘坐的龙舟，高15米，宽17米，长达67米。由此不难看出大运河的规模和通航能力。

南北大运河是由广通渠、通济渠、山阳渎和永济渠以及江南运河连接而成。其开凿的时间前后不一，计有20多年之久。

开皇四年（公元584年），隋文帝杨坚为了改善漕运，命宇文恺率水工凿渠，"引水自大兴城（即长安）东至潼关三百余里，名曰广通渠"，历时三个月。

开皇七年（公元587年），隋文帝出于军事上的需要，下令调集民工，开挖江淮河段，"于扬州开山阳渎"。山阳渎长约300里，疏导了春秋时吴王夫差所开的邗沟，引淮河水入长江。

大业元年（公元605年），隋炀帝杨广调集河南诸郡民工100余万人，开挖通济渠。自洛阳西苑引榖、洛水入黄河，又从洛阳东面的板渚引黄河水与汴水合流，然后又分流，折入淮水，直达淮河南岸的山阳。通济渠、山阳渎连接后，淮河南北漕运畅通。

大业四年（公元608年）春，隋炀帝又调集河北诸郡民工100余万人开挖永济渠。这个工程先引沁水入黄河，又自沁水东北开渠，到达临清合屯氏河。主要用途是通舟北巡，所以称之为御河。

大业六年（公元610年）冬，隋炀帝下令修江南运河。工程从京口（今江苏镇江）开始到余杭入钱塘江，全长800余里，河宽10余丈。

隋朝修筑的南北大运河，以洛阳为中心，北通涿郡（治所在今北京），南达余杭（今浙江杭州），西至长安，把钱塘江、长江、淮河、黄河、海河五条大水系联系起来，形成了一个四通八达的水运网络。这是一项举世闻名的水利工程。

南北大运河开凿的原因，演义小说都归结为隋炀帝醉心游乐。事实上，主要因为是当时社会经济发展和政治方面的客观需要。从经济方面来说，当时政治中心长安和洛阳人口激增，粮食供应严重不足；而江浙一带"有海陆之饶，珍异所聚，故商贾并凑"，资源丰富，十分繁华。南北的经济需要交流，水运方面的状况尤其需要改善，漕运南方的粟米丝帛到中原地区来，促进了南北之间的贸易往来。从政治军事方面来说，南方广大地区大小起义始终不断，隋王朝鞭长莫及。为了进一步控制南方，隋王朝也需要修建一条运河来及时运兵，以镇压当地的反隋活动。开凿南北大运河是经济、政治和军事的需要，也是时代的需要和历史发展的必然；当朝统治者的个人好恶并不是最主要的原因。

隋朝南北大运河的开凿，功在当时，利在千秋。大运河自从凿通以后，就成为我国南北交通的大动脉，运河中"商旅往返，船乘不绝"。唐代诗人皮日休在《汴河铭》说："今自九河外，复有淇汴（即运河），北通涿郡之渔商，南运江都之转输，其为利也博哉！"在运河两岸，商业都市日益繁荣。自隋唐以后，沿运河两岸如杭州、镇江、扬州、淮安、淮阴、开封等地，都逐渐成为新兴商业都会，这些城市历经宋、元、明、清而不衰，成为繁盛一方的大都市。

开挖大运河，要穿越复杂的地理环境，从设计施工到管理，都需要解决一系列科学技术上的难题。工程涉及到测量、计算、机械、流体力学等多方面的科技知识。这一工程的完成，反映了我国古代劳动人民的聪明才智和创造精神。

隋王朝土崩瓦解

隋炀帝穷兵黩武，公元612年~614年三次出兵征伐高句丽都是无功而返，每次动用几百万人，致使田地荒芜，民不聊生。

河北和山东是隋炀帝进攻高句丽的主要军事基地。这里的人民受害最深，加以水旱灾荒的发生，起义首先在这里爆发。王薄在长白山起义，揭开了隋末农民大起义的序幕。王薄号召农民不要为打高句丽而到辽东送死，各地起义者纷纷响应。公元613年，礼部尚书杨玄感乘炀帝二征高句丽之机起兵反隋。他是隋代两朝重臣杨素的儿子，东征时在黎阳督运粮食，十多万人跟随他攻围东都。隋炀帝极为惊恐，立刻让进攻高句丽的隋军回朝，并派遣隋将率军抗击。王薄、杨玄感相继败死，但反隋局面已经形成。隋炀帝被农民起义吓得坐立不安，每天晚上心惊肉跳，常在睡梦中大叫有贼，要几个美女像哄小孩那样摇抚才能入睡。

大业十二年（公元616年），由于各地起义队伍迅速发展，隋炀帝意识到隋王朝危在旦夕，便将注意力放到镇压农民起义上来。隋王朝逐渐加强了对起义军的镇压，但各路起义军经过持久的战斗，壮大了力量，也开始与它对抗，攻陷了很多郡县，消灭了大量的郡兵和府兵。

在隋王朝集中力量进行镇压的情况下，少数最早的起义军受到挫折。起义军吸取分散作战易于被各个击破的教训，在大业十三年（公元617年）初，形成了杜伏威领导的江淮起义军、窦建德领导的河北起义军与李密、翟让领导的瓦岗军三大义军。

瓦岗军的首领翟让原来在东郡衙门里当差，因为得罪了上司，被关进了监牢，还被判了死罪。有个狱吏很同情他，在一天夜里，偷偷地给翟让解下镣铐，把他放了。

翟让出了监牢，逃到东郡附近的瓦岗寨（今河南滑县东南），招集了一些贫苦农民，组织了一支队伍。当地一些青年人听到消息后，都来投奔他。这些人中有一个17岁的青年叫徐世勣，不但武艺高强，而且很有谋略。

翟让听从徐世勣的意见，带领农民军到荥阳一带，打击官府和富商，夺了大批钱粮。附近农民来投奔翟让的越来越多，队伍很快壮大到一万多人。

这时，有一个叫李密的青年前来投奔翟让，并且帮助他整顿人马。李密对翟让说："从前刘邦、项羽，也不过是普通老百姓，后来推翻了秦朝。现在皇上昏庸残暴，民怨沸腾，官军大部分又远在辽东。您手下兵精粮足，要拿下东都和长安，打倒暴君，是很容易办到的事！"

接着，两人商量了一番，决定先攻打荥阳。荥阳太守见势不妙，慌忙向隋炀帝告急。隋炀帝派大将张须陀带大军前来镇压起义军。

　　李密请翟让在正面迎击敌人，他自己带了1000人马埋伏在荥阳大海寺北面的密林里。

　　张须陀根本没把翟让放在眼里，莽莽撞撞地指挥人马杀奔过来。翟让抵挡了一阵，假装败退。张须陀紧紧在后面追赶，追了10多里，路越来越窄，树林越来越密，进入了李密布置的埋伏圈。李密见敌军到了，一声令下，埋伏着的瓦岗军将士奋勇杀出，把张须陀的人马团团围住。张须陀左冲右突，没法突围，最后全军覆没。张须陀也被起义军杀死了。

　　经过这次战斗，李密在瓦岗军里的声望提高了。李密不但号令严明，而且生活俭朴，对起义将士也十分关心。日子一久，将士们就渐渐倾向他了。

　　后来，翟让觉得自己的才能不如李密，就把首领的位子让给了李密。大家推李密为魏公，兼任起义军元帅。

　　瓦岗军在洛口（今河南巩义市东南）建立了自己的政权。不久，又乘胜攻下许多郡县，隋朝官吏士兵都纷纷前来投降。瓦岗军一面继续围攻东都，一面发出讨伐隋炀帝的檄文，历数炀帝的罪恶，号召百姓起来推翻隋王朝的统治。这样一来，震动了整个中原。

　　正当瓦岗军不断发展壮大的时候，它的内部却发生了严重分裂。翟让让位给李密后，翟让手下有些将领很不满意。有人劝翟让把权夺回来，翟让却总是一笑了之。这些话传到李密耳朵里，李密就心生疑虑了，李密的部下也撺掇他把翟让除掉。李密为了保住自己的地位，终于起了杀心。

　　有一天，李密请翟让喝酒。在宴会中，李密把翟让的兵士支开后，假意拿出一把好弓给翟让，请他试射。翟让刚拉开弓，李密便暗示埋伏好的刀斧手动手，把翟让杀了。

　　从此，瓦岗军开始走向衰弱了。这时，北方由李渊带领的一支反隋军却日益强大起来。

李渊建唐

　　在反隋的割据势力中，李渊父子集团最终扫灭群雄，统一中国。

李渊出生于关陇一个贵族家庭。其祖父原是西魏八柱国之一，北周刚建国时被追封为唐国公。其父原任北周柱国大将军。李渊生于周天和元年（公元566年），幼年丧父，七岁袭唐国公爵。隋灭北周后，李渊先后任身侍卫官、太原刺史等职。

公元617年，隋炀帝派李渊到太原去当留守（官名），镇压农民起义。但是隋炀帝不信任他，还任命王威和高君雅为太原副留守，以监视李渊。

公元616年，突厥侵入北部边境，隋炀帝命李渊和马邑太守王仁恭合力抵抗。结果战事不利，隋炀帝于是派使者押李渊和王仁恭至江都治罪。李渊一方面托词不赴江都，故意纵情声色；另一方面加紧策划。

李渊成年的四个儿子中第二个儿子李世民是个很有胆识的青年，他很喜欢结交朋友。晋阳（今山西太原）县令刘文静就是李世民非常赏识的一个朋友，他跟李密有亲戚关系。李密参加起义军以后，刘文静受到株连，被革了职，关在晋阳的监牢里。

李世民得知刘文静坐了牢，急忙赶到监牢里去探望。李世民拉着刘文静的手，一面叙友情，一面请刘文静谈谈对时局的看法。

刘文静早就知道李世民的心思，他说："现在杨广远在江都，李密正进攻东都，到处都有人造反，这正是打天下的好时机。我可以帮您招集十万人马，您父亲手下还有几万人。如果用这支力量起兵，不出半年就可以打进长安、取得天下。"

李世民回到家里，反复想着刘文静的话，觉得很有道理。但是要说服他父亲，却不是一件容易的事。正好在这个时候，太原北面的突厥（我国古代北方游牧民族之一）可汗向马邑（今山西朔州市）进攻。李渊派兵抵抗，连连打败仗。李渊怕这件事传到隋炀帝那里，要追究他的责任，急得不知怎么办才好。

李世民抓住这个机会，就找李渊劝他起兵反隋。李世民对李渊说："皇上委派父亲到这里来讨伐反叛的人。可是眼下造反的人越来越多，您能讨伐得了吗？再说，皇上猜忌心很重，就算您立了功，您的处境也将更加危险。唯一的出路，只有起来造反。"

李渊犹豫了许久，才长叹一声，说："我思考你说的话，也有些道理，我只是有些拿不定主意。好吧！从现在起，是家破人亡，还是夺取天下，就凭你啦！"

李渊把刘文静从晋阳监牢里放了出来。刘文静帮助李世民，分头招兵买马。李渊又派人召回正在河东打仗的另两个儿子李建成和李元吉。

要起兵必须扩编兵力，李渊为太原留守，虽握有重兵，但是仍须招募一支自己的队伍。可是公开招募会引起高君雅、王威的注意。恰在此时，马邑人刘武周杀死了马邑太守王仁恭，占据马邑郡，起兵反隋，且自称皇帝，还勾引突厥直驱太原。于是，这为李渊公开募兵提供了借口。

李渊以讨伐刘武周为托词，召集各位将领商议，提出自己招募兵丁。高君雅和王威迫于当时的形势，只好同意说："公地兼亲贵，同国休戚，若俟奏报，岂及事机；要在平贼，专之可也。"于是，李渊命李世民与刘文静、长孙顺德、刘弘基、窦琮等人去招募士兵。不多久，便募兵近万人。这支队伍由李渊、李世民父子私自控制和直接指挥，是晋阳起兵的主力。

李渊父子大量募兵，毕竟无法完全掩盖其真实的意图，况且其所用将领长孙顺德、刘弘基是为了逃避征辽诏令而逃到太原的，而窦琮也是逃犯。高君雅、王威见此，怀疑李渊有谋反之心，于是就暗中策划利用晋祠祈雨的机会，将李渊父子诱骗来并全部杀死。不料此事被经常出入王、高两家的刘文龙得知，于是刘文龙立刻将此事报告给李渊。因此，李渊决定先发制人。

公元617年初夏的一天夜里，李渊命令长孙顺德、赵文恪等人带领500壮士，和李世民的精兵一起埋伏于晋阳宫城外，严密封锁。第二天清晨，李渊与高君雅、王威在留守府大厅议事。按照计划，刘文静召鹰扬府司马刘政会入厅，说："有密状，知人欲反。"李渊故意让王威先看，但是刘政会不给，并说："所告乃副留守事，唯唐公得视之！"李渊接过密状一看，是控告王、高暗引突厥入侵。王、高正待辩解，刘文静与长孙顺德、刘弘基等将王威、高君雅逮捕入狱。事也凑巧，第二天果然有突厥数万人进攻晋阳，民众以为是王、高所致，于是李渊趁机杀掉高君雅、王威。这标志着李渊父子正式开始晋阳起兵。

晋阳起兵后，李渊父子的目标就是乘虚入关，直取长安，以号令天下，建立新的王朝。在长安（今陕西西安）的统治者听说李渊带兵进攻，忙派大将宋老生和屈突通分别领兵数万，在霍邑与河东抵抗李渊大军。

大业十三年（公元617年）七月，李渊率军进攻宋老生驻守的霍邑（今山西省霍州市西南），却逢秋雨连绵，无法开战，而且道路泥泞，军粮运输困难。相持数日，眼看军粮将尽，李渊准备退兵，李世民劝阻道："今兵以义动，进战则克，退还则散；众散于前，敌乘于后，死之无日。"听了李世民的意见，李渊决定不撤兵。

八月，连日的阴天终于放晴，李渊遂下令攻城，并由李世民率兵诱敌出城，双方展开决战。李世民身先士卒，奋勇冲锋，"砍杀数十人，两刀皆缺，流血满袖"。霍邑一战，李渊大获全胜，斩杀了隋将宋老生，攻下了霍邑。随后，李渊率兵进攻河东郡，虽取得初战的胜利，但是隋将屈突通固守河东郡，李渊久攻不下。后根据李世民的建议，李渊留下部分兵力包围和牵制屈突通，自己率主力部队渡过黄河，直取长安。

同时，李渊在关中地区的家属和亲族也纷纷起兵响应，其中有李世民的胞妹平阳公主、李渊的从弟李神通，李渊的女婿段纶也在蓝田县聚众万余人。

在这种有利形势下，李渊父子一路上采取收揽人心的办法，废除了隋朝的严刑峻法，还开仓济贫。一面收编关中各地的起义军，一面争取关中地主阶级的支持。数月中，李渊、李世民的军队已达20万人，并于十月开始围攻长安。

十一月，长安城破，李渊率军进入长安宫，立年仅13岁的代王杨侑为帝，是为隋恭帝，并改元义宁，遥尊江都的隋炀帝为太上皇。李渊总揽军政大权，晋封为唐王。李建成为唐王世子，李世民为京兆尹、秦公，李元吉为齐公。

义宁二年（公元618年）三月，隋炀帝在江都被部下杀死，隋朝灭亡。五月，李渊在长安称帝，定国号唐，李渊就是唐高祖，年号为武德。然后立世子李建成为皇太子，李世民为秦王，李元吉为齐王。

统一全国

从公元618年李渊称帝建国到公元624年统一全国，历时七年之久。从晋阳起兵到长安建国，李渊是起了决定作用的，但是对于建国、镇压各地农民军、消灭地主武装割据，这些任务大部分是由李世民领导完成的。

李渊建都长安后，面临的形势十分严峻，四周强敌遍布：薛举集团占据兰州、天水一带，并时常进攻关中；李轨集团占据武威一带，亦虎视关中；刘武周则占据马邑，并时常勾结突厥南下威胁晋阳；梁师都占据夏州朔方，在北面威胁着关中地区。因此，消灭四周强敌，完全控制关中、陇西地区（今甘肃省），以关中为根据地，再消灭关东群雄，从而建立统一的中央政权，就成为唐朝统治集团的必然选择。

统一战争的第一步，就是消灭实力较强且经常进攻关中的薛举父子。薛举是河东汾阴（今山西万荣西南宝鼎）人，家私巨万，交结豪强，雄于边朔。公元617年，薛举自称秦王，封儿子仁杲为齐公。从公元617年底到公元618年春，唐军曾与薛举进行了两次大战。公元618年农历十一月，薛举再次进攻长安，不料在出兵前暴病而死，遂由其长子薛仁杲率军出征，李世民率兵迎敌。

李世民见敌军来势凶猛，便下令坚守，避其锋芒，伺机出战。两军相持60余日，秦军粮食耗尽，军心浮动；况且薛仁杲有勇无谋、残暴成性，其部下已有多人投降李世民。至此，李世民认为战机成熟，便以少数部队引开秦军，然后亲领主力从秦军背后袭击。秦军溃败，逃往折墌。于是李世民率大军乘胜追击，渡过泾水，围攻折墌城。至半夜，守城秦军纷纷投降唐军，薛仁杲走投无路，只好于第二天出城投降。

公元619年，占据河西五郡的大凉皇帝李轨，因内部矛盾重重而使政权分崩离析。户部尚书安修仁与其兄安修贵发动兵变，并俘获李轨，将其押至长安，后处死。

同年，割据马邑的刘武周勾结突厥，向山西发起进攻。数支唐军先后迎战，均被其打败，镇守太原的李元吉闻风趁黑夜逃回长安。刘武周的先锋宋金刚则乘势打到了河东，"关中大骇"。在这种不利形势下，高祖李渊准备放弃河西，固守关西。此时，秦王李世民审时度势，向李渊说道："太原，王业所基，国之根本；河东富实，京邑所资，若而弃之，臣窃愤恨。愿假臣精兵3万，必冀平殄武周，克复汾、晋。"

于是李渊征调关中全部兵力，由李世民率领由龙门渡过黄河迎战敌军。过黄河后，李世民将大军驻扎在柏壁（今山西新绛西南）坚守，与刘武周先锋宋金刚之军队相持。其间，李世民时常离开营阵侦察地形。有一次，世民带领很少的轻骑兵外出侦察敌情。骑兵四散而去，李世民与一名士兵登上一小山丘休息。忽然，敌军从四周包围了山丘，李世民与士兵都没有发觉。恰巧在这个时候，有一条蛇追逐一只田鼠，碰到了士兵的脸。士兵惊醒，发现敌军正在包抄上来，于是赶紧叫李世民上马，眼看就要被敌兵追上。李世民十分镇静，他手取大羽箭，张弓便射，一发就将敌兵的将领射死。敌兵见此，慌忙撤退。

在相持中，李世民派出精兵切断了宋金刚的粮道。两个月后，宋金刚面对强敌无粮草供应，只好撤退。

李世民则率领大军趁机追杀，"一昼夜行二百余里，战数回合"。一直追击到雀鼠谷（今山西介休市西南），终于追上宋金刚部队，"一日八战，皆破之，俘斩数万人。夜，宿于雀鼠谷西南，世民不食二日、不解甲三日矣，军中只有一羊，世民与将士分而食之"。刘武周、宋金刚失败后逃往突厥，均被突厥杀死。公元620年，李世民收复了太原。

公元620年夏，关东地区原有的李密、王世充、宇文化及、窦建德四支强大的军事力量，只剩下王世充、窦建德两大集团。在消除了来自于背后和侧面的威胁后，唐高祖李渊诏令李世民东征，直指河南一带的王世充集团。

王世充本姓支，字行满，西域胡人。王世充集团本来是隋炀帝派来镇压瓦岗军的军事力量。打败瓦岗军李密后，王世充于618年在洛阳自立为帝，国号郑。

在唐军的猛烈攻击下，王世充原先所属州县的一些官员纷纷降唐。至公元620年底，洛阳城外的王世充所属州县大部分已落入唐军之手，洛阳城处在李世民大军的包围之中。

洛阳城坚壕深、军备充实，但在唐军的长期围困下，王世充在洛阳孤城中危在旦夕。为了解围，王世充向河北的窦建德求援。

窦建德是河北、山东一带势力最强的一支起义军的领袖，他出身农民，于公元618年称帝，定国号夏。他的部下认为，唐朝在消灭了王世充以后，必将会进攻窦建德。因此，窦建德率领十万大军前来救援王世充。

这样，唐军的处境变得极为危险，内部出现了不同的主张：一种是主张退守新安，寻机再战；另一种是进占虎牢关（河南荥阳西北），挡住窦建德前进的道路，然后趁机消灭他，如此一来，洛阳不攻自破。

李世民采用后一种主张，命屈突通等协助齐王李元吉围困洛阳，自己率精骑三千五百余人急奔虎牢关，挡住窦建德的前进道路。

两军相持三个月。五月一日，李世民渡河，并假装粮草已尽，让士兵牧马于河北以迷惑窦建德，他本人则于当晚返回虎牢关。窦建德果然中计，第二天早晨全军出击，陈兵汜水，长达20里，鸣鼓大喊而进，要与唐军决战。

李世民胸有成竹，决定按兵不动，以逸待劳，等到敌军疲乏后再出击。

果然，到了中午，窦建德的军队饥饿困乏，互争饮水，席地而坐，已无斗志。李世民看准战机，下令攻击，唐军铁骑直冲向窦建德军队的阵地。窦建德仓促应战，不久其阵势大乱，全线崩溃。唐军追杀30多里，俘获敌军五万多人，窦建德本人中枪，退至牛口渚（今河南荥阳西旧汜水东北）

时被俘。

虎牢之战后，王世充惊惶不安，准备突围南走襄阳，但是部下一致反对，王世充不得不自缚投降。河南、河北尽归唐朝所有。

同时，割据江淮一带的杜伏威归顺了唐朝。大将李靖平定了长江中游的萧铣。后来窦建德的部将刘黑闼、杜伏威的旧部辅公祐分别再次起兵作乱，都被李世民迅速扑灭。公元624年，江南也被唐朝平定。至此，唐朝完全统一了中国。

玄武门之变

公元621年，李世民平定王世充、窦建德后大胜而归。高祖李渊认为前代官职皆不足以称之，因此特设天策上将一职，位在王公之上。十月，李世民以天策上将领司徒、陕东道大行台尚书令。

李世民的声望、地位和权势日增，令太子李建成受到威胁。于是在王珪和魏徵的建议下，李建成向高祖请求领兵征战。高祖以李建成为陕东道大行台及山东道行军之帅，于公元623年率军讨伐刘黑闼、徐圆朗。这是李建成在统一大业中立下的唯一重大战功。

李建成与李世民的矛盾，由于统一战争的结束而迅速激化，形成明争暗斗之势。

在朝廷中，最受高祖宠幸的裴寂支持李建成，支持李世民的大臣有萧瑀、陈叔达等。在后宫中，秦王李世民曾得罪过高祖的宠妃张婕妤、尹德妃，于是这些人便常常在高祖面前说太子李建成的好话，说李世民的坏话。如此一来，朝廷和宫中都有人支持李建成，形势对李建成颇为有利。他们之间的斗争终于因为突厥的进攻而演变成流血事件。

公元626年夏，突厥南下犯边。太子李建成为进一步拉拢李元吉，于是向高祖建议，让齐王李元吉代替李世民出征，被高祖采纳。这样，李元吉当上了主帅。出发前，李元吉请求高祖调秦王府中的大将尉迟敬德、程知节、段志宏、秦叔宝同他一起出征，并从秦王府挑选精锐士兵以补充李元吉的军队，此举目的在于为杀害秦王作准备。李建成与李元吉密谋，在李建成和李世民为李元吉钱别时，安排伏兵，先杀李世民，然后再杀尉迟敬德。李建成对李元吉许诺，即位后立即封他为太弟。有人将李建成与李元吉的密谋报告给李世民，李世民忙与长孙无忌和尉迟敬德商量对策，决定先动手除掉李建成和李元吉。

六月三日，太史令傅奕向唐高祖秘密奏报，说太白星再次出现在秦地，"秦王当有天下"。于是唐高祖询问李世民，李世民趁机向唐高祖告状，指控太子李建成和齐王李元吉淫乱后宫，并且设计谋害自己。高祖听后极为惊讶，决定第二天早朝时进行查问。

六月四日天还没亮，李世民命长孙无忌、尉迟敬德、侯君集、张公瑾等人率领精兵提前埋伏在宫城北面的玄武门，这是李建成和李元吉上朝时的必经之地。六月四日清晨，唐高祖上朝，裴寂、萧瑀、陈叔达、宇文化及等均已入朝，只等李建成兄弟三人到来。此时，李建成、李元吉已进入玄武门，当二人行至临湖殿时，发觉情况有些异常，于是立即掉转马头，准备回府。不料此时李世民突然出现，并且在后面呼喊二人，李元吉回身张弓搭箭，射杀李世民，但是连发三箭，都没能射中。李世民的目标是李建成，他一箭就将李建成射死。就在此时，尉迟敬德带着70多名骑兵赶到，朝李建成、李元吉射箭，李元吉坠马后逃入树林中，李世民策马追赶，结果衣服被树枝挂住，也坠马落地。李元吉力气很大，这时跑过来夺取了弓箭要射杀李世民，恰巧尉迟敬德驱马赶到，李元吉慌忙放弃李世民向成德殿逃跑，结果被尉迟敬德一箭射死。东宫和齐王府的将士听说出事了，于是派兵猛攻玄武门。这时，尉迟敬德提着李建成、李元吉的人头赶到，东宫与齐王府的将士见主人已死，立即溃散而逃。

唐高祖对玄武门之事已有所耳闻，于是李世民派尉迟敬德进宫担任宿卫。唐高祖见尉迟敬德头戴铁盔，身穿铠甲，手持长矛，大吃一惊，便问："今日乱者谁邪？卿来此何为？"尉迟敬德回答说："秦王以太子、齐王作乱，起兵诛之，恐惊动陛下，遣臣宿卫。"唐高祖这才明白刚才发生的一切，于是派人将敕令向众将士宣读，交战双方才放下兵器。玄武门之变以秦王李世民的胜利而结束。

六月七日，高祖立李世民为太子，诏书说："自今军国庶事，无论大小悉委太子处决，然后闻奏。"实际上，唐高祖已把国家的全部权力交给了李世民。两个月后，唐高祖下达诏书，让位给太子，自己当太上皇。于是李世民在东宫显德殿即位，改元贞观，即中国历史上著名的唐太宗。

贞观之治

李世民登基后，推行"偃武修文"、使百姓安乐的方针，采取轻徭薄赋、整饬吏治、健全法制等政策，努力做到虚怀纳谏、知人善任、以古为镜，取得显著效果，社会上出现兴旺景象。

唐太宗借鉴了隋灭亡的历史教训，制定了基本顺应当时历史发展要求的政治措施。唐初经济凋敝，人民生活十分困苦，国家财政也严重拮据。因此唐太宗首先实行了轻徭薄赋、与民休息的政策，尽量避免和减少战争，以减少军费支出，此举有力地保障了农民安居垅亩，发展了农业生产。

亲疏并举、德才兼备的人才政策是唐太宗政治统治的重要保证和基础。当时房玄龄、杜如晦被任用为丞相，二人各自发挥所长，被人称为"房谋杜断"。为了集思广益、纠偏补过，唐太宗建立了一套比较完整的监察和谏官制度：谏官直接参与政事，五品以上的京官在中书内省轮流值夜，以便随时召见，询访外事，讨论政教得失。从而朝廷上下形成了一种敬贤纳谏的政治风气。魏徵就是当时最有名的"净臣"，他性情耿直，敢于谏诤，据理力争，凡有所谏，多被唐太宗采纳。贞观年间的许多政策的制定都是魏徵参与和策划的。

科举制度也得到了恢复和完善，并且最终定型下来，成为贯穿整个封建社会中后期的官吏选拔制度，各阶层的优秀人才得以进入政治统治集团，知识分子有了仕进的方便之门。在政治统治中，唐太宗李世民特别重视伦理教化，将其作为巩固统治的精神支柱。他以儒家思想为基础，在推行礼治的同时也十分重视法律的建设，制定和实施了一系列法律、法令，中国古代最完备的法典《唐律》就是他授意房玄龄、长孙无忌修订的。

通过这一系列的政治、经济和军事政策的制定和推行，唐初政治空气开明而清明，生产力得以迅速发展，经济空前繁荣，社会安定。人民获得了一个较为安定的政治环境，能够安心地从事劳动生产，从而创建了文化灿烂、国力鼎盛富强的景况，被后人誉为"贞观之治"。

女皇武则天

唐高宗是个懦弱平庸的人，他即位以后，把朝政大事交给他的舅父、宰相长孙无忌处理。后来，他又立武则天为皇后，武则天权力欲很强，逐渐掌握了朝政大权，成为了中国历史上唯一的女皇帝。

武则天（公元624年~705年），名曌，并州文水（今山西文水）人。她的父亲武士彟原来是一个很有钱的木材商人，隋末时弃商从戎，成了一名府兵制下的鹰扬府队正。李渊起兵反隋，武士彟转而参加了李渊的军队，后来在唐朝廷为官，官至工部尚书，封应国公。武则天九岁时，父亲死去。14岁时，已经近40岁的唐太宗听说她长得很美，便选她入宫，赐号武媚，人称媚娘，后来又封为才人。

唐太宗死了以后，她和一些宫女依旧制被送到感业寺去做尼姑。唐高宗李治当太子时曾与她有暧昧关系，于是让她蓄发入宫侍寝，封为昭仪。但武则天心里还不满足，想进一步夺取皇后的位子，于是武则天千方百计想陷害王皇后。

武则天生了一个女儿，有一天，王皇后来探望，爱抚地摸了摸，逗了逗。王皇后走后，武则天竟狠心地把女儿掐死，用被子盖好。当高宗来看时，她便诬陷是王皇后杀了她的女儿，使王皇后有口难辩。唐高宗因此大怒，从此动了废王立武的念头。

到了公元655年农历九月，唐高宗不顾褚遂良、长孙无忌等人的反对，正式提出废王皇后，立武则天为后。

有一天，唐高宗问李勣："我打算立武昭仪做皇后，褚遂良他们坚决反对，你看这事该怎么办呢？"李勣看见高宗废立决心已下，便为武则天说好话，他说："废立皇后，这是陛下的家事，何必一定要得到外人同意呢？"许敬宗也说："乡民多割十斛麦子，尚且想换个新媳妇，何况天子富有四海，立新皇后没有什么不可以的！"于是高宗决定，废王皇后为庶人，册封武氏为皇后。

武则天当皇后以后，很快形成了自己的势力集团，参与朝政。她利用高宗与元老重臣之间的矛盾，在短短几年内，就杀了长孙无忌，罢免了20多个反对他的重臣。武则天对拥护她的人全都重用，李义府、许敬宗因而青云直上，当了宰相。到了后来，武则天甚至同高宗一起垂帘听政，当时朝臣并称他们为"二圣"，即称高宗为天皇，武后为天后。甚至高宗的一举一动都受她约束。唐高宗很不满，就秘密把大臣上官仪找来，让他起草废武后的诏书。消息传到武则天那里，武则天怒气冲冲地去见唐高宗。她厉声问高宗说："这是怎么回事？"唐高宗十分害怕，没了主意，就结结巴巴地说："我本来没有这个意思，都是上官仪教我这么干的。"武则天立刻命人杀掉上官仪等人。从此大小政事，都由武则天一人定夺。

唐高宗感到武氏一派的威胁越来越大，担心李家的天下难保，就想趁自己还在世，传位给太子李弘（武则天的长子）。但是，武则天竟用毒酒害死了李弘，立次子李贤做太子。不久，又把李贤废为平民，改立三儿子李显为太子，弄得唐高宗束手无策。

到公元683年农历十二月，唐高宗病死，太子李显即位，就是唐中宗。武则天以皇太后的身份临朝执政。后来，她容忍不了唐中宗重用韦氏家族的人，又废了唐中宗，立她的四儿子李旦为帝，就是唐睿宗。同时，她不许睿宗干预朝政，一切事务由她自己做主。

载初元年（公元690年）七月，武后的亲信法明、怀义和尚等10人献呈《大云经》，内有女主之文，陈符命，说武则天是弥勒下界，应该做人间主。这一切都是为武则天称帝制造理论根据。九月三日，侍御史傅游艺猜中了武则天的心思，率关中百姓900人上表，请改国号为周，赐皇帝武姓。武则天假装不许，但升傅游艺为给事中。百官及帝室宗戚、百姓、四夷酋长、沙门、道士六万余人又请改唐为周，睿宗皇帝亦不得不上表请改武姓。于是武则天在九月九日宣布改唐为周，改元天授。十二日，武则天受尊号为圣神皇帝，将睿宗皇帝立为皇嗣，赐姓武，以皇太子为皇太孙。十三日，立武氏七庙于神都洛阳，追尊其父王为始祖父皇帝，平王少子武为睿祖康皇帝，又立武承嗣为魏王，武三思为梁王，武氏诸姑姊为长公主。十月，制天下武氏悉免课役。

武则天掌管朝政期间，上承贞观之治，下启开元盛世，经济发展，社会稳定，为唐帝国的全面繁荣奠定了坚实的基础。她重视发展农业，继续推行轻徭薄赋、与民休息的政策；又广开言路，善于纳谏，对符合她意愿的建议她乐意采纳，反对她的意见她在一定程度上也能听取，甚至能容忍对她的人身攻击。

武则天最大的贡献在于改革官制，削弱三省六部制的相权，加强御史台的监督作用；同时打击旧门阀士族，扶植庶族地主出身的官僚，使更多的寒族参与政治。她完善了科举制，为表示对选拔人才的重视，她亲自过问，开创了殿试的先例，并且开设武举，由此培养和选拔了一批文臣武将，如狄仁杰、张柬之等。但武则天任用酷吏、制造冤狱并广开告密之风，形成政治上的恐怖。她生活奢侈，支持佛教，大修宫殿、佛寺，并宠信张易之等小人，朝政日益败坏。

公元705年，武则天病重，宰相张柬之等人发动政变，迫使武则天退位，唐中宗复位。同年，82岁的武则天病死，她生前曾留下"祔庙、归陵，令去帝号，称则天大圣皇后"的遗言，并令人在陵前高高竖起一座无字碑。

开元盛世

李隆基（公元685年~762年），为唐睿宗李旦第三子，唐第七位皇帝。

他性格果断，仪容英武，且多才多艺，尤其擅长音律。他初被封为楚王，后改封为临淄王。

李隆基于景云二年（公元711年）和姑母太平公主发动政变，将韦后之余党消灭，拥其父睿宗即位。因李隆基除韦后有功，唐睿宗李旦立其为太子。延和元年（公元712年）七月，西方出现彗星，经轩辕入太微至大角，于是，太平公主遣方士向睿宗进言："彗星是预示当除旧布新之星；彗星一出，帝座也随之变位，这表明太子要为天子了。"他们向睿宗进此言的意思是李隆基将要弑君篡位，让睿宗赶快将其除掉。睿宗故意不理解他们的意图，说："传位于太子就可避灾，我已经下了决心，传位于他。"

李隆基知道后，急忙入宫，叩头道："我功劳微薄，越诸位兄弟成为太子，已经觉得日夜不安了，如父皇让位于我，会使我更加不安。"睿宗说："我之所以得天下，都是因为你的缘故。现在帝座有灾，传位于你，为的是转祸为福，你怀疑什么？"李隆基仍再三推辞，睿宗说："你是孝子，为什么非要等我死后在柩前即位呢？"李隆基只好流泪应之。太平公主和其同党也力谏皇帝，认为不可让位，但是睿宗主意已决。于是唐睿宗在七月二十五日诏令正式传位于李隆基。

八月三日，李隆基（玄宗）即位，尊睿宗为太上皇帝。八月七日，唐玄宗李隆基改元为先天，大赦天下。

玄宗即位之初就重用贤相姚崇和宋璟励精图治。姚崇讲究实际，宋璟坚持原则，守法则正，二人鼎力辅佐朝政，使赋役宽平、刑罚清省、百姓富庶。玄宗不仅重视人才的选拔与任用，而且广开言路，虚心纳谏。姚崇提出的抑制权贵、不接受礼品贡献、接受谏净、不贪边功等建议，玄宗不仅采纳而且严格执行。宋璟敢于犯颜直谏，玄宗对他又敬又怕。

为改变当时的奢侈之风，玄宗下诏将皇帝服御和金银器玩销毁，重新造成有用的物品，交给国家使用；把珠玉锦绣在殿前焚毁，并规定后妃以下，不准穿锦绣珠玉。在玄宗的倡导下，节俭成了时尚。对日益扩大的佛教势力，玄宗下令严禁建造佛寺道观、铸造佛像、抄写佛经，禁止百官和僧尼、道士往来，并精简僧尼人数，从而扼制了寺院势力。

开元年间，玄宗采取了一系列措施整顿改革。

为安定皇位，稳定政局，玄宗采取出刺诸王、严禁朝臣交结诸王和抑制功臣等措施。出刺诸王即玄宗解除诸王皇亲国戚的兵权，让他们做外州的刺史并严格限制他们，使他们不能掌握一地的军政大权，从而无法叛乱。而且规定诸王不能同时留居京城，减少他们和京官接触的机会。对那些功臣权势，玄宗或罢免他们的官职或让他们出任地方官。这就消除了动乱的隐患。

为强化皇权，玄宗裁减冗官，加强吏治，革新政治。针对武后以来官吏冗滥的现象，玄宗下令免去员外官、试官、检校官数千人，撤销、合并闲散司、监十余所，从而精简了官僚机构，节约了开支。同时健全监察机构，严格选拔官吏制度，赏罚严明。玄宗对官员实行严格的考核，在开元四年（公元716年）组织的县令考试中，不及格的45人立即被罢免。另外他还鼓励官员外任。

玄宗比较注意发展经济。开元初年，流民人数巨大，玄宗采取检田括户、抑制兼并的措施，下令在全国清查户口和土地，安置逃亡人口，将籍外土地重新分给农民耕种。这样就打击了豪强地主的兼并活动，增加了国库收入。其次大力兴修水利，发展农业。玄宗当政期间，全国共兴建了56项农田水利工程，相当于全唐水利工程总数的20%以上。

玄宗即位后的一系列改革，使政治清明、百姓富庶、国力强盛、社会繁荣昌盛，唐朝达到了全盛时期。开元二十年（公元732年），天下人口786万户、4543万人；开元二十八年（公元740年），天下人口841万户，4814万人。唐都长安有人口百万，是著名的国际文化中心，也是当时世界上最大的城市。唐代不仅商业发达，而且对外贸易兴旺，往来于唐和波斯、天竺、大食等地的商船络绎不绝。数以万计的外国使节、商人、僧侣和留学生居住在长安。开元五年（公元717年）、二十一年（公元733年），日本派出的遣唐使均在550人以上。气象万千的长安就是开元盛世的最好写照。

安禄山叛乱

唐玄宗在位期间，为加强边境的防御，在重要的边境地区设立了十个军镇（也就是藩镇），这些军镇的长官叫节度使。节度使的权力很大，不仅带领军队，还兼管行政和财政。按照当时的惯例，节度使立了功，就有被调到朝廷当宰相的可能。

李林甫掌握朝政大权后，不但排挤打击朝廷的文官，还猜忌边境的节度使。担任朔方等四个镇节度使的王忠嗣立了很多战功，他手下就有著名的将领哥舒翰、李光弼等人。李林甫见王忠嗣的功劳大，威望高，怕他被唐玄宗调回京城当宰相，就派人向唐玄宗诬告王忠嗣想拥戴太子谋反，王忠嗣为此险些丢掉了性命。

当时，边境将领中有一些胡人。李林甫认为胡人文化低，不会威胁到自己的地位，就在唐玄宗面前竭力主张重用胡人。在这些胡人节度使中，唐玄宗、李林甫特别欣赏平卢（治所在今辽宁朝阳）节度使安禄山。

安禄山经常搜罗奇禽异兽、珍珠宝贝，送到宫廷讨好唐玄宗。他知道唐玄宗喜欢边境将领报战功，就采取许多卑劣的手段，诱骗平卢附近的少数民族首领和将士到军营来赴宴。在酒席上，用药酒灌醉他们，把兵士杀了，又割下他们首领的头，献给朝廷报功。

唐玄宗常常召安禄山到长安朝见。安禄山抓住这个机会，使出他的手段，逢迎拍马讨唐玄宗的喜欢。安禄山长得特别肥胖，又装出一副傻乎乎的样子。唐玄宗一见到他就高兴得不得了。

安禄山得到了唐玄宗和李林甫的信任，做了范阳（治所在今北京境内）、平卢两镇及河东（治所在今山西太原）节度使，控制了北方边境的大部分地区。他秘密扩充兵马，提拔了史思明、蔡希德等一批猛将，又任用汉族士人高尚、严庄帮他出谋划策，囤积粮草，磨砺武器。只等唐玄宗一死，他就准备造反。

没过多久，李林甫病死了，杨贵妃的同族哥哥杨国忠借着他的外戚地位，继任了宰相。杨国忠本来是个流氓，安禄山瞧不起他，他也看不惯安禄山，两个人越闹越僵。杨国忠几次三番在唐玄宗面前说安禄山一定要谋反，但是唐玄宗正宠信安禄山，自然不相信他的话。

公元755年农历十月，安禄山作了周密准备以后，决定发动叛乱。这时，正巧有个官员从长安到范阳来。安禄山便假造了一份唐玄宗从长安发来的诏书，向将士们宣布说："接到皇上密令，要我立即带兵进京讨伐杨国忠。"将士们都觉得事出突然，但是谁也不敢对圣旨表示怀疑。第二天一早，安禄山就带领叛军出兵南下。15万步兵、骑兵在河北平原上进发，一时间，道路上烟尘滚滚，鼓声震天。中原一带已经有一百年左右没有发生过战争，老百姓好几代人没有看到过打仗。沿路的官员逃的逃，降的降。安禄山叛军一路南下，几乎没有遭到什么抵抗。

范阳叛乱的消息传到长安，唐玄宗开始还不相信，认为是有人造谣，到后来警报一个个传来，他才慌了起来，召集大臣商议对策。满朝官员没有经历过这样的大变乱，个个吓得目瞪口呆，不知所措。只有杨国忠反而得意扬扬地说："我早说安禄山要反，我没说错吧。不过，陛下尽管放心，他的将士不会跟他一起叛乱。十天之内，一定会有人把安禄山的头献上。"

唐玄宗听了这番话，心情才安稳下来。可是，谁知道叛军在短短的时间内便长驱直入，一直渡过黄河，占领了洛阳。

马嵬驿兵变

潼关形势险要，道路狭窄，是京城长安的门户。封常清与驻屯陕州的大将高仙芝一起退守潼关（今陕西潼关东北）。玄宗听信监军宦官的诬告，杀死高、封两人，起用病重在家的大将哥舒翰统兵赴潼关。叛将崔乾祐在潼关外屯兵半年，没法攻打进去。

叛军攻不进潼关，但是关里的唐王朝内部却生起事端。哥舒翰主张在潼关坚守，等待时机；郭子仪、李光弼也从河北前线给唐玄宗上奏章，请求引兵攻打安禄山的老巢范阳，让潼关守军千万不要出关。但是，宰相杨国忠却反对这样做。他在唐玄宗面前说潼关外的叛军已经不堪一击，哥舒翰守在潼关按兵不动，歼灭叛军的时机会丧失掉。年老昏聩的唐玄宗听信杨国忠的话，接二连三派使者到潼关，逼哥舒翰带兵出潼关。

哥舒翰明知出关凶多吉少，但是又不敢违抗皇帝的圣旨，只好痛哭一场，带兵出关。关外的叛将崔乾祐早已做好准备，只等唐军出关。崔乾祐派精兵埋伏在灵宝（在今河南省西部）西面的山谷里。哥舒翰的20万大军一出关，就中了埋伏，20万大军几乎被叛军打得全军覆没。哥舒翰也被俘虏了。

潼关失守后，关内已无险可守。从潼关到长安之间的一些地方官员和守兵，都纷纷弃城而逃。到了此时，唐玄宗才感到形势危急，他让杨国忠赶紧想办法。杨国忠召集文武百官商量，大家都失魂落魄，谁也想不出一个好主意来。杨国忠知道留在长安已经没有了生路，就劝玄宗逃到蜀地去。当天晚上，唐玄宗、杨国忠带着杨贵妃和一群皇子皇孙，在将军陈玄礼和禁卫军的护卫下，悄悄地打开宫门，逃出了长安。他们事先派了宦官到沿路各地，让官员准备接待。

谁知，派出的宦官早已经自顾逃命了。唐玄宗一伙人走了半天也没有人给他们送饭。他们走走停停，第三天到了马嵬驿（在今陕西兴平市西）。随行的将士疲惫不堪，饥饿难忍。他们认为，这全都是受了奸相杨国忠的拖累，这笔账应该向杨国忠算。

这个时候，有二十几个忍饥受饿的吐蕃使者拦住杨国忠的马，向杨国忠要粮。杨国忠正忙着应付，周围的兵士便嚷起来："杨国忠要造反了！"一面嚷，一面向他射起箭来。

兵士们杀了杨国忠，情绪更加激昂起来，把唐玄宗住的驿馆也包围了。唐玄宗听到外面的吵闹声，问是怎么回事，左右太监告诉他，兵士们已把杨国忠杀了。唐玄宗大惊失色，不得不扶着拐杖，走出驿门，慰劳兵士，要将士们回营休息。

兵士们哪里肯听唐玄宗的话，照样吵吵嚷嚷。玄宗派高力士找到将军陈玄礼，问兵士们不肯散的原因。陈玄礼回答说："杨国忠谋反，贵妃也不能留下来了。"

玄宗说："贵妃常居深宫中，怎知国忠谋反之事呢？"高力士回答说："贵妃实是无罪，但禁军将士已杀其兄国忠，贵妃伴陪陛下左右，将士心中不安。愿陛下三思，禁军将士安则陛下安。"无奈，唐玄宗只好下了狠心，叫高力士把杨贵妃带出去，用带子勒死了。将士们听到杨贵妃已经被处死，总算出了一口恶气，撤回了军营。

唐玄宗经过这场兵变打算继续西行，老百姓将他拦住，让他留下来还击安禄山。玄宗便分3000人给太子李亨，令太子击破逆贼，收复长安。

天宝十五载（公元756年）七月，太子李亨于宁夏灵武即皇帝位，是为肃宗，尊玄宗为太上皇帝，改元至德。

黄巢起义

唐朝末年统治集团日趋腐败，社会矛盾空前激化，加之连年灾荒，农民纷纷起义。

王仙芝、黄巢领导的农民起义历时9年之久，转战大半个中国，沉重打击了唐朝的统治基础。公元881年，黄巢率起义军攻入长安并在长安称帝，建立了大齐政权。黄巢政权没有提出明确的经济纲领，也没有乘胜追击唐朝的残余军队，给唐军以喘息的机会，加上黄巢手下大将朱温叛变，导致在陈州等几次战役中黄巢军连连失利。公元882年，黄巢自杀，起义以失败告终。

二、隋唐的对外关系

日本遣唐使

中国与日本在经济和文化上的关系自古就十分密切。隋大业三年（公元607年），日本就派使者来朝。唐朝时，两国的文化使者一直互相往来。

这一时期，日本派出的"遣唐使"和迎送唐使的使团至少有19次，有时一次多达500多人。遣唐使团中有大使、副使、判官、录事、翻译、医师、阴阳师、学问僧、留学生，以及各种文化技术人员。他们横渡茫茫大海，历尽千辛万苦来到中国，广泛接触各个方面的人士，与他们结下了深厚的友谊，如留学生阿倍仲麻吕（汉名晁衡）在当时文化界十分出名，并和李白、王维交情至深。遣唐使学习大唐帝国的先进文化，把中国的典章制度、天文、历法、建筑、雕刻、音乐、美术和各种生产技术输入日本，对于日本社会各个方面的变革起到了巨大的促进作用。

玄奘取经

玄奘的原名叫陈祎，洛州缑氏（今河南偃师缑氏镇）人，是长安大慈恩寺的和尚。他从13岁出家做和尚起，就认真研究佛学。后来他到处拜师学习，很快就精通了佛教经典，被尊称为三藏法师（三藏是佛教经典的总称）。玄奘发现原来翻译过来的佛经有很多错误，就决定到天竺去学习佛经。

公元629年（一说公元627年），当时唐朝还没有实现全国的统一，突厥经常侵扰中原，边塞局势不稳，唐朝政府禁止出国。玄奘上书朝廷要求出国取经被拒绝。这年秋天，长安闹饥荒，朝廷同意僧侣外出就食，玄奘乘机离开长安，来到边塞重镇凉州（今甘肃武威）。凉州都督执行朝廷命令，逼令玄奘返回长安，幸得当地高僧的帮助得以逃避禁令。他昼伏夜行，风餐露宿，到瓜州时朝廷的通缉令也到了，瓜州州吏为他这种立志求经、勇往直前的精神打动，毅然放他西行。途中他结识了一个西域人，并请他做向导。玄奘越过玉门关不久向导就跑了。他独自一人继续赶路，进入大戈壁。800里的沙漠上无飞鸟，下无走兽，他迷路了，慌乱中又弄翻了水袋。但他曾经发誓，宁可西行而死，决不东归而生，便继续西行。几天后，他昏倒在沙漠里，幸而离绿洲不远，他被凉风吹醒，又找到水源，才摆脱困境。出了大沙漠，玄奘经伊吾国来到高昌国（今吐鲁番）。

高昌王麹文泰也笃信佛教，听说玄奘是大唐来的高僧，十分敬重，请他讲经，还恳切地要他留在高昌。玄奘坚决不肯。麹文泰没法挽留，就给玄奘备好行装，派了25人，带着30匹马护送；还写信给沿路24国的国王，请他们保护玄奘安全过境。

玄奘带着一行人马，越过雪山冰河，经历了千辛万苦，到达碎叶城（在吉尔吉斯北部托克马克附近），西突厥可汗接待了他们。从那以后，玄奘一路上十分顺利，通过西域各国进入天竺。

天竺摩揭陀国有一座古老的叫作那烂陀的大寺院。寺里有个戒贤法师，是天竺有名的大学者。玄奘来到那烂陀寺，跟着戒贤法师学习。五年后，他把那里的经文全部学会了。

摩揭陀国的戒日王是个笃信佛教的国王，他听到玄奘的名声后，便在他的国都曲女城（今印度北方邦境内卡瑙季）为玄奘开了一个隆重的讲学聚会。天竺18个国的国王和3000多位高僧都参加了。戒日王请玄奘在会上讲经说法，还让大家讨论。会议开了18天，大家十分佩服玄奘的精彩演讲，没有一个人提出不同的意见。最后，戒日王派人举起玄奘的袈裟，宣布讲学圆满成功。

玄奘的游历，不仅在佛学上取得了巨大成功，还促进了东西方的文化交流。公元645年，他带着600多部佛经，回到阔别10多年的长安。他的取经事迹，轰动了长安人民。在长安西郊，他受到朝野僧侣"空城出观"的热烈欢迎。不久，唐太宗又召见了他，随后下令组织规模宏大的译场，调集高僧协助玄奘翻译佛经。19年中他共译经论74部，1335卷。他的另一贡献是完成了由他口述、门徒辩机记录而成的世界名著《大唐西域记》。玄奘历时19年，跋涉25000千米的西游取经，直接沟通了唐朝与中亚、西亚、南亚的联系，特别是中国与印度的友好关系，至今人们仍认为玄奘是中印友好的象征。

贸易往来

唐代的商业经济非常繁荣，对外贸易也非常发达。公元714年，在广州设市舶司，管理海外贸易，促进了对外贸易的不断发展。

唐代与南海国家的海外贸易尤为频繁。当时由海上来与唐开展贸易的有日本、新罗、天竺、狮子国、波斯、大食等许多国家和地区。这些国家都是航海到中国进行贸易的，大多由波斯湾经印度，绕马来群岛，抵达现今的广州，然后再从广州分散到岭南的交州、江南的扬州、福建的泉州以及福州、明州、温州等通商口岸。海上贸易发展很快，贸易额很高。同时，唐对陆上贸易也极为重视，对周边各少数民族的互市非常关注。通过互市，唐不断加强与西域各国之间的往来贸易，曾专设"互市监"来管理互市贸易。内地和西域的富商大贾东来西往非常频繁，丝绸之路也逐渐繁华兴旺。虽然当时唐与突厥、吐谷浑、回纥、党项、吐蕃等各沿边少数民族的关系时战时和，但贸易活动始终非常频繁。

三、隋唐的科技与文化

隋唐三教并用

隋、唐时期，大一统政治迫切地需要宗教政策与之相适应，三教并用的宗教政策逐渐形成。随着隋唐政权的建立，统治集团的内部矛盾得以缓解，制定普遍适用于全国的宗教政策的政治条件基本具备，学术上表现出调和儒、道、佛的倾向。对于佛、道二教，隋唐统治者也采取开放的政策，既尊重和利用佛教，又有效地加以抑制，并有意提高道教地位，以平衡佛教与道教势力，同时也借道教始祖老子李耳以提高李姓的地位。朝廷对能辅助王政的佛、道加以鼓励，使得儒、佛、道三教并立的局面最终形成，但儒学仍被看作与国家兴亡攸切相关的大事而受重视。在这种兼容并包的文化及宗教政策影响下，各种宗教都得到了较充分的发展，佛教在这时达到了极盛并形成了若干中国化的佛教宗派，教义哲理也有重大创新和飞跃发展，出现了一大批高僧大儒。求法、译经和佛典著述以及传教活动空前活跃。除了儒、道、佛三教并重外，唐朝统治者对其他各种宗教如景教、摩尼教、火袄教也采取相当宽容的态度，以尊重外国商人、使者、侨民的不同宗教信仰。多教共存的局面一直保持到唐中期以后。

推崇儒学

太宗即位后，大力提倡教育，扩充学校。国子监下设国子、太学、四门、书、算、律学。又置弘文、崇贤两馆，禁军屯营飞骑也置博士教书。并大征天下名儒为学官，规定学生能明一大经以上者皆得补官。于是四方学者云集京师，乃至高句丽、百济、新罗、高昌、吐蕃诸酋长亦遣子弟入长安求学，国子监生徒达8000余人。教材以儒经为主，太宗以儒经师说多门，章句繁杂，命孔颖达与诸儒撰定《五经正义》共180卷，作为全国通行注本。

赵州桥

古老的赵州桥，像一条美丽的彩虹横卧在赵州（今河北赵县）城南洨河之上。唐朝文人赞美它如同"初云出月，长虹饮涧"。它结构坚固，雄伟壮观，历经1400多年的风霜，依然屹立不倒，可以称得上是我国桥梁建筑史的奇迹。

赵州桥又名安济桥，也叫大石拱桥，是我国现存最早的大型石拱桥，也是世界上现存最古老的跨度最长的敞肩圆弧拱桥。它全长50.83米，宽九米，主孔净跨度为37.02米。赵州桥全部用石块建成，共用石块1000多块，每块的重量达一吨，整个桥梁自重约为2800吨。大桥自建成到现在，其间经历了10次水灾、八次战乱和多次地震，承受了无数次人畜车辆的重压，都没有被破坏，让人不能不佩服其施工的精巧和科学。

赵州桥建于隋代开皇中期（公元605年~618年），是由隋代著名的桥梁工匠李春设计和主持建造的。隋时的赵县是南北交通的必由之路，由此北上可到重镇涿郡（今河北涿州市），南下可抵东都洛阳，交通十分繁忙。可是这一要道却被洨河所阻断，严重影响了南北交通。到了洪水季节，甚至不能通行。在洨河上建造一座大型石桥成为人们的迫切需要，朝廷授命李春负责大桥的设计和施工。

李春是隋代的无数普通工匠中一位杰出代表，身份的普通使他在史书中没有记载，有关他的文字记载仅见于唐代中书令张嘉贞为赵州桥所写的"铭文"中："赵郡洨河石桥，隋匠李春之迹也，制造奇特，人不知其所为。"

李春率领工匠来到赵县，对洨河及两岸地质等情况进行了实地的综合考察，在认真总结了前人建桥经验的基础上，提出了独具匠心的设计方案。然后再按照设计方案组织施工，出色地完成了赵州桥的建造。

赵州桥不仅设计独特，而且建造技术也非常出色，在我国桥梁技术史上有许多创新和贡献，表现在以下几个方面：

采用坦拱式结构，改变了我国早期拱桥半圆形拱的传统。赵州桥的主孔净跨度为37.02米，而拱高只有7.23米，矢跨比（拱高和跨度之比）为1:5左右，这样就实现了低桥面和大跨度的双重目的。这种结构不仅使桥面平坦，易于车马通行，而且还有节省用料和施工方便的优点。

开敞肩之先河。李春把以往桥梁建筑中采用的实肩拱改为敞肩拱，即在大拱两端各设两个小拱。其中一小拱净跨为3.8米，另一个小拱净跨为2.8米。这种设计的好处有三：一是可节省材料，二是减少桥身自重，三是能增加桥下河水的泄流量。这种大拱加小拱的敞肩拱设计不仅造型优美，而且符合结构力学理论，提高了桥梁的承载力和稳定性。

单孔设计。建造比较长的桥梁，我国古代一般采用多孔形式。李春采取了单孔长跨的形式，河心不设立桥墩，石拱跨径长达37米之多。这在我国桥梁史上是一项空前的壮举。

合理选择桥基址，设计了独具特色的桥台。李春选择洨河两岸较为平直的地方建桥，地层都是由河水冲积而成，表面是粗沙层，以下是细石、粗石、细沙和黏土层。

基址特别牢固。赵州桥的桥台的特点是低拱脚、短桥台、浅桥基。李春在桥台边打入许多木桩，目的是为了减少桥台的垂直位移（即由大桥主体的垂直压力造成的下沉）；采用延伸桥台后座的办法，目的是为了减少桥台的水平移动（即由大桥主体的水平推力造成的桥台后移）。另外，为了保护桥台和桥基，李春还在沿河一侧设置了一道金刚墙。这种设计不仅可以防止水流的冲蚀作用，而且使金刚墙和桥基以及桥台连成一体，增加了桥台的稳定性。

赵州桥的敞肩圆弧拱形式是我国劳动人民的一个伟大的创造，西方直到14世纪才出现敞肩圆弧石拱桥，比我国晚了600多年。赵州桥建筑结构奇特，融科学性和民族特色为一体，是我国古代建筑的精品。1991年，赵州桥被美国土木工程师学会选定为世界第12处"国际土木工程历史古迹"。

"药王"孙思邈

孙思邈（公元581年~682年），京兆华原（今陕西耀州区孙家塬村）人，是我国隋唐时期伟大的医药学家，后世尊之为"药王"。孙思邈的医学造诣很高，是隋唐时期医药界的佼佼者。宋代林亿称道："唐世孙思邈出，诚一代之良医也。"

孙思邈出生于一个普通的农民家庭。他自幼聪颖好学，敏慧强记，七岁时每天能背诵1000多字，人称神童。他幼年多病，家中为他治病几乎倾家荡产。他经常见到老百姓生病没有钱医治而死去，加上自己的切身体会，他10岁时已决心要当一名医生。他花了整整10年的时间来刻苦攻读医书，钻研医学，20岁时已能给亲朋邻里治病，他本人所患的疾病最后也由自己治愈。

30岁时，孙思邈离开家乡，长途跋涉到太白山隐居，边行医采药，边研究炼丹术。这期间他成功地炼成了太一神精丹（即氧化砷）。孙思邈用它来治疗疟疾，疗效非常好。后来这种方法经阿拉伯传入欧洲，引起较大反响。40岁时，孙思邈在切脉诊候和采药制丹等方面已经卓然成家，医术也日臻成熟。

在民间治病救人的同时，晚年孙思邈主要从事著书立说。70岁时，孙思邈积50年医疗实践之经验，编写了《千金要方》，30年后，又写成《千金翼方》。《千金要方》和《千金翼方》相辅相成，成为中医学史上极有实用价值的医学手册。除此以外，孙思邈还著有《枕中素书》《福禄论》《会三教论》《老子注》《庄子注》《明堂图注》《孙真人丹经》《龟经》《玄女房中经》《摄生真录》《千金食治》《禁经》等。

孙思邈一生淡泊名利，隋文帝、唐太宗、唐高宗多次请他出来做官，他都托病辞而不受。他一生大部分时间生活在农村，为百姓治病。病人来向他求医，不论其贫富贵贱，亲近生疏，他都能做到一视同仁。遇到患传染病的危险病人，他也不顾个人的安危，及时为病人诊治。他高尚的医德颇受世人敬重，当时的大学士宋含文、名士孟诜和初唐四杰之一的卢照邻等均以"师资之礼"待他。擅长针灸的太医令谢季卿，以医方针灸著名的甄权、甄立言兄弟，长于药性的韦慈藏，唐初名臣魏徵，都是他的好友。

《千金方》是孙思邈的代表著作，书名取自"人命至贵，有贵千金；一方济之，德逾于此"之义。《千金方》是《千金要方》和《千金翼方》的合称。《千金要方》又称《备急千金要方》，共30卷，分医学总论、妇人、小儿、七窍、诸风、脚气、伤寒、内脏、痈疽、痔漏、解毒、备急诸方、食治、养性、平脉、针灸等法，总计232门，收方5300个。《千金翼方》是对《千金要方》的补编，也是30卷，其中收录了唐代以前本草书中所未有的药物，补充了很多方剂和治疗方法。这两部书，收集了大量的医药资料，是唐代以前医药成就的系统总结，对学习和研究我国传统医学有重要的参考价值。后人称《千金方》为"方书之祖"。

李皋发明车轮船

世界上最早的轮船不是用机器作动力，而是用人力踩踏船上的转轮使船前进。南北朝时期的中国人，已发明了轮船。以船两侧轮子的转动代替划桨，以轮激水使船前进，称为"车船""车轮舸"。

唐人李皋，受田野中抗旱水车的启示，在前人经验的基础上，发明了一种车轮船。据《旧唐书·李皋传》载，李皋在荆南时，"常运心巧思，为战舰，挟二轮蹈之，翔风鼓疾，若挂帆席"。这种车轮船的两舷装着会转动的桨轮。桨轮外周装上叶片，它的上半部分露出水面，下半部分浸在水中。当人踩动车轮时，叶片划水，推动船航行。因为这种桨轮露出水平面，又叫明轮，所以，车轮船也可叫明轮船。明轮船的特点是把桨楫间歇运动改为桨轮连续运转，从而大大提高了航速。这是船舶技术上的一次重大进步。

雕版印刷《金刚经》

雕版印刷术在唐初已经发明。唐太宗时，高僧玄奘取经归来后曾印制大量普贤菩萨像广为散发。民间还大量印制佛经、日历、占卜书等。武宗时曾烧毁大量印本佛经，因此几乎没有印本流传下来。现在人们所能见到的世界上最早有确切纪年的印刷品就是王珍雕于咸通九年（公元868年）为父母雕印的《金刚经》，它长5.3米，呈卷子形，由七个印张粘接而成。扉页印有释迦牟尼佛向长老菩提说法图，整卷经文雕刻精美、刀法纯熟，印刷墨色均匀，清晰鲜明，可见当时雕印术已达到很高的水平。此卷20世纪初在敦煌发现，是现存最早有纪年的木版印刷品。现保存在伦敦大英博物馆。

火药的发明

唐宪宗元和三年（公元808年），炼丹家清虚子在其所著的《太上圣祖金丹秘诀》中记载有将硫黄伏火之法。这类伏火之法，原本是为了使硫黄改性，避免燃烧爆炸。从中他们也认识到，上述丹方中含有硝石、硫黄和"烧令存性"（即碳化）的皂角子或马兜铃粉，三者混合具有燃烧爆炸的性能，从而发明了原始火药。由此可见，至少在公元808年以前，含硝、硫、炭三种成分的火药已经在中国诞生。原始火药也由此而逐渐进入军事应用的新阶段。

"诗仙"李白

李白是继屈原后我国古代最伟大的浪漫主义诗人，他与杜甫等人共同推进并完成了陈子昂所开创的诗歌革新运动，影响深远。现存诗900余首、散文60多篇，均收入宋代宋敏求所编的《李太白全集》（30卷）中。李白的诗"清水出芙蓉，天然去雕饰"，感情真炽热情奔放，想象力丰富，语言朴素优美，形式变幻多样。他被人们称为"诗仙"。

"诗圣"杜甫

安史之乱的结束，对于饱受战乱之苦的百姓来说，真是一件大喜事。当时在樟州（今四川三台）过着流亡生活的诗人杜甫得知消息，更是与妻儿老小一起欣喜若狂。

杜甫，字子美，出身于官僚地主家庭，祖父杜审言是武则天时的著名诗人。他幼年就失去母亲，父亲外出做官，他被寄养在洛阳的姑母家中。杜甫自幼聪明过人，7岁便开始作诗，10多岁就同当时的文人名士交游，受到广泛的称赞，他们把他的文章和汉代著名文学家班固、扬雄相比拟。杜甫年轻时代正是我国历史上著名的开元盛世，也是他一生中最快意的时期。

公元735年，杜甫回洛阳应试，没有考中。两年后，他又北游齐、赵，与朋友一起呼鹰逐兽，饮酒赋诗，流连于山水之间，这一时期杜甫的诗具有浓厚的浪漫主义色彩。

天宝五载（公元746年），杜甫来到京城长安。他先是参加考试，结果奸相李林甫妒贤嫉能，竟然让所有的考生全部落榜，并给皇帝上表称贺，说"野无遗贤"。正规渠道走不通，杜甫只有和众人一样，到处去拜访达官贵人，期望得到他们的帮助。这种生活太伤自尊了，杜甫想起来就觉得屈辱：

朝扣富儿门，暮随肥马尘。

残杯与冷炙，到处潜悲辛！

（《奉赠韦左丞丈二十二韵》）

整整十年的时间，杜甫困守长安，到头来，总算弄到了正八品下的官职——右卫率府兵曹参军，负责管理兵器和仓库门的钥匙。

然而，杜甫"走马上任"的官定之日——天宝十四载（公元755年）十一月，也就是安禄山造反之时。国家残破，生灵涂炭，杜甫连这个比芝麻还小的官也做不成了。他先是带着一家老小流亡，途中他得知太子李亨即位，便把家人安置下来，自己去投奔皇帝效力，不料却被叛军捉住并押解到长安。又是一个春暖花开的季节来了，漫步在昔日繁盛的曲江边，一切都触动着诗人敏感的神经：

少陵野老吞声哭，春日潜行曲江曲。

江头宫殿锁千门，细柳新蒲为谁绿？

……

人生有情泪沾臆，江草江花岂终极？

黄昏胡骑尘满城，欲往城南望城北。

（《哀江头》）

过了几个月，杜甫冒险从长安逃出，到肃宗那里，很快被任命为"左拾遗"，就在御前当值。就任不久，他因上书营救被罢相的房琯，触怒肃宗，下狱问罪。幸亏有人相救，才保住性命。但是皇帝再也不想用他，于是让他回家探亲。这个打击很沉重，但它给诗人带来了创作的巨大丰收。他的所有反映国运民瘼的代表性作品，都在这时出现了。

《北征》是一首长篇叙事诗。全诗分为五大段，依次叙述了蒙圣恩放归探亲，辞别朝廷登程时的忧虑情怀，归途所见的破败景象和引起的感慨，到家后与妻子儿女团聚的悲喜交集的情景，以及在家中对朝廷局势的关心，最后表达了对国家前途的信心和对肃宗中兴的期望。

《羌村》三首，则具体而形象地描写了探亲还家的种种情景：刚到家时合家悲喜交集的场景、在家时的忧国的苦闷以及邻居相访的情谊。一切都是如实地写来，颇见诗人的白描功力。以第一首为例：

> 峥嵘赤云西，日脚下平地。
>
> 柴门鸟雀噪，归客千里至。
>
> 妻孥怪我在，惊定还拭泪。
>
> 世乱遭飘荡，生还偶然遂。
>
> 邻人满墙头，感叹亦歔欷。
>
> 夜阑更秉烛，相对如梦寐。

在夕阳西下的时候抵达家门，满天是峥嵘起伏重叠万状的赤云。迎接归客的是喧闹的鸟雀。爱妻和孩子们第一眼看到我时都愣住了，他们压根没想到，在这人命危浅的年月，亲人还能活着回来。远远旁观的邻人们，看着这一幕历经生死的意外重逢，也不禁心酸而泣下。夜深人静了，可是一家人还沉浸在重聚的喜悦之中，幸福来得太突然了，这一切难道是在梦中吗？

这首诗最为人称道之处，就在于它洗尽铅华，于自然平淡之中见款款深情。"妻孥怪我在，惊定还拭泪""夜阑更秉烛，相对如梦寐"，抓住典型的生活情景与人物的心理活动，故能感人至深。

这一时期，个人的遭遇也就是整个社会的苦难。杜甫在飘零的旅途上，忠实地描绘出时代的面貌和自己内心的悲哀。《北征》《羌村》三首、"三吏""三别"、《春望》《月夜》《自京赴奉先咏怀五百字》等，每一篇都是那个时代的真实的记录。

在这个兵荒马乱的年月，杜甫实在找不到养家糊口的活路了，他想到了此时正在蜀中做官的朋友高适。乾元二年（公元759年），杜甫到了成都。第二年春天，在亲友的帮助之下，他在成都西郊的浣花溪畔盖了一所草堂。这下总算有了一个安定的家，虽然简陋，但环境清幽：

去郭轩楹敞，无村眺望赊。

澄江平少岸，幽树晚多花。

细雨鱼儿出，微风燕子斜。

城中十万户，此地两三家。

（《水槛遣心》）

家安下了，自然会有客人来，这当然是令人高兴的事情：

舍南舍北皆春水，但见群鸥日日来。

花径不曾缘客扫，蓬门今始为君开。

盘飧市远无兼味，樽酒家贫只旧醅。

肯与邻翁相对饮，隔篱呼取尽余杯。

（《客至》）

诗中不仅具体地展现了酒菜款待的场面，还出人意料地突出了邀请邻人助兴的细节，表现了诚挚率真的友谊。但是这种宁静美妙的日子只有两三年的时间，由于他所倚重的朋友几度离开成都，他的生活时时发生危机。草堂经常被大雨淋得屋漏床湿，家里也经常吃了上顿没下顿。在这样的艰难困苦中，杜甫表现出了圣人的处世情怀。他并不单单地为自己的一己之困而烦心，而是想到了普天之下和自己一样身在困境的人们，祈愿他们能够过得比自己好：

安得广厦千万间，大庇天下寒士俱欢颜，风雨不动安如山。呜呼！何时眼前突兀见此屋？吾庐独破受冻死亦足！

（《茅屋为秋风所破歌》）

然而，就是这样的生活也难以为继。杜甫不得不带着家人告别草堂，告别成都。他经过将近一年的漂泊，到达了奉节白帝城。依靠地方长官的照顾，他在这里住了下来。又是一段安定的生活，杜甫得以大力的写诗。在大约两年的时间里，杜甫写了430多首诗，诗歌艺术达到了炉火纯青的境地。尤其是他的律诗创作，登上了一个前人没有达到的、后人也无法企及的艺术高峰。后人把他的律诗专称为"杜律"，成为写作律诗的最高准则。《咏怀古迹》五首、《秋兴》八首，以律诗写组诗，是他的律诗里登峰造极的代表之作。其他如《登高》《登楼》《春夜喜雨》《蜀相》《野老》《白帝城最高楼》《旅夜书怀》等，莫不是传诵千古、堪为典则的名篇。仅以《登高》为例：

风急天高猿啸哀，渚清沙白鸟飞回。

无边落木萧萧下，不尽长江滚滚来。

万里悲秋常作客，百年多病独登台。

艰难苦恨繁霜鬓，潦倒新停浊酒杯。

这首诗在声律上极其精密。八句都是工整的对仗句，而全诗这种严整的对仗又被形象的自然流动掩盖起来，精密得不着痕迹。句中平仄谐调，轻重疾徐，变化有致。

三峡的楼台淹留日月，但是诗人开始想念家乡了。大历三年（公元768年），杜甫携家人乘舟东出三峡，开始了人生最后一次漂泊。江陵、公安、岳阳、衡阳……但就是回不了他魂牵梦萦的河南巩县。两年时间，江流上的一叶孤舟就是他的家。大历五年（公元770年）的冬天，经受一生流离之苦的诗圣，终于停下了浪迹天涯的脚步，静静与天地造化相融为一。"千秋万岁名，寂寞身后事。"这是杜甫写给李白的句子，正好也应在了他自己的身上。他把自己的苦难，化作了彪炳千古的壮美诗篇，铸成了一部灌溉后世的诗史。

王维

唐代诗人、画家，字摩诘，太原祁（今山西祁县）人，出身于官僚家庭。开元九年（公元721年），进士及第，做大乐丞，因事贬为济州司仓参军。后来回长安，历任右拾遗、监察御史、吏部郎中等职。40岁后过着亦官亦隐的生活。安史之乱中被强迫做伪官，乱后一度被贬，后升至尚书右丞，卒于官。故有王右丞之称。晚年淡漠世事，成为"以禅诵为事"的佛教徒。王维的诗歌以40岁为界分为前后两期。前期诗歌多游侠、边塞题材的作品，风格豪放慷慨，意气风发。后期诗歌的主要题材是山水田园，隐居生活的闲情逸致。他的诗歌意境独特，想象新鲜，刻画细致，语言凝练，艺术成就极高。《山居秋暝》《渭城曲》等是其诗歌代表作。《送元二使安西》又称《阳关三叠》，是著名的送别诗。王维也有极高的书画、音乐造诣。

白居易

中唐时期的白居易是一位为世人所熟悉、所敬慕的诗人，在整个古代文学史上，他也是堪称一流的大诗人。

白居易，字乐天，号香山居士，出生在河南郑州新郑一个官僚士族家庭里。幼时的白居易聪明过人，五六岁起就开始写诗，八九岁时已能按照复杂的音韵写格律诗。

16岁时，白居易初次进京应举，当时的苏州太守韦应物把他引见给大诗人顾况。他送上新诗作《赋得古原草送别》，顾况看着诗卷，轻轻吟诵起来：

离离原上草，一岁一枯荣。

野火烧不尽，春风吹又生。

远芳侵古道，晴翠接荒城。

又送王孙去，萋萋满别情。

顾况读完后不禁拍案叫绝。从此，白居易的声名大振。

白居易20岁时回到安徽宿县家中，废寝忘食，发奋攻读。从28岁起，他完全靠自己的力量，"十年之间，三登科第"。

白居易在中央和地方总共做了40多年官，中间也曾辞职和被贬过，但他为官清正廉洁，从来不向恶势力低头。

白居易在陕西周至县当县尉时，结识了陈鸿、王质夫，三人同游仙游寺，聊天中时常谈及唐玄宗和杨贵妃的故事。白居易感慨兴叹，于是大家鼓励他写一首叙事诗，后来终于写成名篇《长恨歌》。《长恨歌》以刚刚成为历史的唐明皇和杨贵妃的爱情故事为题材，诗人意在写出这一桩历史上莫大的悲剧，以为将来之鉴。全诗可以分为前后两大部分。前半部分对唐明皇的纵情误国和杨贵妃的恃宠致乱作了讽刺和批评；这是符合诗人的创作意图的。但是写到后半部分，诗人几乎把所有的才气和情感都倾注在这两位爱情悲剧的主角上，对他们的不幸寄寓了深深的同情。以现在的作文标准来看，这几乎可以算作"偏题"，一定是不合格的了，但多亏诗人是受情感的驱使而不是受理智的约束，才有了这传诵不衰的爱情名篇。

现在看这首长诗的后半部分。诗人着力描写了唐明皇和杨贵妃生离死别以后双方的思念之情，具有浓郁的浪漫主义色彩。诗中极力地铺陈和渲染了马嵬之变以后唐明皇对杨贵妃的哀思悼念：

蜀江水碧蜀山青，圣主朝朝暮暮情。

行宫见月伤心色，夜雨闻铃肠断声。

在入蜀途中，风尘荏苒，一路仓皇，尚且见月伤心，闻雨肠断，回到昔日共同生活的长安，睹物思人，又是怎样的凄楚心境：

归来池苑皆依旧，太液芙蓉未央柳。

芙蓉如面柳如眉，对此如何不泪垂？

春风桃李花开夜，秋雨梧桐叶落时。

西宫南内多秋草，落叶满阶红不扫。

梨园弟子白发新，椒房阿监青娥老。

夕殿萤飞思悄然，孤灯挑尽未成眠。

迟迟钟鼓初长夜，耿耿星河欲曙天。

鸳鸯瓦冷霜华重，翡翠衾寒谁与共？

悠悠生死别经年，魂魄不曾来入梦。

走在昔日同行同止的故地，看见芙蓉绽放，就想起了爱人的笑靥；看见新柳垂枝，就想起了爱人的细眉。这里的一枝一叶，莫不关联着心灵最深处的那份情感。生死悠悠，相别经年；在帐冷灯昏的深深寂寞里，度过了多少不眠的长夜，爱妃的一缕芳魂却从未入梦以慰相思。于是有一个临邛道士帮助寻找，上天人地两处茫茫都不见。后来，终于在海上虚无缥缈的仙山之上找到了杨妃。仙境里的她，玉容寂寞梨花带雨，原来是一样的苦苦相思。她殷勤地迎接汉家的使者，含情脉脉托物寄情，重申前誓，以回报玄宗对她的思念：

临别殷勤重寄词，词中有誓两心知。

七月七日长生殿，夜半无人私语时。

在天愿作比翼鸟，在地愿为连理枝。

天长地久有时尽，此恨绵绵无绝期。

刻骨的相思化为了不绝的长恨，李杨的爱情得到高度的升华，普天下的痴男怨女从中看到了自己的影子，激起了强烈的心灵震撼。精练的语言，优美的形象，回环往复而又缠绵悱恻的旋律，使这首诗成为了一个精妙绝伦的艺术珍品。

白居易为官期间也很关心百姓的疾苦，如诗歌《新丰折臂翁》就和杜甫的名作《兵车行》有些类似。诗中借一位88岁的老人追述他当年"夜深不敢使人知，偷得大石槌折臂"的惨痛故事，说明了百姓不愿参加不义之战的真实心态。《卖炭翁》则对下层劳动人民寄予了无限的同情，而对倚势欺人的官宦充满了憎恨。

公元807年，白居易被授翰林学士，三年后，被任为左拾遗。因屡次直言进谏和写了不少讽喻诗，白居易为权贵们所嫉恨。在一连串的恶毒攻击下，唐宪宗不分青红皂白，把白居易贬为江州（今江西九江）司马。这一打击，使白居易郁郁不乐，在悲哀和愤恨中，写下了"似诉平生不得志"的传世名篇《琵琶行》。在一个深秋的夜晚，诗人去浔阳江头为友人送行。在醉不成欢、满目凄凉的分别时刻，忽然听到了阵阵动人心弦的琵琶声。原来是一位独守空船的女子正用琵琶抒发自己的哀怨。她本是京城长安的一位色美艺高的名妓，在年长色衰之后，不得不委身于一个重利轻情的商人，就这样飘零于江湖间，一天天地打发自己的寂寞时光。琵琶女的一席倾诉和凄凄切切的琵琶曲，让诗人想起了自己的遭遇。20年前自己也曾心怀壮志走进长安，但几番坎坷，几番磨难之后，也和这位可怜的歌妓一样被抛出了京城，过着屈辱的生活。于是诗人发出了"同是天涯沦落人，相逢何必曾相识"的深沉感叹。这首诗不仅内涵饱满，而且在艺术上也达到了极高的成就，是中国诗歌史上的典范。

后来，白居易又被召回长安。在长安城，他看到昔日的朋友们个个为了权势明争暗斗，意识到此地不可久留，于是上奏本，力求外放，得到了批准。

白居易晚年目睹朝政黑暗，对政治斗争深感厌倦，便辞官隐居洛阳。在那里，他十分喜爱清幽的香山寺，便携书童移居那里，并和寺僧结社，经常唱酬，自号"香山居士"。

此后，白居易便把全部精力都投入到诗歌创作中去了。他一生共写了2800多首诗，后人对他的为人和文学成就有着高度的评价。

李商隐

唐代诗人，字义山，号玉溪生，怀州河内（今河南沁阳）人。初受牛党令狐楚赏识，被引为幕府巡官。后李党王茂元爱其才，任为书记，并以女嫁之。牛党执政后，遂受冷遇，遭排挤，辗转于各藩镇幕府，过着贫寒的幕僚生活，潦倒至死。他关心现实，写有许多反映宦官专权、藩镇割据的诗歌。其咏史诗，曲折讽刺帝王的荒淫误国，抒发自己怀才不遇的感慨。他最为人传诵的是爱情诗，此类诗，或名《无题》，或取篇中两字为题，写得委婉含蓄，凄迷朦胧，幽渺秾艳，神秘宁静，"春蚕到死丝方尽，蜡炬成灰泪始干""心有灵犀一点通"是广为传诵的名句。《安定城楼》《登乐游原》《有感》等都是他的代表诗作。他与杜牧并称"小李杜"，对晚唐韩偓、宋初西昆派诗人等都有影响。著作有《李义山集》。

古文运动

　　唐代古文运动主要是对文风、文体和文学语言进行改革的一次文学运动。古文是唐朝人对先秦两汉通行的散文体文言文的称呼，其特征是散行单句，不拘格式，不同于骈文的讲究排偶、辞藻、音律、典故。唐中叶，一些文人反对六朝以来的浮艳文风，大力提倡古文，逐渐形成社会风尚，这就是古文运动。古文文风的倡导者是韩愈和柳宗元。韩愈主张重视文章的思想内容，其散文气势雄健，奔放流畅。柳宗元也主张"文者以明道"，他的散文峭拔俊秀，含蓄精深，对散文的发展也有很大的影响。

韩愈

　　唐代文学家、哲学家，字退之，河阳（今河南孟州市）人，郡望昌黎，世称韩昌黎。因官吏部侍郎，又称韩吏部。谥号"文"，又称韩文公。三岁即孤，由兄嫂抚育，二十五岁中进士，二十九岁始登仕途，在科名和仕途上屡受挫折。任监察御史时，上书论天旱人饥状，请减免赋税，贬阳山令。元和十二年（公元817年），升为刑部侍郎。元和十四年（公元819年），因谏迎佛骨，触怒宪宗，被贬潮州刺史。穆宗时被召回京，为兵部侍郎、吏部侍郎、京兆尹等职。韩愈思想源于儒家，以儒家正统自居，反对佛教清净寂灭、神权迷信；反对藩镇割据、宦官专权，关心人民疾苦。他与柳宗元倡导古文运动，开辟了唐以来古文的发展道路。散文内容丰富，形式多样，风格雄奇奔放，感情充沛，语言造诣很高。除散文外，韩愈又能诗，他以文为诗，引古文语言、章法、技巧入诗，开创了唐诗新领域，但也带来讲才学、发议论、追求险怪等不良风气。他工古体而近体少，但亦有律诗、绝句佳篇，如七律《左迁至蓝关示侄孙湘》《答张十一功曹》《题驿梁》，七绝《次潼关先寄张十二阁老》《题楚昭王庙》等。后人对韩愈评价很高，尊他为唐宋八大家之首。杜牧把韩文与杜诗并列，称为"杜诗韩笔"；苏轼称他"文起八代之衰"。著作有《昌黎先生集》。

柳宗元

　　唐代文学家、哲学家，字子厚，河东解（今山西省永济市）人，世称柳河东。贞元进士，又应博学宏词科及第。参加王叔文革新集团，失败后被贬为永州司马，后迁柳州刺史，故又称"柳柳州"。柳宗元最突出的文学成就在散文上面，与韩愈共同倡导古文运动，同列"唐宋八大家"。他的散文题材多样，论说文，表达自己的政治历史观，如《封建论》；传记叙事文，多取材于下层人物，发展了《史记》以来的人物传记，如《捕蛇者说》；寓言散文，篇幅短小，寓意深刻，《黔之驴》最为著名；尤其著名的是他的山水游记，这些作品，文笔清新秀美，富有诗情画意，代表作是《小石潭记》。柳宗元存诗较少，但他在独特生活经历和思想感受的基础上，借鉴前人的经验，发挥自己的才华，创造出独特的艺术风格，多传世之作。其诗歌精工密致，韵味深长，在简淡格调中表现深厚的感情。《江雪》是最为人传诵的诗歌名作。著作有《河东先生集》。

第七章

群雄并立及两宋

五代十国（公元907年~960年）：唐末的农民起义虽被镇压下去，但朝廷对藩镇也完全失控，他们彼此攻伐，中原地区相继出现五个朝代，西蜀、江南、河东地区有10个割据政权，合称五代十国。五代是后梁、后唐、后晋、后汉、后周。十国是前蜀、吴、闽、吴越、楚、南汉、南平（荆南）、后蜀、南唐和北汉。继魏晋南北朝之后中国再度陷入分裂混乱的局面。

北宋（公元960年~1127年）：公元960年，宋太祖赵匡胤代后周，建立宋朝，定都开封。经过十多年的统一战争，于公元979年结束了五代十国的封建割据，基本将中原地区和南方统一于自己的管辖之下。宋以公元1127年金人俘徽、钦二帝及宗室妃嫔北去为界，分为前后两个时期，此前为北宋时期，此后为南宋时期。

辽朝（公元916年~1125年）：辽朝是契丹族在中国北方地区建立的一个王朝，其势力得到发展的标志是迭剌部耶律氏的迅速崛起。公元916年，耶律阿保机称帝建国，称契丹国（公元947年，改国号为辽）。它第一次使北部中国大部分地区得到统一，为中华多民族走向融合和统一做出了重大的贡献。后耶律大石虽然建立了西辽政权，但很快又被蒙古所灭。

西夏（公元1038年~1227年）：西夏乃党项族拓跋氏所建，传10帝，历190年。前期同辽、北宋鼎立，后期与金、南宋并存。不是向北宋和辽称臣，便是依附于金朝和蒙古汗国。但从客观实际上看，西夏是当时中国西部地区的一个军事强国，完全能够同北宋和辽朝抗衡，甚至强于北宋。纵观西夏190年的历程，先后在三川口、好水川、定川及贺兰山等战役中战胜宋、辽，形成了同北宋和辽朝相鼎立局势。

南宋（公元1127年~1279年）：北宋灭亡之后一个月，赵构在南京（今河南商丘）即皇帝位，南宋由此开始。南宋始终处于金的军事压力之下，其最高统治者一味妥协苟安，一直在战战兢兢中过着屈辱的日子。

金朝（公元1115年~1234年）：公元1115年，女真部完颜阿骨打在居地安出虎水（今黑龙江阿什河流域）地区建国称帝，建立起奴隶制的金朝。他仿辽汉创制女真文字，实行勃极烈制度，改革军事制度，使金迅速强大起来。并于公元1120年与宋缔结"海上之盟"，宋金合力灭辽，使之在北方统治的道路上扫清了最大的障碍。辽灭，金就将目标对准宋廷。公元1127年，金将战火引向南方，灭北宋并迫使南宋于公元1141年签订了屈辱的"绍兴和议"，由此金夺得了在中原的统治权力，疆域扩至极大。

一、五代十国、两宋、辽、西夏、金朝的建立与争战

朱温灭唐

开平元年（公元907年）四月，梁王朱温即帝位，国号大梁，建元开平，是为梁太祖。大梁的建立，标志着中国重新分裂，五代十国的混战从此开始。

朱温又名朱全忠，全忠之名为唐王朝所赐。他原本是黄巢部将，后见起义军大势已去，便举兵降唐。唐朝廷授朱温任宣武军节度使、右金吾大将军、河中行营招讨副使，赐名全忠，后授为梁王。朱温拥兵自重，权欲熏心，企图篡唐以代之。他先后杀昭宗、立幼主、屠诸王、灭朝士，摧残唐王朝的统治。当时，他兵力强盛，诸藩如李克用、李茂贞、王建、杨渥、钱镠、刘仁恭等皆不能与之抗衡。唐哀帝困居洛阳，在朱温掌握之中。

公元907年农历正月，朱温强迫哀帝下诏，定于二月禅位。三月，哀帝正式降下御札，禅位于朱温。四月，梁王朱温更名朱晃，服衮冕，登上皇帝宝座，史称后梁太祖。改元开平，国号大梁，以汴州为开封府，称东都。以唐东都洛阳为西都，废唐西京长安，改称大安府，置佑国军。将哀帝降为济阴王，迁于曹州（今山东曹县西北），派兵防守，次年将哀帝杀死。将枢密院撤废，另设崇政院，任命首辅敬翔为使。

至此，自武德以来经21帝、290年的李唐王朝为梁王朱温所亡。以后

50多年的时间里，中原地区前后更替了五个王朝——梁、唐、晋、汉、周（为了跟以前相同名称的王朝区别，历史上把它们称作后梁、后唐、后晋、后汉、后周），合称为五代。五代时期，在南方和巴蜀地区，还出现了许多割据政权，有的称王，有的称帝，前后建立了九个国（前蜀、吴、闽、吴越、楚、南汉、南平、后蜀、南唐），加上建立在北方的北汉，一共是十国。所以又把五代时期称作"五代十国"时期。

海龙王钱镠

朱温刚一即位，镇海（治所在今浙江杭州）节度使钱镠第一个派人到汴京祝贺，表示愿意臣服于梁。朱温很高兴，立即把他封为吴越王。

吴越王钱镠为唐代镇海、镇东节度使。后梁灭唐后，于后梁龙德三年（公元923年）二月，梁末帝朱友贞派兵部侍郎崔协等为使，拉拢钱镠并册封其为吴越国王。从此，吴越开始建国，都城设在杭州。

吴越国王钱镠为杭州临安人，出身寒门。年轻时以贩私盐为生，后应募参军，慢慢掌握军权而占据两浙之地。唐末时被封为越王和吴王。后梁初立，吴越为提高自身地位及加强国力，一改别国的做法而和后梁建立良好的外交关系，被封为吴越王兼淮南节度使。他虽受封却不对梁称臣而称吴越国，次年改元天宝，是一个表面臣属而实际独立的政权。吴越国的版图在十国之中较为狭小，包括杭、越、湖、苏等13州。因其国小力弱，孤处东南，所以一直对北方朝廷示好纳贡，以联络中原抗衡周边政权为国策，自身注意兴修水利，发展商业及海上交通，但国内赋役繁重，民众苦不堪言。

钱镠当了上节度使后，开始追求奢华的生活享受。他在临安盖了豪华的住宅，出门时坐车骑马，兴师动众。他的父亲对他这样的做法，很看不过去。他对钱镠说："我家祖祖辈辈都是靠打鱼种庄稼过日子，没有出过做官的人。你处在今天的位置，周围都是敌对势力，还要跟人家争城夺地。我怕我们钱家今后要遭难了。"

钱镠听了很有感触，从那以后，他做事谨小慎微，只求保住这块割据地区。当时，吴越是个小国，人少势弱，比北方的吴国弱小得多，吴越国常常受它们的威胁。

由于钱镠长期在混乱动荡的环境里生活，使他养成了一种保持警惕的习惯。他给自己做了个"警枕"，就是用一段滚圆的木头做枕头，倦了就斜靠着它休息；如果睡熟了，头从枕上滑下，人也惊醒过来了。

他除了自己保持警惕外，还严格要求他的将士。每天夜里，都有兵士在他住所周围值更巡逻。有一天晚上，值更的兵士坐在墙脚边打瞌睡，隔墙飞来几颗铜弹子，正好掉在兵士身边，惊醒了兵士。兵士们后来才知道这些铜弹子是钱镠打过来的，就不敢在值更的时候打盹了。

钱镠就是靠小心翼翼地做事才保持住他在吴越的统治地位的。吴越国虽然不大，但是因为长期没有遭到战争的侵扰，经济渐渐繁荣起来。

后来，钱镠征发民工修筑钱塘江的石堤和沿江的水闸，这样就有效地防止了海水倒灌；又叫人把江里的大礁石凿平，方便船只来往。民间因他在兴修水利方面的贡献，给他起了个"海龙王"的外号。

吴越自后梁开平元年（公元907年）受封吴越王，至宋太平兴国三年（公元978年）降宋，共历五主，计71年。

儿皇帝石敬瑭

后唐河东节度使石敬瑭是后唐明宗的女婿，早年与李从珂一齐追随明宗，都以能征善战著称。后来，石敬瑭与李从珂发生了矛盾，上奏弹劾李从珂，唐明宗大怒，将石敬瑭免职。

石敬瑭本是勇将，唐朝沙陀部人，辅佐李克用和李存勖，屡立战功，升至刺史。他从小沉默寡言，喜欢读兵法书，而且非常崇拜战国时期赵将李牧和汉朝名将周亚夫。唐明宗对他很器重，还将自己的女儿嫁给了他，让他统领自己的亲军精锐骑兵"左射军"，将他视为心腹之将。

石敬瑭不仅在战场上救过岳父唐明宗，在遇到政治难题时又是他为唐明宗分析局势，指点迷津，体现出了过人的政治谋略。这方面最突出的就是劝唐明宗顺应时势，在兵乱时取得帝位。石敬瑭后来去河东任节度使，并兼云州、大同军等地蕃汉马步军总管，掌握了河东这块后唐起源地区的军政大权。

石敬瑭不仅在军事和政治方面有勇有谋，有韬略，在地方事务的治理方面也表现出色。在陕州（今河南三门峡市西）、魏博（治所在今河北大名东北）、河东等地，他都很有政绩。石敬瑭在任时异常节俭，不贪声色，很多事都亲自处理。到陕州时不到一年就将当地治理得井井有条，再加上他自己很清廉，施政很得人心。

唐明宗死后，他的养子李从珂做了后唐皇帝，这就是唐末帝。唐明宗在位时，唐末帝已与石敬瑭不和，等到他登基后，两人终于闹到公开决裂的地步。

唐末帝派兵讨伐石敬瑭，石敬瑭眼看要抵挡不住了，这时，有个叫桑维翰的谋士给他出个主意，让他向契丹人求救。

那时候，耶律阿保机已经死了，他的儿子耶律德光做了契丹国主。桑维翰帮石敬瑭起草了一封求救信，对耶律德光表示愿意拜契丹国主做父亲，并且答应在打退唐军之后，将雁门关以北的燕云十六州（又称幽云十六州，指幽州、云州等十六个州，都在今河北、山西两省北部）土地献给契丹。

耶律德光正打算向南扩张土地，听到石敬瑭给他优厚的条件，真是喜出望外，立刻出五万精锐骑兵援救晋阳。这样，内外出兵夹击，把唐军打得大败。

后来，耶律德光来到晋阳（今山西太原西南），石敬瑭亲自出城迎接，卑躬屈膝地把比他小十岁的耶律德光称作父亲。

经过一番观察，耶律德光觉得石敬瑭的确是死心塌地投靠他，便正式宣布石敬瑭为皇帝。石敬瑭称帝后，立刻按照原来答应的条件，把燕云十六州送给了契丹。

石敬瑭在契丹的支持下，带兵南下攻打洛阳，接连打了几个胜仗。唐末帝被契丹的声势吓破了胆，在宫里烧起一把火，带着一家老少投火自杀了。

石敬瑭攻下洛阳，灭了后唐，在汴京（今河南开封）正式做了中原的皇帝，国号叫晋，这就是后晋高祖。石敬瑭对契丹国主耶律德光感恩戴德，向契丹上奏章，把契丹国主称作"父皇帝"，自己称"儿皇帝"。朝廷上下都觉得丢脸，只有石敬瑭毫不在乎。

石敬瑭做了七年的儿皇帝，病死了。他的侄儿石重贵即位，这就是晋出帝。晋出帝向契丹国主上奏章的时候，自称孙儿，不称臣。耶律德光借机说晋出帝对他不敬，带兵进犯。

契丹两次进犯中原，都被晋朝军民打败了。但是后来，由于汉奸的出卖，契丹兵攻进了汴京，俘虏了晋出帝，把他押送到契丹。后晋便灭亡了。

公元947年，耶律德光进了汴京，自称大辽皇帝（这一年契丹改国号为辽）。

后来，中原的百姓受不了辽兵的残酷压迫，纷纷起义，反抗辽兵。东方的起义军声势浩大，攻占了三个州。

耶律德光害怕了，被迫退出中原。但是，被石敬瑭出卖的燕云十六州仍在契丹贵族的控制之中，这些地方后来成为他们进攻中原的基地。

陈桥驿兵变

赵匡胤出生于河南洛阳将门之家，胆识过人，武艺超群。21岁时投奔郭威，成为郭威帐下的一名士兵。郭威建立后周，赵匡胤也逐步升为滑州副指挥。

不久，郭威病逝，其养子柴荣即位，就是周世宗。世宗有雄才大略，他南征北战，同时励精图治，革新政治。即位之初，北汉勾结辽国大举攻周，世宗率军亲征。双方在高平（今属山西省）大战，世宗亲冒矢石督战，当后周军队形势危急时，禁军将领赵匡胤和张永德拼死保护世宗。高平大捷后，赵匡胤被提拔为禁军高级将领，负责整编禁卫军。他精心挑选武艺超群的壮士，组成勇敢精锐的殿前诸班，这以后成了后周战斗力最强的队伍。世宗也由此开始了他"十年平定天下"的战略行动。几乎每次征战，赵匡胤都立下汗马功劳，成为世宗的得力虎将。正当世宗开拓疆土、北征辽国时，不幸英年早逝。

世宗在征辽途中捡到一块木牌，上写"点检做天子"，心中就有几分猜忌。当时张永德任禁军最高统帅殿前都点检，他又是周太祖郭威的女婿。世宗担心禁军将帅权势过重会发动政变，就匆匆撤掉了张永德，换上了赵匡胤。但这却使赵匡胤的实力更加雄厚，他做了禁军的最高统帅，掌握了后周军权。

世宗死后，他年幼的儿子登基做了皇帝。公元960年，后周接到边境送来的紧急战报：北汉国主和辽国联合出兵，攻打后周边境。

赵匡胤得令后，立刻调兵遣将，带了大军从东京出发。军校苗训自称知天文，找到主帅的门吏楚昭辅说："我看见太阳下边还有一个太阳，而且有一道黑光来回荡漾了好长时间。一日克一日，这是天命啊！"快到夜晚时，部队还没有走出很远，只好在陈桥驿（在今河南封丘南）安营扎寨，这时离京城不过20里路。当天晚上，将领们反复商议，说现在皇帝还小，即使战死他也不知道，不如推赵匡胤为天子，大家可以荣华富贵。他们到军营四处游说，煽风点火，一时军士大哗，都聚集在赵匡胤营前喊着："点检当天子！"

赵匡胤的弟弟赵光义和归德军掌书记赵普知道时机已经成熟，于是连夜派人骑快马回京城，将殿前都指挥使石守信和都虞侯王审琦这两个赵匡胤的心腹叫来，商量办法。天快亮的时候，叫喊着的军士们已经逼近赵匡胤休息的房舍，赵光义和赵普进去，叫起了赵匡胤，走出房门。只见许多军校站在庭院中，手里还拿着武器，一齐叫喊："愿奉点检当天子！"这时早有人从背后给赵匡胤披上黄龙袍，所有在场的人都跪倒在地上，高喊着

"万岁"，向赵匡胤叩拜。其实这不过是赵匡胤在背后导演的一出闹剧而已。

随即，赵匡胤率大军进入东京城。文武百官齐集崇元殿，为赵匡胤举行受禅大典。但是到了黄昏时分，还没等到小皇帝的禅位诏书，众人都不知如何是好，幸好翰林学士陶谷早有准备，已经拟好了诏书。于是，就用陶谷起草的禅位诏书举行仪式。宣徽使领着赵匡胤来到龙墀的南面，朝北跪拜，接着，宰相们上前搀扶起赵匡胤登上崇元殿，穿上皇帝行大礼的冕服，端坐到龙椅上，接受群臣的拜贺，这就算正式登上了皇位。

赵匡胤因为原来做过归德军节度使，并驻扎在宋州（今河南商丘），所以，他把国号改为宋，并以东京（今河南开封）为京城。后来，他让周朝小皇帝和符太后迁到西宫，并封小皇帝为郑王。

赵匡胤登基后，赐给内外百官军士爵位，实行大赦，凡被贬官的都恢复原职，被流放发配的放回原籍。他派官员祭祀天地，报告改朝换代的事，还派出宦官带了诏书向天下人宣告宋朝的建立。

"杯酒释兵权"

赵普，字则平，幽州蓟县（今北京）人，是陈桥兵变的关键人物。他多谋善策，读书虽然不多，但对政事有独到的见解。曾经担任赵弘殷的军事判官，对赵弘殷很忠心。据说有一次赵弘殷生病，幸亏赵普日夜伺候，方转危为安。赵弘殷感动之余，便认他作同宗。赵弘殷的儿子赵匡胤发现赵普是个人才，见识高远，很想收为己用，便向父亲借调赵普任自己的推官。陈桥兵变时，赵普任掌书记，是赵匡胤的心腹谋士。

赵匡胤的母亲杜太后视赵普为自己的亲人，平日里总是以"赵书记"称呼他。陈桥兵变中的关键人物就是赵普，所以赵匡胤建宋后论功行赏，授予赵普右谏议大夫、充枢密直学士。公元962年，赵普任掌管全国军事的枢密使、检校太保，后任宰相。赵匡胤与赵普相交甚久，互相了解，关系非同一般，赵匡胤视赵普为智囊和军师，事无巨细都要与他商量，再作最后的决定。

赵匡胤提倡大臣读书，赵普就精熟于《论语》，并以其中所讲用于政事上。他曾经对赵匡胤说："我有一本《论语》，用半部佐助您平定天下，用半部佐助您治理天下。"以致留下了"半部《论语》治天下"的美谈。赵普的脾气很倔强，他曾经上奏推荐一个人任职，赵匡胤不用。第二天，赵普还推荐这个人，赵匡胤还是不用。第三天，赵普又推荐这人，赵匡胤大发脾气，将奏折撕碎扔在地上。赵普也不害怕，不慌不忙地跪下把破碎的奏折粘贴起来，第四天又到朝廷上向赵匡胤上奏举荐。赵匡胤没办法，只好下诏重用这个人。

从一建立宋朝起，如何结束和防止唐末五代军阀割据政局不稳的局面一直是赵匡胤的心结，他经常跟赵普谈起这个话题。陈桥兵变后论功行赏，以石守信为归德军节度使，以王审琦为泰宁军节度使、殿前都指挥使，掌握着国家最精锐和数量近全国总兵额一半的禁军，负责出征和保卫皇帝与都城的任务。又让手握重兵的慕容延钊任殿前都点检，韩令坤担任侍卫亲军都指挥使。赵普对此感到很担心，多次在赵匡胤耳边唠叨。赵匡胤说："他们都像我的亲兄弟一样，是靠得住的，不会背叛我。你可能多虑了。"赵普深思后回答赵匡胤："现在他们一定不会反，但是有朝一日，他们被手下有野心的人黄袍加身，到时他们就身不由己了。"他又把赵匡胤与柴荣的关系作了比较，当年柴荣待赵匡胤恩重如山，但赵匡胤还是在部下的鼓动下夺取了后周的政权。生动的事例使赵匡胤如梦初醒。

有一天，他主动找来赵普，说："从唐末以来，几十年时间，出了八姓十二个君王，僭称皇帝和篡夺政权的事比比皆是，战乱不断。我想要结束天下的战争，开创长治久安的局面，应该用什么方法呢？"赵普说："陛下考虑到这个问题，是天地神人的福气。我看，关键是节度使权力太大，造成尾大不掉的后果，而危及皇权，只要削弱他们的行政权，剥夺他们的兵权与财权，那些节度使就不敢有什么想法了"。赵匡胤恍然大悟，决心依照赵普说的办。

公元961年，为了保证自己地位不受威胁，赵匡胤首先把讨伐李重进回来的大将慕容延钊的殿前都点检职务免去，改任山南东道节度使，免去韩令坤侍卫亲军都指挥使的职务，改任成德节度使。此后不再设殿前都点检一职。接下来，赵匡胤又谋算起他最亲信的老朋友的军权。有一天晚朝以后，赵匡胤将石守信等大将留下来喝酒叙旧。

赵匡胤趁酒酣耳热之际，命令身边的太监退出。他拿起一杯酒，请大家喝干之后说："我要不是有你们帮助，也不会有今天这个样子，但是你们哪儿知道，做皇帝也有很多难心事，还不如做个节度使自在。不瞒你们说，这一年来，我就没有睡过一夜安稳觉。"

石守信等人听了很吃惊，连忙问这是什么原因。

赵匡胤说："这不是明摆着吗？皇帝这个位子，谁不眼红呀？"

石守信等人听赵匡胤这么一说，都惊慌失措，跪在地上说："陛下为什么这样说呢？现在天下已经太平无事了，谁还敢对陛下不忠呢？"

赵匡胤摆摆手说："你们几位我是信得过的，只怕你们的部下当中，有人贪图富贵，往你们身上披黄袍，你们想不干，恐怕也不行吧？"

石守信等听赵匡胤这么说，顿时感到大祸临头，连连磕头，流着泪说："我们都是粗心人，想得不周到，请陛下给我们指引一条出路。"

赵匡胤说："我替你们着想，你们不如把兵权交给朝廷，去地方做个闲官，置些田产房屋，给子孙留点家业，平平安安地度个晚年。我和你们结为亲家，彼此毫无猜疑，这样不是很好吗？"

石守信等一齐说："陛下为我们想得太周到啦！"

第二天，石守信等大臣一上朝，每人都递上一份奏章，说自己年老多病，请求辞职。赵匡胤马上准许，收回他们的兵权，赏给每人一大笔财物，打发他们到各地去做节度使。历史上把这件事称为"杯酒释兵权"。

在杯酒释兵权解除了石守信等重臣元老的军权后，赵匡胤又采取措施加强禁军，并用各种手段牢牢控制住禁军，使其成为巩固统治最重要的力量，以对抗实力强大的各地方节度使。

同时，赵匡胤一反五代重武轻文的陋习，重用文人，让文官取得了武官的许多权力，使各地武官的权力大幅缩小，建立起了以皇帝为中心的封建中央集权政治制度，成功解决了军阀割据问题，有利于社会的安定和经济的发展。

开宝九年（公元976年）十月，赵匡胤因病逝世，终年50岁，谥号英武圣文神德皇帝，庙号太祖。

李后主亡国

宋太祖稳定了内政，将国家的权力集于一身后，便开始做统一中国的打算。当时，五代时期的"十国"，留下来在北方割据的有北汉，在南方割据的还有南唐、南平、南汉、吴越、后蜀等。要统一全国，该先从哪里下手呢？宋太祖越想思绪越乱。

一个风雪交加的夜里，赵普正在家里烤火取暖，宋太祖找上门来。赵普连忙请宋太祖进屋，拨红了炭火，在炭火上炖上肉，叫仆人拿出酒来招待。宋太祖此行，正是为了与赵普商量如何一统全国。

这一夜，宋太祖和赵普决定了先攻灭南方，后平定北方的计划。在随后的10年里，宋王朝先后出兵灭了南平、后蜀、南汉。这样，南方只剩下南唐和吴越两个割据的政权了。

南唐偏安江南，社会相对稳定，城市经济繁荣。中主李璟、后主李煜、宰相冯延巳都十分爱好填词，他们不仅写艳情而且抒真情，既有对好景不长、人生易逝的喟叹，也有深沉的故国之恋和亡国之痛。其中，李煜（公元937年~978年）的创作独步当时，成为文学史上卓尔不群的杰出词人。

李后主是一位九五之尊的帝王，也是一位天才的艺术家，书法、绘画、音乐无所不精。当他即位称帝的时候，国家已岌岌可危，他在对北宋的委曲求全中过了十几年的生活，这期间他依然是纵情声色，侈陈游宴。

公元974年农历九月，宋太祖派大将曹彬、潘美带领10万大军分水、陆两路攻打南唐。

宋军到了长江边，马上用竹筏和大船赶造浮桥。这个消息传到南唐的国都金陵（今江苏南京市），南唐君臣正在歌舞饮宴。李后主问周围大臣该怎么办，大臣说："从古至今，没听说搭浮桥过江的，不必理会！"

后主边笑边说："我早说过这不过是小孩子的把戏罢了。"

三天后，宋军搭好浮桥，潘美的步兵在浮桥上如履平地，跨过长江。南唐的守将抵挡不住，败的败，降的降。10万宋军转瞬间就打到金陵城边。

那时候，李后主正在宫里跟一批和尚道士诵经讲道，宋军到了城外，他还一无所知呢。等他到城头上巡视，才发现城外到处飘扬着宋军旗帜。

李后主连忙调动驻守上江的15万大军来救。救兵刚到了皖口，便遭到宋军的两路夹攻，南唐军全军覆没。李后主叫人在宫里堆了柴草，准备放火自焚，但是最终胆怯了，后来带着大臣出宫门，向曹彬投降。

李后主被押到东京，过着囚徒的生活。两年以后，在七月七日他的生日那天，他在寓所让旧日宫妓作乐，唱他新作的《虞美人》一词：

春花秋月何时了，往事知多少？小楼昨夜又东风，故国不堪回首月明中！

雕栏玉砌应犹在，只是朱颜改。问君能有几多愁，恰似一江春水向东流。

这是一首饱含亡国之泪的绝望悲歌，词人的一腔悲慨之情，如出峡奔海的滔滔江水，永无止息。凄婉的乐声传到外面，宋太宗赵光义听到后大怒，就派人把他毒死了。

李煜从南唐国主降为囚徒的巨大变化，明显地影响了他的创作，使他前后期的词作呈现出不同的风貌。前期的词写对于宫廷生活的迷恋，不外是红香绿玉的格调，在国家危急存亡之秋，这些词读起来让人满不是滋味。他的第一首真正好词，应该是作于亡国北去、辞别庙堂之际的《破阵子》：

四十年来家国，三千里地山河。凤阁龙楼连霄汉，玉树琼枝作烟萝，几曾识干戈。

一旦归为臣虏，沈腰潘鬓消磨。最是仓皇辞庙日，教坊犹奏别离歌，垂泪对宫娥。

先极言昔日的太平景象，家国一统，河山广阔，宫阙巍峨，花草艳美。而一旦国破家亡，只有凄凉悲苦。在告别祖庙的那一天，宫中的乐工还吹奏起离别的曲子。此时的笙歌再没有欢乐，却加深了别离的悲凉。全词明白如话，而真挚的感情深曲郁结，动人心弦。

身为囚徒的岁月，度日如年。他从往日豪奢的帝王生活中醒过来，却发现自己与往昔相比有着天壤之别，没有尊严和富贵，也没有自由。面对残酷的现实，他只有把"日夕以眼泪洗面"的深哀剧痛，尽情地倾泻在他的词里。除了那首给他带来死亡的《虞美人》之外，他还写有《子夜歌·人生愁恨何能免》《清平乐·别来春半》《浪淘沙·往事只堪哀》《望江南·多少恨》《浪淘沙令·帘外雨潺潺》等许多名作。他在这些作品中，念念不忘的是往日雕栏玉砌的生活，同时沉浸在绵绵长愁里。请看《相见欢》一词：

无言独上西楼，月如钩。寂寞梧桐深院锁清秋。

剪不断，理还乱，是离愁。别是一般滋味在心头。

一个被幽禁的人有着常人难以体会的孤独与寂寞。身处西楼，举头望月。如钩的残月，淡淡的清光，照着梧桐的疏影。如此凄清的景象，人何以堪？过去的欢乐永远过去了，如今只剩下千丝万缕的离愁，紧紧地缠绕着孤苦伶仃的一个人。这种愁，是回忆？是伤感？是忧虑？言语已经无法说清，唯有自己慢慢地咀嚼。

宋太宗征辽

后晋高祖石敬塘为感谢契丹助其灭后唐，入主中原，把幽云十六州割给契丹并自称"儿皇帝"。燕云十六州是中原的天然屏障，直接关系着中原的安危。中原王朝从后周柴荣开始，就开始与辽争夺燕云。赵匡胤建立北宋后，国力无法与辽抗衡，就采取了先南后北的方针。他曾积极储存钱帛，准备或以赎回的方式收回，或用这笔钱作军费，以武力攻取燕云。公元979年宋灭北汉，以幽云十六州为基地屡扰宋边的辽国成了宋王朝北面最大的边患。宋太宗积极部署，欲收回幽云十六州。

公元979年农历六月，灭掉北汉的宋太宗踌躇满志，欲北上一举收复幽云十六州。宋太宗亲率大军10万出镇州（今河北正定）北进，突破了辽军在拒马河的阻截，进围幽州，击败城北辽军一万余。二十六日，太宗命宋渥、崔彦进等四将率军分四面攻城。辽将韩德让和耶律学古一面安抚军民，一面据城固守待援。屯驻清沙河（今北京昌平境内）北的辽将耶律斜轸因宋军势大而不敢冒进，只声援城内辽军。六月二十九日，以耶律沙和耶律休哥为统帅的辽援军赶到，尽管宋军一度登上城垣，但终未能攻入城内，被迫撤退。

七月六日，宋辽两军在高梁河（今北京西直门外）大战。辽军初战不利，稍却。耶律斜轸和耶律休哥及时赶到，分左右横击宋军，城内辽军也杀出参战，宋军大败，宋太宗中箭受伤。辽军乘胜反攻，追至涿州，宋军大量军械资粮落入辽军之手，宋朝第一次幽州会战宣告失败。

高梁河落败后，宋辽平静了几年，但宋太宗积极筹划二度北伐，以雪前耻。公元982年辽景宗去世，耶律隆绪继位，是为圣宗，因年幼，其母萧太后摄政。宋雄州（今河北雄县）守将贺令图以辽帝年幼、内部不稳，建议太宗再攻幽州，太宗心动。参知政事李至以粮草、军械缺乏，准备不充分而反对，但太宗不听，于公元986年农历三月发兵三路攻辽。东路曹彬10万人出雄州，中路田重进出飞狐（今河北涞源），西路潘美、杨业出雁门（今山西代县），三路合围幽州。

宋西路军很快攻下寰（今山西朔县东）、朔（今山西朔县）、云（今山西大同）、应（今山西应县）等州，中路攻占灵丘（今属山西）、蔚州（今河北蔚县）等战略要地，东路夺占固安、涿州。辽国获悉宋军北伐，即派耶律抹只率军为先锋，驰援幽州，萧太后偕辽圣宗随后亲往督战。辽军意图是以南京（幽州，治所在今北京西城区）留守耶律休哥抵御宋东路军，耶律斜轸抵御宋西路和中路军，而圣宗、太后率大军进驻幽州，以重兵击溃宋东路，再击退西、中路。由于辽军主攻点不在西、中路，故宋中、西两路捷报频传，东路宋军将士纷纷主动请战，促主帅曹彬北上。曹彬难抑众愿，遂率军北进，一路不断遭到辽军袭扰。时值夏季，天气酷热，宋军体力消耗很大，抵达涿州时，东路军上下均已疲惫不堪。

此时辽圣宗和萧太后所部辽军已从幽州北郊进至涿州东50里的驼罗口，攻占固安，而与曹彬对峙的是辽悍将耶律休哥，他正虎视眈眈，欲伺机攻击宋军。曹彬鉴于敌主力当前，难以固守拒战，而己军又面临粮草将尽的形势，令军队向西南撤退。辽耶律抹只和耶律休哥见时机已到，即令辽军追击宋军。五月三日，宋军在歧沟关（今河北涿州西南）被辽军赶上，困乏的宋军抵挡不住锐气正盛的辽军，大败。辽军追至拒马河（今河北涿州市西南），宋军四散奔逃，溃不成军，死伤数万，所遗弃的兵甲不计其数。

宋太宗得知东路军惨败，遂令中路军回驻定州（今河北定县），西路军退回代州（今山西忻州市代县），并以田重进、张永德等沉稳持重的将领知诸州，以御辽可能发起的进攻。东路宋军已遭重创，而西路战事仍在进行。八月宋西路主帅潘美、监军王侁拒绝副帅杨业的合理建议，迫令其往朔州接应南撤的居民，杨业要求在陈家谷设伏以防御辽军追击。杨业与辽西路主帅耶律斜轸在朔州南激战，因遭辽萧挞凛军伏击而败退。杨业按预定计划退到陈家谷，本以为此地有宋军埋伏将截击辽军，哪料潘美、王侁违约，早已率军撤走；杨业愤慨自己被出卖，但仍率孤军力战，终因势单力薄全军覆没。杨业身负重伤后被俘，绝食而死。

北宋朝廷发起的旨在收回幽云十六州的幽州之战，因自身的种种原因以惨败结束。

元昊建西夏

宋真宗一味地妥协求和，这种做法虽然按下了辽国那一头，但西北边境的党项族（古代少数民族之一）贵族却趁机侵犯宋朝边境，提出无理要求。宋真宗疲于应付，只好妥协退让，封党项族首领李继迁为夏州（今陕西靖边境）刺史、定难军节度使。1004年，李继迁死后，又封他的儿李德明为西平王，每年送去大批银绢，以示安抚。

李德明的儿子李元昊是个雄心勃勃的人。他精通汉文和佛学，多次打败吐蕃、回鹘等部落，势力范围不断扩大。他劝说李德明不要再向宋朝称臣。

李德明不肯接受他的意见。直到李德明死后，李元昊继承了西平王的爵位，才按照自己的主张，设置官职，整顿军队，准备脱离宋朝的控制，自立门户。

1038年，李元昊正式宣布即位称帝，国号大夏，建都兴庆（今宁夏回族自治区银川市）。因为它在宋朝的西北，历史上叫作西夏。

元昊称帝以后，派使者要求宋朝承认。那时候，宋真宗已经死去，在位的是他的儿子赵祯，即宋仁宗。宋朝君臣讨论的结果，认为这是元昊反宋的表示，就下令削去元昊西平王爵位，断绝贸易往来，还在边境关卡上张榜悬赏捉拿元昊。元昊被激怒了，就决定大举进攻。

那时，在西北驻防的宋军兵士有三四十万，但是这些兵士分散在24个州的几百个堡垒里，而且各州人马都直接由朝廷指挥，彼此之间没有作战配合。西夏的骑兵却是统一指挥，机动灵活，所以常常打败宋军。

一年后，西夏军向延州（今陕西延安东北）进攻，宋军又打了一个大败仗。宋仁宗十分生气，把延州知州范雍革了职，另派大臣韩琦和范仲淹到陕西指挥抗击西夏。

范仲淹到了延州，改革边境上的军事制度。他把延州1.6万人马分为六路，由六名将领率领，日夜操练，宋军的战斗力显著提高。西夏将士看到宋军防守严密，不敢进犯延州。

1041年2月，西夏军由元昊亲自率领，向渭州（今甘肃平凉）进犯，韩琦集中所有人马布防，还选了1.8万名勇士，由任福率领出击。

任福带了几千骑兵迎击西夏兵，两军相遇，双方打了一阵，西夏军丢下战马、骆驼就逃。任福派人侦察，听说前面只有少量的敌兵，就在后面紧紧追赶。

任福带着宋军向西进兵，到了六盘山下，连西夏军的影子都没看见。只见路边有几只银泥盒子，封得很严实，兵士们走上前去，端起银泥盒子听了一下，有一种跳动的声音从里面发出。兵士报告任福，任福吩咐兵士打开盒子。只见里面接连飞出了100多只带哨的鸽子，在宋军的头上飞翔盘旋。

原来，西夏军采取了诱敌战术。在六盘山下，元昊带了10万精兵，早已布置好埋伏，只等那鸽子飞起，四面的西夏军就一齐杀出，将宋军紧紧围在中央，宋军奋力突围。从早晨一直打到中午，大批的西夏军不断从两边杀出。宋兵边打边退，伤亡不断增加。

任福身上中了10多支箭，兵士劝任福逃脱。任福说："我身为大将，兵败至此，只有以死报国。"他又冲了上去，死在西夏军刀下。

这一仗，宋军死伤惨重，元昊获得大胜。韩琦听到这消息，非常难过，上书朝廷自请处分。宋仁宗撤了韩琦的职。范仲淹虽然没直接指挥这场战争，但是被人诬告，也降了职。

从这以后，宋夏多次交兵，宋军连连损兵折将，宋仁宗不得不重新起用韩琦、范仲淹指挥边境的防守。两人同心协力，爱抚士卒，军纪严明，西夏才不敢再进犯。

王安石变法

宋神宗于熙宁二年（1069年）任命王安石为参知政事，开始变法。不久，又设立了制置三司条例司这个专门机构来实行变法，此机构负责制定新的财政经济政策，变革旧法规，颁行新制度。

同年七月，国家财政出现了危机。制置三司条例司建议实行均输法，即增设发运使一职，总计六路赋税收入情况，并详细了解六路各地区财货的有无、多少而互相协调。均输法的实行，在"便转输，省劳费，去重敛，宽农民"等方面，收到一定的成效。九月，王安石根据早年的经验，并参照李参在陕西地区推行青苗钱的例子，改革常平仓制度，实施青苗法：将过去负责调节谷价的常平仓及负责赈济贫疾老幼的广惠仓所积粮谷兑换成现钱，每年青黄不接时，于夏秋两次向城乡居民借贷，届时随两税归还，或缴纳现钱，或按价折为粮米。青苗法的实行，在限制高利贷盘剥等方面，收到成效，朝廷也获得了大量利息。到十一月又颁布实施农田水利法，此法规定：凡农田如荒闲可事垦辟，瘦瘠可变肥沃，旱地可为水田等，皆由州县斟酌统一实施。行之有效者，予以奖励。此法实行七年后，全国共兴修水利10793处，受益民田36万多顷、公田1915顷，收到了显著的成效。

东京保卫战

就在宋朝国力日渐衰弱的同时，我国东北地区的女真族却逐渐强大起来。1115年，完颜阿骨打建立了金国。金灭辽之后，强大的金军屡次南侵，宋朝只有抵抗的能力。

宋宣和七年（1125年），乘北宋王朝腐败，金军大举南下，消息传到东京，北宋君臣慌作一团，群臣请求徽宗禅位于皇太子赵桓，以便号召各地官兵和百姓起兵勤王。宋徽宗赵佶一听，直吓得魂飞魄散，急忙写下了"传位东宫"的诏书宣布退位，自己当了"太上皇"，并且连夜带着亲兵逃出了京城。太子赵桓即位，这就是宋钦宗。他在宫中也六神无主，宰相白时中、李邦彦乘机劝他弃城逃往襄阳。兵部侍郎李纲听说后，立刻求见宋钦宗。

李纲在殿上责问宋钦宗，说："太上皇把固守京城的千斤重担托付给陛下，现在金兵还没到，陛下就把京城抛弃了，将来怎么向太上皇交代，怎么向全国的百姓交代？"

宋钦宗哑口无言。白时中却怒气冲冲地说："金军来势汹汹，锐不可当，京城哪里能守得住？"

李纲怒视白时中，反问道："天下的城池，还有比京城更坚固的吗？如果京城守不住，那么天下就没有守得住的城了。况且宗庙社稷、百官万民都在这里，丢开不顾，还去守卫什么？如果我们鼓励将士，安慰民心，就一定能守住京城！"

李纲的一片忠心打动了宋钦宗，他马上让李纲负责防守京城。李纲随即去城楼上调兵遣将，布置好守城的人马准备迎击金军。

几天后，宗望率领10万铁骑，来到东京城下。这一天，天刚亮，金兵就疯狂地攻城。他们沿着汴河出动了几十只火船，企图顺流而下，烧掉城楼。李纲早有准备，在汴河里布置了一排排的木桩，又从蔡京府中搬来了大量的假山石，垒塞在门道间，使金军火船无法前进。这时，布置在城下的2000多名敢死队员一齐上前，手执长竿铙钩，牢牢地钩住那些火船，使它们进退不得，不久那些火船便化为灰烬。

宗望一计不成又生一计，把他的王牌铁骑搬了出来。他们身穿铁甲，头戴兜鍪，全身只露出两个眼睛，擅避刀剑，十分凶悍。但因为是骑兵，在城下施展不开，只能坐在大船里顺流而来。李纲便把城下的兵撤到城头上，也不放箭，只是让那些船只驶近水门前。紧接着一声令下，巨大的石块如暴雨般向下投掷。任凭你的兜鍪怎样坚韧，百十斤重的石块落在头上，也只有脑浆迸裂，一命呜呼。船只也被砸碎，跌入汴河的铁甲兵上不了岸，只能被活活淹死。

宋军将士斗志高昂，他们个个奋勇杀敌。李纲脱去官服，亲自擂鼓激励将士，打退了敌人一次又一次的进攻。

金军统帅宗望孤军深入，千里奔袭宋朝都城，原打算速战速决，却不料东京的防守那样坚固、严密。不仅城池久攻不下，而且损兵折将、伤亡惨重，只好派人议和。

靖康之变

在金将宗望被迫退兵的时候，种师道向宋钦宗建议，趁金军渡黄河之际，发动一次袭击，把金军消灭掉。宋钦宗不但不同意这个好主意，反而把种师道撤了职。

金军退走以后，宋钦宗和一批大臣以为从此可以安稳度日了，哪料到东路的宗望虽然退了兵，西路的宗翰率领的金军却不肯罢休。靖康元年（1126年）十月，金军又开始对北宋发动进攻，太原、真定很快失守。十一月中旬，西、东两路金军相继渡过黄河。钦宗君臣知道金军渡河向东京进军的消息后，吓得惊慌失措，不知该怎么退敌。宋钦宗派大将种师中带兵前去援救，半路上被金军包围，种师中兵败牺牲。投降派的一些大臣正嫌李纲在京城碍事，就撺掇宋钦宗把李纲派到河北指挥作战。

李纲明知道自己遭到排挤，但是要他上前线抗金，他也不愿推辞。李纲到了河北，招兵买马，准备抗金。但是朝廷却命令他解散招来的新兵，立刻前往太原。李纲调兵遣将，分三路进兵，但是，那里的将领都受朝廷的直接指挥，根本不听李纲的命令。由于三路人马没人统一领导，结果打了一个大败仗。

李纲名义上是统帅，却没有实际指挥权，只好向朝廷提出辞职。宋钦宗撤了李纲的职，把他贬谪到南方去了。金国君臣最怕李纲，现在李纲被罢了官，他们就再没有顾忌了。金太宗又命令宗翰、宗望向东京进犯。

这时候，太原城被宗翰的西路军围困了八个月后，终于陷落在金兵手里。

太原失守之后，两路金军同时南下。各路宋军将领听到东京吃紧，主动带兵前来援救。宋钦宗和一些投降派大臣忙着准备割地求和，竟命令各路援军退回原地。

面对两路金军不断逼近东京，宋钦宗被吓昏了。一些投降派大臣又极力劝宋钦宗向金求和。宋钦宗只好派他弟弟康王赵构到宗望那里去求和。

赵构经过磁州（今河北磁县），州官宗泽对赵构说："金国要殿下去议和，不过是骗人的把戏而已。他们已经兵临城下了，这是求和的态度吗？"

磁州的百姓也拦住赵构的马，不让他去金营求和。赵构也害怕被金国扣留，就留在了相州（今河南安阳）。

没过多久，两路金军已经赶到东京城下，继而猛烈攻城。城里只剩下三万禁卫军，不久就差不多逃跑了一大半。各路将领因为朝廷下过命令，也不来援救东京。这时候，宋钦宗已是叫天天不应，叫地地不灵了。

眼看末日来到，没有办法，宋钦宗痛哭了一场，亲自带着几个大臣去金营送降书。宗翰勒令钦宗把河东、河北的土地全部割让给金国，并且向金国献金1000万锭，银2000万锭，绢帛1000万匹。宋钦宗一一答应，金将才把他放回了城。

宋钦宗派了24名官吏帮金军在皇亲国戚、各级官吏、和尚道士等人家里彻底查抄，前后抄了20多天，除了搜去大量金银财宝之外，还把珍贵的古玩文物、全国州府地图档案等也抢劫一空。

靖康二年（1127年）三月七日，金人扶植张邦昌建立傀儡政权。四月一日，金将宗望、宗翰押着被俘而扣留在金营的宋徽宗、宋钦宗和皇子、皇孙、后妃、宫女等400余人返回金国，同时满载掠夺的大量金银财宝。金军退兵时，还将宋宫中所有的法驾、卤簿等仪仗法物和宫中用品，以及秘阁、太清楼、三馆所藏图书连同内侍、内人、伎艺工匠、倡优、府库蓄积席卷一空。

岳飞大败兀术

南宋初年，金军几次南下，威胁南宋政权。南宋军民奋起抗金，金军一举灭亡南宋的计划失败，高宗才得以苟安江南。金国扶植刘豫为大齐皇帝，建立大齐傀儡政权，与南宋对峙。接着，又放宋旧臣秦桧南归，利用他破坏南宋的抗金力量。秦桧到南宋后，千方百计取得高宗的信任，被任命为宰相。尽管南宋处于极为不利的地位，但是当时的抗金战场上依然活跃着无数保家卫国的英雄。岳飞，就是南宋抗金的一面旗帜。

岳飞是相州汤阴（今河南汤阴）人，从小刻苦读书，尤其爱读兵法。他还力大过人，十几岁的时候就能拉开300斤的大弓。他听说同乡老人周同武艺高强，就拜周同为师，学得一手百发百中的好箭法。

后来，岳飞从了军。金兵南下的时候，他在东京当一个小军官。有一次，他带领100多名骑兵，在黄河边练兵，忽然对面来了大股金兵。兵士们都吓得不知所措，岳飞却不慌不忙地说："敌人虽然多，但他们不知道我们有多少兵力。我们可以趁他们没准备的时候击败他们。"说着，就带头冲向敌阵，斩了金军一名将领。兵士们受到岳飞的鼓舞，也冲杀上去，果然把金军杀得落花流水。

从这以后，岳飞的勇猛便出了名。过了几年，他在宗泽部下当了将领。岳飞跟宗泽一样，把抗金作为自己的职责。

岳家军军纪严明。一次，有个士兵擅自用百姓的一束麻来缚柴草，被岳飞发现，当即就按军法处置了。岳家军行军经过村子，夜里都在路旁露宿，老百姓请他们进屋，没有人肯进去。岳家军中有一个口号，叫作："冻死不拆屋，饿死不掳掠。"

岳飞在作战之前，总是先把将领们召集起来，一起商量作战方案，然后才出战。所以打起仗来，每战必胜。金军将士见到岳家军，没有一个不害怕的，他们中间流传着一句话："撼山易，撼岳家军难。"

宗泽死后，岳飞的队伍仍旧坚持在建康附近战斗。这回趁兀术北撤的时候，他跟韩世忠配合，打得兀术一败涂地。

绍兴四年（1134年），岳飞奉命挥师北伐。仅用三个月，就收复了襄汉地区六州之地，这是南宋建立以来第一次大规模收复失地。年仅32岁的岳飞被封为开国侯和节度使，成为与韩世忠等享有此殊荣的大将中最年轻的一个。之后，岳飞率军收复了河南许多地方。金国见形势不好，就决定与南宋议和。高宗听到和议，喜不自胜，遂复用秦桧为相，同金国订立和议，向金称臣纳贡。岳飞强烈反对议和，并向高宗指出秦桧误国心怀叵测。从此，秦桧对岳飞怀恨在心。

1139年，金国内部发生政变，兀术掌握大权。第二年（1140年），兀术撕毁和约，兵分四路向南宋大举进攻，宋金间展了规模空前的激战。在东线，宋将刘琦指挥原八字军取得顺昌（今安徽阜阳）大捷，击败兀术的部队10万多人。在中原战场上，岳飞不顾秦桧阻挠，率岳家军进行反攻，收复了河南中部的一些地区，并派军袭击金军后方。兀术趁岳家军兵力分散之机，率精锐骑兵直逼岳家军指挥中心郾城（属河南省）。岳飞命其子岳云率轻骑攻入敌阵，往来冲杀，直杀得金军尸横遍野。勇将杨再兴单骑冲入敌阵，杀死金兵数百人。金军队中突然冲出15000铁骑，中间的金兵"铁浮图"三骑并连，头带双层铁盔，身被重甲，两翼是轻疾如飞的骑兵"拐子马"，向岳家军平推过来。岳飞派步兵手持麻扎刀、大斧，上砍敌兵，下砍马足。一匹马摔倒，其他的两匹也不能动了，行动不便的重骑兵完全失去了威力。岳飞则率领精骑与拐子马激战，金军大败。郾城大捷是宋金双方精锐部队之间的大决战，宋军以少胜多，给金军以沉重打击。

岳家军节节胜利，一直打到距离东京只有45里的朱仙镇。河北的义军得知岳家军打到朱仙镇的消息，都欢欣鼓舞，渡过黄河来同岳家军会合。老百姓用牛车拉着粮食慰劳岳家军，有的还顶着香盆来欢迎，个个兴奋不已。

岳飞眼看形势大好，胜利在望，也止不住内心的兴奋。他鼓励部下说："大家共同努力杀敌吧。等我们直捣黄龙府的时候，再跟各路弟兄痛饮庆功酒！"

宋金"绍兴和议"

宋金淮西之役后，完颜宗弼（兀术）渐生和意。此时，宋高宗赵构和秦桧也加紧对金乞和。

绍兴十一年（1141年），宋廷派魏良臣赴金议和。同年十一月，宋金双方原则上达成了协议，其和约的主要内容为：宋向金称臣，"世世子孙，谨守臣节"，金册封宋康王赵构为皇帝；划定疆界，东以淮河中流为界，西以大散关为界，以南属宋，以北属金。宋割让唐（今河南南唐）、邓（今河南邓县）二州及商（今陕西商县）、秦（今甘肃天水市）二州之大半予金；宋每年向金贡银25万两、绢25万匹，自绍兴十二年开始，每年春季搬运至泗州（今属安徽省）交纳；金归还宋徽宗棺木与高宗生母韦氏。次年二月，宋派使节进誓表于金，表示要世代向金称臣，和约正式生效。三月，金遣左宣徽使至宋，对宋高宗行册封礼，并划分了国界。"绍兴和议"因最后完成于绍兴十二年（1142年，壬戌年），故又称为"壬戌之盟"。这次和议，金人得到了从战场上得不到的大片土地和金帛，宋金之间确定了政治上的不平等关系，形成了较稳定的、南北长期对峙的局面。

莫须有罪名

绍兴和议之后，兀术派使者给秦桧送去密信说："你天天向我们求和，但是岳飞不死，我们就不放心。一定得想法子把他杀掉。"秦桧接到密信，就对岳飞下了毒手。

秦桧先唆使他的同党、监察御史万俟卨（万俟是姓）给朝廷上奏章，攻击岳飞骄傲自满，捏造了岳飞在金兵进攻淮西的时候拥兵观望、放弃阵地等许多"罪名"。万俟卨开了第一炮以后，又有一批秦桧同党接连上奏章对岳飞进行攻击。

岳飞知道秦桧要陷害他，就主动要求辞去了枢密副使的职务。然而，事情并没能到此结束。岳飞原来是大将张俊的部下，后来岳飞立了大功，受到张俊的妒忌。秦桧知道张俊对岳飞不满，就与张俊勾结起来，唆使岳家军的部将王贵、王俊，诬告另一个部将张宪想发动兵变、攻占襄阳，帮助岳飞夺回兵权；还诬告岳飞的儿子岳云曾经给张宪写信，秘密策划这件事。

岳飞、岳云两人被逮捕到大理寺的时候，张宪已被拷打得遍体鳞伤。岳飞见了，心里又难过、又气愤。

万俟卨开始审问岳飞，他拿出王贵、王俊的诬告状，放在岳飞面前，吆喝着说："朝廷并没有亏待你们三人，可你们为什么要谋反？"

岳飞说："我没有对不起国家之处，你们是掌管国法的人，可不能诬陷忠良啊!"

秦桧又派御史中丞何铸去审问岳飞,岳飞一句话也不说,他扯开上衣,露出脊梁让何铸看,只见岳飞背上刺着"精忠报国"四个大字。何铸看后大为震动,不敢再审,就把岳飞押回监狱。随后,他又看了一些卷案,觉得岳飞谋反的证据不足,只好向秦桧照实回报。

秦桧认为何铸同情岳飞,不再让他审问,仍叫万俟卨罗织罪名。万俟卨一口咬定岳飞曾经给张宪写信,部署夺军谋反的计划。他们没有物证,就诬说原信已经被烧毁了。

这个案件一拖就是两个月,审讯毫无结果。朝廷官员都知道岳飞冤枉,有些官员上奏章替岳飞申冤,结果却遭到秦桧陷害。

老将韩世忠气愤地亲自去找秦桧,责问他凭什么说岳飞谋反,证据是什么。秦桧吞吞吐吐地说:"岳飞给张宪写信,虽然没有证据,但是这件事莫须有(就是'也许有'的意思)。"韩世忠愤怒地说:"'莫须有'三个字,怎能叫天下人心服!"

1142年除夕夜里,这位年仅39岁的抗金名将被害牺牲。岳云、张宪也同时被害。

岳飞被害以后,临安狱卒隗顺偷偷地把他的遗骨埋葬起来。直到宋高宗死后,岳飞的冤案才得到平反昭雪。人们把岳飞的遗骨改葬在西湖边的栖霞岭上,后来又在岳墓的东面修建了岳庙。岳飞死后20年,孝宗即位后才以礼改葬,建庙鄂州;37年后赐谥武穆;70年后,宁宗追封其为鄂王。

二、五代十国、两宋、辽、西夏、金的经济与科技文化发展

农业的发展

宋代人口迅速增长,人口数量突破了一亿,为农业发展提供了大量的劳

动力。北宋农民推广使用了一些新农具，如秧马的发明使用，使农业生产发展到了一个新的水平，粮食产量有所提高。

北宋的统一使南北各地的农作物品种得到了交流。政府还提倡江南以及福建、广东等地种植原北方主要粮食品种粟、麦、黍、豆等。著名的品种"占城稻"也从越南引进福建，并推广到江淮和北方。甘蔗、棉花、茶叶、桑麻等经济作物的种植范围也较以前有所扩大。两宋时期南方地区长期处于相对和平的环境，南方经济迅速发展起来。全国的经济重心开始从黄河流域转移到长江流域。南宋时水稻已成为第一位的粮食作物，占城稻的继续推广，使其产量大大提高。江浙地区发展为主要的稻米产区。有"苏湖熟，天下足"的谚语，表明太湖流域已成为全国最重要的粮仓。其他粮食作物和经济作物的种植面积也迅速增加。尤其是小麦、棉花、茶叶，已成为南宋农业经济的重要组成部分。辽、夏、金少数民族国家也对农业相当重视，农业开发效果显著。

"五大名窑"

南宋的众多瓷窑中，定窑、钧窑、哥窑、汝窑、官窑，被后人称为"五大名窑"。定窑以烧制白瓷而著称。装饰技法主要有刻花、划花、印花、绘金花等，既突出了纹饰的立体感，也强调了主题。定窑的纹饰布局严谨，层次分明，线条清晰，密而不乱，这使定窑一开始就呈现出完美的布局形式。器形以日用器皿为主，胎体坚细轻薄，釉色较为丰富，花饰内容富有生活气息。后来定窑成为官窑，其饰花工艺更趋精巧细致，纹样既清晰明快，又典雅富丽，达到鼎盛。

钧窑坐落于河南禹县，它是首先在釉中引进了铜金属的瓷窑，是宋代众多瓷窑中独树一帜的窑系。钧窑青瓷釉色丰富，其中钧红釉、铜红釉是钧窑彩釉的重要类型，另外有天蓝釉和月白釉两种。钧窑釉色多不透明，为乳浊釉，这正是钧窑不同于其他瓷窑之处。

汝窑位于今河南宝丰清凉店，属于官窑，烧造仅有20年左右。传世器物属于稀世珍品，因而汝窑有"天下第一窑"的美称。汝窑青瓷釉色呈浅青淡蓝，或如湖水晴空，或如鸭蛋青色，灰而不暗，蓝而不浓，绿而不翠。釉质莹厚滋润，有玉石之感，釉面有不很明显的细小开片，器形仿古，天青色的主色调稳定且变化小，而且釉面多无光泽，体现了汝窑青瓷整体浑厚蕴润的特点。采用支钉支烧也是它的一大特色。汝窑瓷器的胎都很薄，底足多数均向外卷，这也是它的独特之处。

官窑在今杭州一带，官窑注重器形、釉色，不重纹饰，素面无纹，浅青色中没有明显的开片面，器形端庄大方，富于贵族气派。

哥窑是汉族传统制瓷工艺中的稀世珍品，历来受到收藏家、鉴赏家、考古学家等专家学者的重视和关注，然而至今未找到确切窑址。哥窑瓷器非常珍贵，据统计，全世界大约有一百余件，远少于元青花的存世数量。

"瓷都"景德镇

景德镇是宋代江南地区著名瓷器产地，主要以生产青白瓷而闻名于世。青白瓷，是一种仿玉产品，它是一种釉色介于青与白之间的薄胎瓷器，釉色明澈丽洁，白中泛出一种青绿色或青蓝色；其胎质洁白而坚，轻薄透明。青白瓷在宋以后相继有"隐青""影青""映青""印青"等别称。

景德镇青白瓷以日用器皿为主，器形也有自己的特点，还辅之以刻花、篦点、篦划和印花装饰，增强了青白瓷的艺术感染力，使青白瓷更加盛行。

景德镇具有优越的自然条件，它具有优质的高岭瓷土、便利的水路交通等，是江南其他瓷窑无法比拟的。因而青白瓷对江南地区影响很大，江西、福建、广东、广西、浙江、湖北、湖南、安徽八省近四十个县都出现了模仿瓷窑，它们之间形成了一个以景德镇为中心的青白瓷体系。青白瓷是江南地区两大瓷系之一，影响面之大居宋代六大瓷系的首位。

重商思想的产生

秦汉以来，抑商思想一直占统治地位。儒家学说中惯常把民分为士、农、工、商四种，"商"被排在最后，商业不仅得不到统治者鼓励，反而受种种政策法令的抑制。随着生产力的发展，经济日趋繁荣，宋代商人的经济实力大大增强，商业发展十分迅速。国家通过禁榷和商税所得的收入在财政总收入中占有举足轻重的高比例。因此国家必须与商贾合作，充分发挥其积极性，把垄断利润的一部分让给商人，把某些不适合官僚机器直接经营的环节交给商人经营，这样既可以适应多变的社会环境，又能使禁榷机构、人员得到精简，禁榷实际收入也将成倍增加。宋朝在制定新的盐、酒、茶立法时，往往召集商人讨论，注意照顾商人利益，就是贯彻了"官商分利"的原则。随着商业的发展，作为国家财政支柱的禁榷收入越来越依赖于商人的合作。作为一个有较大贡献的社会阶层，官方对他们的态度有所改变。朝廷颁布了一系列的法令以保护商人合法经营与获利，并允许商人子弟品行才能出众者参加科举考试，这是前所未有的。宋代的这种重商思想的产生，是生产力发展的必然结果，同时又对生产力的发展及社会的全面进步起着很大的推动作用。

沈括

自从宋真宗以后，宋朝每年给辽国送大量银绢，以此来维持与辽国边境的稳定局面，但是辽国欺负宋朝软弱，想进一步侵占宋朝土地。1075年，辽国派大臣萧禧到东京，要求重新划定边界。

宋神宗派大臣跟萧禧谈判。在谈判的几天之中，双方争论不休，没有任何结果。萧禧一口咬定说黄嵬山（在今山西原平西南）一带30里地方应该属于辽国。宋神宗派去谈判的大臣对那里的地理不了解，明知萧禧提出的要求没有道理，也没法反驳他。宋神宗就另派沈括去和萧禧谈判。

沈括（1031年~1095年），字存中，钱塘（今浙江杭州）人，是北宋时期杰出的政治家和军事家，也是我国历史上一位卓越的科学家。

沈括自幼勤奋好学，14岁就读完了家中所有的藏书。少年时代的沈括随其父沈周四处宦游，增长了许多见识。沈括12岁时，沈周在泉州为他延请老师，对他进行专门辅导。18岁时，沈括在南京学习医药学，并产生浓厚的兴趣。1051年，沈周在杭州去世。沈括守孝三年期满，以父荫做了海州沭阳县（今属江苏）主簿，开始步入仕途。以后历任东海、宁国、宛丘等县县令。

治平元年（1064年），沈括考中进士，被任命为扬州司理参军。治平三年（1066年），沈括入京，任职昭文馆编校，致力于天文历算的研究。熙宁五年（1072年），兼任提举司天监，职掌观测天象。这段时间，他修订新历，创制天文仪器。

沈括入仕后成为王安石变法的忠实支持者，是变法的骨干。沈括不但办事认真细致，而且对地理也十分精通。他先到枢密院，从档案资料中查清楚了过去议定边界的文件，证明那块土地是属于宋朝的，随后向宋神宗做了报告。宋神宗听了很高兴。后来沈括画成地图送给萧禧，萧禧才没有话说。

宋神宗又派沈括到上京（辽国的京城，在今内蒙古自治区巴林左旗南）出使。沈括首先收集了许多地理资料，并且叫随从的官员把资料背熟。到了上京，辽国派宰相杨益戒跟沈括谈判边界。对于辽方提出的问题，沈括和官员们都对答如流，有凭有据。

辽官员见无法说服沈括，又怕闹僵了，对他们也没有好处，只好放弃了他们的无理要求。

沈括带着随员从辽回来的路上，每经过一个地方，便把那里的大山河流、险要关口，画成地图，还调查了当地的风土人情。回到东京以后，他把这些资料整理起来献给宋神宗。宋神宗赞扬沈括办事得力，拜他为翰林学士。

沈括十分重视地形勘察，为宋朝边境减少摩擦做出了重要的贡献。有一次，宋神宗派他到定州（今河南定县）去巡视。他假借打猎的名义，花了20多天的时间，详细考察了定州边境的地形，还用木屑和融化的蜡捏制成一个立体模型。回到定州后，沈括让木工用木板根据他制成的模型，雕刻出木制的模型，献给宋神宗。

宋神宗对沈括画的地图和制作的地图模型很感兴趣。第二年，就叫沈括做全国地图的编制工作。12年后，沈括终于完成了当时最准确的一本全国地图——《天下郡国图》。

沈括不但在地理研究上成就突出，而且是个研究兴趣非常广泛的科学家。他曾经为了确定北极星的位置，一连三个月在夜里用浑天仪观察，终于计算出北极星的确切位置。

沈括晚年时，在润州（今江苏镇江）的梦溪园闲居。在那里，他把一生研究的成果都记载下来，写成了一本笔记体著作《梦溪笔谈》。《梦溪笔谈》共26卷，分为故事、辨证、乐律、象数、人事、官政、权智、艺文、书画、技艺、器用、神奇、异事、谬误、讥谑、杂志、药议17个门类共609条，内容涉及天文学、数学、地理、地质、物理、生物、医学和药学、军事、文学、史学、考古及音乐等诸多学科。

《梦溪笔谈》是中国科学技术史上的重要文献、百科全书式的著作，其杰出成就表现在以下几个方面：

在天文历法方面。作者改造了浑仪、浮漏、圭表等天文仪器，并利用改进的仪器，连续观测三个月，绘制星图200余幅，得出了极星离天极3°有余的结论；利用改进后的浮漏，进行10余年的测量，第一次从理论上推导出冬至日长度"百刻而有余"、夏至日长度"不及百刻"的结论。另外，书中还记载了作者首创的"十二气历"。

在数学方面。记载了作者首创的隙积术和绘圆术，开辟了我国传统数学新的研究方向。

在地质地理方面。记有浙江雁荡山的地貌特征，并指出是流水侵蚀作用造成的；又记述了河北太行山的山崖间发现蚌壳化石，从而推断出华北平原乃泥沙淤积而形成。

在物理学方面。记有指南针的发明和应用以及地球磁偏角的发现等重要事件；记述有作者关于球面镜成像的实验；还记述有演示月亮盈亏的模拟实验以及演示声音共振的实验等。

在化学方面。记载有利用钢铁离子置换反应；记载有湿法冶铜方法"胆铜法"，以及灌钢法和冷锻铁甲法。

在医药学方面。记述有人体解剖生理学，还论述了人体新陈代谢的原理。也记述有大量植物、矿物药物的特征、性味和功效等。

沈括是一位学识渊博和成就卓越的自然科学家。日本数学家三上义夫称赞沈括说："沈括这样的人物，只有在中国才会出现。"英国著名科技史家李约瑟也认为沈括是"中国科学史上最奇特的人物"，而《梦溪笔谈》是"中国科学史上的坐标"。

指南针、罗盘

大约在10世纪，中国人已掌握磁针导航技术。元符年间（1098年~1100年），出入于各大洲的中国海外贸易船便开始使用指南针，在阴晦的日子里导航。中国用于航海的指南针，最初是用水浮法，到了北宋中期使用的是缕悬法指南针。中国的这种先进的导航技术，迅速被阿拉伯、波斯等国家学习、传播。使用磁针导航，航海者可以根据针的变化轨迹，绘制实用的航海地图，大大提高了远洋航行中的安全系数和船只的续航能力。因此，航海罗盘的出现，便具有了重大的经济价值，它能使船只不分昼夜阴晴，遵循一定的线路，如期到达目的地。中国发明的航海罗盘指引着欧洲的船只去环航全球，从而迎来了地理大发现的时代。

火药西传

火药起源于中国，是中国古代的四大发明之一。公元8世纪~9世纪（唐朝中后期），中国医药和炼丹术传入阿拉伯帝国（唐代称大食）。那时，制造火药的药料硝石也同时传去了，阿拉伯人称之为"中国雪"，波斯人则称之为"中国盐"。从12世纪开始，火药的制造方法由南宋经海路传入阿拉伯。13世纪中叶，拔都在萨莱（今俄罗斯阿斯特拉罕附近）建都，建立钦察汗国，统治俄罗斯诸国。在这期间，契丹文化、蒙古文化渗入了俄罗斯南部的钦察草原。铁火罐内储火药的新式武器通过蒙古人从陆路传入俄罗斯，并随着蒙古西征，从陆路传入波斯、阿拉伯等地。13世纪末，制造火药和火药武器的方法由阿拉伯人传入欧洲。

活字印刷术

庆历年间（1041年~1048年），毕昇发明了活字印刷术，这是世界上第一套活字印刷系统。据《梦溪笔谈》记载：毕昇用胶泥刻字，字的厚度薄如铁钱，每字一印，用火焙烧使之坚硬而成活字。排版时，先在铁板上放置松脂、蜡和纸灰，铁框排满活字后，用竹条楔入塞紧，放在火上加热至药熔掉，用一块平板按压字的表面，使整版字平如砥，最后在字表上面压一张纸，即可印刷。

活字印刷的优点主要是减少反复雕刻字模的过程。用泥活字印刷可印刷许多书籍而不会磨损字模，从而大大提高印刷效益。后代的木活字、铜活字、铅活字均由泥活字发展而来。

毕昇发明泥活字比德国谷腾堡发明铅活字早了400多年。活字印刷术的发明是一次印刷史上的技术革命，在人类文明史上起着里程碑式的作用。

《资治通鉴》

王安石虽然罢了相，宋神宗还是把他定下的新法推行了将近10年。1085年，宋神宗病死，年仅10岁的太子赵煦即位，这就是宋哲宗。哲宗年幼，他祖母高太后临朝听政。高太后一向反对新法，她临朝后，便把反对新法最激烈的司马光召到京城担任宰相。

司马光（1019年~1086年），字君实，北宋陕州夏县（今山西夏县）

人。他父亲司马池，官任天章阁（皇帝藏书阁）待制（皇帝顾问）。司马池为人正直、清廉，这对司马光有深刻的影响，时人赞誉司马光是"脚踏实地的人"。司马光自幼酷爱史学，"嗜之不厌"。仁宗宝元元年（1038年）司马光中进士，历仕仁宗、英宗、神宗三朝，任天章阁待制兼侍讲、龙图阁直学士、翰林学士、御史中丞等职。

司马光在当时的大臣中，名望最高。他的名声，从他幼小的时候就已经开始传开了。他七岁那年，就开始专心读书。不论是酷暑，还是严寒，他总捧着书不放，有时候连吃饭喝水都忘了。他不但用功读书，而且很机灵。有一次，他和小伙伴们在后院子里玩耍。院子里有一口大水缸，有个小孩爬到缸沿上，一不小心，掉进缸里。缸大水深，眼看孩子快要没顶了。别的孩子们一见出了事，吓得一面哭喊，一面往外跑，找大人来救。司马光不慌不忙，从地上搬起一块大石头，使尽力气朝水缸砸去。缸被砸破了，水从缸里流了出来，被淹在水里的小孩也脱险了。

宋神宗在位的时候，司马光担任翰林学士。司马光和王安石本来是交往密切的好朋友，后来王安石主张改革，司马光不赞同，两个人就分道扬镳了。

王安石做了宰相以后，提出的一件件改革措施，司马光全都反对。

原来，司马光很喜欢研究历史，他认为治理国家的人，一定要通晓自古以来的历史，从历史中吸取兴盛、衰亡的经验教训。他又觉得，从上古到五代，历史书实在繁杂无序，做皇帝的人没有那么多精力去看。于是，他很早就动手编写一本从战国到五代的史书。宋英宗在位之时，他把一部分稿子献给朝廷。宋英宗觉得这是本对巩固王朝很有好处的书，十分赞赏这项工作，就专门为他设立了一个编写机构，叫他继续编下去。

宋神宗即位以后，司马光又把编好的一部分稿子献给宋神宗。宋神宗不欣赏司马光的政治主张，但是对司马光编书却十分支持。他把自己年轻时收藏的2400卷书都送给了司马光，让他好好完成这部著作，还亲自为这本书起了个书名，叫《资治通鉴》（"资治"就是能帮助皇帝治天下的意思）。

司马光一共花了19年时间，才完成了这部著作。《资治通鉴》是中国最著名的编年体通史，上起周威烈王二十三年（公元前403年），下迄后周显德六年（公元959年），记载了包括周、秦、汉、魏、晋、宋、齐、梁、陈、隋、唐、后梁、后唐、后晋、后汉、后周在内的16个朝代的1362年历史。分为294卷，共计300多万字，另外《目录》30卷，《考异》30卷，其中《周纪》5卷，《秦纪》3卷，《汉纪》60卷，《魏纪》10卷，《晋纪》40卷，《宋纪》16卷，《齐纪》10卷，《梁纪》22卷，《陈纪》10卷，《隋纪》8卷，《唐纪》81卷，《后梁纪》6卷，《后唐纪》8卷，《后晋纪》6卷，《后汉纪》4卷，《后周纪》5卷。

司马光是为了巩固当时的封建政权才编写《资治通鉴》的，这就决定了此书的内容主要是政治史。他把历史上的君主依据他们的才能分为五类：第一类是创业之君，比如汉高帝、汉光武帝、隋文帝、唐太宗等；第二类是守成之君，如汉文帝和汉景帝；第三类是中兴之帝，如汉宣帝；第四类是陵夷之君，如西汉的元帝、成帝，东汉的桓帝、灵帝；第五类是乱亡之君，如陈后主、隋炀帝。在司马光看来，最坏的是那些乱亡之君，他们"心不入德义，性不受法则，舍道以趋恶，弃礼以纵欲，谗谄者用，正直者诛，荒淫无厌，刑杀无度，神怒不顾，民怨不知"，像陈后主、隋炀帝等就是最典型的例证。对于乱亡之君，《资治通鉴》都做了一定程度的揭露和谴责，以为后世君主鉴戒。

高太后临朝听政后，把司马光召回朝廷。这时的司马光已经是又老又病了，但是他反对王安石新法的思想却毫不放松。他一当上宰相，第一件大事就是把新法的举措废除掉。王安石听到废除新法的消息，十分生气，不久就郁郁而终。而司马光的病也越来越重，在同年九月也死去了。

范仲淹

宋代政治家、军事家、文学家，字希文，吴县（今属江苏）人，真宗朝进士。庆历三年（1043年），授参知政事，主持庆历改革，力图革新，因守旧派阻挠而未果。次年罢政，自请外任，历任邓州、杭州、青州知州。后死于赴颍州任上的途中，卒谥文正。散文、诗、词均有名篇传世。其散文多富有政治内容，《岳阳楼记》通过写景以抒情，又转而言志，颇具匠心。最后提出"先天下之忧而忧，后天下之乐而乐"，表现出作者积极有为的抱负与忧国忧民的思想，为千古名篇。其词存世不多，仅3首比较完整，但意境宏阔，气象雄奇，以反映边塞风光和征战劳苦见长，突破了唐末五代词的绮靡风气，以《渔家傲·塞下秋来风景异》《苏幕遮·碧云天》为代表。有《范文正公集》。

欧阳修

北宋政治家、文学家、史学家，字永叔，号醉翁，晚号六一居士，卒谥文忠，吉州永丰（今属江西）人。欧阳修是北宋诗文革新运动的领袖，在诗、文两方面确立了宋代文学的基本风格；他也是唐宋八大家之一，在诗歌、散文、词等各方面都有突出成就，其中以散文成就最高，影响最大。他继承了韩愈古文运动的精神，提出文道并重的观点，提倡简而有法和流畅自然的文风。欧阳修对赋的发展也有开拓意义，著名的《秋声赋》把无形的秋声作了形象的描绘，突出了作者内心对秋天衰飒气氛的敏感和悲哀。欧阳修还提出了很多有价值的文学批评观点，如提出诗"穷者而后工"，他的《六一诗话》是中国文学史上第一部诗话。欧阳修还擅长写词，风格婉丽，代表作有《踏莎行·候馆梅残》等。欧阳修在中国文学史上有重要的地位，他领导了北宋诗文革新运动，荐拔和指导了王安石、曾巩、苏洵、苏轼、苏辙等一大批文学家，开创了一代文风。著作有《欧阳文忠公全集》。

文豪苏轼

1037年农历一月八日，四川眉山一个清寒的人家里，传出了几声清脆的啼哭声，又一个崭新的生命诞生了。已经28岁的苏洵大喜过望，更让他高兴的是这个孩子生得眉清目秀，体格不凡。苏洵以"夫子登轼而望之"之义为儿子取名为"轼"。苏轼的母亲程氏精通文史，十分注意对子女的早期教育。在她的悉心培育下，苏轼不负众望，少年时期即通经史，习字作文，下笔千言，一挥而就。22岁时，他和弟弟苏辙高中同榜进士，深得欧阳修赏识。

三年后，守母制毕，父子三人再上京城。此时，他父亲因自27岁后发愤读书，刻苦励志，为当时名流所重，免试任编纂礼书。"三苏"之名，震动京师。三年后，苏洵在任上病故，苏轼兄弟扶榇南归，又守制3年。这时苏轼已经年近三十，然而，他仍然胸怀壮志，"达则兼济天下"的理想依然在心里激荡澎湃。但这三年中，朝政发生了变化，以王安石为代表的改革派在宋神宗的支持下推行新法。由于新法实施过程中的确存在若干问题，苏轼对新法本来就不十分赞成，所以他上书指出新法中的一些弊病，不料触犯了一些人的利益。知道自己的政见不被采纳后，按照中国官场的惯例，苏轼只得请求出调为地方官。据记载，这段时间，苏轼历任杭州、密州（今山东诸城）、徐州等地知州。苏轼每到一处，都能励精图治，兴利除弊，为当地百姓做出贡献，自然赢得了人民的爱戴和景仰，和改革派也暂时相安无事。可是时局变幻莫测，苏轼又耿直敢言，所以无论是变法的新党还是守旧的老党，都不把他当作自己人。他们吹毛求疵，在苏轼诗集中找一些稍露棱角的句子作为借口，一次又一次地将苏轼逼到悬崖的边缘。

经过"乌台诗案"和其他几次陷害后，苏轼对政治清明的信心已经丧失殆尽。绍圣四年，因为又一次无中生有的中伤，当权者余恨未解，将刚在惠州安顿好的苏轼转谪到海南。

因为这时苏轼已年近六十，他自己也说："垂老投荒，无复生还之望。"伤心之余，他只得把安顿下来的家属留在惠州，独自带着幼子苏过漂洋过海。全家人都预感这次是生死之别，他们静静地听苏轼吩咐后事，默默地看着那一叶小舟消失在巨浪滔天的茫茫海天之际。"生人作死别，恨恨哪可论！"

命运并不因为苏轼的天纵文才和勤政为民而对他青睐有加，流放到海南7年后，苏轼才得到一纸赦令，踏上了北归旅程。然而，他没有李白"千里江陵一日还"的幸运。多年的磨难和旅途的劳累，消磨了苏轼全部的生命和精力，他艰难地走到了生命的尽头，1101年7月28日，他在友人代为借租的一所房子里溘然长逝。苏轼与世长辞，朝野俱痛，几百太学生自发到佛舍祭奠他，为这样一代文人之厄叹惋哀悼。苏轼的词飘飘欲仙，不惹红尘，自有一种出世脱俗的飘逸，如他的《水调歌头》就是这样：

明月几时有，把酒问青天。不知天上宫阙，今夕是何年？我欲乘风归去，又恐琼楼玉宇，高处不胜寒。起舞弄清影，何似在人间？

转朱阁，低绮户，照无眠。不应有恨，何事长向别时圆？人有悲欢离合，月有阴晴圆缺，此事古难全。但愿人长久，千里共婵娟。

这是苏轼在密州任职时所写，是一首在文学史上享有盛誉的词。苏轼当时和弟弟苏辙已七年没有见面，这种血肉相连的感情在美酒和月华的催化下，终于凝成了一首千古绝唱。在诗人笔下的月华也通了人意，她转过朱红的大门，绕过雕花的琐窗，照着天下相思的人们。苏轼不禁又问道："月儿你远离尘嚣，不应该再有什么遗憾的，可为什么偏偏在人间相思难聚的时候圆得如此难堪呢？看来，人间有悲欢离合，就和月亮有阴晴圆缺一样是难免的啊。"想到这里，诗人对远在千里之外的弟弟说："即使我们相隔千里，无法相见，但只要我们能共同沐浴着这一片月亮的清辉，也就该满足了。"这样，本来沉重的思亲之情，在作者几经转折之后，就从抑郁翻转为超脱。

一般都将苏轼看作是豪放派词人，其实问题并不这么简单。苏轼的词包罗万象，风格多变，有豪放旷达如《念奴娇·赤壁怀古》者；有婉约凄恻如《江城子·十年生死两茫茫》者；也有活泼真切如《浣溪沙》五首者。人们之所以用"豪放词人"来评价苏轼，是因为自从苏轼之后，词开始走出了"花间派"专咏风花雪月的路子，转而写生活中积极向上的事物和感情。从根本上看，苏轼真正称得上豪放的，只有《江城子·密州出猎》等几首，像前面所说的《念奴娇·赤壁怀古》都不是。词写到最后时，苏轼追古思今，想想自己已经年过四旬，却壮志成空。忍不住悲从中来，说："故国神游，多情应笑我，早生华发。人生如梦，一樽还酹江月。"

苏轼对词的贡献是多方面的，他扩大了词的内容，提高了词的境界。胡寅的《酒边词序》说苏词"一洗绮罗香泽之态，摆脱绸缪婉转之度，使人登高望远，举首高歌，而逸怀浩气超乎尘埃之外矣"。的确如此，从苏轼之后，词不但可以写花前月下的卿卿我我，也可以写政治情怀和民生疾苦，甚至连农村的生活生产也被他纳入词中，这在词史上是一次重大突破。

苏轼还有几首小词写得清新流畅，饶有情趣。如《蝶恋花》：

花褪残红青杏小，燕子飞时，流水人家绕。枝上柳绵吹又少，天涯何处无芳草？

墙里秋千墙外道，墙外行人，墙里佳人笑。笑渐不闻声渐消，多情却被无情恼。

这首词写于作者贬谪途中，苏轼此时仕途不顺，心中极为不适，外出散步时走到一家人的院墙外，听见里面有清脆的笑声传来，他知道这肯定是富人家的女孩在园内赏春。她们青春年少，无忧无虑，正是人生最幸福的时候。而自己空怀壮志，只为一封奏书，就拖家带口一路南奔。这样的日子何时才能结束？相传苏轼的爱妾朝云在唱到这首词时泣涕满襟，说："妾所不能歌者，'枝上柳绵吹又少，天涯何处无芳草'也。"这也许正是苏轼感触最深的一联吧。对苏轼个人而言，本来应该大有作为的一生竟会因为一言不慎而付诸东流。这是怎样一种深沉而无奈的悲哀！历史的轻烟已经散去，知道这些隐曲的，可能只有随风而去的古人了。

南宋著名词人辛弃疾

辛弃疾（1140年~1207年），字幼安，号稼轩，山东济南人，南宋著名词人。他的词风格多样，不单写爱宋情怀，也表现日常生活和自然风光。既有豪放之词，又有温婉之语。在他的影响下，陈亮、刘过，还有稍后的刘辰翁等，也写了一些感慨国事、笔力雄健、风格豪放的词作，文学史上称之为辛派词人，从而在南宋中叶后形成了以辛弃疾为代表的爱宋词派。辛词派是以抒写爱宋热情为主旋律、具有慷慨豪放的风格特色的一大词派，它产生于南宋特定的社会政治环境中。在词作中反映民族斗争和政治斗争，弘扬爱国主义精神，是辛词派的创作倾向和灵魂。辛派词慷慨豪放而又悲壮沉郁的艺术风格，使宋词的思想水平和艺术成就都达到了空前的高度。

陆游绝唱

陆游出身于一个有文化传统的世宦之家，幼年时逢金军南侵，他随家人长期逃难，"儿时万里避胡兵"给他留下了深刻的印象，所以陆游为官后一直力主北伐。

宋孝宗刚即位之时，决心改变屈辱求和的政策，想做一番恢复中原的事业。于是，他任用一名很有名望的老将张浚做枢密使。

张浚请朝廷发布诏书出兵北伐，号召中原人民奋起抗战，配合宋军收复失地。当时陆游在枢密院做编修官，张浚就派陆游起草这份诏书。

陆游热情支持北伐，可是担任统帅的张浚缺少指挥才能。宋军出兵没有多久，就在符离（今安徽宿县北）被金军打败，全线溃退。

北伐失败后，那些一贯主张求和的大臣又在宋孝宗面前说风凉话，并对张浚大肆攻击，还说张浚用兵是陆游怂恿的。不久，张浚被排挤出朝廷，陆游也罢官回到山阴老家了。

宋孝宗面对金军的威胁，抗金的决心动摇了。第二年，又跟金订立了屈辱的和约，从那以后，再也不提北伐的事了。

过了将近10年，负责川陕一带军事的将领王炎听到陆游的名声，请他到汉中做幕僚。汉中接近抗金的前线，陆游认为到那里去，也许有机会参加抗金战斗，为收复失地贡献一份力量，便很高兴地接受了这个任命。

不久，王炎被调走，陆游也被调到成都，在安抚使范成大部下当参议官。范成大与陆游是老朋友，虽说是上下级关系，却并不讲究官场礼节。陆游的抗金志愿得不到实现，心里非常郁闷，便常常喝酒写诗来抒发自己的思想感情。但是，一般官场上的人看不惯他，说他不讲礼法，思想颓废。陆游听了，就索性给自己起了个别号，叫"放翁"。后来人们就称他为陆放翁。

这样一过又是二三十年，陆游长期过着闲居的生活，他把满腔的热情寄托在自己的诗歌创作上。他一生辛勤创作，一共写下了9000多首诗。他的创作，在我国历代诗人中是最丰富的。

收复故土是陆游诗中十分重要的一个主题，而且因为南宋政权从来就没有实现这个愿望，似乎也不准备实现这个目标，因此诗人一涉及这个问题就显得分外的沉重和无奈。如他的《题海首座侠客像》：

赵魏胡尘千丈黄，遗民膏血饱豺狼。

功名不遣斯人了，无奈和戎白面郎。

作者一腔气血无处洒，只得将复国壮志，寄托在一个遥远的"侠客"的图像上，这种"有志不获骋"的悲哀，肯定能引起有志之士的强烈共鸣。

南宋小王朝甘心偏安一隅，无意收复沦陷的国土，诗人忧愤难平，写下了《秋夜将晓，出篱门迎凉有感》：

三万里河东入海，五千仞岳上摩天。

遗民泪尽胡尘里，南望王师又一年！

这首诗的沉痛悲怆，尤其感人肺腑。而陆游诗集中广为传诵的另一首诗《书愤》则表现了作者杀敌报国的英雄气概和壮志难酬的无限愤慨：

早岁那知世事艰，中原北望气如山。

楼船夜雪瓜洲渡，铁马秋风大散关。

塞上长城空自许，镜中衰鬓已先斑。

出师一表真名世，千载谁堪伯仲间？

又如《夜泊水村》：

腰间箭羽久凋零，太息燕然未勒铭。

老子犹堪绝大漠，诸君何至泣新亭？

一身报国有万死，双鬓向人无再青。

记取江湖泊船处，卧闻新雁落寒汀。

这两首诗都反映了陆游诗歌中所特有的悲愤中见豪壮的艺术风格。世事的艰难，现实的灰暗，作者无力将自己的力量投入到神往已久的杀敌报国中去，而岁月不饶人，眼看自己心力交瘁，在日无多，而收复故土的希望却越来越遥远。诗人愤懑不已，只得向入侵者，也向腐朽的统治者发出痛苦的质问："楚虽三户能亡秦，岂有堂堂中国空无人？！"现实中注定永远也无法实现的愿望，并没有让陆游彻底消沉，他即使晚年闲居山阴的一个小村，在梦里他还是记挂着入侵者的安危：

僵卧孤村不自哀，尚思为国戍轮台。

夜阑卧听风吹雨，铁马冰河入梦来。

在陆游的诗中，像这样写梦言志的诗还有许多。如"壮心自知何时豁，梦绕梁州古战场"（《秋思》）、"三更抚枕忽大叫，梦中夺得松亭关"（《楼上醉书》）等。陆游一生度过了将近一个世纪的时间，他的诗歌反映面之广，也是其他诗人难以相比的。除了直接表现爱国主题之外，他还写了不少农村生活的诗，这些诗显得要自然圆熟，饶有情趣。如《游山西村》：

莫笑农家腊酒浑，丰年留客足鸡豚。

山重水复疑无路，柳暗花明又一村。

箫鼓追随春社近，衣冠简朴古风存。

从今若许闲乘月，拄杖无时夜叩门。

全诗勾勒出一幅极富民俗风情的山村生活图画：民风古朴，人人好客，春社热闹非凡，人们衣冠如古。这一切让诗人看在眼里，喜在心里。是啊，谁不希望能够人人安居乐业、衣食无忧？可是"离乱人不如太平鸡犬"，战争到来的时候，人们还会有这一切吗？当然诗人写诗之时不一定会想到这些，因为他已被眼前这热烈古朴的生活场景所感染了。而诗中"山重水复疑无路，柳暗花明又一村"之联，已因为其富含人生哲理而成为广泛流行的成语。在豪放激越之外，陆游也有部分诗写得清丽流转，极富情趣。如"小楼一夜听春雨，深巷明朝卖杏花"（《临安春雨初霁》）、"此身合是诗人未？细雨骑驴入剑门"（《剑门道中遇微雨》）等，都写得情趣盎然，清丽可人。

陆游的诗歌在艺术上取得了巨大的成就，他强烈的现实主义精神接近于杜甫，后人也曾评他的诗为"诗史"。在表达感情上，他往往采取直抒胸臆的手法。陆游的诗风格多样，既有雄浑奔放的一面，也有清新婉丽的一面。他善于锻炼字句，尤其工于对偶。他曾师法江西诗派，却反对追求过分雕琢和险怪，因而他的诗比较接近口语，"清空一气，明白如话"，而又妥帖自然。另外，他有时也比较喜欢用典故来表情达意，这又为他的诗增添了些许书卷气。从体裁来说，陆游各体兼精，而最擅七律、七古。如《山南行》《陇头水》《关山月》《秋声》等。陆游的律诗颇见功力，但因为有时成章过于仓促，或有意境重复，或流于浅显。虽然如此，但在南宋诗坛上，他仍是当之无愧的一代霸主。

陆游晚年才情不减，他75岁时游沈园，回想起早年与前妻唐婉的不幸婚姻，虽然"梦断香消四十年"，但仍悲从中来，遂作《沈园》二首，其中"伤心桥下春波绿，曾是惊鸿照影来"，诗情画意浑然一体，有感伤之美。

1210年，这位86岁的著名诗人卧病在床。临终的时候，他还念念不忘恢复中原。他把儿孙们叫到床边，写下他的最后一首诗，也就是感人肺腑的《示儿》：

死去元知万事空，但悲不见九州同。

王师北定中原日，家祭无忘告乃翁。

李清照

南宋女词人，号易安居士，济南（今属山东）人，父李格非为当时著名学者，夫赵明诚为金石考据家。早期生活优裕，与赵明诚共同致力于书画金石的收集整理。金兵入侵中原，流寓南方，明诚病死，境遇孤苦。所作词，前期多写少女少妇的闲适生活，格调明快，语言清新婉丽；后期多悲叹身世，情调感伤，有的也流露出对中原的怀念。用白描，刻画深刻。论词强调协律，崇尚典雅、情致，提出词"别是一家"之说，反对以作诗文之法作词。代表作有《如梦令·昨夜雨疏风骤》《一剪梅·红藕香残玉簟秋》《武陵春·风住尘香花已尽》。并能诗，留存不多，部分篇章感时咏史，情辞慷慨，与其词风不同。"生当作人杰，死亦为鬼雄"是为人传诵的名句。著有《易安居士文集》《易安词》，已散佚。后人有《漱玉词》辑本。今人有《李清照集校注》。

"唐宋八大家"

指唐宋两代八位散文作家，即唐代韩愈、柳宗元，宋代欧阳修、苏洵、苏轼、苏辙、王安石、曾巩。明初朱右把这八大家的作品编为《八先生文集》。明中叶唐顺之纂《文编》，只取这八位散文家的文章。后来茅坤选辑他们的作品，取名为《唐宋八大家文钞》，唐宋八大家名称由此流传至今。唐宋八大家是主持古文运动的核心人物，提倡散文，反对骈文。韩愈（公元768年~824年），字退之，唐代重要的文学家、思想家，古文运动的领袖，"唐宋八大家"之首，被苏东坡誉为"文起八代之衰"，其文章针砭时弊、逻辑严整、气势宏大、豪逸奔放。柳宗元（公元773年~819年），字子厚，唐代杰出的思想家和文学家，也是唐代古文运动倡导者，反对六朝以来绮靡浮艳的文风，提倡质朴流畅的散文。欧阳修（1007

年~1072年），字永叔，号醉翁、"六一居士"，宋代散文革新运动的领导者，反对浮靡雕琢、怪僻晦涩的"时文"，提倡简而有法、流畅自然的风格，其名篇《醉翁亭记》《秋声赋》等传诵千古。苏洵，字明允，号老泉，眉州人。苏洵和其子苏轼、苏辙并称"三苏"。三苏散文各有特色，以苏轼成就最高。王安石（1021年~1086年），字介甫，后人称之王荆公，抚州临川（今江西抚州）人，北宋著名政治家、思想家、文学家，其文说理透辟、论证严谨且气势逼人、词锋锐利。曾巩（1019年~1083年），字子固，建昌郡南丰县人。曾文长于议论，语言质朴，说理曲折尽意，文风以"古雅、平正、冲和"见称，如《上欧阳舍人书》《上蔡学士书》等。

❀❀ 第八章 ❀❀

元朝的征服

（1206年~1368年）

1206年春，铁木真建立了大蒙古汗国，被尊称为成吉思汗，标志着蒙古政权统治中原的开始。成吉思汗及其继承者黩武征战，不断向外进行军事征服，势力范围延伸至中亚和欧洲部分的广大地区。

1271年，忽必烈改国号为元，次年迁都大都，并南下攻灭南宋，结束了从五代以来多政权并立的局面，统一了全国。忽必烈曾受命主持中原政事，逐渐理解、接受了汉族的传统文化，并以此作为治理国家的准则。其后，忽必烈仿效前朝之规，略加变更，定官制，修都城，兴礼乐，制定了一代典章制度，终元之世，为此后诸帝所遵守，未再有重大改动。元朝在水陆要道修建驿站得到重点开发，农业与手工业逐渐得到恢复，某些边疆地区注意兴修水利，科学文化继续发展，海外贸易与中外文化交流有所扩大。元朝的历史中，皇位的激烈争夺始终是元朝政治无法回避的问题。元朝还实行民族歧视政策，推行不平等的蒙古人、色目人、汉人、南人等级制度，使阶级矛盾与民族矛盾非常尖锐。元末，红巾军起义严重动摇了元廷统治，取而代之的是1368年建立的明王朝。

一、元朝的政治军事

一代天骄

南宋北伐屡屡失败的同时，金国也因内部腐败而渐渐走向衰落。这时，北方的蒙古族却日渐强盛起来。

铁木真出生于蒙古部落孛儿只斤氏家族。曾祖合不勒统一了蒙古尼伦各部。后来，叔祖忽图剌和父亲也速该也相继做了尼伦的乞颜部首领。

也速该英勇善战。在成吉思汗出生的那一天，也速该征讨塔塔儿部凯旋。为了纪念出征的武功，他给这刚出生的儿子取名铁木真。"铁木真"蒙语的意思是"精钢"。青少年时的铁木真武艺超群，才智过人，远近闻名。为了重振家业，铁木真去找父亲的安答（结义兄弟）克烈部首领王罕。在王罕的庇护下，铁木真开始积聚力量，势力迅速壮大。后来，铁木真迁居到怯绿连河上游的桑沽儿小河，建立了自己的营地，铁木真被推举为部族的汗。

1196年，铁木真联合王罕，配合金国军队，在斡里札河围歼了反叛金国的塔塔儿部，杀死了他们的首领。战后，金国封王罕为王，任命铁木真为招讨使，铁木真名声大振。此后，他又战胜了篾儿乞等部，攻取呼伦贝尔草原。1202年，铁木真彻底歼灭塔塔儿部，占领了西起斡难河，东到兴安岭的广大地区。1203年，王罕与铁木真反目，大战于合兰真沙陀（今内蒙古乌珠沁旗北境），铁木真大败。随后，铁木真重整旗鼓，发动突然袭击，大败蒙古族最强大的克烈部，王罕父子逃亡后被杀。

1204年，铁木真征服了蒙古草原上唯一能和自己对抗的乃蛮部的首领太阳罕。1206年，统一了西起阿尔泰山，东到兴安岭的整个蒙古草原。各部贵族在斡难河源头举行盛大集会，推举铁木真为大汗，建立了强大的蒙古汗国。随后，成吉思汗开始建立蒙古汗国的国家制度。

成吉思汗的黄金家族是蒙古汗国的最高统治集团，拥有全部的土地和百姓。他按照分配家产的方式，将百姓和土地分给自己的子弟亲族。成吉思汗推广了千户制度，将全蒙古的百姓划分为95千户，任命蒙古的开国功臣以及原来的各部贵族担任那颜（意为千户长），世袭管领。为了维护自己的至高无上的统治地位，成吉思汗还建立了一支由大汗直接控制的人数达一万人的常备护卫军。这支强大的护卫军成为巩固蒙古汗国、进行对外战争的有力工具。

成吉思汗还创造了蒙古文字，用这种蒙古文发布命令，登记户口，编订法律，大大加强了统治，推进了蒙古文化的发展。

成吉思汗又任命自己的养子失吉忽秃忽为大断事官，负责分配民户，后来又让他掌管审讯刑狱等司法事务。成吉思汗还制定了蒙古法律"大札撒"，作为全部蒙古人民都要遵守的准则。法律的制定，对于安定社会，加强蒙古政权的统治起到了积极的作用。

蒙古汗国建立之后，成吉思汗开始向外扩张。他先后三次入侵西夏，迫使西夏称臣纳贡，并随同蒙古一同进攻金国。1211年，成吉思汗南下进攻金国，1215年，攻占了中都燕京（今北京市）。

1219年，成吉思汗踏上征讨花剌子模的万里西征之路。1221年，成吉思汗占领花剌子模全境以及中亚的许多地区。1220年，成吉思汗连破花剌子模的要塞不花剌、撒麻耳干等城，花剌子模逃往里海一带，成吉思汗穷追不舍。1222年，征服花剌子模中心城市玉龙杰赤（今土库曼斯坦库尔尼亚乌尔根奇市）后，派军深入巴基斯坦、印度追击逃敌。之后，大军继续西进，并于1223年跨过高加索山，在阿里吉河打败俄罗斯与钦察联军，随后长驱直入俄罗斯境内，一直打到克里米亚半岛、伏尔加河流域、多瑙河流域。1224年，成吉思汗决定东归，1225年，回到蒙古，这场持续七年的西征终于结束。成吉思汗的西征，创造了世界历史上的奇迹。

蒙古灭金

蒙古各部在金初一直受女真贵族建立的金国统治，金国统治者经常向蒙古部族勒索各种贡物，激起了蒙古族人民的不满和反抗。蒙古汗国确立奴隶制以后，奴隶主贵族掠夺财富的欲望不断膨胀；成吉思汗建国以后，开始发动南侵金国的战争。

1211年农历二月，成吉思汗率众南下，开始了对金的侵略战争。蒙古军首先突袭金军要隘，金军士气低落，无力抵抗，金军守将仓皇撤兵。蒙古军顺利占领抚州（今内蒙古集宁区东）后，成吉思汗率众继续追击，经过3天鏖战，金军损失惨重。十月，蒙古军过紫荆关、居庸关，前锋部队直逼中都（今北京市）。1212年春，蒙古军攻打中都时，遭到金守将完颜天骥的埋伏和夜袭，蒙军被迫撤军。

1212年秋，成吉思汗再次南侵，攻打金的西京府（今山西大同市）。蒙古军队与金援兵元帅左都监奥屯襄部发生激战，金军全军覆没。蒙古军在围攻西京时，遇到金左副元帅兼西京留守赛里的顽强抵抗。成吉思汗在作战中身中流矢，再加上一时也攻不下西京，只好撤回阴山。

1213年秋，成吉思汗又从阴山南下，一直打到怀来，与金尚书左丞完颜纲10万军队展开激战，金军精锐全部溃散，损失极其惨重。成吉思汗率军乘胜进攻，相继占领河北、河东广大地区，直抵黄河北岸。然后又向东攻占山东诸地，直到海滨，对中都形成包围之势。金国无奈，只好提出议和的要求，蒙古大军携带掠夺来的人口和财富得胜而归。

1214年农历五月，金宣宗不愿再受蒙古军队的骚扰，迁都南京（今河南开封市）。成吉思汗又立即派兵南下，进占中都。同时，蒙古木华黎部攻占金东京（今辽宁辽阳市）和北京（今内蒙古宁城县西），金国实力大减。

1217年农历八月，被封为太师兼国王的木华黎，率兵出征，接连攻克太原、汾州（今山西汾阳市）、绛州（今山西新绛县）、潞州（今山西长治市）、平阳（今山西省临汾市）。1221年，木华黎大军直指陕西，进攻延安，金延安知府固守城池，蒙古军只好撤退。1222年农历八月，木华黎转攻被金国收复的太原府，太原再次失守。不久，蒙古军攻占河中府（今山西永济市）。

1223年春，木华黎决定亲率大兵10万，先攻打凤翔府（今陕西凤翔县），再取京兆（今陕西西安市），但是在进攻的过程中，却遭到沉重打击，只好撤兵。

1227年农历七月，成吉思汗病死。1229年农历八月，成吉思汗第三子窝阔台继承汗位。窝阔台继位后，大举侵金。此次用兵，窝阔台旨在消灭金国。

庆阳之战、卫州（在今河南境，治所在辉县）之战、潼关凤翔之战后，1231年农历五月，窝阔台分兵三路合围汴京（今河南开封市），中路窝阔台率兵攻陷河中府，左路斡陈那颜进兵济南，右路拖雷出凤翔，攻破宝鸡，直指汴京。经过钧州（今河南禹州市）三峰山之战，金国军队主力损失殆尽，主要将领大多战死，元气大伤，灭亡指日可待。1232年农历一月，蒙古军队围攻汴京，虽然金国军民奋力保卫汴京，但金哀宗却逃到了蔡州（今属河南境），汴京、中京（今河南洛阳市）相继陷落。

1233年，蒙古与南宋达成协定，协力围困蔡州。蔡州被困三个月后城破，金哀宗自杀，金国灭亡。

蒙哥即汗位

1246年，太宗长子贵由继位，1248年初，他率大军离开和林（今蒙古国后杭爱省境内），向西征伐拔都。三月，贵由突然暴死于行军途中，其妻斡兀立海迷失摄政。1251年，忽里勒台大会，诸王按拔都的提议，共奉拖雷之子蒙哥为大汗。引起窝阔台系诸王愤恨。蒙哥将失烈门、脑忽、也孙脱等准备发动政变的三王下狱，溺死了斡兀立海迷失，巩固了权位。从此窝阔台和察合台两系力量受到打击。

四大汗国

蒙古汗国建立后，成吉思汗及其继承者发动了一系列的大规模战争，在几乎整个13世纪，蒙古铁骑踏遍了东自黄河、西至多瑙河的欧亚大陆，使各国人民蒙受了严重的战争灾难。这些战争，大致叫分为西征和南下两个方面。成吉思汗在1219年~1225年亲自西征，在占领整个中亚细亚和南俄罗斯草原后，把这些地区分封给他的儿子术赤、察合台和窝阔台成立独立的汗国。术赤的儿子拔都在封地上建立了金帐汗国，后来，在蒙哥汗统治时期，其弟旭烈兀建立了伊儿汗国，这四大汗国逐渐走上独立发展的道路。

征服大理

蒙哥三年（1253年），忽必烈受命率师远征大理。当年冬，到达大理境内。大理相国高祥屯兵大理城固守。在蒙军的包围进攻下，大理城破，国王段兴智奔善阐（今昆明市），高祥逃至统矢逻（今云南姚安）被追杀。忽必烈迅即指挥四出略地，占领了除善阐以外的大理国土。1254年春，忽必烈班师北返，留下兀良合台率军戍守大理，继续征服尚未归附的部落。同年秋，兀良合台攻占善阐，俘获段兴智。大理至此灭亡。

贾似道误国

蒙古、南宋联合灭了金以后，南宋出兵想收复开封、河南一带的土地。窝阔台借口南宋破坏协议，向南宋发起进攻。从这以后，蒙宋双方不断发生战争。

到窝阔台的侄儿蒙哥即位后，派他弟弟忽必烈和大将兀良合台进军云南，占领了西南地区。1258年，蒙哥分三路进兵攻打南宋。他自己亲率主力进攻合州（今四川合川），忽必烈攻打鄂州（今属湖北），另一路由兀良合台率领，从云南向北攻打潭州（今属湖南），三路的进军路线，都直指临安。

警报一个接一个送到临安，南宋朝廷震动了。宋理宗（赵昀）命令各路宋军援救被忽必烈围困的鄂州；又任命贾似道担任右丞相兼枢密使，去汉阳督战。贾似道，字师宪，台州天台（今属浙江）人，嘉定六年生于官宦之家。他少年时整天游荡赌博，不思上进，后来靠父亲的关系，荫补为嘉兴司仓。他的姐姐做了宋理宗的贵妃后，贾似道开始官运亨通，一两年内便由正九品籍田令升为正六品军器监，并于嘉熙二年（1238年）中进士。理宗还特别召见了贾似道，予以勉励。新任丞相的他，原本是个不学无术之徒，这一回，宋理宗派他上汉阳前线督战，他只好硬着头皮去了。

忽必烈攻城越来越猛。贾似道眼看形势紧张，就瞒着朝廷，偷偷地派了一个亲信到蒙古大营去求和，表示只要蒙古退兵，宋朝就愿意称臣，进贡银绢。正巧这时候，忽必烈接到他妻子从北方派人送来的密信，说蒙古一些贵族正准备立他弟弟阿里不哥做大汗。忽必烈见汗位要被弟弟占了，就答应了贾似道的请求，订下了秘密协定，赶着回去争夺汗位去了。

贾似道回到临安，瞒着私自订立和约的事，还抓了一些蒙古兵俘虏，吹嘘各路宋军大获全胜，不但打跑了鄂州的蒙古兵，还把长江一带的敌人也全部肃清了。

宋理宗听信了贾似道的谎言，认为贾似道立了大功，特意下了一道诏书，赞赏贾似道指挥有方，给他加官晋爵。贾似道由此进一步掌握了大权。他随即使人编造左相吴潜的罪状上奏理宗，吴潜被罢相。贾似道进而清除朝中异己，一手把持了政权。从此，贾似道在理宗、度宗两朝独专朝政长达15年。

贾似道隐瞒求和真相，骗取权位，陆续对抗蒙有功的将士给予打击。贾似道又实行所谓"打算法"，只要在抗战中支取官物作军需的人，一律治罪。贾似道控制御史台，反对贾似道的官员都被御史台以各种罪名予以免官。

景定五年（1264年），理宗赵昀养子赵禥即皇帝位，即宋度宗。次年，度宗加封贾似道为太师。赵禥认为贾似道有"定策"之功，每逢他朝拜，也定回拜，称贾似道为"师臣"，而不呼其名。朝廷百官都称贾似道为"周公"。

忽必烈打败了阿里不哥，稳定了内部以后，在1271年称帝，改国号叫元，他就是元世祖。元世祖借"南宋不履行和约"的名义，派大将刘整、阿术出兵进攻襄阳，把襄阳城整整围了五年。贾似道把前线来的消息一一封锁起来，不让宋度宗知道。有个官员向宋度宗上奏章告急，奏章落在贾似道手里，那个官员马上被革职了。最终，襄阳还是被元兵攻破了。消息传来，南宋朝廷大为震惊。这个时候，贾似道再想瞒也瞒不住了，就把责任推给襄阳守将，免了守将的职了事。

元世祖见南宋这样腐败，便决定一鼓作气消灭南宋。他派左丞相伯颜率领元军20万，分兵两路，一路从西面攻鄂州，另一路从东面攻扬州。这时，宋度宗病死了，贾似道拥立度宗四岁的幼儿赵㬎做皇帝。伯颜攻下鄂州后，沿江东下，直指临安。贾似道一面带领7万宋军驻守芜湖，一面派使臣到元营求和。伯颜拒绝议和，命令元军在长江两岸同时发起进攻，宋军全线溃败，贾似道逃回扬州。到了这个时候，南宋灭亡的局势已经无法挽回了。

襄樊之战

1268年，忽必烈纳宋降将刘整，下决心拿下襄阳，而后浮汉入江，直趋临安。九月，忽必烈派都元帅阿术、刘整率军进围襄樊。针对宋军长于守城和水战的特点，蒙古军依据襄樊宋军设防在城西，便南筑堡连城，切断城中宋军与外界的联系，完成了对襄樊的战略包围。阿术还建立水师以防备宋水军援襄——刘整造船5000艘，并日夜操练，以改变战术上的劣势。

蒙古族士兵修筑的鹿门堡、白河城使襄阳处于孤立无援的境地，宋军几次反包围，都归于失败，伤亡惨重。1269年农历七月，宋将张世杰率军自临安来援，与蒙古军大战于樊城外围，被阿术打败。八月，宋将夏贵率军救援襄阳，遭蒙古军和被改编的汉军夹击，兵败虎尾洲，损失2000人及50艘战船。1270年春，襄阳守将吕文焕率军出城攻万山堡，阿术诱敌深入，而后令部将张弘范、李庭反击，宋军大败，退回襄阳。九月，宋援军范文虎水军又为蒙古水陆两军击走。翌年初，元气恢复的范文虎卷土重来，阿术亲率大军迎击，宋军大败，损失战舰100余艘。三年中，宋蒙双方在襄樊外围反复争夺，宋军终未能突破包围圈。

1271年，忽必烈改国号为元，随即采取措施加紧对襄樊的围攻。1272年初，元军对樊城发起总攻，三月，阿术率军攻破城郭，增筑重军，并进一步缩小了包围圈，宋军退至内城坚守。四月，宋名将李庭芝招募荆楚等地民兵三千人，派张顺、张贵兄弟率领驰援襄阳。临行前张顺激励士卒说：

"此次援襄任务艰巨，人人都要有必死的决心和斗志。你们当中若有人贪生怕死，就请趁早离开，免得影响大家。"三千士卒群情激奋，皆表示愿拼死报国。五月，张顺、张贵在高头港集结船队，每只船都安装火枪火炮，结成方阵，备好强弩利箭，张贵突前，张顺殿后，驰入元军重围。在磨洪滩，三千勇士强攻密布江面的元军舰只，将士先用强弩射向敌舰，靠近后再用大斧猛砍敌人，元军被杀溺而死者不计其数，张顺、张贵军冲破层层封锁，如愿进入襄阳城中。这一行动的胜利极大地鼓舞了襄阳军民抗敌的信心。张顺在这次战斗中战死，几天后，襄阳军民在水中找到他的尸体，只见他依然披甲执弓，怒目圆睁。军民怀着沉痛和敬佩的心情安葬了他，并为之立庙祭祀。

张顺、张贵带来的大批军用物资缓解了襄阳危机，但在元军重重封锁下，形势仍很严峻。张贵与郢州殿帅范文虎相约南北夹击，打通襄阳外围交通线。范文虎率五千精兵驰龙尾洲接应，张贵率所部出城会合范文虎。张贵按约定日期辞别吕文焕，率部顺汉水东下，临行检点人数，发现少了一名因犯军令而遭鞭笞的士卒，他知道计划已泄露，决定迅速行动，在元军采取措施前实现与范文虎会师。张贵军乘夜放炮开船，突出重围。阿术忙遣数万人阻截，封死江面。张贵军接近龙尾洲时，遥见龙尾洲方向旌旗招展，战舰无数，张贵以为是范文虎之接应部队，遂举火晓示，对方即迎火光驶来。等至近前，张贵才发现：哪里是什么范文虎，尽是元军，他们接到宋军叛卒告密，早占领了龙尾洲，专等张贵。于是两军在此处展开激战，由于元军是以逸待劳，宋军是长途跋涉，极度疲惫，结果宋军失败，张贵被俘，不屈就义。元军令四名宋降卒抬着张贵尸体到襄阳城下昭示宋军开城出降，吕文焕杀掉四个降卒，将张贵与张顺合葬，立双庙祭祀。

1272年秋，元军为了尽快拿下襄樊，决定先攻樊城，襄、樊唇亡齿寒，樊城一失，襄阳即指日可下。1273年初，元军从三个方向进攻樊城，忽必烈又遣炮匠至前线，造炮攻城。元军烧毁了樊城与襄阳间的江上浮桥，使襄阳宋军眼见樊城危急却只能望江兴叹。刘整率元军战舰抵达樊城城下，炮击塌城西南角，元军弃岸鼓噪而入城内。宋将牛富率军与元军展开巷战，终因势孤力单，牛富投火殉国。另一宋将天福见城告破，痛不欲生，拒降元军，也入火自焚，樊城失陷。

樊城沦落，襄阳更加危急。城中军民拆屋作柴烧，苦苦支撑。吕文焕数次遣人突围而出向朝廷告急，但宋朝奸相贾似道当权，对告急置之不理，却在皇帝耳边大言"天下太平"。1273年农历二月，元骁将阿里海牙炮轰襄阳城。由于孤立无援，敌人攻势猛烈，城中人心动摇，城中将领纷纷出城投降。吕文焕自感大势已去，遂开城投降。

红巾军大起义

元朝从成宗以后，又传了9个皇帝，皇室斗争日趋激烈，政治也越来越腐败，人民生活在水深火热之中。最后一个皇帝元顺帝妥懽帖睦尔即位后，荒淫残暴，百姓纷纷起来造反。

河北有个叫韩山童的农民，聚集了不少受苦受难的百姓，烧香拜佛，后来慢慢发展成了白莲会（一种秘密宗教组织）。韩山童对他们说：佛祖见天下大乱，将要派弥勒佛下凡，拯救百姓。

正巧这时黄河在白茅堤决口，两岸百姓遭受了严重的水灾。1351年，元王朝征发了汴梁（今河南开封）、大名（属今河北）等地民工十五万和兵士二万人，到黄陵冈（今山东曹县西南）开挖河道，疏通河水。

韩山童决定利用这个机会起事。他先派几百个会徒去做挑河民工，在工地上传播一支民谣："石人一只眼，挑动黄河天下反。"

民工们不懂这首歌谣是什么意思，开河开到了黄陵冈，有几个民工忽然挖出一座石人来。大家好奇地聚拢来一瞧，只见石人脸上正是一只眼，都禁不住呆住了。这件新鲜事很快地在十几万民工中传开，大家心里想，民谣说的真的应验了，既然石人出来了，天下造反的日子自然也来到了。

不用说，这个石人是韩山童事先派人偷偷地埋在那里的。百姓被鼓动起来了。韩山童便挑选了一个日子，聚集起一批会徒，杀了一匹白马、一头黑牛祭告天地。大家都推举韩山童做领袖，号称"明王"，并约定日子，在颍州颍上（今安徽阜阳、颍上）起义，起义军用红巾裹头作为标记。然而正在歃血立誓的时候，有人走漏了消息。官府派兵士抓走了韩山童，押到县衙杀了。韩山童的妻子带着他儿子韩林儿，逃脱了官府追捕，到武安（今河北武安）躲了起来。

韩山童的伙伴刘福通逃出包围，把约定起义的农民召集起来，攻占了颍州等地。在黄陵冈开河的民工得到消息，也杀死了河官，纷纷投奔刘福通。起义兵士头上裹着红巾，百姓就把他们称作"红军"，历史上称作"红巾军"。不到10天的工夫，红巾军已经发展到10多万人。

刘福通的红巾军陆续攻下了一些城池。江淮一带的农民早就受到白莲会的影响，也纷纷响应刘福通起义。

1354年，元顺帝派丞相脱脱动用了西域、西番的兵力，号称百万，围攻占领高邮的张士诚起义军。起义军正处在危急存亡之时，元王朝突然发生内乱，脱脱被撤掉官爵。元军失去了统帅，不战自乱，全军崩溃。

第二年二月，刘福通把韩山童的儿子韩林儿接到亳州（今安徽亳县）正式称帝，国号宋，称韩林儿为小明王。

刘福通是反抗元朝统治战争中伟大的英雄，他率领新兴的武装力量，打击了军事力量强大的元帝国。元朝把亳州大宋政权看作是心腹之患，令丞相脱脱率大军前往镇压。为了避开元军的攻击。1358年，刘福通攻占汴梁恢复宋的首都后，分三路向元廷进兵，发动总攻。其中毛贵的东路军一直打到元大都城下。刘福通亲自率领大军攻占了汴梁，然后把小明王韩林儿接来，定汴梁为都城。

元王朝不甘心失败，纠集地主武装加紧镇压红巾军，致使三路北伐军先后失利，汴梁重新落在元军手里。元王朝又用高官厚禄招降了张士诚。刘福通保着小明王逃到安丰（今安徽寿县）后，受到张士诚的袭击，1363年，刘福通战死。北方红巾军失败后，南方红巾军还在活动。元廷和韩宋的力量相互完全消耗，元朝的灭亡近在眼前。

处于南北红巾军之间的朱元璋，利用这一有利条件，按照徽州老儒朱升提出的"高筑墙，广积粮，缓称王"的建议，自1356年占领集庆（今江苏南京）后，先后削平了陈友谅、张士诚、明玉珍等势力，势力扩张到苏南、浙江、安徽一带。刘福通战死后，朱元璋救出皇帝韩林儿，将其迎往滁州（属今安徽省）。1366年，朱元璋命令廖永忠迎韩林儿至应天府（今江苏南京），途中韩林儿落水淹死。最后，朱元璋命令大将徐达挥师北上，推翻了元朝统治，于1368年建立了明朝。

二、元朝的经济贸易

农业的发展

元朝统一后，元世祖很重视农业的发展。他下令保护农田，禁止侵占农田作为牧场，并设立劝农司、司农司、营田司等管理农业的政府机构。颁行《农桑辑要》指导农业，成立村社对促进农业发展起了重要作用。在措施的实施和人民的努力下，屯田大规模地铺开，水利的兴修更使农业生产得到快速的恢复和发展。

棉纺织业的发展

棉纺织业作为新兴的行业，在元代大有发展。到元朝中后期，棉花已在全国广泛种植。棉纺织业作为一种农村的家庭副业，也在江南地区普遍发展起来。在这一技术的迅速发展中，黄道婆做出了巨大的贡献。黄道婆是松江府乌泥泾人，曾流落到崖州（今海南），因此学到那里的纺织技术。元成宗元贞年间（1295年~1297年），她随船返回故乡，将造、捍、弹、纺、织等一整套工具的制作方法及织布中使用的颜色搭配、综线挈花等技艺传授开来。织成的被、褥、带等的各种纹样、图案，色彩鲜艳，远近闻名，并在长江流域得到推广，使这一地区棉纺织技术出现了一次突飞猛进的发展。松江一度成为全国的棉纺织业中心。此后，棉织品逐渐普及为普通人民的服装材料。元代纺织业的发展，与棉纺织业技术的革新和普及是分不开的。黄道婆为中国棉纺织业的发展做出了巨大贡献。

修建元大都

元大都从1267年开始修建，直到至元二十二年（1285年）才告完工，历时18年之久。它的组织建筑是设计者刘秉忠以《周礼·考工纪》中的都城建设为指导思想进行规划修建的。

大都城整体接近方形，北面两个门，东、西、南三面各三个门。布局形制为三重城垣：大城、皇城和宫城。皇城周长10千米，包括宫城、御苑以及兴圣宫、隆福宫、太子宫和太液池等。宫城在皇城内偏东部，在全城的中轴线上，分为前朝、后宫两部分。社稷坛在皇城以西，太庙在皇城以东，商业活动的市集中在钟鼓楼一带。这种左祖右社、面朝后市的布局，符合中国传统的都城规划模式。大都城市布局严谨，井然有序，有明确的中轴线，以宫城为中心，南起丽正门，经皇城前广场，过灵星门，进入皇城、宫城，直抵皇城以北位于都城几何中心的中心阁。由此向北，轴线略为西移，通过鼓楼，直达钟楼。元大都的水系工程由水利专家郭守敬规划，疏通了东西向的运河（通惠河）和两条主要的水系，保证了宫苑用水。

元大都的建成，是城市建设史上的里程碑。它是我国封建社会最后一座按照预先整体规划平地兴建的都城，也是13~14世纪世界上最宏伟壮丽的城市之一。

海外贸易

至元十四年（1277年），元朝先后在泉州、庆元（今浙江宁波）、上海、澉浦（今浙江海盐县南）、广州、温州、杭州设置了七个市舶司。其中泉州是对外贸易的最大商港，由此出口纺织品、陶瓷等日常生活用品，进口丁香、豆蔻、胡椒、钻石、珠宝等。

元朝的海上贸易关系十分广泛，同亚、非、欧各国的交往频繁。外国人里，最著名的是意大利旅行家马可·波罗，回国后还撰写了《马可·波罗游记》。至元二十八年（1291年），元朝政府着手制定了市舶法则，至元三十年（1293年），又颁布《整治市舶司勾当》22条。市舶法明确规定了市舶司的职责，包括办理船舶出入港的手续、舶货的检验和收存、舶货的抽分和纳税等。市舶司由行省管辖，每个司设提举两人。征收舶税和市舶抽分时，往往有行省高级官员在旁边监督。市舶抽分和征收舶税成为元廷的重要财源之一。

三、元朝的科技与文化

天文学家郭守敬

元世祖忽必烈非常重视吸收汉族的人才，刘秉忠便是他重用的汉族大臣之一。将国号定为元就是他的主张，刘秉忠还向忽必烈推荐了著名科学家郭守敬。

郭守敬出生在河北邢台的一个学者家庭里，他的祖父郭荣学识渊博，对数学和水利都有深入的研究。郭守敬认真读书，刻苦钻研，进步很快。十五六岁时，他曾经看到一幅从石刻上拓印的莲花漏图（古代一种计时器），没用多少时间，他就弄清了它的制造方法和原理。

元世祖统一全国以后，下令要修改历法，郭守敬和王恂受命主持这项工作。由于原有的天文观测仪器已经陈旧不堪，难以精确地观测天象，郭守敬便决定把创制天文仪器的工作放在首位。他说："历法的根本在于测验，而测验是否精确，首先要有精密的仪器。"于是，他自己动手创制和改造天文仪器。在三年之中，郭守敬制成了简仪、圭表、仰仪等10多种天文仪器。

首先，郭守敬大胆地改革了圭表。圭表是我国古代发明的一种测量日影的工具，根据日影变化以决定春分、秋分、夏至和冬至等二十四节气。

郭守敬又创制了简仪。简仪是一种用来测量日、月、星座位置的天文仪器，它是郭守敬对西汉落下闳发明的浑仪改造而来的。郭守敬大刀阔斧地把浑仪几个妨碍视线的活动圆环去掉，又拆除原来作为固定支架的圆环，改用柱子托住，这样既简单又实用，故称简仪。简仪制成于1276年，比欧洲发明同样类型的仪器要早300多年。

郭守敬不仅是一个天文学家，还是一个水利专家，他在水利方面所做的最大贡献是开凿了从大都到通州的"通惠河"。

1291年~1293年，郭守敬设计和实施了通惠河水利工程。工程解决了通州到大都间繁忙的漕运，其科学性、合理性和实用性方面都堪称水利工程的杰作。

有一年，成宗皇帝召郭守敬到上都（今内蒙古自治区多伦县西北），商议开凿铁幡竿河渠的事。郭守敬认为这个地方降雨量大，年年有山洪暴发，要开凿河渠，非得有六七十步宽不可。但是，负责的官员嫌水利工程费用太大，不接受郭守敬的建议，在施工的时候，将郭守敬提出的宽度缩减了三分之一。结果，第二年大雨一来，山洪凶猛下泻，淹没了许多人、畜、房子，差一点把皇帝的行宫也冲毁。成宗皇帝后悔莫及地说："郭太史（郭守敬）真是神人，当初实在不该不听他的话呀！"

郭守敬在历法方面也有卓越的成就。他主持修订了《授时历》。按照《授时历》，一年的长度是365.2425天，仅与真实数值相差26秒，也就是3300多年才有一天的误差，和我们现在使用的公历在精确度上完全一致。《授时历》还给出了每经一黄道度的昼夜时间变化表格，其平均误差为0.77分钟。《授时历》在测算方法上更加精确：它创用了三次差内插法用于对日、月、五星运动不均匀改正等的计算上；创用了类似球面三角的方法用于对太阳视纬、黄赤道宿度及白赤道宿度变换的计算。

另外值得一提的是，为了修订精确的《授时历》，郭守敬组织了规模空前的全国范围内的天文测量工作。无论是从测点的数量，还是从分布的范围上，都远远超过了唐代的僧一行。

1303年，元成宗颁布命令：凡72岁的官员都去职返乡，唯独郭守敬以纯德实学和为世师法得以继续留任。郭守敬一生坚持不懈地从事于科学实践，直到86岁高龄还在进行着研究。

套印版画

元代雕版印刷业兴盛，雕版印刷技术进一步发展和提高。彩色套印版画开始出现。在雕版印刷的佛教经籍中，无闻和尚所注的《金刚经注》，用朱墨套印，是继辽代漏印套色版画之后最早的雕版彩色套印版画。经注中《无闻老和尚注经处产灵芝》一图，刊于元顺帝至元六年（1340年），比欧洲第一本彩色的雕版书《梅因兹圣诗篇》早170年。除此之外，元代版画还有建安虞氏在至治年间（1321年~1323年）刊印的由吴俊南、黄叔安等人绘刻的五种"平话"，即《武王伐纣》《七国春秋后集》《秦并六国》《续前汉书》《三国志平话》等。书中图画绘刻颇有连贯性，可说是中国连环版画的前身，体现了元代版画不仅题材广泛，而且绘、刻、印技术都有显著提高，为明、清版画的大发展，创造了多方面的有利条件。

《农桑辑要》

元初的几个皇帝比较重视农业，世祖忽必烈在继位的第二年便设立了主管农业的"司农司"，并命人编写了《农桑辑要》。该书由元大司农司编纂。成书于至元十年（1273年）。参加编写或修订补充的有孟祺、畅师文、苗好谦等。内容大多辑自《氾胜之书》《四民月令》《齐民要术》，以及北宋末至元初的多种农书。全书七卷，分别论述各种作物的栽培及家畜、家禽、鱼、蚕、蜂的饲养。其中栽桑、养蚕各一卷，约占全书三分之一。书中对棉花和苎麻尤其提倡，认为应积极创造条件栽培，不受风土说限制。

元曲

元曲是元代文学艺术的代表。为杂剧和散曲的合称。杂剧始于两宋，盛于元代，是在宋杂剧、金院本和诸宫调的基础上，融歌舞艺术和说唱伎乐发展而成的一种新的戏曲形式。它将歌曲、宾白、舞蹈结合在一起，是一种综合艺术。见于史籍、文献记载的元杂剧名目约有600余种，现存200种；杂剧作家200人左右。前期杂剧作家主要活动在大都（今北京），著名剧作家及代表作品主要有关汉卿的《窦娥冤》、王实甫的《西厢记》、马致远的《汉宫秋》、白朴的《墙头马上》等。后期杂剧作家的活动中心在杭州。著名作家有郑光祖、乔吉、宫天挺、秦简夫等，主要作品有郑光祖的《倩女离魂》等。关汉卿、马致远、郑光祖、白朴被誉为"元曲四大家"。杂剧的题材十分广泛，有反对封建官府、追求爱情婚姻自由的内容，也有历史故事，还反映了少数民族的生活。散曲源于民间小曲和少数民族音乐，分小令、带过曲和套曲三种基本形式。前期散曲家有关汉卿、马致远、卢挚等，后期有张养浩、刘致、张可久、乔吉等。

《水浒传》

在元明之际，出现了一部英雄传奇《水浒传》，它描写了北宋末年以宋江为首的农民起义的英雄故事。这支武装有首领36人，在现在的山东、河北一带所向披靡，后来被张叔夜伏击而降。宋江等人的传奇性事迹不久就在民间广为流传，并发展为话本和杂剧等艺术形式。

施耐庵，元末明初人，曾在钱塘（今浙江杭州）生活，民间传说他也曾参加过张士诚领导的农民起义。《水浒传》真实地描绘当时政治腐败、奸臣当道、民不聊生的社会全貌。而开篇即写高俅发迹，更是对"乱自上生"的绝好注脚。高俅只不过是一个流氓无赖，却因为会踢球而飞黄腾达，进而鱼肉百姓，陷害林冲等人。而他的后台就是宋徽宗。《水浒传》通过这个典型事例令人信服地写出了由昏君佞臣组成的统治集团对人民的压迫，这才是人民起义的主要原因。

《水浒传》人物基本上都是出于艺术虚构，梁山英雄里有帝王子孙、富豪将吏、书生铁匠，乃至猎户渔人、屠儿刽子，却几乎没有真正的农民。因此，梁山英雄的个性就比较多地反映了市民阶层的人生向往。用正统的眼光来衡量，梁山汉只能算是盗贼流寇。小说要歌颂他们，并为人们喜爱，就必须为他们的行为提出一种合乎社会传统观念的解释，赋予这些英雄好汉一种为社会所普遍认可的道德品格，而这种合法性和合理性就存在于"替天行道"和"忠义"准则。

《水浒传》在标榜"忠义"的同时，也承认金钱的力量，肯定物质享受作为基础的自由生活，表现出浓厚的市井意识。晁盖、宋江、卢俊义、柴进这些人凝聚力和号召力最主要的基础就是有钱而又能"仗义疏财"。事实上，"义"要通过"财"来体现，否则宋江等人在集团中的聚合力也就无法存在。

《水浒传》人物的基础是宋元话本，用的是纯粹的白话。《水浒传》堪称是中国白话文学的一座里程碑。《水浒传》的作者驾驭流利纯熟的白话，来刻画人物性格，描述场景，生动活泼。特别是写人物对话时，更是闻其声如见其人，以致有人说《水浒传》中的人物不是看出来的，而是"听"出来的。如李逵的粗豪，鲁智深的豪爽，武松刚毅而略带几分强悍，宋江慷慨背后却又谨小慎微等，都是由语言表现出来的。

《水浒传》所写的英雄人物，性格倾向十分强烈，性格特征十分鲜明，性格的复杂性和前后变化较少，但并不能简单地说成是"缺点"。因为这些英雄人物的个性虽然比较单纯却并非简单粗糙。比如李逵，作者常常从反面着笔，通过似乎是"奸猾"的言行来刻画他的纯朴。又如鲁智深性格是暴烈的，却常在关键时刻显出机智。作者常常能够把人物的传奇性和富于生活气息的细节结合得很好。这些英雄好汉既是日常生活中不大可能见到的，但在小说的具体环境中又是合情合理的。

小说中许多不重要的人物以及反面人物虽然着墨不多，却写得相当精彩。像高俅发迹的一段，写他未得志时对权势人物十足的温顺乖巧、善于逢迎；一旦得志，公报私仇、欺凌下属，逞足了威风，凶蛮无比。潘金莲是小说中写得比较成功的女性。作者把这个出身微贱、受尽欺凌，在不幸的人生中不惜以邪恶手段追求个人幸福的女子写得活灵活现。

《水浒传》十分重视故事情节的生动曲折。它很少静止地描绘环境、人物外貌和心理活动，而总是在情节的展开中通过人物的行动来刻画人物的性格。这些情节又通常包含着激烈的矛盾冲突，偶然性的作用和惊险紧张的场面，跌宕起伏的变化，富于传奇色彩。

《水浒传》全书艺术成就并不平衡，到了七十一回梁山大聚义以后，情节就变得松垮散漫，多有重复场面出现；后来的征辽、征方腊，读来索然无味，梁山好汉也大多失去了原有的色彩。因为梁山好汉们在这以后所做的事情，同他们原来的性格及人生取向全然背离，而英雄被招降而走向失败的道路，没有深刻的悲剧意识是无法写好的。作者把整个故事放在一个宏大叙事结构之中，一百零八将从天上来，又回到天上去，他们在红尘中的干戈征战成败荣辱，到头来都只不过一场噩梦罢了。

·第九章·

明朝的集权与裂变

（1368年~1644年）

从1368年农历正月初四，朱元璋在应天府（今南京）正式建国称帝起，到1644年崇祯帝自缢，明先后经历了16个皇帝。明太祖即位后，又经过20年征战，统一了全国。疆域东北达外兴安岭，西达哈密，北达乌第河。他废除丞相制，集军政大权于一身，加强了中央集权。在经济上以恢复和发展社会经济为主要措施，为明代社会经济的繁荣奠定了良好的基础。明成祖年间，明帝国达到了全盛时期，疆域最为广大。自正统朝（1436年）开始，宦官当权，吏治腐败，土地兼并加剧，内忧外患使明朝一落千丈，虽然有张居正等能臣的支撑，但已是积重难返。阶级矛盾的激化最终导致了明朝的衰败灭亡。崇祯十七年（1644年），李自成领导的起义军攻占北京，宣告了明朝的彻底灭亡。总的来看，此时我国的科技已落后于西方。经济上的典型特点是我国在东南沿海地区零星出现了资本主义萌芽。航海上的主要业绩是15世纪初郑和的七次下西洋，成为中国乃至世界航海史上的壮举。

一、明朝的政治与军事

和尚皇帝

在刘福通带领红巾军征战的同时，据守在濠州（安徽省凤阳县临淮镇）的郭子兴领导的红巾军也在日益壮大。濠州虽处在元军的包围中，但义军将士们英勇不屈，众志成城，使元军无计可施。

一天，在凛冽的寒风中，匆匆赶来了一位衣衫褴褛的年轻和尚。守卫怀疑他是元军的奸细，一面将他捆在拴马桩上，一面派人去通报元帅郭子兴。郭元帅闻讯赶到城门，只见绳索紧缚的和尚相貌奇伟，气度非凡，心里不禁暗暗称绝。此人便是后来的大明开国皇帝朱元璋。

朱元璋祖籍江苏沛县，本名朱重八。当时布衣百姓一般都不取正式名字，只用行辈或父母年龄合计数作为称呼。

朱元璋小时候一有空就跑到皇觉寺去玩耍，这寺内的长老见他聪明伶俐，讨人喜欢，便抽空教他识文认字。朱元璋天赋过人，过目不忘，天长日久，便也粗晓些古今文字了。

朱元璋17岁那年，淮北发生旱灾、蝗灾和瘟疫，他的父母、长兄在不到半个月的时间里相继死去，乡里人烟稀少，非常凄凉。朱元璋走投无路，只好剃发进了皇觉寺，当了一个小行僧，整天扫地上香，敲钟击鼓，还经常受到那些老和尚的训斥。为了混口饭吃，朱元璋只好忍气吞声。

后来，灾情越来越严重，靠收租米度日的皇觉寺再也维持不下去了。主持只好把寺里的和尚一个个打发出去云游化斋，自谋生路。进寺刚刚50天的朱元璋也只得背上小包袱，一手拿木鱼，一手托瓦钵，穿城越村，加入了云游僧人的队伍。

云游中，朱元璋目睹了混乱不堪的世事，对当时的社会有了深刻的认识，人生经验也大大丰富。他决定广泛交游，等待出人头地的时机。三年后，他回到了皇觉寺，不久，接到了已在郭子兴部队当了军官的穷伙伴汤和的来信，邀他前去投军。于是他连夜奔往濠州城。在征战过程中，朱元璋知人善任，为人豁达大度，文士冯国胜、李善长等为他出谋划策，英勇善战的常遇春、胡大海也来投奔他。攻下滁州和和州（今安徽省巢湖市和县）后，他整顿军纪，申明纪律，禁止军队抢掠奸淫，因此深得百姓的拥护。郭子兴死后，朱元璋被升为左副元帅，第二年，他率众占领建康，成为红巾军内部一支力量强大的武装力量。

此后，朱元璋逐渐把郭子兴的旧部全部纳入自身旗下，并以建康为根据地，不断扩充势力。当时，在他北面的刘福通、韩林儿所率红巾军正受到地主武装的袭击；西面的徐寿辉被部将陈友谅所杀，陈友谅不能服众，将士离心；明玉珍因为不服陈友谅的领导，在四川自立，国号大夏；东面的张士诚和方国珍受到元政府的劝诱，接受了元的官号。元朝的主力指向刘福通等人，朱元璋便趁机在浙东发展，逐渐控制了皖南、浙东地区。

由于红巾军内部的分裂腐化和元政府的镇压，刘福通一部在1363年时兵败，刘福通牺牲，红巾军力量削弱，起义失败。朱元璋这时占据浙东，发展生产，罗致人才，巩固统治，实力渐渐壮大。

鄱阳湖大战

当朱元璋向南方发展势力的时候，遇到了一个强敌名叫陈友谅。陈友谅占据江西、湖南和湖北一带，地广兵多，自立为王，国号叫汉。1360年，他率领强大的水军，从采石沿江东下，进攻应天府，想一下子吞并朱元璋占领的地盘。

朱元璋赶忙召集部下商量对策。大家七嘴八舌，议论纷纷，只有新来的谋士刘基待在一旁，一声不吭。

朱元璋犹豫不决，散会后，把刘基单独留下来，问他有什么主意。刘基说："敌人远道而来，我们以逸待劳，还怕不能取胜？您只需用一点伏兵，抓住汉军的弱点痛击，就可以打败陈友谅了。"朱元璋听了刘基的话，非常高兴。

朱元璋有个部将康茂才，跟陈友谅是老相识。朱元璋把康茂才找来，和他定下了引陈友谅上钩的计策。

康茂才回到家里，按照朱元璋的吩咐写了封信，连夜叫老仆去采石求见陈友谅。陈友谅见了这封信，并不怀疑，问老仆说："康公现在在什么地方？"

老仆回答说："现在他带了一支人马，在江东桥驻守，专等大王去。"

陈友谅连忙又问："江东桥是什么样子？"老仆说："是座木桥。"

陈友谅在老仆走后，立刻下令全体水军出发，由他亲自带领，直驶江东桥。没想到到了约定地点，竟没见木桥，只有石桥。

一霎间，战鼓齐鸣，朱元璋安排在岸上的伏兵一起杀出，水港里的水军也加入战斗。陈友谅遭到突然袭击，几万大军一下子溃败下来，被杀死的和落水淹死的不计其数。此后，朱元璋的声势越来越大。

1363年农历四月二十三日，陈友谅趁朱元璋率军北援安丰（今安徽寿县）红巾军、江南空虚之机，挥师号称60万，取道水路，围攻洪都（今南昌），并占领吉安、临江、无为州。守将朱文正率军奋力固守，坚持两月；并派人向朱元璋告急。朱元璋闻讯后，令朱文正继续坚守，以疲惫消耗陈军；随即亲率水军20万于七月六日救援洪都。陈友谅围攻洪都85天不克，闻朱元璋来救，即撤围移师鄱阳湖准备决战；朱元璋十六日亦进至鄱阳湖口。

为把陈军困于湖中，朱元璋先部署一部分兵力扼守泾江口和南湖嘴，切断陈友谅归路；又调信州（今江西上饶）兵守武阳渡（今南昌东），切断陈军侧后；然后亲率水师由松门（今江西都昌南）进入鄱阳湖，形成关门打狗之势。

二十日，两军在康郎山（今江西鄱阳湖内）水域遭遇。陈军巨舰连接布阵，展开数十里，颇有气势；但睿智的朱元璋看出其首尾相接、不利进退的弱点，于是将己方舰船分为20队，每队都配备大小火炮、火铳、火蒺藜、神机箭和弓弩。命令各队接近敌舰时，先发火器，再射利箭，继以短兵相搏。次日，双方激战开始。朱元璋爱将徐达身先士卒，率舰队奋勇冲击，击败陈军前锋，毙敌1500余人，缴获巨舰一艘。俞通海乘风发炮，焚毁20余艘陈军舰船，陈军死伤甚众，朱军伤亡也不少。战至日暮，双方鸣金收兵，战斗告 段落。

二十二日，陈友谅率全部巨舰出战。朱军因舟小，不能正面进攻，接连受挫。下午，东北风起，朱元璋采纳部将郭兴的建议，改用火攻。他选择死士驾驶七艘渔船，船上装满火药柴薪，逼近陈军舰队，顺风放火，一时风急火烈，迅速蔓延，湖水尽赤。陈军巨舰被焚数百艘，死者过半，陈友谅弟陈友仁、陈友贵及大将陈普略均被烧死。朱元璋挥军乘势猛攻，又毙敌两千余人。二十三日，陈友谅瞅准朱元璋旗舰发起猛攻。朱元璋刚刚移往他舰，原舰便被陈军击碎。二十四日，俞通海等率领六舰突入陈军舰队，勇往直前，如入无人之境。朱军士气振奋，再次猛烈攻击。陈友谅不敢再战，转为防御。为控制长江水道，当晚，朱元璋进扼左蠡（今江西都昌西北），陈友谅亦退至渚矶（今江西星子南）。

相持三天，陈友谅屡战屡败；陈军左、右金吾将军见大势已去，投降朱元璋，陈军军心动摇，形势越发不利。朱元璋乘机致书陈友谅劝降，陈为泄愤，尽杀俘虏；而朱元璋却反其道而行之，放还全部俘虏，并悼死医伤，以分化瓦解敌军。为阻止陈军逃遁，朱元璋移军湖口，命常遇春率舟师横截湖面，又在长江两岸修筑木栅，并置火筏于江中。陈友谅被困湖中一个月，军粮殆尽，将士饥疲，于是孤注一掷，冒死突围。八月二十六日，陈友谅由南湖嘴突围，企图进入长江，退回武昌，却陷入朱军的包围。陈军复走泾江，又遭朱军伏兵截击，陈友谅中箭身死。残部5万余人于次日投降朱元璋，只有张定边逃回武昌。1364年农历二月，朱元璋兵抵武昌，陈友谅子陈理投降，朱元璋的势力扩大到两湖。

北伐与南征

在相继平定南方陈友谅、张士诚两大割据势力后，朱元璋于1367年农历十月命徐达为征虏大将军，常遇春为副将军，率领25万大军由淮河进入河北，开始了夺取中原的北伐。

朱元璋再三申明军纪，告诫出征将士，北伐不是攻城略地，而是平定中原、推翻元朝、解除人民痛苦。随后还发布了由宋濂起草的告北方官吏和人民的檄文，文中提出"驱逐胡虏，恢复中华，立纲陈纪，救济斯民"的口号，这对中原地区的广大汉族人民具有很强的号召力；檄文还表示，对于蒙古人和色目人若愿为新皇朝臣民，则与中原人民一样看待。

北伐军节节胜利，迅速攻下山东诸郡。至正二十八年（1368年）四月占领开封，平定河南，同时攻克潼关。八月，攻克元朝首都大都（今北京），元顺帝见孤城难守，于是带着后妃太子慌忙弃城逃走，奔向漠北，统治中原长达98年的元朝灭亡。

在南征北伐不断取得胜利的情况下，至正二十八年正月，40岁的朱元璋告祀天地，于应天南郊登基，建国号大明，改元洪武，以应天（今江苏南京）为京师。经过16年的征战讨伐，朱元璋终于实现了自己的梦想，从一个横笛牛背的牧童、小行僧，成为明朝的开国皇帝。

1371年，明军入川，夏主明升暗降，四川平定。1381年，朱元璋命傅友德、沐英、蓝玉进攻云南，次年攻破大理，基本上完成了南方的统一。1387年，冯胜、傅友德、蓝玉奉命进攻辽东元朝残将纳哈出，纳哈出无路可走，只好投降，辽东平定。至此，除漠北草原和新疆等地外，全国已基本上统一。

燕王进南京

明太祖杀了一些权位很高的大臣，把他的24个儿子分封到各地为王。明太祖认为这样做，可以巩固他建立的明王朝的统治，却不料后来引起了一场大乱。

明太祖60多岁的时候，太子朱标死了，朱标的儿子朱允炆被立为皇太孙。各地的藩王大都是朱允炆的叔父，眼看皇位的继承权落到侄儿的手里，心里不服气。特别是明太祖的第四个儿子——燕王朱棣，他多次立过战功，对朱允炆更瞧不起了。

朱允炆的东宫里，有个官员叫黄子澄，是朱允炆的伴读老师。有一次，黄子澄见朱允炆一个人坐在东角门口，心事重重，便问他为什么发愁。朱允炆说："现在几个叔父手里都有兵权，将来如何管得了他们。"黄子澄跟朱允炆讲了西汉平定七国之乱的故事来安慰他。朱允炆听后，心总算放宽了一点。

1398年，明太祖死了，皇太孙朱允炆继承皇位，这就是明惠帝，历史上又叫建文帝（建文是年号）。当时京城里就听到谣传，说几位藩王正在互相串通，准备谋反。建文帝听了这个消息害怕起来，忙让黄子澄想办法。

黄子澄找建文帝另一个亲信大臣齐泰一起商量。齐泰认为诸王之中，燕王兵力最强，野心最大，应该首先把燕王的权力削除掉。黄子澄不赞成这个做法，他认为燕王已有准备，先从他下手，容易引发突变。于是，两人商量好先向燕王周围的藩王下手。建文帝便依计而行。

燕王早就暗中练兵，准备谋反。为了麻痹建文帝，他假装得了精神病，成天胡言乱语。齐泰、黄子澄不相信燕王有病，他们一面派人到北平（今北京市）把燕王的家属抓起来，一面又秘密命令北平都指挥使张信去逮捕燕王，还约定燕王府的一些官员做内应。不料张信是站在燕王一边的，反而向燕王告了密。

燕王是个精明人，知道建文帝毕竟是法定的皇帝，公开反叛，对自己不利，就说要帮助建文帝除掉奸臣黄子澄、齐泰，起兵反叛。历史上把这场内战叫作"靖难之变"（靖难是平定内乱的意思）。

这场战乱，差不多打了三年。到了1402年，燕军在淮北遇到朝廷派出的南军的抵抗，战斗进行得十分激烈。有些燕军将领主张暂时撤兵，燕王却坚持打到底。不久，燕军截断南军运粮的通道，发起突然袭击，南军一下子垮了。燕军势如破竹，进兵到应天城下。

过了几天，守卫京城的大将李景隆打开城门投降。燕王带兵进城，只见皇宫火光冲天。燕王派兵把大火扑灭时，已经烧死了不少人。他查问建文帝的下落，有人报告说，燕兵进城之前，建文帝下令放火烧宫，建文帝和皇后都跳到大火里自焚了。

随后，燕王朱棣即了位，这就是明成祖。七月初一，朱棣于南郊大祀天地后，回到奉天殿，诏令当年六月以后，仍以洪武三十五年为纪，第二年（1403年）为永乐元年。建文帝所改易的祖宗成法，一律恢复旧制。七月初三，又诏令把建文时更定的官制改回洪武旧制。九月初四及次年五月，朱棣先后两次赐封靖难功臣。十一月十三日，朱棣册立妃徐氏为皇后。

朱棣即帝位后，为了巩固自己的皇位，又进行了大量的充满血腥的屠杀活动。他将建文帝的亲信大臣50余人列为奸臣，悬赏捉拿。捉住后，不仅将其本人杀害，而且还株连九族。

明成祖削藩

明成祖即位后，继续执行巩固专制主义中央集权的政策。他在恢复诸王爵禄后，暗中开始"削藩"。他先将边塞诸王迁回内地，减少诸王的护卫，同时收回诸王、将帅、卫所军的节制指挥权；重申不许诸王擅役军民吏士的禁令，不许过问地方事务；对犯有过失的诸王，先以书诫谕，继而示以惩罚，最后或废为庶人或加以惩治。这一策略的实施削弱了诸藩王的势力，军政大权得以掌控。明成祖于永乐十九年（1421年）正月初一正式迁都北京，既巩固了北部边防，又进一步地控制了东北地区。

迁都北京

明迁都北京是由于北京一直是燕王封守之地，朱棣即皇位后于永乐十四年（1416年）十一月，命群臣商议营建工程事务。永乐十八年（1420年），北京宫殿建成。永乐十九年（1421年）正月初一，正式迁都北京。明北京城由紫禁城、皇城、京城、外城组成，紫禁城内的宫殿有精致的木雕、石雕、彩画和金光灿烂的琉璃瓦顶，当时集中了全国的优秀匠师设计的。它是我国保存得最完整、规模最宏大的帝王宫殿群。皇城的正门名承天门，气势磅礴，门前的宫廷广场上，点缀着汉白玉石桥、华表和石狮，增添了皇城的庄严端重气氛。京城，周围20公里，有九座城门。一条中轴线贯穿南北，两边街道和重要建筑左右对称。其间店铺林立，商业繁荣。后来京城南边加筑了手工业和商业区，是最繁华的街市，称为外城。

京杭大运河开通

京杭大运河，纵贯河北、山东、江苏、浙江四省。尽管历代王朝都曾疏通，但有些地段由于地势较高，水源不足，运河全线没有真正通航过。永乐九年（1411年），明成祖采纳济宁同知潘叔正的建议，变海运为漕运，征发民工30余万人，重新疏通会通河，于永乐十年（1412年）竣工，到永乐十三年（1415年）漕粮完全代替海运。这是明初的一项重大建设，促进了当时的经济发展。

土木之变

明成祖从他侄儿手里夺得皇位，怕大臣不服他的管制，便特别信任身边的宦官。这样一来，宦官的权力就渐渐大起来。到了明宣宗的时候，连皇帝批阅奏章也交给宦官代笔，宦官的权力更大了。

有一年，皇宫要招收一批太监。蔚州（今河北蔚县）人王振年轻的时候读过一点书，参加几次科举考试都名落孙山，便在县里当了教官。后来因为犯罪该判充军，听说皇宫招太监，就自愿进了宫，从而充了罪罚。宫里识字的太监不多，王振粗通文字，所以大家都叫他王先生。后来，明宣宗派他教太子朱祁镇读书。朱祁镇年幼贪玩，王振就想出各种各样法子让他玩得高兴。

宣宗卒时，朱祁镇仅有九岁，朝臣有人欲立襄王为帝。在大学士杨士奇、杨荣等人力争下，终使朱祁镇于正月初十即皇位，是为明英宗，以第二年为正统元年（1436年）。二月，尊皇太后为太皇太后。太皇太后主持军政大事，下令停办所有不急之务，勉励幼小的皇帝好学上进。

这一做法致使仁宣时期政治较好的状况得以延续，"海内富庶，朝野清晏""纲纪未弛"。同时，杨士奇、杨荣、杨溥等元老重臣依然在朝中发挥重大作用。他们遵从宣宗遗嘱，在太皇太后的领导下尽心辅佐幼主，对稳定明王朝政局、保持良好的局面，起到了重要的作用。

当时，侍奉朱祁镇读书的太监便是王振，他善于迎合朱祁镇的心理，深受朱祁镇赏识。朱祁镇即位后不久，王振便当上了司礼监太监，帮助明英宗批阅奏章。明英宗年少好玩，根本不问国事，王振趁机掌握了朝廷军政大权。朝廷大员谁敢顶撞王振，不是被撤职，就是被充军发配。一些王公贵戚都讨王振的好，称呼他"翁父"。王振的权势如日中天。

这个时候，我国北方的蒙古族瓦剌部已经强大起来。1449年，瓦剌首领也先派3000名使者到北京进贡马匹，要求赏金。王振发现也先谎报人数，而且还将进贡的马匹减少了，于是就削减了赏金。也先又为他的儿子向明朝求婚，也被王振拒绝。这一来，也先被激怒了，他率领瓦剌骑兵进攻大同。守大同的明将出兵抵抗，被瓦剌军打得溃不成军。

边境的官员向朝廷告急，明英宗召集大臣商量对策。大同离王振家乡蔚州不远，王振在蔚州有大批田产，他怕家产受损失，竭力主张英宗带兵亲征。兵部尚书邝埜（埜同野）和侍郎于谦认为朝廷准备不够充分，不能亲征。明英宗是个没主见的人，对王振言听计从，因此不顾大臣劝谏，就冒冒失失地决定亲征。

明英宗叫他弟弟郕王朱祁钰和于谦留守北京，自己跟王振、邝埜等官员100多人，带领50万大军从北京出发，浩浩荡荡的向大同开去。

过了几天，明军的前锋在大同城边被瓦剌军打得全军覆没，各路明军也纷纷溃退下来。明军退到土木堡（在今河北怀来东）时，太阳刚刚下山，有人劝英宗趁天没黑，再赶一阵，进了怀来城（今河北怀来）再休息，即使瓦剌军来了，也可以坚守。可是王振却想着落在后面装运他家财产的几千辆车子，硬要大军在土木堡停下来。土木堡名称叫作堡，其实没有什么城堡可守。不久，明军就遭到了瓦剌军的伏击。明军毫无斗志，丢盔弃甲，狂奔乱逃。瓦剌军紧紧追赶，被杀和被乱兵踩死的明军不计其数，邝埜在混乱中被杀死，祸国殃民的奸贼王振也被禁军将领樊忠一铁锤砸死。明英宗做了俘虏。历史上把这次事件称作"土木之变"。

此一战役，明军死伤数10万，文武官员亦死伤50余人。英宗被俘消息传来，京城大乱。廷臣为应急，联合奏请皇太后立郕王朱祁钰即皇帝位。皇太后同意众议，但郕王却推辞不就。文武大臣及皇太后正在左右为难之时，英宗秘派使者到来，传口谕命郕王速即帝位。郕王于九月初六登基，是为景帝，以第二年为景泰元年（1450年），奉英宗为太上皇。瓦剌自俘虏明英宗，便大举入侵中原，并以送太上皇为名，令明朝各边关开启城门，乘机攻占城池。十月，攻陷白羊口、紫荆关、居庸关，直逼北京。

戚继光抗倭

明朝嘉靖年间，我国东南沿海一带倭患猖獗，他们滋扰抢掠，杀人放火，给当地人民带来了极大的痛苦和灾难，人民纷纷起来进行抗倭斗争。在抗倭斗争中功绩最大的就是戚继光率领的戚家军。在以戚家军为代表的抗倭行动下，倭寇之患基本被荡平，保障了东南沿海人民的生命和财产安全。

倭寇最早出现在元末明初，当时日本处于南北朝分裂时期。日本西南的封建割据势力除了互相争战外，还常勾结海盗、商人和浪人武士在中国沿海进行武装掠夺和骚扰，形成了最初的倭患。永乐时因为军备整饬，加强了海防，又同日本政府交涉，所以倭寇没能进行大规模骚扰。但到了正统以后，明朝政治日益腐败，海防松弛，倭寇侵扰又渐渐猖獗起来。嘉靖时，随着东南沿海一带商品经济的发展，一些经商的富豪地主与倭寇勾结，形成武装劫夺集团，气焰十分嚣张，倭患达到高潮。明政府曾派朱纨做浙江巡抚，监督抗倭。朱纨看到问题症结在于闽浙富豪通倭，便打击了一些地主奸商，并积极加强海防抗倭，但因触犯了富豪大户的利益而处处受到阻挠，被迫自杀。

后来，朝廷派熟悉沿海防务的老将俞大猷去平乱。俞大猷一到浙江，就打了几个胜仗。可是不久，江浙总督张经被严嵩的同党赵文华陷害，俞大猷也被牵连坐了牢。沿海的防务没人指挥，倭寇又猖獗起来。直到朝廷把山东的将领戚继光调到浙江，这个局面才得到扭转。

戚继光，字元敬，山东蓬莱人。戚继光的六世祖戚详原是朱元璋部将，东征西讨近30年，最后在云南战死。明太祖追念戚详的功绩，授他的儿子戚斌为明威将军，世袭登州卫（今山东蓬莱）指挥金事。

1544年，父亲戚景通病死，17岁的戚继光承袭了登州卫指挥金事，从此开始了他的军职生涯。两年后，戚继光分工管理屯田事务。这时，卫所的军丁大多逃亡，屯田遭到破坏，海防受到很大影响。戚继光了解了这些情形，进行清理整顿，很快收到成效。

戚继光调到浙江抗倭前线后，发现军队缺乏训练，临阵畏缩，根本不能打仗。针对明军兵惰将骄、纪律松弛、战斗力低等弱点，戚继光两上《练兵议》，并以"杀贼保民"为号召，在嘉靖三十八年（1559年）九月亲自往义乌、金华招募素质良好的矿工和农民入伍，经过数月的精心编制与严格训练，组成了3000多人的新军。

新军在戚继光领导下，纪律严明，作战英勇，对百姓秋毫无犯，多次建立战功，战斗力非常强，被人们誉为"戚家军"。

1561年农历四月，倭寇聚集了一万多人，驾数百艘战船，又一次大举侵扰浙东的台州和温州，骚扰了大片地区，声势震动了整个东南。戚家军迅速出击，先在龙山和雁门岭打败倭寇，接着驰援台州，在台州外上峰岭设伏。戚家军士兵每人执松枝一束，隐蔽住身体，使倭寇以为是丛林，等倭寇过去一半，立刻发起进攻。士兵一跃而起，居高临下，猛烈冲锋，全歼了这股倭寇。台州的战斗历时一个多月，共斩杀倭寇1400多人，烧死溺死4000多人。戚继光因功升为都指挥使。

这时，福建沿海倭患严重，福建巡抚向朝廷一再告急。戚继光奉命到福建抗倭，仅仅三个月，就荡平了横屿、牛田、林墩（今莆田境内）三个倭寇巢穴。戚继光升任都督同知、总兵官，镇守福建全省及浙江金华、温州二府。

不久，倭寇又聚集了二万多人，陆续在福建泉州、漳州、兴化（今福建莆田）等地登陆。戚家军分成数支，和倭寇展开激战，在一个月内就打了12次胜仗，杀死倭寇3000多人。1563年农历十一月，二万多倭寇围攻仙游。仙游军民昼夜在城上死守，情势十分危急。戚继光调各路明军，切断仙游倭寇与福建其他各处倭寇的联系，对围攻仙游的倭寇发起总攻，一举把这批倭寇消灭了。仙游大捷是以戚家军为主力的明军继平海卫之战后的又一重大胜利，共歼灭倭寇2000多人。

接着，戚继光又在同安、漳浦两地指挥戚家军大败倭寇，使福建境内倭患平定下来。1565年以后，广东总兵俞大猷官复原职，戚继光任职副总兵配合抗击倭寇。经过戚继光、俞大猷等抗倭将领的共同努力，以及沿海军民的浴血奋战，到1566年时，横行几十年的倭患，终于得到基本解决。

宦官专权

明中叶以后政局混乱、军政腐败。朝廷内部正气受压，多次出现宦官擅权乱政的不正常现象。从英宗开始，皇帝多是幼年登基，宠信宦官，于是造成"内官日横"。皇权高度集中、皇帝自操权柄的局面开始动摇和削弱，权力逐步转移到宦官手里，使他们得以直接操纵军国大计，擅夺生杀之权，排斥忠良，迫害正直，祸国殃民，是明王朝的一大祸害。天启元年（1621年）五月，魏忠贤窃得司礼秉笔太监大权，从此遍邀党羽，专制朝政，作威作福，弄得朝纲大坏，冤狱遍生，民怨沸腾。天启七年（1627年）八月二十四日，朱由检即皇帝位，改次年为崇祯元年（1628年）。崇祯帝即位后，便大力惩治阉党。当时嘉兴贡生钱嘉征劾魏忠贤10大罪，魏忠贤惧怕，于十一月一日，自缢而死。崇祯帝下诏谬其尸，悬首河间。十二月严厉惩处魏忠贤余党，"五虎""五彪"等都被处死。崇祯帝通过这一肃逆活动，扶正祛邪，整顿朝纲，稳定了当时的局面。

闯王李自成

崇祯帝即位的第二年，陕西闹了一场大饥荒，老百姓没粮吃，连草根树皮也被吃光了。在这种情况下，一些地方官吏还照样催租逼税。于是，陕西各地爆发了农民起义。

这年冬天，明王朝从甘肃调了一支军队开赴北京。这支军队走到金县（今陕西榆中）时，由于兵士们领不到军饷，闹到了县衙门。带兵的将官出来弹压，有个年轻兵士引头，把将官和县官杀了。这个兵士就是李自成。

李自成是陕西米脂人，出生在一个农民家庭里，少年时就喜欢骑马射箭，练得一身好武艺。

这一次，李自成在金县杀了朝廷命官，带着几十个兵士一起投奔王左挂领导的农民军。不久，王左挂禁不住高官厚禄的诱惑，投降了朝廷，李自成不得不另找队伍。后来，他打听到高迎祥领导一支队伍起义，自称"闯王"，就去投奔了高迎祥。高迎祥见李自成带兵来投奔，十分高兴，立刻叫他担任一个队的将官，大家把他叫作"闯将"。

李自成所率军队纪律严明、作战勇敢，对百姓秋毫无犯，虽经受过几次挫折，但最终发展成为起义军中力量最强大的。面对各地农民纷纷揭竿而起的局面，明政府改变了招抚的政策，转而采用剿杀的政策。但是义军实行游击战，且基础深厚，官军虽连连取胜，但怎么也剿除不净。

为了对付官军围剿，高迎祥把13家起义军的大小头领约到荥阳开会，商量对敌办法。李自成认为起义军应该分成几路，分头出击，打破敌人的围剿。大家听了，都觉得李自成说得有道理。经过商量后，13家起义军分成了六路。有的拖住敌军，有的流动作战。高迎祥、李自成和另一支由张献忠领导的起义军向东打出了包围圈。

1633年底，高迎祥、李自成等率起义军突破黄河天险，杀入明朝的心脏地带——河南。他们乘势前进，转而向安徽方面挺进。1635年，起义军攻下明皇室凤阳老巢，那儿有朱元璋的祖坟。起义军进城后，焚毁皇陵宫殿，刨了皇家祖坟。崇祯帝闻知祖坟被挖大为吃惊，下罪己诏请求祖先在天之灵宽恕自己。崇祯帝悲伤过去后，命兵部尚书杨嗣昌专力剿杀。有一次，高迎祥带兵向西安进攻。陕西巡抚孙传庭在今陕西周至的山谷里埋下了伏兵，高迎祥没有防备，被捕牺牲，李自成带领余部杀了出来。将士们失去了主帅，心情十分沉痛。大伙认为闯将李自成是高迎祥最信任的将领，加上他有勇有谋，就拥戴他做了闯王。从那以后，李闯王的名声就在远近传开了。

李闯王的威名越高，越使明王朝害怕和仇恨。崇祯帝命令总督洪承畴、巡抚孙传庭专门围剿李自成，李自成的处境一天比一天困难起来。在这个困难的时刻，另两支起义军的首领张献忠、罗汝才都接受了明朝的招降，李自成手下的将领也有叛变的，这使李自成处于极其危险的境地。

1638年，李自成从甘肃转移到陕西，准备打出潼关去。洪承畴、孙传庭事先探听到起义军的动向，便在潼关附近的崇山峻岭中，布置了三道埋伏线，然后故意让开通向潼关的大路，诱使李自成进入他们的包围圈。李自成中了敌人的计，起义军经过几天几夜的搏斗，几万名将士在战斗中阵亡，队伍被打散了。

李自成和他的部将刘宗敏等17个人冲出重重包围，翻山越岭，排除了千难万险，才到了陕西东南的商洛山区，隐蔽起来。

冲冠一怒为红颜

在官军的围追堵截下，李自成处境艰难，暂时处于低潮。1641年，李自成进入河南，转而又攻克洛阳，杀死福王朱常洵。崇祯帝知道后，非常生气，只恨恨地骂各地官吏围剿不力，但自己也拿不出好办法来。李自成起义军纵横驰骋，来回奔袭，官军只能跟在起义军屁股后团团转。1642年，李自成率军三围开封，经过一番战斗，围剿起义军的官军不但没有把起义军剿灭，反而被起义军歼灭大部，起义军开始转入战略进攻。1643年，李自成在襄阳建立革命政权，准备进行新的斗争。

1644年，李自成在西安建立了政权，国号大顺。不久，李自成亲自率领100万起义军渡过黄河，兵分两路进攻北京。两路大军势如破竹，到了这年三月，就在北京城下会师了。北京城外驻守的明军最精锐的三大营全部投降。十七日，李自成亲率大军攻九门。十八日，大顺军将士架云梯奋力攻城，越墙而入，攻破外城。与此同时，明太监曹化淳献彰义门出降。

崇祯帝听到大兵进城的消息，立即命其三个儿子更衣出逃，逼周皇后自缢，拔剑将长女长平公主手臂斩断，又杀妃嫔数人，然后换上便服，携太监王承恩等数十人，出东华门，企图出逃，未成功，又返回宫内。十九日清晨，大顺军攻破内城。崇祯帝亲自敲钟召集百官，竟无一人响应。他见已无力挽回败局，便与太监王承恩入内苑，于煤山（今景山）寿皇亭树下自缢。统治中国276年的明王朝，就此灭亡。

大顺政权一面出榜安民，一面惩治明王朝的皇亲国戚、贪官污吏。李自成派刘宗敏和李过，勒令那些权贵、官僚交出平时从百姓身上搜刮来的赃款，充当大顺军的军饷。有个叫吴襄的大官僚，也被刘宗敏抄了家产。有人告诉李自成说，吴襄的儿子吴三桂是明朝的山海关总兵，手下还有几十万大军。如果招降了吴三桂，就可以解除大顺政权的一个威胁。

吴三桂原来是明朝派到关外抗清的，驻扎在宁远一带防守。吴三桂收到父亲吴襄的劝降信，便打算到北京去看看情况再说。他带兵到了滦州（今河北省滦县），遇到一些从北京逃出来的人，找来一问，听说他父亲被抓，家产被抄，顿时心生恨意。后来，又听说他最宠爱的歌姬陈圆圆也被大顺军抓走，不禁勃然大怒，便率兵折回山海关，发誓与大顺军誓不两立。吴三桂势单力孤，仅据山海关一隅，根本无力与大顺军对抗，便想到与清兵联手对抗大顺军，于是派信使去见多尔衮。

这时，清军在多尔衮的率领下正计划由蓟州（今天津市蓟县）、密云地区破城墙而入，行军至翁后（今辽宁阜新境）遇到了吴三桂的使者，便改变行军路线，直接向山海关进发。当时，李自成已亲率大军进逼山海关，准备与吴三桂展开激战。多尔衮四月二十一日到达山海关，屯驻于欢喜岭，蓄锐不发，按兵观望。四月二十二日吴三桂亲自出关，面见多尔衮，提出条件，正式降清。吴三桂与多尔衮约定，清兵帮助吴三桂打败了李自成后，黄河以北归清，以南归明，并封吴三桂为王。当日，多尔衮就率军进入山海关，不费一兵一卒便实现了多年夙愿。

大顺军从南面开到山海关边，与吴三桂的军队展开激战。李自成骑着马登上西山指挥作战。吴三桂带兵一出城，就被大顺军的左右两翼合围包抄。明兵东窜西突，无法冲出重围；大顺军个个奋勇，喊杀声震天动地。

这时候，多尔衮看准时机，命令埋伏在阵后的几万清兵一起杀出，向大顺军发动突然袭击。大顺军没有防备，也弄不清是哪儿来的敌人，心里一慌张，阵势乱了起来。

李自成在西山上发现清兵已经进关，想稳住阵脚，已经来不及了，只好传令撤兵。多尔衮和吴三桂的队伍里外夹击，大顺军惨败。李自成带领将士边战边退，吴三桂仗着清兵的势力，在后面紧紧追赶。大顺军退到北京时，兵力已经大大削弱了。李自成回北京后在皇宫大殿里举行了即位典礼，接受官员的朝见。第二天一清早就率领大顺军，匆匆离开北京，向西安撤退。

1644年农历十月，多尔衮把顺治帝从沈阳接到北京，把北京作为清朝国都。从那时起，清王朝就开始统治中国了。

吴三桂降清改变了当时整个战局，是清入主中原的关键性转折。第二年，清军兵分两路攻打西安；一路由阿济格和吴三桂、尚可喜率领，一路由多铎和孔有德率领。李自成被迫放弃西安，向襄阳转移。几个月后，大顺军在湖北通山县遭到当地地主武装袭击，李自成战败被杀。

二、明朝的经济与发展

张居正改革赋役

明世宗千方百计寻找长生不老的药方，不但没有得到，反而误服了有毒的"金丹"，命丧九泉。明世宗死后，他的儿子朱载垕即位，这就是明穆宗。

明穆宗在位期间，大学士张居正才华出众，得到穆宗的信任。隆庆六年（1572年）五月，仅仅执掌朝政六年的明穆宗病危，他诏令大学士高拱、张居正、高仪为顾命大臣，令他们辅佐幼帝。二十六日，穆宗于乾清宫病逝，享年36岁，葬于昭陵。六月初十，皇太子朱翊钧遵遗诏继承帝位，改次年为万历元年（1573年），是为明神宗。

大学士张居正（1525~1582），湖广江陵县（今湖北江陵）人，字叔大，号太岳。嘉靖二十六年（1547年）进士，历任编修、礼部侍郎兼翰林院学士、吏部左侍郎兼东阁大学士、礼部尚书兼武英殿大学士，加少保兼太子太保等职，是明代著名政治家。

他与宦官冯保的私交很好，且两人共同辅助幼年明神宗执掌朝政。隆庆六年七月，神宗即位只过了一个月，大学士张居正即利用宦官冯保将高拱排挤掉，代之为首辅，并推荐礼部尚书吕调阳兼文渊阁大学士，参与机务。至此，张居正、冯保两人执掌明王朝政权。张居正根据穆宗的嘱托，像老师教学生一样，辅导年仅10岁的明神宗。他自编了一本图文并茂的历史故事书，叫作《帝鉴图说》，每天讲给神宗听。

神宗把张居正当作严师看待，既尊敬又惧怕。再加上李太后和宦官冯保支持张居正，朝中大事几乎全部由他裁决。为扭转嘉靖、隆庆以来军政腐败、财政空虚、民不聊生的局面，以除旧布新、振纲除弊和富国强兵为宗旨，张居正在整顿吏治、整饬边防、整顿经济、兴修水利等众多方面进行了一系列的改革。

那个时候，沿海的倭寇已经肃清了，但北方的鞑靼族还不时入侵内地，对明王朝构成威胁。张居正把抗倭名将戚继光调到北方去镇守蓟州（在今河北北部），戚继光在从山海关到居庸关的长城上修筑了3000多座堡垒，以防鞑靼的进攻。戚家军号令严明，武器精良，多次打败鞑靼的进攻。鞑靼首领俺答见使用武力不行，便表示愿意和好，要求通商。张居正奏明朝廷，封俺答为顺义王。以后的二三十年中，明朝和鞑靼之间没有发生战争，北方各族人民的生活也安定下来。

当时，由于朝政腐败，大地主兼并土地，巧取豪夺，地主豪绅越来越富，国库却越来越穷。张居正下令清查土地，结果查出了一批被皇亲国戚、豪强地主隐瞒的土地，这一来，使一些豪强地主受到了抑制，增加了国家的收入。

丈量土地后，张居正又把当时名目繁多的赋税和劳役合并起来，折合成银两来征收，称为"一条鞭法"。经过这种税收改革，一些官吏就不能营私舞弊了。

经过10年的努力，张居正的改革措施起到明显的效果，使十分腐败的明朝政治有了转机，国家的粮仓存粮也足够支用10年的。但是这些改革触犯了一些豪门贵族的利益，他们表面不得不服从，背地里却对张居正恨之入骨。

明神宗长大后，有一批亲近的太监在内宫用各种办法给他取乐。

后来，由张居正做主，把那些引诱神宗胡闹的太监全部赶出宫去，太后还让张居正代神宗起草了罪己诏（皇帝责备自己的诏书）。这件事发生后，使明神宗对张居正从惧怕发展到怀恨了。加之张居正的权力太集中，使其与神宗皇帝的矛盾进一步激化。

1582年，张居正病死，明神宗亲政。那些对张居正不满的大臣纷纷攻击张居正执政时专横跋扈。第二年，明神宗把张居正的官爵全部撤掉，还派人查抄了张居正的家。张居正的改革措施也遭到极大的破坏，刚刚有一点转机的明朝政治又昏暗下去了。

丝织业

明代丝织业迅速发展，苏、杭二府成为全国纺织业的中心。这时用的织机有腰机和提花机，能够织出各种繁杂而又鲜艳美观的花纹。丝织业有官营和民营两种。官营丝织作坊设于京师的有针工局、织染厂等，归工部管辖。除京师之外，还分别设于浙江、南直隶、四川成都以及山东济南等处。东南地区是官府丝织业的中心，以南京、苏州、杭州三处为主，自永乐时期开始差遣宦官督管织造。明代官营丝织作坊的年生产量每年造解15000匹，南京内织染局和神帛堂造解3369匹，各地方织染局造解28684匹。

从英宗天顺四年（1460年）开始，朝廷不断下令额外增造，尤以嘉靖、万历时期更甚，已远远超出官营丝织作坊的生产能力，各地方织染局为了完成任务，便纷纷实行"机户领织"制度，这是一种通过中间包揽人，利用民间机户进行的"加工订货"的生产形式。机户不仅存在于城市，也存在于乡村，并促使一批丝织业市镇的形成。

明代造船业

频繁的航运往来、战争等带动了航运业。明前期，官府造船业极为兴盛。技术高超的工匠生产上分工明确，加之不需计较成本，因而所造船只质量较高。郑和下西洋前两年，明廷开始大造海船，专造下西洋所用宝船。郑和下西洋使用的宝船规制远远超过前代。空前鼎盛的造船业为郑和下西洋这一人类航海史上的壮举打下了基础，也极大地带动了经济的发展。

从1405年起，郑和统率船队，曾七次出使西洋，最大的海船长44丈4尺，宽18丈，立9桅，挂12帆，是当时世界上最大的木帆船。郑和七下西洋，识别方向主要靠的是航海罗盘、航海图和牵星图等。

农作物的引进

明代中后期，农业生产得到发展，多种原产美洲的农作物如番薯、玉米、马铃薯、花生、西红柿等开始被引进推广。

番薯即红薯、番苕或红山药，产量高，极易栽种。15、16世纪，葡萄牙、西班牙人将它传到非洲、印度和印尼、菲律宾等地，再由陆、海路传进中国。据《金薯传习录》记载：万历二十一年（1593年），薯蔓由福建长乐县商人陈振龙从吕宋带回。而徐光启则是最早把番薯从岭南引种至长江流域的人。玉米即御麦、玉蜀黍或玉高粱，于15世纪传入我国，种植并不广泛。土豆即马铃薯或洋芋，于明末传入我国，17世纪后期才开始栽培。花生即地豆、白果、长生果、万寿果、人参果等，由福建、广东的商人从南洋一带引进。西红柿即番茄，约在16世纪末或17世纪初的万历年间引入，传播十分缓慢。

资本主义萌芽出现

明朝中叶，资本主义萌芽首先出现在江南地区的手工业中。工场手工业是手工业中资本主义萌芽的主要形式。杭州丝织业发达，许多机户开始雇用纺织能手，并付以一定的工资，丝织业中雇佣关系就此出现。到明朝后期，苏州的机户发展到三万家以上，受雇织匠的数量相当可观。机户一般出机，而机工出人力，完全脱离了生产资料，成为一无所有的劳动者。明代中叶中国出现的资本主义萌芽，尽管局限于少数地区和行业，但它的出现标志着中国古老的封建社会已经走向没落。

三、明朝的对外关系

郑和下西洋

明成祖朱棣，为了控制海内，耀威异域，抚剿逃亡海外之臣民，获取海外珍宝异货，从永乐三年（1405年）六月起遣郑和多次下西洋。永乐三年（1405年）六月十五日，郑和与副使王景弘奉命第一次出使西洋。后来又于1409年~1411年、1413年~1415年、1417年~1419年、1471年~1422年、1431年~1433年五次出使西洋，总计28年间七下"西洋"。明宣德五年（1430年）六月九日，郑和奉命第七次下西洋；闰十二月六日，郑和率载有27550人的61艘宝船，从南京出发，两日后驶至刘家港（今江苏太仓东浏河镇），并在此刻碑纪念。此次西航，船队曾到麦加访问，以麝香、瓷器等物换回各种珍贵异兽，并画了天堂图。宣德八年（1433年）六月二十一日，船队驶返刘家港。而郑和已于二月病逝于归国途中经过的古里国（故地约在今印度半岛西南部喀拉拉邦的科泽科德一带）。郑和的船队除载货物商品外，还有粮食、淡水等生活必需品，船上有通书、行人、管带及医生、书算，也有技术人员。在远航过程中，他们随时记录航向、所经港湾及暗礁、浅滩的分布，绘制了《郑和航海图》。另外其随行人员马欢著有《瀛涯胜览》，费信著有《星槎胜览》，巩珍著有《西洋番图志》等记述航海见闻，史料价值颇高。郑和的船队到达东南亚及印度、非洲30多个国家和地区。郑和经南海马六甲海峡、印度洋、波斯湾，最远到非洲东海岸红海海口及麦加。郑和所到之处，即以丝绸、瓷器、铜铁、金银等换取麝香、珍宝及奇禽异兽等。郑和不仅是贸易代表，还是外交使节，他的出使加强了与所访国家的联系和友好往来，仅永乐二十一年（1423年），就有来访使臣1200余人。郑和下西洋丰富了人们对世界的认识。他立的《通番事迹记》《天妃灵应之记》碑，也成为航海史上的重要文物。

南洋移民潮

16世纪在海禁与反海禁斗争中形成了南洋移民潮，大量的福建、广东移民进入南洋各地。菲律宾的吕宋，印度尼西亚的巨港、万丹、马尼拉，马来西亚的马六甲、北大年、吉兰丹，加里曼丹西部和美洛居等地，都有成批华人聚居地，出现了近代东南亚的华侨社会。马来半岛的马六甲是16世纪东南亚最繁荣的国际市场，华人在此开设店铺出售各色商品，中国的园艺、手工技术成为开发南洋不可或缺的宝贵财富。公元1593年华人龚容在马尼拉开办了第一家印刷厂，首次将中国印刷技术引入菲律宾，印刷了菲律宾第一部书《基督教教义》，并刻过《无极天主正教真传实录》的中文书籍。华人入南洋后在那里的开发和建设，促进了南洋经济和文化的发展。

四、明朝的科技与文化

观象台建成

明永乐四年（1406年），明成祖朱棣迁都北京后，天文仪器则仍留在南京，钦天监人员仅凭肉眼观察天象。正统二年（1437年），钦天监派人去南京，用木料仿制宋代浑仪和元代简仪等天文仪器，运回北京校验后浇铸成铜仪。正统七年（1442年），修建钦天监、观星台，并安装仪器。正统十一年（1446年），又建造晷影堂。其规模和布局与南京相同。

宋应星著《天工开物》

宋应星（1587年~1667年），字长庚，江西南昌府奉新县北乡人，是我国明代晚期著名的科学家。宋应星出身于书香世家，曾祖父宋景曾做过都察院左都御史，是明代中期重要阁臣。宋应星共有兄弟四人，他排行老三。

宋应星自幼聪明强记，资质特异，"数岁能韵语"，有过目不忘的才能。他幼时与兄应同在叔祖宋和庆开办的家塾中读书，一次因病卧床休息，躺在床上边看边记应背文7篇。等到课上馆师考问时，他能够一字不差地背诵，令馆师大为惊叹。年纪稍大，考入本县县学做庠生，熟读了经史及诸子百家，推崇张载，接受了唯物主义自然观。

万历四十三年（1615年），宋应星与兄应升同赴江西南昌参加乙卯科乡试，两人同榜考中举人，他名列第三，应升第六。在当时江西的一万多名考生里面只录取83人，奉新只有宋应星兄弟二人，故称"奉新二宋"。

同年秋，兄弟二人赴京师参加次年的丙辰科会试，结果没有考中。事后得知此次考试涉嫌舞弊，状元的考卷是他人代作的。为了下次再考，他们前往江西九江府的白鹿洞书院进修。此后在万历四十七年（1619年）和天启元年（1621年），宋应星兄弟两次上京赶考，可惜都未能考中。45岁以后，宋应星对功名逐渐冷淡下来，开始将主要精力用于钻研与国计民生相关的科学技术，并准备着手编纂一部科技巨著。

崇祯七年（1634年），宋应星出任袁州府分宜县县学教谕。在任职的四年时间里，他编著了大量的著作并刊行，有《野议》《画音归正》《天工开物》《论气第八种》和《卮言十种》等。

清朝建立后，宋应星一直过着隐居生活，拒不出仕，在贫困中度过晚年。

英国学者李约瑟称赞宋应星是"中国的阿格里科拉"和"中国的狄德

罗"。宋应星博学多才，是一位百科全书式的学者。他著作颇丰，研究领域涉及自然科学、人文科学和文学等诸方面。

《天工开物》是宋应星的主要代表作，此书刊刻于崇祯十年（1637年）。书名取自《易·系辞》中"天工人其代之"及"开物成务"，强调自然力（天工）与人工的配合，即通过技术从自然资源中开发产物。

《天工开物》分上、中、下三卷，共18章，绘图123幅。它对我国古代农业和工业生产技术进行了系统而全面的总结，内容覆盖了社会全部生产领域，是一部科技史上的百科全书。《天工开物》上卷包括《乃粒》《乃服》《彰施》《粹精》《作咸》《甘嗜》六章，涉及与农业相关的诸方面；中卷包括《陶埏》《冶铸》《舟车》《锤锻》《燔石》《膏液》《杀青》七章，内容有关工业技术；下卷包括《五金》《佳兵》《丹青》《曲》及《珠玉》五章，也是和工业技术相关的方面。

《天工开物》最可贵的地方在于详尽记载了工农业生产中许多先进的科技成果，并且用技术数据给以定量解说，同时提出了一系列理论，毋庸置疑地成为一部科学技术的完整著作。

《天工开物》在18世纪先后传入日本和朝鲜，成为当时畅销的读物。19世纪中期，《天工开物》传入法国和德国，又传入俄国和意大利。1966年，《天工开物》被译成英文在美国出版。《天工开物》已成为世界科学经典著作，在海外广泛流传，受到高度评价。

徐霞客探险

当明王朝闹得污浊不堪之时，在江阴一带有个青年，不满朝政腐败，不愿应科举考试、谋求仕途，却立志游历祖国的名山大川，探索自然的奥秘。他就是我国历史上杰出的地理学家——徐霞客。

徐霞客（1586年~1641年），名宏祖，字振之，别号霞客，江阴（今江苏江阴）人。

徐霞客出生于缙绅富贵之家，从小就特别喜爱看历史、舆地志和山海图经、游记、探险记一类书籍。幼年的徐霞客深深被这些书籍所打动、吸引，下决心要做一番不平凡的事业。

由于徐霞客祖上几代为官，加上当时走仕进之路被认为是读书人的正道，所以少年的徐霞客也免不了要参加科举考试。但是通向仕途的大门并没有向徐霞客打开，失落之余，他下定决心把自己的全部精力倾注在地理研究上。

徐霞客在研读古代地理书籍时，发现其中很少介绍各地的自然地理景观，尤其是介绍边远地区情况的书，他觉得这是个不小的遗憾。万历三十五年（1607年），22岁的徐霞客背上行装，从此开始了外出旅游的征程。

在此后的30余年里，徐霞客差不多每年都要外出旅游考察。他不辞劳苦，万里遐征，北履燕冀，南涉闽粤，西北攀太华之巅，西南抵云贵边陲。这位孤胆旅行家的足迹遍及全国，到过现在的江苏、浙江、山东、陕西、山西、河南、河北、安徽、江西、福建、广东、广西、湖北、湖南、贵州、云南、北京、天津和上海19个省市区。徐霞客外出考察得到了他家人的大力支持，特别是他母亲持续不断的鼓励。母亲在70岁高龄时，还满怀豪情的陪徐霞客游览了荆溪、勾曲（今江苏宜兴一带）。

在考察过程中，徐霞客不仅经历了大自然的严酷考验，而且时时受到种种人为因素的挑战。他曾经3次遇盗，4次绝粮，几乎因此而毙命。但是，所有这些困难都没有让他停下脚步。

明崇祯九年（1636年），是徐霞客外出旅游考察中颇具意义的一年。51岁的徐霞客从家乡出发，途经江苏、浙江、江西、湖南、广西、贵州并到达了此次旅游和考察最远的地方——云南，历时五年。这次外出考察，是徐霞客一生中最后一次，也是为期最长的一次。

有一次，他在湖南茶陵听说当地有个麻叶洞，当地人说洞里有神龙或者精怪，没有法术的人，都不敢进洞。徐霞客不信神怪，他出高价雇当地人当向导，进洞考察。正要进洞的时候，向导问他是什么人，徐霞客告诉他自己是个普通的读书人。向导听后吓得直往后退，说："我以为您是什么法师，才敢跟您一起进洞。原来你是个读书人，我才不冒这个险呢。"

徐霞客也不勉强他，带着自己的仆人举起火把进了山洞。村里的百姓听到有人进洞，都拥到洞口来看热闹。徐霞客在洞里考察了很久，直到火把快燃尽才出来。围在洞口的百姓看他们安全出洞，都十分惊奇，说："我们等了这么久，以为你们被妖精吃了呢。"

徐霞客在西南漫游的时候，除了随身带一个仆人外，还有一个名叫静闻的和尚和他们做伴。有一次，他们在湘江乘船的时候，遇到了强盗，行李财物被抢劫一空，静闻和尚也受了伤，在半路上死去。到最后，连他随身的仆人也离开他逃走了。但是这些挫折丝毫没有动摇他探索自然奥妙的决心。

在最后一次考察中，徐霞客因"久涉瘴地，头面四肢俱发疹块"，染上重病，后来"二足俱废"，不能远行了。1641年，徐霞客病逝。

在长期的游历生涯中，不论旅途多么劳累，情况如何艰险，他都坚持把当天的经历和考察情况记在日记里面。在日记里面，徐霞客以清新奇丽的文字描摹大自然的瑰丽多姿。这些日记凝聚着徐霞客大半生的心血和成果，是不可多得的原始资料。可惜的是，他生前来不及整理，日记原稿大都散佚了。后来经过数次整理成书，就是闻名于世的《徐霞客游记》。

《徐霞客游记》被誉为"古今游记之最"，全书共20卷，60多万字。《徐霞客游记》以日记体裁详细地记录了徐霞客旅行生涯中的所见所闻，真实而生动地记述了他所到之地的地质、地貌、水文、气候、动物、植物，以及少数民族的经济状况和风俗习惯等，是他30多年坚持不懈地研究和探索自然奥秘的总结。游记的内容丰富多彩，记述翔实准确，具有重要的科学价值和很高的学术价值。

李时珍

明世宗在位期间，贪图享乐，但又担心有死掉的那一天。于是，他便挖空心思想得到长生不老的药剂，并下令让各地官吏推荐名医。正在楚王府里做医生的李时珍，便被推荐到朝廷做太医。

李时珍（1518年~1593年），字东璧，亦名可观，晚年号濒湖山人，湖北蕲州（今湖北蕲春蕲州镇）人。

李时珍出身于医学世家，其父李言闻是当地有名的医生，曾做过太医吏目。他从小爱好读书，14岁考中秀才，后来参加乡试考举人，屡试不中。

20岁那年，李时珍身患"骨蒸病"（即肺结核），幸得父亲精心诊治痊愈，于是下决心弃儒从医，潜心钻研医学。李时珍24岁开始学医，以后大量阅读了《内经》《本草经》《伤寒论》《脉经》等古典医学著作。

1545年，蕲州一带洪水泛滥成灾，灾后瘟疫流行，人民贫困，无钱就医。李时珍有志学医，又体恤民众疾苦，借此机遇临床实践，治好了许多病人。由于勤奋钻研，37岁的李时珍已成为荆楚一带的名医，"千里求药于门"者，络绎不绝。

有一次，楚王的儿子得了一种抽风的病，久治不愈。楚王慕名派人请李时珍为他儿子诊病。李时珍看了病人的气色，又按了按脉，知道这孩子的病是由肠胃引起的。他开了调理肠胃的药方，楚王的儿子吃过药后，病就全好了。楚王非常高兴，挽留他在府中任"奉祠正"兼楚王私人医生，李时珍同意了。他知道楚王一向与郝、顾两个富绅交往密切，而这两家藏书很多，借此机会可以弄到《神农百草经》《证类本草》等历代药典研究，既可以丰富自己的医学知识，又为今后撰著《本草纲目》打下基础。

不久，明世宗下令让全国名医集中到太医院，楚王只好遵旨推荐李时珍赴京都太医院任职。李时珍也借此机会，更好地与名医切磋交流医术，同时，阅读了许多民间看不到的善本医学经籍。在此期间，他几次提议编撰《本草纲目》一书，但都被拒绝。李时珍只在太医院待了一年，就告病归乡了。

回乡后，他边行医，边查阅前贤著述、药典、典故、传奇等。此外他踏遍青山，尝尽百草，足迹遍及河南、河北、江西、安徽、江苏等省，又攀登了天柱峰、茅山、武当山，采集标本，求教于药农、果农，亦冒险品尝了仙果（榔梅），熟食鼓子花（旋花）。

李时珍花了将进30年的时间，写成了著名的医药著作《本草纲目》一书。《本草纲目》共有52卷，190万字，分为16部（金、玉、卤、石、草、谷、菜、果、木、服器、虫、鳞、介、禽、兽、人）62类，载有药物1892种，其中载有新药374种，收集医方11096个，绘图1111幅。在药物分类上改变了原有上、中、下三品的简单分类法，采取了"析族区类，振纲分目"的科学分类，过渡到按自然演化的系统上来。这种从无机到有机、从简单到复杂、从低级到高级的分类法在当时是十分先进的。其中对植物的科学分类，比瑞典的林奈早200年。《本草纲目》是一本既有总结性又有创造性的著作。

《本草纲目》除了在药物学方面有巨大的成就外，在化学、地质和天文等诸多方面也有突出贡献。譬如在化学方面，记载了纯金属、金属、金属氯化物、硫化物等一系列的化学反应。

《本草纲目》不仅是我国的一部药物学巨著，而且也是我国古代的百科全书。正如李时珍儿子李建元在《进本草纲目疏》中说的："上自坟典、下至传奇，凡有相关，靡不收采，虽命医书，实该物理。"

《本草纲目》在万历年间就已经流传到了日本，以后又传到朝鲜和越南，并在17、18世纪传到了欧洲。

罗贯中著《三国演义》

中国文学史上第一部长篇历史演义小说《三国演义》，向我们展示了一幅描绘三国时期魏、蜀、吴三大统治集团之间的联合与战争，矛盾与冲突的历史画卷。

《三国演义》的内容十分庞杂，时间和空间的跨度极大，涉及的人物和方面也很多，读来有一种粗线条式的勾勒的感觉。正如它卷首所引用的开卷词《临江仙》所说的那样：

滚滚长江东逝水，浪花淘尽英雄。是非成败转头空：青山依旧在，几度夕阳红。

白发渔樵江渚上，惯看秋月春风。一壶浊酒喜相逢。古今多少事，都付笑谈中。

小说一开始便将整个故事置于一种苍凉而浩渺的宏大叙事结构之中："话说天下大势：分久必合，合久必分。"用简短的几句话勾勒了中国历史的规律。

三国时期是人才辈出的时代，在政治、军事、外交等方面或明或暗的斗争中，不同的人物表现了各自非凡的才能。《三国演义》刻画了许多英雄形象，而且它所描绘的英雄不是孤立的，也不是独一无二的，而是在相似乃至相近的场合或方面表现出不同特点的英雄人物。如董卓、曹操和刘备；孔明、周瑜和司马懿；张飞、关羽和吕布等。这些不同的人物，或各为一方霸主，或为沙场猛将，或为大帐谋士，在作者笔下，却显示了迥异的风格。

就董卓、曹操和刘备来说，董卓完全是邪恶和残暴的代名词。他平时就野心勃勃，一旦得到机会，立即率领大兵直入长安，烧杀掳掠，奸淫妇女。曹操在书中是一个奸雄，他有智有谋，从小就机智善变，能设计使父亲不相信叔父，从而逃避叔父的非难。成年后，为官不避豪强，颇有政声；国难当头，他不避官小位卑，挺身而起，献计献策。在献刀杀董卓的故事中，充分显示了他的英勇和机智。尤其是当董卓、吕布识破他的意图后，他还能镇定自若，借机脱身而去。曹操的胆识难能可贵。但同时曹操又表现了他多疑的性格，只因一句无头无尾的话，便杀死吕伯奢一家；如果说这还是误会，那么在路上又杀死吕伯奢本人，就是为掩盖自己的过错而杀人灭口了。

刘备是作者全力打造的"明主"形象。他以宽仁待民，对将士以诚心和义气，从刘、关、张三结义时就有"上报国家，下安黎庶"的理想，他深知举大事必须有民心作为基础。为了成就大业，他能够做到与民秋毫无犯，甚至在关键时刻，他也能够与民众共进退。在当阳撤退时，他不肯抛弃百姓先行，这为他赢得了至关重要的民心。他知人善任，对诸葛亮、关羽、张飞、赵云的情义，可以说感人肺腑。当然，像他双手抛子、白帝托孤等情节是他权谋的一种表现，特别是白帝托孤实是老谋深算之计。

在《三国演义》中，最为出色的人物无疑是诸葛亮，他几乎就是超人智慧和绝世才能的化身。他隐居隆中时，对天下局势了如指掌，初见刘备即提出据蜀、联吴、抗曹的战略。在后来大大小小的战役中，他总能够出奇制胜，而蜀汉的失利大多是因为没有听取他的意见而导致的。诸葛亮的超人智慧，是在和曹操、庞统、周瑜等人的对比中表现出来的。尤其在火烧赤壁这段故事中，三方的主要首脑都粉墨登场，各自扮演着自己的角色。刘备已经被曹操赶得无路可逃，被迫向孙吴求援，而吴国内部也被曹操的百万大军吓得几欲投降。这时能出使吴国的，只有诸葛亮。他去后，首先是以滔滔雄辩之辞，折服群儒，然后为火烧赤壁之役出谋划策。面对来自周瑜的暗算，他不动声色地破解，并不揭穿。而对周瑜对曹操施设的计谋，他一眼便看穿，却是只作壁上观。他的草船借箭、祈禳东风、华容布阵，无不是出人意料的大手笔。刘备去世后，蜀国国力大弱，是诸葛亮一手撑起这个艰难的局面。安居平五路、七擒孟获、六出祁山，那种"鞠躬尽瘁，死而后已"的精神成了封建时代人民所期望和幻想的"贤相"的典型。

读《三国演义》需要注意的是它"尊刘贬曹"的思想。这种思想最迟起于宋代，此后不断加强。这一方面是历史学方面的原因，另一方面是人民对"明君"盼望的结果。由于封建思想在中国根深蒂固，人们几乎很少想过要改变这个社会，也几乎没有想过要有一种平等的政治地位和权利。受惯了欺凌和剥削的中下层人们，他们所能盼望的只是有一位"清官"或一位"明君"，能稍微抑制豪强劣绅，从而从繁重的掠夺中暂时解脱出来就心满意足了。从上面对董、曹、刘三人事迹和结局的描写以及作者的取向就能看出来。

《三国演义》中还有一个重要问题就是它所宣扬的"义气"。小说第一回就极力写刘、关、张三人的桃园结义，他们杀牛宰马，祭天告地，发誓同心协力，救困扶危，上报国家，下安黎庶；不求同年同月同日生，但求同年同月同日死；谁若背信弃义，天人共戮。这个盟誓决定了他们三人名为君臣，实同骨肉的关系。这种义气是小私有道德观念的反映，表现了他们在遇到困难时互相支援、见义勇为、自发反抗的积极品德。但另一方面，这种义气也有局限性：它可能为奸人所利用，也可能使人失去理智，因小失大。如关羽遇害后，刘备不顾诸葛亮、赵云等的劝告，誓死为他复仇，于是举兵伐吴，后来伐吴之役损兵折将，蜀国也从此国力日衰。

《三国演义》是我国长篇章回历史小说的开山之作，它的艺术结构既宏伟壮阔，又不失严密和精巧，同时在照顾历史事实的基础上，适应了艺术情节的连贯。作者以刘蜀政权为中心，抓住三国斗争的主线，井然有序地展开故事情节，形成了一个庞大有机的故事整体。

《西游记》

颇受大众喜爱的长篇神魔小说《西游记》也是经过长期的积累和演变才形成的，它源于唐朝高僧玄奘赴印度取经的史实。

《西游记》的写定者吴承恩（1500年~1582年），字汝忠，号射阳山人，淮安山阳（今江苏淮安）人。他把"大闹天宫"的故事放在小说的开篇，突出孙悟空的中心地位，又把许多人们熟知的神话传说有机地组织起来，用幽默、讽刺的笔调进行描写、渲染，赋予了小说崭新的艺术风格。

孙悟空的艺术形象，在两个故事结构中都占据着核心地位，通过这个神话英雄，寄托了人们的生活理想。而且，正因为这是一部幻想性的神话小说，它比现实题材的小说能够更充分地反映出人们内心深处的欲望。从开头美猴王出世到大闹天宫失败，共七回的篇幅集中描绘了孙悟空的基本形象。他天生地长，学会了高强的本领，闯龙宫夺得如意金箍棒，又闹冥司一笔勾掉生死簿上的姓名。于是他在花果山上自在称王，无拘无束，无法无天。这是人性摆脱一切束缚、彻底自由的状态，是神话中才能表现出来的人对于自由的幻想。但这种自由显然不现实，龙宫夺宝，触犯了四海龙王水族；阴司复生，违背了生死循环定律。玉皇大帝本想发兵剿灭孙悟空的，听了太白金星奏议，就招他上天做个弼马温。他一开始恪尽职守，但听说这只是个未入流的马夫时，不由得怒火中烧，打出天宫，回花果山做了"齐天大圣"。玉皇大帝发兵征剿失败，只好认可他自封的尊衔，于是他又在天宫里快活。等他察觉这只不过是个有名无实的骗局后，便搅散蟠桃会，偷吃兜率宫的金丹，回到花果山。这些情节形象地反映了人们与生俱来的渴求：在已有秩序中为自己找一个应该的位置。自由和固有的秩序再次发生碰撞，结果是作为个人的孙悟空败给了以玉皇大帝、西天如来、南海观音、太上老君为代表的天宫的整体力量。可以说，彻底的自由、生活欲望和个人尊严的充分满足、反抗一切压制，这在现实环境中是无法实现，也不可能实现的，但却是人性中根本的要求；只要社会思想较为开放，它便会自然而然地显露出来。《西游记》的前七回，正是以神话形式满足了人们内在心理中这种不尽合理却根深蒂固的向往。当然，人性的实际处境使小说不可能始终在这一方向上发展，孙悟空的失败，从原型的角度宣告这种奋斗的绝望，即自由的人性不可能不受到现实力量的约束。

第八回至第十二回转到唐僧方面，交代取经缘起。自第十三回起，写孙悟空被迫皈依佛门，在八戒和沙僧的协助下，保护唐僧去西天取经。在这里，两大故事结构相互重叠。就前者而言，小说写出向往自由的人性在受到强大的约束时的矛盾。在取经的过程中，孙悟空并未改变其基本的性格特征：他仍然以"齐天大圣"自居，动辄夸耀自己闯地府、闹天宫的光荣历史。他照旧桀骜不驯，对玉皇大帝、太上老君等尊神放肆无礼，对如来佛和观音菩萨也常显出一副玩世不恭的样子；当唐僧冤屈他，要将他赶出取经队伍时，他首先想到的是取下"紧箍咒"，恢复自由生活。但"佛法无边"，"紧箍咒"牢不可破，他又只能接受这样的事实。在与妖魔斗争发生困难时，他还常常求助于如来、观音、老君乃至天宫的神将。

《西游记》直接的创作目的，是为了给读者以阅读的快感，而作者思想又相当活泼，所以小说中一本正经的教训甚少，戏谑嘲弄的成分十分浓厚。那些庄严尊贵的神佛，在作者笔下常显得滑稽可笑。玉皇大帝的懦弱无能、太白金星的迂腐而故作聪明；像观音菩萨在欲借净瓶给孙悟空时，还怕他骗去不还，要他拔脑后的救命毫毛作抵押；就是在西天佛地，阿难、伽叶二尊者也不肯"白手传经"，唐僧用紫金钵盂换取有字真经。而如来居然堂而皇之地为这种敲诈勒索行径作辩护，佛祖在这里竟成了斤斤计较的生意人。这些游离于全书基本宗旨和主要情节的"闲文"，不仅令人发噱，而且表现出世俗欲念无所不在、人神皆难免的意识，透露着商业社会的气息。

《西游记》中的艺术形象，既以现实的人性为基础，又加上作为其原形的各种动物的特征，再加上浪漫的想象，写得生动活泼，令人喜爱。如孙悟空的热爱自由、不受拘束、勇于反抗等特点，体现着人性中较高层次的追求。猪八戒的形象也颇值得注意。他贪吃好睡、懒惰笨拙等特点，既与他错投猪胎有关，又是人性的一种表现。自然，猪八戒也有长处，如能吃苦，在妖魔面前从不屈服等。但他贪恋女色，好占小便宜，对孙悟空心怀嫉妒，遇到困难常常动摇，老想着回高老庄当女婿，在取经的路上，还攒着私房钱。他在勇敢中带着怯懦，憨厚中带着奸猾。猪八戒的形象，体现了人类普遍存在的欲望和弱点。但在作者笔下，这一形象不仅不可恶，而且还有几分可爱之处。

景泰蓝

景泰蓝是始于明代的特种工艺品，为珐琅器的一种，又名铜胎掐丝珐琅、烧青。因景泰年间广泛流行，制品以蓝釉最为出色，故名景泰蓝。景泰年间内府制造者有"景泰年制""大明景泰年制"等款。明代制品多银饰鸟兽，仿古而雅，也有造型雄伟奇特者，其纹饰以云龙、花卉、吉祥图案为主。釉色除深蓝外，又有天蓝、淡绿、珊瑚、纯黄等色，五彩缤纷，富有玻璃质感。

明代制瓷业

明代的陶瓷工艺发展到了以彩瓷为主的黄金时期，除了闻名天下的景德镇外，浙江龙泉窑青瓷、福建德化窑白瓷、山西法华器、江苏宜兴窑紫砂器等陶瓷器也独具特色。

代表明代制瓷业水平的当属全国制瓷业中心——江西景德镇。其主要成就一是景德镇瓷胎继续沿用了元代的"二元配方法"，创造了"脱胎"瓷器。二是发明了吹釉法，釉下青花术普遍发展起来，它不但是景德镇，而且成了全国瓷器生产的主流。三是各种釉上彩达到了比较成熟的阶段。成化（1465年~1487年）时期还开创了釉下青花和釉上斗彩相结合的新工艺。四是单色釉技术有了较大的提高，永乐、宣德时期的铜红釉，充分显示了明代窑工的高超技艺。此外，福建德化的象牙白、山西晋南的法华三彩，都是这一时期的杰作。景德镇和法华三彩采用牙硝不助熔剂，是一项重要贡献。明代的瓷器在国内外传世的数量很大，但都不影响其价值。

第十章

清朝的兴衰

（1616年～1911年）

清朝以马上得天下。从太祖到宣统共计295年，12个皇帝。在这近三个世纪中，从后金政权的建立，到明王朝的灭亡不过二十余年。整个清朝的前期是以扩张的形式而出现的，多尔衮的南征北战、康熙帝的文治武功，为这个新兴的王朝奠定了坚实的基础。"康乾盛世"的出现，统一蒙古，收复台湾，打击西北分割势力，开拓了近代中国辽阔的版图。

随着西方工业革命的成功，中国因其巨大的市场空间、丰富的原材料、廉价的劳动力成为西方列强争夺的目标。1840年鸦片战争的战败引来列强瓜分中国的狂潮。而清朝中后期的皇帝多为平庸无所作为之辈，无力挽狂澜于大厦之将倾，只求苟安于乱世。中华民族开始遭受西方列强铁蹄的践踏，一度富强的中国成为落后的代名词。清朝晚期民间兴起的太平天国运动、义和团的扶清灭洋运动，最后均在中外反动势力的联合绞杀中失败。

洋务运动、戊戌变法，中华民族的有识之士在不断地探索着祖国生存发展的道路，然而苟延残喘的皇族势力依然在做着卖国苟安的旧梦。最终辛亥革命取得成功，结束了两千多年的封建君主专制政体。

一、清廷入主中原

后金的建立

当明王朝政治越来越腐败的时候，满族的前身女真族那时正居住在今松花江南北以及黑龙江一带。早在11世纪时，女真族的完颜部就曾建立过金政权。元时一部分女真人迁入中原，另一部分仍留在东北。明初女真生

产渐渐发展，出现了阶级分化。作为满族主体的建州女真定居于赫图阿拉
（今辽宁新宾一带），接受明政府的有效管辖，定期交纳贡赋。建州女真
不断扩大势力，渐渐强大起来，它的首领是爱新觉罗·努尔哈赤。

努尔哈赤出生在建州女真的贵族家庭里。祖父觉昌安和父亲塔克世都
被明朝封为建州左卫的官员，努尔哈赤从小就学习骑马射箭，练得一身好
武艺。

努尔哈赤25岁那年，建州女真部土伦城城主尼堪外兰，引来明军攻打古
勒寨城主阿台。阿台的妻子是觉昌安的孙女，觉昌安便带着塔克世到古勒
寨去，途中碰上明军攻打古勒寨，觉昌安和塔克世都死在混战中。

努尔哈赤痛哭了一场，葬了他的祖父、父亲，但是想到自己的力量太
弱，不敢得罪明军，就把怨恨全集中在尼堪外兰身上。努尔哈赤满腔悲愤
地回到家里，找出了他父亲留下的盔甲，分发给他手下的兵士，向土伦城
进攻。尼堪外兰根本不是努尔哈赤的对手，狼狈逃走。努尔哈赤攻克了土
伦城后，趁机又征服了建州女真的一些部落。

努尔哈赤灭了尼堪外兰，声名远扬。过了几年，他统一了建州女真。这
样一来，引起女真族其他部落的恐慌。当时女真族有三部，除了建州女真
之外，还有海西女真和野人女真。海西女真中数叶赫部实力最强。1593年，
叶赫部联合了女真、蒙古九个部落，合兵3万，分3路向努尔哈赤进攻。

努尔哈赤听到九部联军来攻，便在敌军来路上埋伏了精兵；在路旁山
岭边，安放了滚木石块。九部联军一到古勒山下，建州兵就派出一百骑兵
挑战。叶赫部一个头目冲过来，马被木桩绊倒，建州兵上去把他杀了，另
一个头目当时被吓昏过去。这样一来，九部联军没有了统一指挥，四散逃
窜，努尔哈赤乘胜追击，打败了叶赫部。又过了几年，努尔哈赤统一了女
真族各部。

努尔哈赤统一了女真后，把女真人编为八个旗。旗既是一个行政单位，
又是军事组织。为了麻痹明朝，努尔哈赤继续向明朝朝贡称臣，明朝廷认
为努尔哈赤态度恭顺，便封他为"龙虎将军"。

1616年，努尔哈赤认为时机成熟，就在八旗贵族拥护下，在赫图阿拉即位称汗，国号金。历史上为了跟过去的金国区别把它称为"后金"。

八旗制度

万历二十九年（1601年），努尔哈赤开始创设八旗制度。八旗制由牛录制扩充而来，首领称"固山额真"（汉译"都统"），每一固山有特定颜色之旗帜，当时满洲军共有四固山，分红、黄、蓝、白四种颜色之旗帜。万历四十三年（1615年），满洲军建制扩大，又增设镶黄、镶白、镶红、镶蓝四固山，共有八固山，六万人。"固山"即满语"旗"之意，亦称"八旗制度"。努尔哈赤则高居八旗主之上，为八旗首领。

萨尔浒之战

1618年，努尔哈赤召集八旗首领和将士誓师，宣布跟明朝结下七件冤仇，叫作"七大恨"。第一条就是明朝无故杀死了他的祖父和父亲。为了报仇雪恨，他决定起兵征伐明朝。

努尔哈赤亲自率领二万人马攻打抚顺。他先写信给抚顺明军守将李永芳，劝他投降。李永芳见后金军来势凶猛，无法抵抗，就投降了。后金军俘获人口、牲畜30万。明朝的辽东巡抚派兵救援抚顺，也被后金军在半路上打垮了。

明神宗得知消息后，派杨镐为辽东经略，讨伐后金。杨镐率总兵杜松、马林、刘铤、李如柏，又通知朝鲜、叶赫出兵助攻，合11万人，浩浩荡荡杀奔后金。杨镐令总兵马林率1.5万人出开原（今属辽宁铁岭市），入浑河上游，从北面进攻；总兵杜松领三万人担任主攻，由沈阳出抚顺关入苏子河谷，从西面进攻；总兵李如柏率2.5万兵由西南进攻；总兵刘铤率兵1万与朝鲜兵1.5万由南进攻；杨镐坐镇沈阳指挥，四路大军会攻赫图阿拉。

经过侦察，努尔哈赤得知山海关总兵杜松率领的中路左翼是明军主力，他们正从抚顺出发，打了过来。努尔哈赤决定集中兵力，先对付杜松。

杜松是一位身经百战的名将。从抚顺出发时，天正下着大雪，杜松立功心切，不管气候恶劣，急急忙忙冒雪行军。他先攻占了萨尔浒（今辽宁抚顺东）山口；接着，把一半兵力留在萨尔浒扎营，自己带了另一半精兵攻打后金的界藩城（今新宾西北）。

努尔哈赤一面发兵增援吉林崖，一面亲率4.5万旗兵直扑驻萨尔浒的明军西路主力。两军展开激战，杀得天昏地暗。杜松军点燃火炬照明以便准确炮击，后金军利用明军的火光，以暗击明，集矢而射，杀伤甚众。时起大雾，努尔哈赤趁雾引一路军越过堑壕，拔掉栅寨，攻占明军营垒。明西路军遂溃，死伤逾万。与此同时，杜松万余军在吉林崖也遭后金军重创，杜松战死，明西路军全军覆没。

明军主力被歼，南北二路显得势弱，处境孤单。马林率北路军进至尚间崖时，得知杜松覆灭，不敢前进，就地防御。他环营挖掘三层堑壕，将火器部队列于壕外，骑兵继后；又命潘宗颜、龚念遂各率万人屯于大营数里外以成掎角之势，并环战车以迟滞后金。努尔哈赤在击灭杜松后，已率八旗主力转锋北上，迎击明北路军。随后，后金军一部骑兵横冲龚念遂阵营，并以步兵正面冲击破明军车阵，龚军大败。主力后金军与马林部明军大战于尚间崖，刚击溃龚念遂的后金骑兵已迂回到马林军侧后，与主力前后夹击，马林大败。努尔哈赤挥军乘胜追击，八旗骑兵又冲垮潘宗颜军，北路明军大部被歼。坐镇沈阳的杨镐接到两路人马覆灭的消息，连忙派快马传令另外两路明军立刻停止进军。

中路右翼的辽东总兵李如柏胆小谨慎，行动也特别迟缓，他一接到杨镐的命令，急忙撤退。剩下的是南路军刘铤。杨镐发出停止进军命令的时候，南路军因迷路未能如期到达目的地，而又不知明北、西二路已被歼，仍向北开进，当快到萨尔浒时，努尔哈赤已击败马林，挥师南下，做好了迎战准备。努尔哈赤以主力埋伏于赫图阿拉南，另以少数士兵冒充明军，持着杜松令箭，诈称西路明军已迫近赫图阿拉，要刘速进会攻。刘铤毫不怀疑，带着人马进入了后金军的包围圈。后金军里应外合，四面夹击，明军阵势大乱。刘铤虽然英勇，但毕竟寡不敌众，战死在乱军中。

这场战争从开始到结束，只有五天的时间，杨镐率领的10万明军损失过半，文武将官死了300多人。这就是历史上著名的"萨尔浒之战"。

萨尔浒之战后，明朝元气大伤。两年后，努尔哈赤又率领八旗大军，接连攻占了辽东重要据点沈阳和辽阳。1625年农历三月，努尔哈赤把后金都城迁到沈阳，把沈阳称为盛京。

袁崇焕大战宁远

萨尔浒大战之后，明王朝派老将熊廷弼出关指挥辽东军事。熊廷弼是个很有指挥才能的将领，可是担任广宁（今辽宁北镇）巡抚的王化贞却怕熊廷弼影响他的地位，百般阻挠熊廷弼的指挥。1622年，努尔哈赤向广宁进攻，王化贞带头出逃。熊廷弼面对混乱的局事，只好保护一些百姓退到山海关内。

广宁失守后，明王朝不问事由，便把熊廷弼和王化贞一起打进大牢。熊廷弼一死，派谁去抵抗后金军呢？

这时，详细研究了关内外形势的主事袁崇焕向兵部尚书孙承宗说："只要给我人马军饷，我能负责守住辽东。"

袁崇焕（1584年~1630年），字元素，广东东莞人，万历四十七年（1619年）进士，历兵部主事、监军金事、宁前兵备金事；天启三年（1623年）九月奉命筑宁远城（今辽宁省兴城市），进而升为右参政、按察使职，驻守宁远。

那些被后金的攻势吓破了胆的朝廷大臣听说袁崇焕自告奋勇，都赞成让袁崇焕去试一试。明熹宗给了他20万饷银，要他负责督率关外的明军。

袁崇焕到了关外，在宁远筑起三丈二尺高、两丈宽的城墙，装备了各种火器、火炮。孙承宗还派了几支人马分别驻守在宁远附近的锦州、松山等地方，与宁远互相支援。

袁崇焕号令严明，辽东的危急局面很快就扭转过来。正当孙承宗、袁崇焕守卫辽东有了进展之时，却遭到魏忠贤的猜忌。

魏忠贤先是排挤孙承宗离了职，又派了他的同党高第指挥辽东军事。高第是个庸碌无能之辈，他一到山海关，就召集将领开会，说后金军太厉害，关外防守不了，让各路明军全部撤进山海关内。

袁崇焕坚决反对撤兵，高第见说不服袁崇焕，只好答应袁崇焕带领一部分明军在宁远留守，但却要关外其他地区的明军，限期撤退到关内。

努尔哈赤看到明军撤退时的狼狈相，认为明朝容易对付。1626年，他亲自率领13万人马，渡过辽河，向宁远进攻。

努尔哈赤带领后金军气势汹汹地到了宁远城下，冒着明军的箭矢、炮火，猛烈攻城。明军虽然英勇抵抗，但是后金兵攻势未减，情况十分危急。袁崇焕下令动用早就准备好的大炮，向后金军轰击。炮声响处，只见一团火焰，后金兵被炸得血肉横飞，纷纷后撤。

第二天，努尔哈赤亲自督战，集中优势兵力攻城。袁崇焕登上城楼瞭望台，沉着应战。等到后金军冲到逼近城墙的地方，他便命令炮手瞄准敌人密集的地方发炮。这样一来，后金军伤亡就更大了。正在后面督战的努尔哈赤也受了重伤，不得不下令全军撤退。

袁崇焕见敌人退兵，就乘胜杀出城去，一直追了30里，才得胜回城。

努尔哈赤受了重伤，回到沈阳后，伤势越来越重，没过几天，就咽了气。他的第八个儿子皇太极接替了他，做了后金大汗。

宁远大捷后，袁崇焕升任辽东巡抚。其后他积极调兵遣将，修缮城池，有力地遏制了后金的进攻。

皇太极用反间计

努尔哈赤死后的第二年，皇太极亲自率领人马，攻打明军。后金军分兵三路南下，先包围了锦州城。袁崇焕料定皇太极的目标是宁远，决定自己镇守宁远，派部将带领四千骑兵援救锦州。果然，援兵还没出发，皇太极已经派兵来攻打宁远。袁崇焕亲自到城头上督战，用大炮猛轰后金军；城外的明军援军也配合战斗内外夹击，把后金军打跑了。

皇太极把人马调到锦州，但是锦州的明军守得很严密，皇太极只好退兵。

袁崇焕虽然打了胜仗，可是魏忠贤阉党却把功劳记在自己的名下，还责怪袁崇焕没有亲自救锦州是失职。袁崇焕知道魏忠贤有心跟他过不去，就辞了职。

天启七年（1627年）八月，明熹宗于乾清宫病逝，年仅23岁，临终遗诏："以皇五弟信王由检嗣皇帝位。"朱由检为明光宗的第五子，万历三十八年（1610年）生。他于明熹宗死的那天晚上进宫，第三天即皇帝位，诏次年为崇祯元年（1628年），这就是庄烈帝，历史上称他为思宗、毅宗、怀宗等。

崇祯帝即位后，魏忠贤失势，畏罪自缢身亡，崇祯帝又把袁崇焕召回朝廷，提拔他为兵部尚书，负责指挥整个河北、辽东的军事。

袁崇焕重新回到宁远，选拔将才，整顿队伍，士气大振。有一次，东江总兵毛文龙作战不力，虚报军功。袁崇焕使用崇祯赐给他的尚方剑，把毛文龙杀了。

皇太极打了败仗，当然不肯善罢甘休，他知道宁远、锦州防守严密，决定改变进兵路线。1629年农历十月，皇太极率领几十万后金军，从龙井关、大安口（今河北遵化北）绕到河北，直扑明朝京城北京。

这一招出乎袁崇焕的意料。袁崇焕得到情报，赶忙带着明军赶了两天两夜到了北京，没顾上休息，就和后金军展开激烈的战斗。

后金军退走后，崇祯帝亲自召见袁崇焕，慰劳了一番。但是一些魏忠贤的余党却到处散布谣言，说这次后金军绕道进京，是由袁崇焕引进来的。

崇祯帝是个疑心极重的人，听了谣言，也有些怀疑起来。正在这时，有一个被后金军俘虏去的太监从后金军营逃了回来，向崇祯帝报告，说袁崇焕和皇太极订下了密约，要出卖北京。

崇祯帝把袁崇焕召进宫拉长了脸责问说："袁崇焕，你为什么要擅自杀死大将毛文龙？为什么金军到了北京，你的援兵还迟迟不来？"袁崇焕一时不知如何回答才好。他正想答辩，崇祯帝已经喝令锦衣卫把他捆绑起来，押进大牢。崇祯帝拒绝大臣的劝告，到了第二年，下令把袁崇焕杀了。

清军入关

崇德八年（1643年）八月，皇太极去世，幼子福临即位，年号顺治。多尔衮逐渐掌握了朝廷重权，决定领兵入关。

顺治元年（1644年）四月七日，清廷祭祖誓师伐明。八日，顺治帝特授给多尔衮奉命大将军印，掌管军中一切赏罚大事。九日，多尔衮率群臣至堂子奏乐行礼，又陈列八纛向天行礼，然后统领满洲、蒙古、汉军兵总计约14万人，鸣炮起行，讨伐明朝。十一日大军到达辽河，十四日到达翁后。十五日卯时，镇守山海关的吴三桂突然派人前来洽降，这为清兵入关提供了意料不到的方便。二十二日，清兵助吴三桂击败李自成军。随后吴清联军越关西入中原，追击农民军。五月二日，进入北京。清军从誓师伐明到占领北京，尚不到一月。

建都北京

顺治元年（1644年）六月，多尔衮终于统一诸王、贝勒、大臣的意见，决定建都燕京。七月八日，顺治帝宣布"迁都定鼎，作京于燕"。八月二十日，顺治帝车驾自盛京出发，九月十九日到达京师，自正阳门入宫。十月一日，顺治帝行定鼎登基礼，亲自到南郊，发布告祭天地文，"兹定鼎燕京，以绥中国"，宣布继续沿用"大清"国号，纪元顺治。清政权在关内的确立，为满洲贵族最终摧毁南明政权和完成统一大业提供了政治上的保障。清廷在定都的过程中以及定都之后，先改革明朝弊政，减轻人民负担，又对汉族地主阶级加以笼络，并优待和重用明朝降官，还开科进士，安抚士人。这些措施在一定程度上巩固了清廷入主中原后的地位。

二、清朝的发展与衰亡

康熙撤藩

顺治十八年（1661年）正月初七夜，顺治帝福临病逝。初九，其子玄烨即位，时年八岁，以第二年（1662年）为康熙元年。

康熙帝亲自执政后，大力整顿朝政，使新建立的清王朝渐渐强盛起来。但是，南方的三个藩王却成了康熙帝的一块心病。

三藩问题由来已久。早在顺治年间，平西王吴三桂、平南王尚可喜、靖南王耿继茂奉命南征，为清王朝一统天下立下了汗马功劳。因而顺治帝在统一天下后，并没有及时撤除三藩，而是命令他们留守其地。日积月累，三藩势力日盛，成为威胁中央的地方割据势力。三藩拥兵自重，把持地方财政，欺压百姓，甚至利用沿海交通的便利条件，置朝廷的海禁政策于不顾，大肆进行走私活动。

康熙帝即位之初，四大臣辅政。他们对三藩采取笼络、包容之策，企图借助他们的力量对付南明、农民军余部，因而对三藩的所作所为不闻不问，三藩的势力更加嚣张。康熙帝亲政后，敏锐地看出三藩已成为国家的心腹之患，把它列为自己亲政所必须解决的大事之一。

康熙帝亲政之前就采取措施，逐步削弱三藩的势力，他收缴大将军印，裁兵裕饷，严禁欺行霸市、借势扰民，解除藩王总管云贵两省事务的职务。亲政以后，康熙专心学习经史典籍，借鉴历朝历史，他清楚地认识到：三藩的性质同宋初的开国功臣不是一个类型，而是同唐末藩镇一个性质。于是他更加抓紧整顿财政，筹措军费，扩大兵力，并主动缓和满汉矛盾，以争取民心，为撤藩工作做准备。

康熙帝虽有撤藩之意，但鉴于"三藩俱握兵柄"，他也不敢贸然行动。正在他犹豫不决的时候，平南王尚可喜给他提供了一个机会。康熙十二年

（1673年）三月，尚可喜上奏要求"归老辽东"，主动提出了撤藩问题。康熙帝立即抓住机会，顺水推舟，应允了尚可喜的要求，并对他的行为加以表彰。

一石激起千层浪，康熙帝的行为引起了其他二藩的恐慌。其时，吴三桂之子吴应熊正在京师，他立即派人快马加鞭送给其父一封书信，信中写道："朝廷久疑王，今二王皆有辞职疏，而王独无，朝廷之疑愈深。速拜疏发使来，犹可及也。"吴三桂为了消除皇帝的疑心，便接受了其子的建议，立即上书"请求撤回安插"，耿继茂之子耿精忠迫于形势，也上书一封，请求撤回安插。

两王上书到达京城，朝臣对是否撤藩的事情意见不一，大多数官员惧怕吴三桂的势力，主张暂时妥协，先行撤去耿精忠的藩国。康熙帝认为与其等吴三桂蓄谋已久，养痈成患，不如痛下决心，三藩并撤。于是康熙十二年（1673年）八月，康熙帝派礼部侍郎折尔肯、翰林院学士傅达礼带手诏前往云南；户部尚书梁清标赴广东；吏部右侍郎陈一炳往福建，会同地方官员料理三藩迁移事务。

但是吴三桂申请撤藩不过是故作姿态，没想到康熙帝竟然如此迅速地批准他撤藩。吴三桂感到愤愤不平，即与其党羽密谋起兵。九月初，康熙帝所遣办理迁移事务的大臣到达云南后，吴三桂阳奉阴违，表面上接受诏书，暗地里却一再拖延动身日期，加紧叛乱的步伐。十一月二十一日，吴三桂杀死云南巡抚朱国治，逼使云贵总督甘文焜自杀，扣留了折尔肯，自称"周王"，建元昭武，公开反叛清朝。

吴三桂反叛的消息传到北京，举朝震惊。大臣中主张向吴三桂妥协的人很多，大学士索额图竟然要求将"前议三藩当迁者，皆宜正以国法"。康熙帝也知情势严重，但他知道撤藩的决策没有错，此时向吴三桂妥协，只能长他的气焰，灭自己的威风，他下定决心要与吴三桂一比高低。吴三桂起兵前后，曾经致书平南、靖南二藩，台湾郑经以及贵州、四川、湖广、陕西等地官吏，他还发布了蛊惑人心的《反清檄文》。一时间，滇、黔、湘、蜀纷纷响应。吴三桂主力东侵黔湘，很快兵力便达到14万。接着河北总兵蔡禄也反于彰德，塞外又有察哈尔部布尔民的叛乱，可谓"东南西北，都在鼎沸"。

康熙帝没有退路可走，当即采取措施，布置兵力，"增派八旗精锐前往咽喉要地荆州固守"；停撤广东和福建二藩，孤立吴三桂；拘禁额驸、吴三桂之子吴应熊及家属，赦免散布各地的原属吴三桂的官员，削除吴三桂爵位，并悬赏捉拿吴三桂。

康熙十四年（1675年），吴三桂与清王朝的对抗达到了顶峰。叛军在全国形成了三大战场：耿精忠控制的福建、浙江、江西为东线，湖南是正面战场，以及四川、陕西、山西、甘肃为西线。康熙帝分析形势，定下战略方针：以荆州为战略立足点，顶住湖南战场的吴军主力，只对峙而不主动出击；主攻从侧翼入手，先解决耿精忠、王辅臣两股主要叛军，然后再集中力量对抗吴三桂。康熙帝还并用剿灭、招抚两手，亲自致书王辅臣、耿精忠等人，表示只要他们"投诚自归"，即赦免前罪，仍像从前一样对待他们。康熙十五年（1676年），王辅臣兵变降清。十月，耿精忠投降。十二月，尚可喜之子尚之信也公开反吴。康熙帝践约，一律优待他们。如此一来，那些参与反叛的将领和将官纷纷投降，吴军渐渐分化瓦解。

康熙十七年（1678年）八月，吴三桂暴病身亡。其孙吴世璠即大周皇位，改元洪化。他见势不妙，退居贵阳。清军在解决两翼之后，开始战略反攻，进入湖南。康熙十八年（1679年）正月，清军攻克岳州。接着势如破竹，一路收复长沙、常德、衡州。至此，湖南、四川、贵州、广西被收复。康熙帝又下令兵分三路，进军云南。康熙二十年（1681年）十一月，昆明城破，历时八年的内战以吴三桂的覆灭而告终。

雅克萨之战

康熙帝二十四年（1685年）正月，清政府商议攻取雅克萨城。不久，康熙帝命都统彭春统兵、副都统班达尔沙偕同佟宝等参赞军务，命令建义侯林兴珠、都督何佑等率福建藤牌军，并且调拨直隶、山东、山西、河南等省的火器兵前往协助攻城。同年四月，清都统彭春、都统郎谈、黑龙江将军萨布素率满、蒙、汉官兵3000多人，分水陆两军分别从黑龙江城（今黑河市瑷珲镇）和卜魁城（今黑龙江齐齐哈尔）向俄军的重要据点雅克萨进发。六月二十二日，清军抵达雅克萨城下，康熙帝用满、蒙、俄三种文字照会俄方，要求俄国方面撤出雅克萨，归还逃犯，以雅库茨克（今俄罗斯境内）为中俄边界，但俄方予以拒绝；二十四日，俄方援军赶到，清军将"神威无敌大将军"炮列在阵前，做好攻城准备；二十五日黎明，清军向雅克萨发动进击。哥萨克势绌兵败。这天夜里，清军水陆并进，经过一昼夜激烈战斗，俄军伤亡惨重，尸横遍野，陷入绝境，但是其所余部将仍顽强抵抗。清军副统帅郎谈于是下令在城下三面积柴，准备焚城。俄军只好出城乞降，并发誓不再回到雅克萨城，都统彭春、黑龙江将军萨布素遵照康熙帝旨意，将托尔布津及部属、妇女、儿童免去死罪，全部放回俄国，并放出被掳掠的清朝边民。这样，由满、汉、蒙、达斡尔等民族组成的清军，在边疆各少数民族人民的支持下，攻克了被俄军侵略占据了20年之久的雅克萨城。

清世宗雍正皇帝

雍正皇帝（1678年~1735年），在位13年，圣祖第四子，初封雍亲王。康熙末年，得隆科多、年羹尧之助夺得帝位后，在政治上采取多种措施巩固皇位。消除异己，分化瓦解诸皇子集团。他创立秘密立储制度（即密写继位皇子的名字，藏于乾清宫的匾额之后）。雍正元年（1723年），施行耗羡归公和养廉银措施，以此限制、减少官员贪赃舞弊和横征暴敛。雍正二年（1724年），决定对贪官污吏即行抄家追赃；对民间拖欠，命在短期内分年带征。雍正三年（1725年），以作威作福、结党营私之名，责令抚远大将军年羹尧自尽，同时削隆科多太保，后圈禁致死。雍正七年（1729年），发生曾静遣其徒张熙策动川陕总督岳钟琪谋反的投书案，牵连到已故理学家吕留良，世宗遂大兴文字狱，以作为钳制思想、打击政敌、树立权威的手段。同年，始设军机房，选亲重大臣协办军务。还命督抚布按等地方大员密折奏事，以加强皇帝对地方行政的控制。取消诸王对下五旗（正红、镶红、镶白、正蓝、镶蓝）军队的统率权，加强君主专制。实行摊丁入亩，保证赋税收入。在西南少数民族地区推行"改土归流"。设置驻藏大臣，加强对西藏的管辖。出兵平定青海和硕特部贵族的叛乱，镇压准噶尔部贵族骚乱。与沙俄订立《布连斯奇条约》和《恰克图条约》，划定中俄中段边界。雍正十三年（1735年）卒。

乾隆下江南

雍正十三年（1735年），雍正皇帝去世，乾隆皇帝登上了皇位。他在位60年中，保持和发展了康熙、雍正时期的势头，所以后世人常常把他和康熙、雍正皇帝并称，把他们在位的100多年说成是清朝的鼎盛时期。当时，清朝经过康熙、雍正两朝的恢复和发展，到乾隆时，社会经济空前繁荣。

乾隆帝即位后的前十来年，兢兢业业地治理朝政，但在位后期，重奢靡，铺张浪费。乾隆帝在位60年，就六次游江南，四次谒祖陵，五次游五台山，到曲阜祭孔、到河南告诣嵩山的次数不可胜数。各地地方官为了投皇帝所好，每次接圣驾都要大大排场一番，有时候一次就花去二三十万两银子。乾隆皇帝每次乘船顺运河游江南，运河两岸都搭满了戏台、彩棚，沿河排列着无数彩船。他的龙舟及大大小小的随行船只共有1000多艘，都由青壮年拉纤，称为"龙须纤"。

扬州本地为了接驾，商人更是挖空心思地露富摆阔。城里的大街小巷，都铺上了锦毡，路两边挂着绸帐，装饰得富丽堂皇。盐商为了讨好皇帝，捐钱修筑行宫，开湖堆山，建楼造园。乾隆皇帝见到这些别致的江南园林，十分赞赏。除了游山玩水，对女乐、珍宝、饮食、宫苑等，乾隆皇帝也无所不好。有个大臣劝乾隆皇帝说："皇上每到一处巡幸，地方官一味奉承，侵害百姓不浅。"乾隆皇帝大怒，非要杀那个大臣不可。多亏朝廷大臣一再讲情，才把那个大臣免官了事。皇帝既然如此，其他贵族官僚、地主豪绅上行下效，追求享乐，成了一种社会风气。

慈禧太后

咸丰帝在位的十一年，内忧外患不断：先是太平军起义，然后是捻军大乱淮泗；而英、法等国又乘机要挟，大动干戈；沙俄更是狼子野心，鲸吞蚕食东北100多万平方千米的土地，甚至连大清帝国的发祥地也不放过。这真是爱新觉罗宗室的奇耻大辱。

在这种内忧外患的交迫下，咸丰帝身染重病，一病不起。1861年7月，咸丰帝在多次昏厥之后，知道自己将要去世，便考虑托孤一事。他知道懿贵妃（就是慈禧）是权力欲极强的女人，而皇后钮钴禄氏（慈安皇后）没有主见。为了防止出现女后专权的局面，他把辅政的重责交给协办大学士、尚书肃顺和怡亲王载垣、郑亲王端华等八大臣。在他看来，八大臣联手足可以对付懿贵妃，即便是恭亲王站在懿贵妃一边也不怕。

但是，由于咸丰留下了"御赏""同道堂"两颗印章，便埋下了后宫垂帘听政的祸根。原来，"御赏"是咸丰帝赐皇后钮钴禄氏的私章，"同道堂"是咸丰帝赐给独子载淳的私章。这两枚私章成为皇权的象征，咸丰帝的意思已十分明确，那就是说，用这两颗印章来制约八大臣。

不久，八大臣上了一个极有利于懿贵妃的奏章：尊皇后钮钴禄氏为慈安皇太后；尊懿贵妃叶赫那拉氏为慈禧皇太后。

幼帝的生母叶赫那拉氏原为咸丰的宫人，因生载淳而被封为懿贵妃，载淳继位后被尊为慈禧太后。时年26岁的慈禧有着极强的权势欲，很想个人把持朝政大权。咸丰在位时，慈禧曾帮咸丰帝批阅奏折，这给她提供了很好的学习机会。按照清朝家法，太后可以垂询国事，此所谓"听政"。慈禧利用此规矩，在先帝驾崩后就向东宫慈安太后提出应废除"顾命体制"，而改为垂帘听政之制。慈安太后宽厚和平，不懂朝政，一切听慈禧的安排。贸然提出垂帘主张，必然会招致大臣的反对和清议的不满，慈禧于是开始拉拢恭亲王奕䜣共商计策，两人一拍即合。

1861年10月，皇室护送咸丰灵柩回京，两宫太后偕幼帝载淳先到北京。11月2日，慈禧发动政变，以幼帝之命发布上谕，解除载垣、端华、肃顺的职务，并处以死刑。同时宣布两太后垂帘听政，命奕䜣为议政王，入军机处，改年号为"同治"。虽然垂帘听政的是两个皇太后，但实际上实权只掌握在慈禧一人之手。由于得到多数文武大臣的支持，又采取了不予株连的明智政策，所以政局没有发生重大动荡。这次政变因发生在辛酉年，因此被称为辛酉政变。

从此，慈禧便掌握了清王朝的政权。她依靠曾国藩、李鸿章等组织的汉族地主武装，勾结外国侵略势力，先后镇压了太平天国、捻军和苗民、回民起义，使清王朝的统治暂时得到稳定。中日甲午战争中，她一味求和，幻想列强出面干涉、调停，导致了甲午战争的失败，与日本签订了丧权辱国的《马关条约》。1898年，光绪帝为了振兴国家而决定变法，慈禧发动政变，扼杀新政，囚禁光绪帝于瀛台，开始复出训政。1900年，八国联军入侵北京，慈禧挟光绪帝出逃西安，并于第二年签订了丧权辱国的《辛丑条约》。1908年11月14日，光绪帝死，她命立年仅三岁的溥仪为帝，年号宣统，自己也于次日病死，结束了对清朝长达47年的统治。

太平天国运动

太平天国运动是清朝农民阶级为反对封建统治和外来资本主义侵略进行的全国规模的农民战争。鸦片战争后，西方资本主义国家对中国的侵略加深，清政府横征暴敛，迫使农民走上武装反抗之路，各地农民起义此伏彼起。洪秀全于1843年创立拜上帝会，秘密进行反清活动。1851年1月11日，率众约二万人在广西桂平县金田村武装起义，建号太平天国。3月23日，在武宣东乡即位，称天王。9月25日，太平军攻占永安州（今广西蒙山），在此封王建制，颁行《天历》，清除内奸、整肃军纪，革命政权初具规模。1852年4月初，太平军从永安突围，北攻桂林不克，6月破全州，乘胜入湖南、湖北、江西、安徽，于公元1853年3月攻克南京，定为都城，改称天京，正式成立了农民革命政权。其后，分别出师北伐和西征；颁布《天朝田亩制度》，建立基层政权；对外则坚持独立自主，否认不平等条约，禁止贩卖鸦片，反对外来侵略。各地反清武装斗争风起云涌，江南地区的天地会，西南、西北地区各少数民族，北方的捻军等纷纷起义，支持太平天国的革命战争。1855年至1856年上半年，尽管北伐失败，但西征获得巨大胜利，曾第三次攻克武昌，控制江西13府中的8府50余县，将曾国藩围困于南昌。1856年4月和6月，相继攻破清军围困天京的江北、江南两大营，太平天国在军事上进入全盛时期。但东王杨秀清居功自傲，导致太平天国领导集团发生公开决裂。天京事变发生，韦昌辉杀杨秀清及家属、部下二万余人，后韦昌辉又被洪秀全诛杀。翼王石达开因遭洪秀全猜忌，率10余万精锐出走。清军趁机反扑，武昌、九江、镇江等地相继失守，天京被清军再次围困。为挽救革命，洪秀全选拔年轻将领陈玉成、李秀成等为主将；任命由香港到天京的洪仁玕为干王，总理朝政；又颁布了洪仁玕统筹全局的政纲《资政新篇》。1858年9月，太平军于浦口一带再破江北大营，11月在皖北三河尖大捷中歼灭湘军李续宾精锐约6000人。1860年上半年，3月克杭州，5月破江南大营，并乘胜攻取常州、苏州，建立苏福省，进逼上海。第二次鸦片战争后，中外反动势力公开勾结，联合绞杀太平天国革命。太平军东取上海和西入武昌的计划，均遭到外国侵略者的干涉、镇压而失败。1861年9月，太平天国控制了九年的战略据点安庆失守，天京失去屏障。此后，外国侵略者配合李鸿章部淮军、左宗棠部湘军进攻江苏、浙江，苏州、杭州等城市先后失守。1864年6月，洪秀全病逝，其子洪天贵福继位。7月19日，曾国荃攻入天京，太平天国失败。

洋务运动

洋务，又称夷务，泛指包括通商、传教、外交等在内与西方资本主义有关的一切事物。洋务运动指清政府一批具有买办性质的官僚军阀在19世纪60

年代到90年代为挽救统治危机，自上而下推行的一场以引进西方的军事装备、机器生产和科学技术为主要内容，以富国强兵为目的的自救运动。

洋务派在中央以总理衙门大臣奕䜣、侍郎文祥等为代表，在地方上以曾国藩、李鸿章、左宗棠、张之洞等为代表，同治登基后他们握有实权，可以左右清朝的政局。如两江总督长期由湘系曾国藩、曾国荃、左宗棠、刘坤一交替占据，直隶总督由李鸿章独占。洋务派的指导思想是"中学为体，西学为用"，他们认为中国的政治制度比西方好得多，只是火器比不上西方列强，只要清政府掌握了西方的近代军事技术和装备，就可以强盛起来。洋务运动分为前后两个阶段，60年代为第一阶段，洋务派打着"自强"的旗号，依照西方资本主义国家的办法制造新式枪炮和船舰，兴办了一批军事工业企业；70年代到90年代是第二阶段，以"求富"为口号，洋务派开始举办民用工业企业。

在第一阶段洋务派建立的军工厂中规模较大的有江南制造总局、金陵机器局、福州船政局、天津机器局等。李鸿章在曾国藩的支持下在上海创立江南制造总局，创办经费为54万余两白银，工人2000余人，主要生产枪炮、弹药和小型船舰，还附设译书馆来翻译西方书籍，这是洋务派创办的规模最大的军工企业。这些军工企业全部都是官办企业，由清政府和湘、淮系军阀控制，具有浓厚的封建性，同时对外国有着严重的依赖性，从设计施工、购置机器设备、生产技术直到原料供应完全依赖于外国，并长期受外国人控制，但这些近代企业毕竟也具备了一定的资本主义因素。

由于在创办军工企业的实践中遇到资金、原料、运输等困难，洋务派认识到必先求富才能自强，所以决定发展民用企业以积累资金，有了雄厚的经济基础后才能制造洋枪炮以自强御侮。19世纪70年代起，洋务派开始大力发展民用工业企业，到90年代就已创办了大约20多家民用企业，包括交通运输、采矿、纺织、冶炼等各个行业。规模较大的有上海轮船招商局、上海机器织布局、电报总局、铁路交通运输业等。在这些企业中，上海轮船招商局是最有成就的一个，它是1872年李鸿章在上海创办的，是中国第一家近代轮船航运公司，也是洋务派兴办的第一个民用企业。这个企业在经营过程中屡遭英美轮船公司的排挤，但并没有被挤垮，一直在夹缝中求生存。

洋务派在兴办军工、民用企业的同时，还进行了筹建海军、加强海防、设立外文学馆、派遣留学生等活动。1875年，两江总督沈葆桢、直隶总督李鸿章等人奏请筹建北洋、南洋、粤洋（又称福建）三支海军。1885年，三洋海军已初具规模。1862年，为配合洋务需要，奕䜣在北京设立京师同文馆，以教习外语为主，同时兼习天文、历史和数理化。此后，各类学堂学馆在各地纷纷建立。1872年，中国首次派遣留学生到国外，30名学生由上海赴美留学。此后，清政府还多次派遣留学生到国外学习。

洋务派的活动旨在维护清王朝封建统治。他们创办了中国第一批近代工业企业，培养了近代中国第一批新型的科技、军事和翻译人才，是近代最早觉醒的先行者。洋务派向西方学习的探索，尽管带有浓重的封建性和对外国的强烈依赖性，但其进步作用也是不容忽视的。

光绪帝支持变法维新

光绪二十三年（1897年）十月，德国强占胶州湾，激起全国人民的爱国义愤。康有为第五次上书光绪皇帝，陈述了民族危机的严重性，强调变法维新、救亡图存已刻不容缓。

光绪二十四年（1898年）正月，康有为被召到总理衙门，再次申说了变法的主张。康有为上《应诏统筹全局折》呼吁光绪皇帝坚定变法的决心，指出只有变法才能救国。他提出了变法的具体办法。《应诏统筹全局折》是资产阶级维新派政治改革的全部要求，也是戊戌变法的施政纲领。光绪帝看了这个奏折，非常满意，更加坚定了变法的决心。

同年三月，康有为等发起成立保国会，保国会是戊戌变法期间维新派的重要政治团体，以"保国、保种、保教"为宗旨。康有为、梁启超等人在集会上发表的演说，在天津、上海、广东各地报刊登载，影响很大。

光绪二十四年（1898年）四月，光绪帝颁布"明定国是"诏书，决定变法。四月二十八日，光绪帝召见康有为，商讨和确定变法的步骤和措施。不久准许康有为专折奏事，并任命他为总理衙门章京上行走。康有为利用专折奏事的特殊待遇，不断地上奏折，递条陈，提出一系列新政建议。根据康有为等人的建议，在百日维新期间，光绪帝先后颁布了100多道除旧布新的改革诏令。

新政遭到了封建守旧势力的一致抵制和反对。光绪帝颁布的变法诏令，除了湖南巡抚陈宝箴还能认真执行外，其他地方督抚大多置若罔闻。在中央，有些新政机关形式上虽然建立起来，但基本上被顽固派所把持。因此，变法诏书大多成为一纸空文。

变法诏书

1898年6月11日~9月21日，光绪帝颁布了一系列变法诏书。1.政治方面：允许官民上书言事。2.经济方面：保护农工商业，设立农工商总局，切实开垦荒地，提倡私人办实业，奖励新发明、新创造；设立铁路、矿务总局，修筑铁路，开采矿产；设立全国邮政局，裁撤驿站；改革财政，编制国家预算等。3.文化方面：普遍设立中、小学堂，设立京师大学堂。设立译书局，翻译外国书籍。准许创办报馆、学会。奖励科学著作和发明。4.军事方面：精练陆军，改习洋操。添置兵轮，扩建海军。变法诏书的颁布，有利于中国资本主义的发展和西方科学技术在中国的传播。

辛亥革命

辛亥革命是1911年10月10日爆发的中国资产阶级民主革命。是年为农历辛亥年，故名。1894年，孙中山在檀香山创建兴中会，提出"驱逐鞑虏，恢复中国，创立合众政府"的革命纲领，并立即着手组织、发动武装起义。1901年以后，民主革命的思想得到了广泛的传播，资产阶级革命团体广泛建立，标志着中国资产阶级革命派已经形成。1905年，孙中山联合华兴会、光复会、兴中会等团体，在日本东京发起组织了中国第一个全国性的统一的资产阶级革命政党——中国同盟会。提出"驱逐鞑虏，恢复中华，创立民国，平均地权"的政治纲领，并创办《民报》为机关刊物，宣扬"民族""民权""民生"三大主义。1905年至1907年同盟会联络华侨、会党、新军在华南连续发动数次武装起义，并辅以暗杀清廷要人的活动。其时，全国范围内发生了抗粮、抗捐与抢米的风潮。资产阶级领导的收回利权、抵制外货等爱国运动也日益高涨。1911年，清政府宣布"铁路国有"政策，收回已经准许商办的铁路干线的修筑权，并将其出卖给英美等帝国。保路风潮随之兴起，四川的保路运动发展成为四川省人民反清大起义。10月10日，武昌地区革命团体文学社、共进会在同盟会中部总会的帮助下，以各革命团体在新军的成员为主力，发动了武装起义，并于次日成立了以黎元洪任都督的湖北军政府。12日，武汉三镇全部光复。武昌起义后，各省纷纷响应。到11月中旬，湖北、湖南、陕西、江西、山西、云南、浙江、江苏、贵州、安徽、广西、福建、广东13省及上海市宣布脱离清政府而独立。11月1日，袁世凯出任清政府内阁总理大臣。在帝国主义列强的支持下，他一面用武力镇压革命，一面以革命来迫使清廷接受议和。12月，孙中山从海外回到上海。1912年1月1日，孙中山在南京就任中华民国临时大总统，宣告中华民国成立，并成立了临时参议院，颁布了具有资产阶级共和国宪法性质的《临时约法》及一系列有利于资本主义发展的法令。2月12日在袁世凯的逼迫下，宣统帝正式下诏退位。15日南京临时参议院选举袁世凯为临时大总统。3月10日袁世凯在北京就职。4月1日，孙中山正式解除临时大总统职务，临时政府遂迁北京。袁世凯篡夺了辛亥革命的胜利果实，全国政权落入军阀之手。

辛亥革命是中国近代历史上一次伟大的反帝反封建资产阶级民主革命。它推翻了清朝的封建反动统治，结束了2000多年的君主专制政体，建立了资产阶级共和国。

末代皇帝

光绪帝在位34年，最终抑郁而死。在光绪帝病死前，醇亲王载沣被宣入中南海，跪在慈禧的帏帐前。

慈禧开口说："载沣，你得了两个儿子，这是值得喜庆的事。光绪已将不起，我又在病重之中。现国家有难，朝廷不可一日无君，我决定立你的长子溥仪为嗣，继承皇位，赐你为监国摄政王！"向来懦弱的载沣，听了这番话，如五雷轰顶，手足无措，不知该怎么办才好，只是反复念叨说："溥仪仅仅三岁，溥仪仅仅三岁……"慈禧马上劝慰说："这是神意，也是列祖列宗牌位前卜卦请准了的！明天，你将溥仪带进宫，准备举行登基仪式。"

慈禧的决定传到醇王府，醇王府立即炸锅了。溥仪的祖母不等念完谕旨就昏了过去。刚苏醒过来，便一把夺过溥仪，紧紧抱在怀里，一把鼻涕一把泪地说："你们把自家的孩子（指光绪）弄死了，却又来要咱的孙子，这回咱是万万不能答应的！"

对于慈禧的歹毒，她是领教过的，所以她止不住地哭闹着，不忍心让孙子再落入慈禧的魔掌。后来，府中的人不得不把她扶走。这时候接皇帝的内监要抱溥仪走，但3岁的溥仪拼命地挣扎，他一点也不管"谕旨不可违"的说教，连哭带打不让太监来抱。于是，太监们一商量，决定由载沣抱着"皇帝"，带着乳母一起去中南海。

1908年11月14日，一群太监将溥仪带入皇宫。第二天，慈禧便一命呜呼了。到了12月2日，清廷举行了隆重的皇帝登基大典。

登基大典开始时，不满三周岁的溥仪坐在皇帝的龙床宝座上竟哇哇地大哭起来。他父亲载沣侧身坐在龙床上，双手扶着他，叫他不要再哭闹。

根本还不懂事的溥仪，见那些文武百官不断地磕头，高呼"万岁、万岁、万万岁"，加之天崩地裂般的锣声、鼓声、钟声，更加害怕，哭声也更大了。载沣觉得在这样的盛典上，皇帝却哭闹不止，太不像话，心中一急，不由脱口而出，叫道："就快完了！就快完了！马上回老家了！一完就回老家了！"

话一出口，文武官员们不由得窃窃私语起来："怎么说是'快完了'呢？说要'回老家'是什么意思呢？"回满族老家？不就是结束270年的满人统治吗？

载沣这一番话，竟不幸得到了应验。到了1911年，溥仪当皇帝不到三年，辛亥革命就爆发了，在重重压力下，隆裕皇太后不得不替溥仪宣布退位，大清帝国就此宣告灭亡了。

三、列强的侵略与中国人民的抗争

民族英雄林则徐

鸦片，俗称大烟，是用罂粟汁熬制而成的麻醉毒品，吸食者极易上瘾，长期吸食能导致身体委顿、精神颓靡。早在清初，鸦片就已随其他商品一起输入中国。以英为首的西方侵略者为扭转贸易逆差，改变白银大量流向中国的局面，转而采用倾销鸦片的恶毒手段，以此敲开中国的大门。英国是最大的鸦片贸易贩子，美国次之，俄国也从中亚向中国北方输入鸦片。鸦片的大量流入，使侵略者们大发横财，但却给中国带来了巨大灾难，鸦片大量输入严重冲击了中国封建经济，清政府在对外贸易中开始处于逆差地位。大量白银外流，使清政府国库空虚，财政拮据，百业萧条。鸦片最初只在沿海行销，后来逐渐深入内地，吸食上瘾者不可胜数，严重毒害了中国人的肉体和心灵。鸦片贩子大量行贿也使清政府的吏治更加腐败。

种种情况使人民要求禁烟的呼声越来越强烈，政府和一些正直官员也逐渐认识到禁烟的重要性。1838年农历六月，鸿胪寺卿黄爵滋等人上奏，痛陈鸦片祸害，揭发官吏包庇鸦片烟贩，主张坚决遏制鸦片的输入。他认为要禁绝鸦片，必先严惩吸食者。湖广总督林则徐和两江总督陶澍等人十分赞成黄爵滋的主张。1838年农历七月到九月，林则徐三次复奏道光帝，指出若不禁烟，长此以往，数十年后，"中原几无可以御敌之兵，且无可以充饷之银"。林则徐的话坚定了道光帝严禁鸦片的决心。

林则徐是福建侯官（福州）人，他的父亲林宾日是个以教书为业的秀才。林则徐27岁那年被选为翰林院庶吉士。在京时期，他与南方出身的清流派小京官结成文学团体"宣南诗社"，社友中有陶澍、黄爵滋、龚自珍等人。他们之间常常议论时局，讨论治世的学问，这自然为林则徐日后出任封疆大吏，建立斐然政绩打下了良好的基础。

1839年农历一月，林则徐离开北京前往广州，宣布这次出差将自备车轿，自带役夫，沿途供应不许铺张，若有犯者，言出法随。这种严肃的态度使英国的毒贩们感到了情势的转变。到达广州后，林则徐又在行馆门外张贴告示：严禁收取地方供应，所有随从人员不得擅离左右。在两广总督邓廷桢的帮助和合作下，林则徐暗访密查，充分掌握了广州鸦片走私和经营情况，然后下令收缴外商鸦片，还让他们保证以后来船永不再夹带鸦片，如果有货全部没收，人立即正法。广州人民也纷纷行动起来，配合林则徐的缴烟命令。鸦片贩子不愿交出鸦片，操纵广州的外商商会破坏禁烟行动。林则徐便下令中止中英贸易，命令海关禁止外人离开广州，终于从四月到五月二十一日收缴了鸦片二万多箱。

道光十九年（1839年）四月二十二日，林则徐在虎门开始销烟，在场群众成千上万，争相观看这一次焚烟活动。林则徐先让兵士在海滩上挖成两个15丈见方的池子，池底铺上石条、四壁栏桩钉板，防止渗漏。又在前面设一涵洞，后面通一水沟。之后，将水车从沟道推入池子，将盐撒进，又把鸦片切成小块投入卤水中，浸泡半小时后再将石灰投入，池中立刻水汤滚沸，围观群众欢呼声震天动地。退潮时，兵士开启涵洞，池中水汤随浪潮鼓动送入大海。然后再用清水洗刷池底，不留下半滴烟灰。在连续20多天的时间里，收缴的鸦片全部被销毁。

林则徐领导中国人民的禁烟斗争，具有了反抗侵略、捍卫民族生存权利的伟大意义。虎门销烟谱写了近代史上中国人民反对外国侵略光辉的篇章的第一页。

第一次鸦片战争

当英、美、法等列强进行如火如荼的资本主义革命时，清政府正闭关锁国，自以为"天朝上国"，不思改革，遂使中国在世界上落伍。英国通过鸦片贸易从中国攫取了大量白银，同时使我国军民身衰体弱，统治阶级中的有识之士纷纷要求禁销鸦片。

1839年，湖广总督、钦差大臣林则徐奉命于1月底到达广州，他一方面整顿海防，允许人民群众持刀杀敌；另一方面宣布收缴鸦片。3月，英国鸦片贩子被迫交出烟土237万余斤。6月3日，林则徐下令把这些鸦片在虎门海滩当众销毁，以示中国政府禁烟的决心。

英国政府以此为借口向中国发动了战争，1840年1月，以懿律和义律为正副全权代表，懿律为侵华英军总司令，出兵中国。5月，英国舰船40余艘、士兵4000多名先后到达澳门附近海面，鸦片战争爆发。懿律率英军进犯广州海口，看到广州军民早已严密布防，遂转攻厦门，又被邓廷桢军击退。6月，英军北上攻占定海作为军事据点。8月，英舰抵达天津大沽口外。

道光帝慑于英军武力，又为投降派的劝说所动摇，遂改变态度，罢免了林则徐，改派直隶总督琦善为钦差大臣去天津和英军谈判。而此时英军因夏秋换季，疾疫流行，遂放弃定海，于8月中旬南返，双方议定在广州谈判。琦善到广州后，一反林则徐所为，命令撤除海防水勇，镇压抗英群众，一心议和。1840年12月，琦善与义律在广州开始谈判。英军趁中方严防撤除、又因谈判而致海防松懈无备之际，于1841年1月7日发动突袭，攻陷了虎门附近的沙角、大角两炮台，并单方面宣布所谓"穿鼻草约"。1月26日，英军攻陷了香港。

道光帝得知琦善开门揖盗，丢失两炮台后，下令锁拿琦善，并向英宣战，派侍卫内大臣奕山为靖逆将军，调兵万余赴粤抗英。英军先发制人，出动海陆军攻虎门，广州提督关天培亲率清兵迎击，清军刀矛不敌英军坚船利炮，关天培中弹牺牲。2月26日，英军攻占虎门、猎德、海珠等炮台，溯珠江直逼广州。4月，奕山率大军抵广州。5月24日，英军进攻广州，一路占领城西南的商馆，一路由城西北登陆，包抄城北高地，不久攻占城东北各炮台，并炮击广州城。奕山执行"防民甚于防寇"的方针，对英军侵略消极抵抗，在英军的迅猛攻势下，他与英人签订《广州和约》并征得道光帝批准，以缴600万元换得英军撤出广州地区。

与清政府的妥协投降态度相反，广州三元里人民在广州北郊牛栏冈附近同窜入这里的千余英军英勇作战，打死打伤英军数十人，并把四方炮台围得水泄不通。在广州知府的调停下，英军才得以解围。

英政府并不满意懿律和义律在中国获得的权益，改派璞鼎查（后来的首任港督）为全权代表来华，扩大侵略战争。1841年8月21日，璞鼎查率37艘舰船、陆军2500人离开香港北上，攻破厦门，占据鼓浪屿；10月1日再次攻陷定海，定海总兵葛云飞英勇殉国。10日英军攻占镇海（今属宁波），钦差大臣、两江总督裕谦战死，英军旋占宁波城。道光帝闻讯大惊，忙派吏部尚书大学士奕经调兵赴浙以收复失地。1842年3月，奕经在准备不充分的情况下全面反击，清军数战不利，撤回原地。

战败消息传到京师，朝野上下震动，道光帝无奈，只得派盛京将军耆英和伊里布赴浙向英军请和。璞鼎查不理会耆英的乞和，继续深入。1842年5月18日，英军攻取浙江平湖乍浦镇，6月16日攻吴淞口，吴淞炮台守将陈化成壮烈牺牲，宝山、上海沦陷。英军溯长江西上，于7月21日陷镇江，8月，英舰陆续到达南京下关江面。清政府已无心再战，遂接受英方停战的条件，29日在英军舰"康华丽"号上，耆英、伊里布与璞鼎查签订了中国近代史上第一个不平等条约《南京条约》。条约共7条，主要内容是：割让香港岛，赔款2100万银元，广州、福州、厦门、宁波、上海五口通商等。

《南京条约》严重侵害了中国的主权，标志着中国开始逐步陷入半殖民地半封建社会。

第二次鸦片战争

第二次鸦片战争是英法在美俄支持下发动的侵华战争。这次战争是为扩大鸦片战争的既得利益而发动的，史称"第二次鸦片战争"，又称"英法联军战争"。1856年10月，英国以"亚罗号事件"为借口进攻广州，正式挑起战争。两广总督叶名琛不作抵抗，英军一度攻入广州城。1857年，英国政府任额尔金为全权专使，率领侵略军到中国扩大战争；同时向法、美、俄政府发出照会，提议联合出兵，迫使清政府签订新的不平等条约。法国政府借口"马神甫事件"，任命葛罗为全权专使，率领侵略军进攻中国。同年12月29日，英法联军攻陷广州，叶名琛被俘。1858年5月20日，联军北上攻陷大沽炮台，进逼天津。清政府派大学士桂良、吏部尚书花沙纳赶往天津求和，被迫与英、法、美、俄四国分别签订了《天津条约》。后英法联军南撤。清政府于11月在上海又同英、法、美三国分别签订了《通商章程善后条约·海关税则》。沙俄乘机又以武力强迫黑龙江将军奕山签订了中俄《瑷珲条约》。1859年6月，英法又以换约为借口，率舰队到大沽口外，向清廷施加压力，并于6月25日攻击大沽炮台。中国军队被迫自卫，打退英法联军。1860年8月，英法联军攻陷北塘、大沽，占领天津，进逼北京。9月下旬，咸丰逃往热河，委派其弟恭亲王奕訢作为钦差大臣向侵略者投降求和。10月，英法联军在焚圆明园后进入北京。清政府分别与英、法、俄签订了《北京条约》，第二次鸦片战争结束。

火烧圆明园

圆明园始建于明朝。1709年，康熙帝将它赐给四子胤禛，并赐名为圆明园，"圆"乃"君子之灵魂"，"明"为"用人之智慧"，是康熙帝授其子孙为人治国之计。雍正即位后，将圆明园大规模扩建，乾隆三十五年（1770年）圆明园三园格局基本形成。后来圆明园又经过嘉庆、道光、咸丰等皇帝的经营，才营造成为一座规模宏伟、景色秀丽的宫苑。清朝皇帝每到盛夏就来此避暑听政，所以圆明园也被称为"夏宫"。

圆明园共经营了150多年，它由圆明园、万春园、长春园三园组成，其中以圆明园最大，此外它还有许多属园，建筑面积达16万平方米，园里共有100多个景点。它继承了中国历代优秀的造园艺术，汇集了全国的名园胜景，是我国园林艺术的集大成之作。同时，它也大胆吸收西方建筑形式。有一组中西合璧的"西洋楼"建筑群，兼备中、日、西欧三种风格。除此之外，圆明园还是一座皇家博物馆，珍藏了无数的孤本秘籍、名人字画、鼎彝礼器、金珠珍品和铜瓷古玩等，堪称人类文化的宝库。

1856年，正当清政府忙于镇压太平天国运动之时，英法联军在俄国和美国的支持下，发动了新的旨在扩大《南京条约》所取得权益的侵略战争，这就是第二次鸦片战争。在这次战争中，中华文化遭受到一次空前的劫难。著名的皇家园林圆明园不仅被残暴洗劫，甚至被野蛮的侵略者们付之一炬。

1860年10月5日，英法联军兵临北京城下，听说清军驻守力量在北城最薄弱，便绕道安定门、德胜门，进犯圆明园。首先闯入的是法国侵略军，当法军攻破宫门时，园内太妃董嫔恐受辱而自缢身亡，护园大臣亦投水自尽。侵略者们见物就抢，口袋里装满了珍品宝物。刚开始司令部还对士兵们有所节制，后英军亦赶到，联军司令部发出了"自由抢劫"的通知，一万多名士兵军官贪婪地扑向琳琅满目的珍藏，进行疯狂的洗劫，能抢就抢，能运就运，对于那些搬不走的大件器物，他们就丧心病狂地砸碎破坏。大肆洗劫后，额尔金在英国首相的支持下，竟下令烧毁圆明园。10月7日到9日，迈克尔率英军第一师持火燃园，园内300多名太监、宫女、工匠都葬身于火海，大火连续烧了三天三夜，这座世界名园化为一片焦土。10月13日，侵略军攻占了安定门，控制了北京城，10月18日再次抢劫万寿山、玉泉山和香山等多处珍贵文物，并进行第二次大焚烧。

这次焚烧圆明园的事件之后，有些偏僻角落和水中景点并没遭劫，清廷30多年间仍将此处当成重兵看守的禁苑，进行一系列的修复工程，同治、光绪和慈禧还常到此巡游。1900年八国联军侵华，圆明园再次遭受劫难，遗址被彻底破坏。

圆明园被焚使中国文化蒙受了巨大的损失，大量的珍奇、瑰宝、文物流落国外。它见证了外国列强无耻侵略我国的罪恶，提醒我们不忘国耻、奋发向上，为祖国的振兴和强大而不停奋斗。

《瑷珲条约》

《瑷珲条约》是沙皇俄国强迫清政府签订的掠夺中国东北领土的条约，又称《中俄瑷珲和约》。1858年5月，乘英法联军进犯天津、威胁北京之际，俄国东西伯利亚总督穆拉维约夫率领兵船多艘驶至瑷珲，向清将军奕山提出俄方拟定的条约草案，宣称以黑龙江为边界，如果不从，俄将联合英国对华作战。5月28日，奕山被迫与穆拉维约夫签订《瑷珲条约》。《瑷珲条约》共三款，主要内容为：黑龙江以北、外兴安岭以南60多万平方公里的中国领土划归俄国，仅在瑷珲对岸精奇哩江（今俄罗斯境内结雅河）以南的一小块地区（后称江东六十四屯）仍保留中国方面的永久居住和管辖权；乌苏里江以东的中国领土划为中俄"共管"；原属中国内河的黑龙江和乌苏里江，此后亦准俄国行船，别国不得航行。

《北京条约》

《北京条约》是英、法、俄三国强迫清政府分别签订的三个不平等条约。1860年10月24日、25日，恭亲王奕䜣代表清政府与英国使臣额尔金、法国公使葛罗在北京分别交换了《天津条约》的文本，并订立了中英、中法《续增条约》，即中英、中法《北京条约》。主要内容有：承认《天津条约》完全有效；增开天津为商埠；准许在中国招募华工出洋；割九龙司地方一区给英国；准许法国传教士在各地租买田地、建造教堂；赔偿英、法军费各800万两，恤金英国50万两、法国20万两。11月14日，沙俄又强迫清政府订立中俄《续增条约》，即中俄《北京条约》，由奕䜣与沙俄公使伊格纳切夫在北京签订。主要内容有：承认中俄《瑷珲条约》有效，将《瑷珲条约》中规定的所谓中俄"共管"的乌苏里江以东约40万平方公里的中国领土（包括库页岛在内）割归沙俄；规定中俄重新勘定西北边界；增开新疆喀什噶尔（今喀什）为商埠，准许俄商在库伦（今蒙古国乌兰巴托）、张家口贸易；沙俄可在喀什噶尔、库伦建立领事馆，并享受领事裁判权。

甲午战争

1868年明治维新以后，日本开始大力发展资本主义，建立近代国家，并具有强烈的军国扩张欲望。明治政府一建立就制定了旨在征服中国和世界的所谓"大陆政策"：侵占中国台湾，再征服朝鲜，进一步侵占中国的东北和蒙古，继而征服全中国，最后独占亚洲，称霸世界。

1894年春，朝鲜爆发了东学党起义，以"除暴安良"和"逐灭夷倭"为口号。起义很快席卷了朝鲜南部很多地区，朝鲜政府无力镇压，便向清政府求援。清派直隶提督叶志超等率兵2500人赴朝助剿。日本伺机而动，决定出兵朝鲜，趁机挑起中日冲突以发动侵略战争。朝鲜东学党起义被镇压后，清政府照会日本，建议中日两国同时撤兵。日本拒不撤兵，蓄意扩大事态。面对日本的挑衅，清统治集团内部出现了主战和主和两派意见。以光绪帝为首的帝党力主加强战备，以武力遏制日本的扩张，但实权掌握在慈禧太后和李鸿章手上，他们对日避战求和。日本重兵压境，驻朝清兵多次请添援军，李鸿章不予理会，反而把解决中日争端的希望寄托在国际列强的调停上，但西方列强对日本发动战争均持默许和支持的态度。

7月底，清援军途经丰岛海面时，突遭日舰袭击，清军官兵死伤惨重，日不宣而战，正式挑起侵华战争。1894年8月1日，中日两国同时正式宣战。9月，日陆军分4路会攻平壤，清军与日军在城外展开激战。左宝贵指挥清军英勇抵抗，死守城北玄武门一带，并亲自登城开炮轰击日军，不幸中炮牺牲，玄武门失守，主将叶志超逃跑。9月17日，中日在黄海海面上进行了激烈的海战。提督丁汝昌率领北洋舰队与日军展开激烈战争，丁汝昌受伤后仍坐于甲板上鼓舞士气，由"定远"号管带刘步蟾代其指挥督战。"致远"号管带邓世昌在鏖战多时、船舰受重创情况下，下令舰船猛撞日舰，不幸中鱼雷，全舰官兵壮烈殉国。"经远"号亦在其管带林永升指挥下坚持战斗到最后一刻。黄海海战北洋舰队虽然损失了五艘军舰和近千士兵，但也重创了日舰。由于李鸿章实行"保船制敌"的消极防御方针，命令北洋海军集于威海卫，不准出战，致使日本掌握了黄海海域的制海权。

10月，日军偷渡鸭绿江成功，九连城、安东等相继失守，日军进逼辽阳。与此同时，日军另一支军队由辽东半岛的花园口登陆，南犯金州。徐邦道率部分清军与日在金州激战，因寡不敌众、后援不济而退守旅顺，另一清军将领赵怀业不战而逃，弃守大连。11月17日，日军进攻旅顺，只有徐邦道一部奋勇迎敌，孤立无援，旅顺失守。22日，日军进入旅顺，进行了惨绝人寰的大屠杀，历时四天，杀害二万多人，血流成河，尸横遍野。旅顺失守后，清政府多次派人向日本求和，日军不予理会，将进攻重点转向北洋舰队基地威海卫。当时北洋舰队实力尚存，可与日军一战，但李鸿章严禁其出击，造成了被动挨打的局面。威海一战，北洋舰队全军覆灭，提督丁汝昌拒降自杀，定远管带刘步蟾亦自杀殉国。1895年初，日军战略重点转向辽东半岛，辽东半岛沦陷。3月，清政府派李鸿章赴日议和。1895年4月17日，李鸿章屈服于日本的压力，与伊藤博文签订了《马关条约》，甲午战争结束。

《马关条约》是《南京条约》以来最严重的不平等条约。日本割占了中国大片领土，进一步破坏了中国的领土完整，助长了列强侵略中国的野心，引发了列强瓜分中国的狂潮，给中华民族带来了空前严重的危机。

帝国主义瓜分中国的狂潮

《马关条约》签订后，清政府割辽东半岛给日本。这损害了俄、德、法三国的利益，于是就出现了"三国干涉还辽"的事件。

1896年6月，俄国政府诱迫李鸿章在莫斯科签订了《中俄密约》。不久，俄国趁德国强占胶州湾之机，于1897年底派军舰开赴旅顺，第二年迫使清政府签订《旅大租地条约》，强占旅顺、大连，并获得了南满铁路的修筑权，把整个东北划入了自己的势力范围。1897年11月，德国借口山东巨野两名传教士被杀一案，派兵强占胶州湾沿岸各地。1898年3月，迫使清政府签订《胶澳租界条约》，把山东划入了自己的势力范围。

1895年6月清政府与法国签订了《中法界约和商约》，法国割占了我国云南边境的一部分领土，获得了陆路通商减税的特权，并首先获得了筑路、开矿的特权。1898年4月，法国获得了租借广州湾的特权。从此，广东、广西、云南划入了法国的势力范围。1897年，英国获得了中国西南边境的大片领土，1898年7月，获得租借威海卫的权利。1898年，又获得了九龙"新界"大批土地的租借权。这样，英国在长江流域及华南、西南、东北等地都划定了自己的势力范围。美国由于种种原因没能参加瓜分中国的狂潮。1899年，提出了"门户开放"政策。

八国联军进攻天津、北京

1900年6月，为镇压中国人民的反抗，英、美、俄、日、法、德、意、奥八国联军2000多人，由英国海军西摩尔率领，分三批从大沽经天津乘火车北进。消息传到北京，董福祥率领的清兵甘军迅速控制了北京车站，准备迎击联军。前往火车站迎接联军的日本使馆书记官杉山彬，在永定门外被甘军射杀。在联军开往北京的途中，沿铁路线的义和团及民众破坏铁路，随处拦击侵略军。当联军到达廊坊时，发生了"廊坊之战"。

各国公使感到形势恶化，立即举行会议，一致同意调军队保护各国使馆。驶达大沽口外的各国舰队先后接到奉命进京的电报，并迅速派出陆战队，由海河乘船到达天津，准备向北京进犯。后来，迫于列强的威逼，慈禧太后命令总理衙门同意八国调兵入京，但每一国派兵不得超过30名。这些军队实际上是八国联军的先遣队。进入天津租界内的各国军队后来已达2000人。

1900年7月中旬，八国联军攻陷天津，清政府宣布对各国开战。义和团著名首领张德成率"天下第一团"5000多人进入天津，参加战斗。义和团和清军攻打紫竹林的战斗整整持续了一个月，天津防御力量急剧衰退。但是此时清军又开始大肆捕杀义和团，致使天津最后失陷。八国联军接着向北京进攻。1900年8月中旬，八国联军侵入北京。北京陷落。联军入京后，对北京义和团和广大民众进行了残暴的屠杀，联军还在城中肆意放火，大批珍贵图书档案遭到焚毁和劫掠。

《辛丑条约》

《辛丑条约》是外国侵略者强迫清政府签订的丧权辱国的条约，又称《辛丑议定书》《辛丑各国和约》。1900年，八国联军攻陷北京。12月22日，外交团以英、美、俄、德、日、奥、法、意、西、荷、比11国公使团名义向中国提出"议和大纲"12条。1901年（农历辛丑年）9月7日，清政府全权代表奕劻、李鸿章与上述11国代表在北京签订《和约》，共12款，附件19件。主要内容为：中国赔款白银4.5亿两，分39年还清，年息四厘，本息折合9.8亿多两，以海关税、常关税和盐税作抵押；将东交民巷划为使馆界，界内各国驻兵管理，中国人概不准居住；拆毁大沽炮台及京师至海通道各炮台，外国军队驻扎在北京和从北京到山海关沿线的12个重要地区；永远禁止中国人民成立或参加"与诸国仇敌"的各种组织，违者处死。各省官员对所属境内发生的"伤害诸国人民"事件，必须立刻镇压，否则立即革职，永不叙用；外国认为各个通商章程中应修之处或其他应办的通商事项，清政府概允商议，并改善北河及黄浦两水道；清政府承认"纵信"义和团之错，并向诸国道歉，惩办首祸诸臣；改总理各国事务衙门为外务部，班列六部之前。

四、清朝的经济与现代化

闭关政策

乾隆前期，清政府加强了对外贸易的限制，形成了所谓闭关政策。一、限定一口通商。乾隆二十二年（1757年），规定凡外国商船只准在广州一地通商贸易。二、严格约束外商活动。规定凡外国商人来广州贸易，只能同行商打交道。行商是清政府特许的商人，这些商人设立洋行，专门经营对外贸易。行商的职权和责任至重，凡外国商人买卖货物、交纳商税，皆由行商代为办理；凡外国商人一切居住行动，皆由行商负责管束、担保；凡清政府有所宣示或外国商人有所陈请，皆由行商居间传达。此外，还有许多条例和章程。三、限制中国商民出海。规定凡出海商船装载不得超过五百石，又规定船上一切人员都必须详细登记姓名、年貌、履历、籍贯等，以供官府稽查。

民田典卖

土地典当，即内入者取得土地使用权和收租权，出典者若干年后可以原价收回。这类典当类似活卖。土地买卖称绝卖，即买者取得土地所有权。顺治至嘉庆朝刑部档案中所辑录的753件土地典卖案件中，典当事件有182件。出典者主要是占地较少的自耕农，因经济困难出典土地，希望以后有机会回赎。和绝卖相比，典当的地价要低得多，一般出典农民，仍将土地租回耕种，而向典当地主交租。对典当地主来说，是以低价典地而获致高额地租，具有某种高利贷性质。

资本主义萌芽的缓慢发展

清朝，随着社会经济的恢复发展、商品经济的活跃，资本主义萌芽也在缓慢地发展起来。

此时，江宁、苏州等地出现一些很富有的机户，经营着较大的手工业作坊和工场。一些大的包买商还开设"账房"或"行号"。这种"账房"或"行号"拥有大量的织机和原料，或自行设机督织，或将织机、原料分给小机户为其生产。它的周围有众多的小机户及织工受其支配，从账房到小机户到织工，结成资本主义的生产关系。在棉织业中，资本主义萌芽最为明显。此外，在广东的冶铁业、铸铁业中，云南的采铜业中，江西景德镇的制瓷业中，四川的制盐业中，陕西的木材采伐业中，也有资本主义性质的经营。在当时中国的社会条件下，清代的资本主义萌芽虽然有所发展，但仍非常微弱，发展缓慢。

官办企业

官办企业是指清政府指派官员、筹拨创办费和常年经费、雇用工人使用机器或机械动力进行生产的企业。其中，军事工业占绝大部分，民用企业只占小部分。1861年，曾国藩设立安庆军械所，仿制洋枪洋炮。次年，设立上海洋炮局。1863年又创办苏州洋炮局。1865年，清政府在上海创建了江南制造总局。至1911年，全国共创建了26个军用企业。它们生产的产品不投入交换，属于非商品生产。这些企业从设计施工、机器装备、生产技术，直到原材料和燃料的供应，大多依赖外国势力的支持。清政府曾设立若干民用企业，分布在采掘、冶炼和棉、毛、纺织等经济部门。为供应福州船政局和其他军事企业急需的燃料，清政府于1875年着手开发台湾基隆煤矿，经营三年，于1878年产煤。这是中国第一个使用机器开采的大型煤矿。1890年，湖广总督张之洞在湖北经营汉阳铁厂。1878年，左宗棠在兰州筹办兰州机器织呢总局。官办棉纺织企业有湖北织布官局，由张之洞于1888年在武昌筹办。其后又在1898年设立制麻局。人们通常所称的湖北纺织局即是湖北织布、纺纱、缫丝、制麻四局的通称。20世纪初，官办民用企业在数量上有所增加，绝大多数属于地方经营。

江南制造总局的建立

1865年6月8日，曾国藩和李鸿章成立江南制造（总）局，又称上海机器制造局。江南制造总局是洋务派开办的最大的军事工业，主要制造枪、炮、子弹等军用品，也能制造轮船。厂旁设立的兵工学校，招收学生学习有关机械工程的理论和技术。厂内还设翻译馆，主要翻译军事和工程方面的书籍。1867年，局址由虹口迁到城南高昌庙。至1893年，江南制造总局成为当时中国规模最大、最早使用机器生产的大型综合性军事工业企业，是中国按西方工业模式自办近代工业的开端。

江南制造总局制造出中国第一艘近代兵轮"恬吉"号；冶炼出中国第一炉钢水；创办了中国第一所机械工业制造学校；最早从外国引进先进技术。1868年6月设立翻译馆，介绍西方科技情况和成就。

甲午战争后，江南制造总局的生产锐减。1905年4月，江南制造局实行局坞分家，所属造船厂改称江南船坞，而制造军火部分则改称上海制造局，至1917年改称上海兵工厂。

福州船政局

同治五年（1866年），左宗棠在福州马尾创办福州船政局。这是清政府经营的规模最大的新式造船厂。船政局内设铸铁厂、铸模厂、拉铁厂、打铁厂、锅炉厂、轮机厂、合拢厂、钟表厂等，规模之大不仅在中国历史上前所未有，在当时亦属世界先进。船政局是官办企业，创办费47万两，每月经费起初是五万两，后来增加到七万两，机器和材料都从法国购买。左宗棠的工程师都是法国人。船政局中工匠约为二三千人，杂工有八九百人。后来，船政局附设船政学堂，也称"求是堂艺局"，是中国最早的造船和驾驶技术学校。

同治六年（1867年），福州船政局开始生产，同治八年（1869年），造成第一艘轮船"万年青"号，开中国自造轮船之先河。从同治八年铁厂开工到同治十三年（1874年），船政局用法国破旧机器共造大小轮船15艘，均为木质。从光绪元年（1875年），外国技术人员撤走，福州船政局依靠自己的力量独立进行轮船制造。光绪三年（1877年），第一艘铁肋船"威远"号下水。19世纪80年代，船政局依靠留学归来的吴德章、杨廉臣、李寿田等人，开始建造2400马力的巡洋快船。第一艘快船名为"开济"号，除了龙骨、锅炉从外国购进，其余都是自行设计制造。1882年建成第一艘巡洋舰。到光绪三十三年（1907年），船政局共造各种船只40艘。辛亥革命后，改称为"海军造船所"。

詹天佑修筑铁路

詹天佑（1861年~1919年），字眷诚，江西婺源人。同治十一年（1872年）作为清政府派出的第一批幼童生赴美国留学，1881年以优异成绩毕业于美国耶鲁大学土木工程系。从1888年起，他参与和主持修筑多条铁路，成为中国铁路工程的先驱。

詹天佑先后参与修建、勘测和主持修建的铁路路线有：京奉铁路、江苏铁路、京张铁路、张绥铁路、津浦铁路、洛潼铁路、川汉铁路、粤汉铁路和汉粤川铁路等。从1905年~1909年，他以总工程师的身份主持修建的京张铁路全长200多千米，是第一条由中国人勘测、自行设计和施工的铁路。詹天佑克服种种困难，以有限的经费、高超的技术，用复式大功率机车前引后推及大坡度"之"字线展线，越过了险峻的八达岭；并采用新工程技术，减少了工程数量，缩短了工期，节约了费用，受到中外人士的高度赞扬。此外，詹天佑还勘测设计并主持修筑了中国自建的川汉铁路宜昌至万县段，以及主持了粤汉铁路和汉粤川铁路的修建工程。

1909年，詹天佑获清政府工程进士第一名。在1916年，他获香港大学荣誉法学博士学位。此外，詹天佑编写了中国第一部《华英工学字汇》，另外还著有《京张铁路工程记略》等著作。

五、清朝的文化

蒲松龄著《聊斋志异》

自从传奇小说在唐代蔚为大观之后，中国的文言小说就陷入了长久的沉寂之中。一直到蒲松龄的出现，这种局面才得以改变。

1640年农历四月十六日破晓时分，山东省淄川县蒲家庄一户人家的一声清脆啼哭，宣告了一个新生命的诞生。这个小生命的父亲欣喜若狂，于是他给孩子起名叫蒲松龄——他希望孩子能够和南山的不老松一样长寿。

蒲松龄出生时，家道已经衰落。他在父亲的指导下开始读书，19岁时以府、县、道三个第一考中秀才。但之后三年一次的乡试，成了他一生都迈不过的坎。一直到他72岁的时候，他才博得了一个岁贡的功名。一次次的志在必得，又一次次的折戟沉沙，他不得不在41岁时到别人家当家庭教师，直到71岁时才撤帐回家；另一方面使得他把大部分兴趣和精力放在收集、整理谈狐说鬼的故事上。从30多岁开始，一直到去世前，他都坚持着对《聊斋志异》的创作与加工。在他72岁的时候，他一生的精神支柱、跟他患难与共56年的妻子刘孺人病逝。他在埋葬妻子的仪式上对儿孙们宣布，自己将在三年之内死去。两年后，也就是1715年，他倚书屋——聊斋的南窗边逝世。

《聊斋志异》是一本凝聚蒲松龄一生辛酸与痛苦的"孤愤之书"，全书共有近500个故事。他在《聊斋志异》中，以饱含激情与热泪的巨笔，为读书人谱写了一曲壮志未酬的悲歌。《叶生》中的叶生"文章词赋，冠绝当时"，但是穷其半生，却困于科场，始终无法向功名迈进一步，最终郁郁而死。但他不知道自己已死，魂魄一直追随着生前的文章知己、县令丁称鹤，教丁公子读书应举，结果每试必中，直至进士及第。当他带着巨大的荣耀返回故里时，才突然发现自己早已死去多时，是一颗不甘心就此泯灭的灵魂支撑着自己，由自己的学生来实现自己终生未竟的心愿。这一个个科举考试制度下的悲剧形象身上，凝聚着作者自己一生怀才不遇的苦闷情怀，是作者自己一生痛苦的写照。

由于在现实世界中的郁郁不得志，蒲松龄把自己的理想寄托在鬼狐花妖身上，建造了一个瑰丽奇特、异彩纷呈的精神家园。在他笔下，天地万物，一花一草，一石一木都获得了生命。从狐狸，到黄蜂，到老鼠、青蛙，甚至连牡丹花，都有思想有灵魂，有丰富的情感。而且与尘世的人相比，她们身上更具有浪漫的气息，更富有理想性。这些花妖鬼魅置封建社会的传统礼法不顾，常常夜扣书斋和心爱的书生幽会。她们大胆地追求自己的爱情和幸福，丝毫没有世俗婚姻的门当户对的观念和嫌贫爱富的庸俗想法。相反，她们对于恋爱对象的选择，或是出于对男子才能胆识的崇敬，或是由于志趣相投、爱好相近，决不会因为对方是落魄潦倒的书生或小市民而嫌弃对方。《连琐》中的连琐和杨于畏相爱，是因为共同的文学兴趣；《晚霞》中的晚霞和阿端的相爱，是以舞蹈艺术爱好为桥梁；《白秋练》中的白秋练追求慕蟾宫，诗歌是其媒介。

不仅如此，这些美丽的花妖鬼魅绝不像很多世俗的人一样朝三暮四、喜新厌旧。她们一旦付出了真心，就是海枯石烂也决不变心。《香玉》中的白牡丹，爱上了胶州的黄生，当她被迁往别的地方，与黄生两地分离之后，立即枯萎而死。而在黄生日夜凭吊的真挚感召下，她又起死回生。后来黄生魂魄所寄的牡丹花被道士砍死后，她也憔悴而死。这种可以为情而生、为情而死的伟大爱情，已经超越了时空的限制，超越了物类的区别。而且一旦这些花妖鬼魅能最终与人类结合，生活往往会幸福美满。《翩翩》中的仙女与罗子浮结合，生了儿子，并为儿子娶亲。在婚宴上她欣慰地唱道："我有佳儿，不羡高官；我有佳妇，不羡绮纨。"这种超脱而健康的情绪，是世俗婚姻中很少见的。

蒲松龄凭借着自己的力量把文言小说推向了不可企及的高度。在他身后，出现大量模仿《聊斋志异》的作品，但再也没有一部作品能像《聊斋志异》一样，既深刻而广泛地反映社会现实，又塑造出如此之多的鲜活人物，同时还留给世人一个瑰奇幻丽的艺术世界。

吴敬梓著《儒林外史》

吴敬梓（1701年~1754年），字敏轩，晚年号文木老人，安徽全椒县人，清代著名文学家。他以揭露科举制度下封建士大夫的生活和精神状态为中心，创作了《儒林外史》。在他笔下，大致有这样三类士人：第一类是以科举仕进为人生唯一目标的科举迷；第二类是一群已经考取功名的士人；第三类是科场败北、功名失意却又不甘寂寞、以风流名士自居的人物。作品通过描写他们附庸风雅、招摇撞骗的行径，侧面反映了科举对文人精神状态的毒害和带来的不良社会后果。作品自如地安排各色人等，组织情节，从而广泛地反映了社会生活。《儒林外史》以其高度的思想艺术成就奠定了我国古典讽刺小说的基础，对晚清谴责小说及现代讽刺文学都有深远影响。

曹雪芹写《红楼梦》

曹雪芹，名霑，字梦阮，"雪芹"是他的别号，又号芹圃、芹溪。约生于康熙五十四年（1715年），卒于乾隆二十七年（1763年）除夕。曹家在康熙朝盛极一时，曹玺、曹寅及其伯父曹颙、父亲曹頫等任江宁织造一职前后达60余年。曹寅工诗能词，又是有名的藏书家，著名的《全唐诗》就是他主持刻印的。曹雪芹就是在这种繁盛荣华而又充满书香气的家境中度过了他到13岁为止的少年时代。

雍正即位后，曹頫被查办革职，抄没家产。曹家全部迁回北京后，曹雪芹曾在一所学堂当差，境遇潦倒，常常要靠卖画才能维持生活。他最后流落到北京西郊的一个小山村，生活困顿。乾隆二十六年（1762年）秋，他唯一的爱子夭亡。不久，他也含恨谢世，只留下一位新娶不久的继妻和一部未完成的书稿。《红楼梦》第一回记述道："曹雪芹于悼红轩中披阅十载，增删五次。"他去世时，全书仅完成前八十回和后面的一些残稿。

　　小说一开始的十几回，写林黛玉初入荣国府的见闻，写宁国府为秦可卿出殡时的声势，写元春选妃、省亲，像缓缓拉近的长焦镜头一样，层层推进地表现出贾府特殊的社会地位和令人目眩的富贵豪奢。但就在这烈火烹油、鲜花着锦的繁华景象中，透出了它不可挽救的衰败气息。钱财方面坐吃山空，内囊渐尽。而人才方面的凋零则是贾府衰败的真正原因，贾府的男性或炼丹求仙，或好色淫乱，或安享尊荣，或迂腐僵化。

　　贾宝玉是《红楼梦》的核心人物。在他身上应该有作者早年生活的影子，但也渗透了他在后来的经历中对社会与人生的思考。在贾宝玉身上，集中体现了小说的核心主题：新的人生追求与传统价值观的冲突，以及这种追求不可能实现的痛苦。小说的第一回，作者也似乎在有意识地运用一个神话模式作为小说的框架。作者以女娲补天神话为象征，女娲炼石补天时剩的一块石头，时间一久，通了灵性，便因自己不能有补天之用而日夜悲号。一僧一道将它化为一块美玉，就是后来贾宝玉出生时口中所衔的"通灵宝玉"，也就是"宝玉"本人。这个神话故事揭示了贾宝玉这一形象的本质特征——他是一个具有良材美质的"废物"。这似乎有些矛盾，但事实就是这样：他聪明无比，却厌恶读书；他是母亲眼中的命根子，但却是父亲眼中的"逆子"；他和大观园中的女孩们如胶似漆，但对老妈子却很少有什么好感；对秦钟他一见如故，但却视贾雨村为禄蠹……总之，凡是沾了利禄之气的人或物，都遭到他的蔑视和抛弃，因而，他就成为他的"诗礼簪缨之族"的"废物"，也成了社会政治结构的"废物"。贾宝玉便把他的全部热情灌注在一群年轻女性的身上。他是一个天生的"情种"。一岁时抓周，"那世上所有之物摆了无数"，他"一概不取，伸手只把些脂粉钗环抓来"；七八岁时，他就会说"女儿是水作的骨肉，男人是泥作的骨肉。我见了女儿，便清爽；见了男子，便觉浊臭逼人"；更有一句因林黛玉而起、对紫鹃所说的话："活着，咱们一处活着；不活着，咱们一处化灰化烟，如何？"在贾宝玉看来，爱情已经成了生命的唯一意义。

　　在《红楼梦》中，宝黛两人既有一层表兄妹的现实关系，更有一层木石前盟的神话结构中的前身相爱关系。在现实关系中，他们的爱情是因长年耳鬓厮磨而形成，又因彼此知己而日益加深的。但这种爱情注定不能够实现为两性的结合，因为在象征的关系上，已经规定了他们的爱情只是生命的美感和无意义人生的"意义"。

包括黛玉在内的青年女性，寄托着作者的感情和人生理想，但她们在小说中无一例外地走向毁灭：有的被这腐败没落的贵族之家所吞噬，有的随着这个家庭的衰亡而沦落。由女儿们所维系着的唯一净土也不能为现实的世界所容存，所以《红楼梦》终究是一个永远也无法实现的梦。

高鹗所续的后四十回，给人的感觉是收束有些急促，显得变故迭起，一片惊惶。语言文字上也相对逊色，不过从总体上看，后四十回还是保持了原作的悲剧气氛，这是难能可贵的。后四十回中写得最好的，是宝玉被骗与宝钗成婚、同时黛玉含恨而死的情节，在很大程度上感动了许多读者，以致有人怀疑那可能就是曹雪芹的原稿。

《红楼梦》在艺术上达到了中国小说前所未有的成就。从《红楼梦》前八十回看，这部作品的结构已经突破了原来章回长篇小说的模式。它以贾、林、薛、史四人的情感纠葛为中心线索，以他们生活的大观园为主要舞台，以贾、王、史、薛四大家族的兴衰为社会背景，组织一个庞大的叙事结构。而这个结构据原作推测，又放在一个巨大的神话叙事结构中。贾、林、薛、史等人从情天幻海而来，终将回归仙境。

《红楼梦》最值得称道的，是人物形象的塑造。在《红楼梦》的主要人物中引人注目的，首先是王熙凤，作为荣国府的管家奶奶，她是《红楼梦》女性人物群中与男性的世界关联最多的人物。她"体格风骚"，玲珑洒脱，机智权变，心狠手辣。她貌似精明强干，在支撑贾府勉强运转的背后，她挖空心思地为个人攫取利益，放纵而又不露声色地享受人生。迟发月银用来放高利贷；私了官司以谋取暴利；而借机敲诈更是她的拿手好戏，连丈夫贾琏都不放过。因此作者将加速贾府沦亡的过错，有意无意地集中到了她身上，"机关算尽太聪明，反误了卿卿性命"。王熙凤在《红楼梦》中，无疑是写得最复杂、最有生气、最新鲜的人物。

薛宝钗的精明能干不下于王熙凤，但她温良贤淑，所以她的言行举止就显得委婉内敛。她有很现实的处世原则，能够处处考虑自己的利益，但她同样有少女的情怀，有对于宝玉的真实感情。但她和宝玉的婚姻最终却成了一种有名无实的结合，作为一个典型的"淑女"，她也没有获得幸福。

林黛玉是一个情感化的、"诗化"的人物。她的现实性格聪慧伶俐，由于寄人篱下，有时显得尖刻。另外，正因为她是"诗化"的，她的聪慧和才能，也突出地表现在文艺方面。在诗意的生涯中，和宝玉彼此以纯净的"情"来浇灌对方，便是她的人生理想。作为小说中人生之美的最高寄托，黛玉是那样一个弱不禁风的"病美人"，也恰好象征美在现实环境中的病态和脆弱。

值得注意的是，《红楼梦》中不仅写出了林黛玉、薛宝钗、史湘云、贾探春以及女尼妙玉这样一群上层的女性，还以深刻的同情精心刻画晴雯、香菱、鸳鸯等婢女的美好形象，写出她们在低贱的地位中为维护自己作为人的自由与尊严的艰难努力。这里晴雯的勇补雀金裘、笑撕纸扇、愤寄指甲；鸳鸯以死怒拒贾赦的淫威等，都给人以美好和光明的希望。

贾府中的男性如贾赦、贾珍、贾琏、贾蓉等，大都道德败坏，行止不端。他们享受着家族的荣华，是一群对财色贪得无厌的寄生虫。刘姥姥在《红楼梦》中，尤其是在后半部分，基本上成了重要人物。这位乡间老妇本是深于世故，以装痴弄傻的表演，供贾母等人取乐。然而，这一个出场时极似戏曲中丑角的人物，后来却成了巧姐的救命恩人。她可笑可怜却又可敬，人性含蕴十分丰富。在她的身上，表现了曹雪芹对下层人物的理解。

《红楼梦》的语言，既是成熟的白话，又简洁而略显文雅，或明朗或暗示，描写人情物象准确有力。它的对话部分，尤能切合人物的身份、教养、性格以及特定场合中的心情，活灵活现，使读者似闻其声、似见其人。

《红楼梦》是一部具有历史深度和社会批判意义的爱情小说。它颠覆了封建时代的价值观念，把人的情感生活的满足放到了最高的地位上，用受社会污染较少、较富于人性之美的青年女性来否定作为社会中坚力量的士大夫阶层，从而表现出对自由的生活的渴望。

高鹗

清代文学家，字兰墅，一字云士，别号"红楼外史"。乾隆六十年（1795年）中进士，官至内阁中书，内阁侍读等。为官清廉正直，以"操守谨、政事勤、才具长"见称。高鹗熟谙经史，工于八股文，于诗词、小说、戏曲、绘画及金石之学等方面也是颇有造诣。其诗宗法盛唐，词学花间，论文方面主张"辞必端其本，修之乃立诚"，强调以意为主。一般认为他是《红楼梦》后四十回续书的作者。此外另有诗文著作多种，现有《兰墅十艺》（稿本）、《吏治辑要》及诗集《月小山房遗稿》、词集《砚香词·簏存草》等存世。

《四库全书》

中国历史上卷帙最大的一部丛书。共收书3503种，79337卷，36304册。全书按照隋朝以来历代沿用的经史子集四部分类法编纂，每大部又分若干类，类下细别为属。四部分类：经部有易、书、诗、礼、春秋、孝经、五经总义、四书、乐、小学10类；史部有正史、编年、纪事本末、别史、杂史、诏令奏议、传记、史钞、载记、时令、地理、职官、政书、目录、史评15类；子部有儒家、兵家、法家、农家、医家、天文算法、术数、艺术、谱录、杂家、类书、小说家、释家、道家十四类；集部有楚辞、别集、总集、诗文评、辞典五类。全书除中国历代各种典籍外，还有朝鲜、越南、日本，以及印度和明清之际来华的欧洲传教士的一些著述。全书共抄录七部，分贮于文渊阁、文溯阁、文源阁、文津阁、文宗阁、文汇阁及文澜阁。